法学概论

◆ 周　静　王威宇　张书梅／主编 ◆

中国政法大学出版社

2016·北京

图书在版编目（ＣＩＰ）数据

法学概论/周静, 王威宇, 张书梅主编. —北京:中国政法大学出版社,2016.8
（2021.1重印）

ISBN 978-7-5620-6935-5

Ⅰ.①法… Ⅱ.①周… ②王… ③张… Ⅲ.①法学－概论 Ⅳ.①D90

中国版本图书馆CIP数据核字(2016)第183786号

出　版　者	中国政法大学出版社
地　　　址	北京市海淀区西土城路 25 号
邮寄地址	北京 100088 信箱 8034 分箱　邮编 100088
网　　　址	http://www.cuplpress.com (网络实名：中国政法大学出版社)
电　　　话	010-58908586(编辑部) 58908334(邮购部)
编辑邮箱	zhengfadch@126.com
承　　　印	北京中科印刷有限公司
开　　　本	720mm×960mm　　1/16
印　　　张	26
字　　　数	425 千字
版　　　次	2016 年 8 月第 1 版
印　　　次	2021 年 1 月第 2 次印刷
定　　　价	49.00 元

前 言
PREFACE

本书根据教育部《高职高专教育法学概论课程教学基本要求》和大学生的实际需要，以必需、够用为原则，在阐述法的概念、特征、本质、作用以及法的制定与实施等法学基础理论的基础上，吸收最新立法信息，反映最新司法实践。全书共十三章，包括法的一般理论、宪法、民法、刑法、行政法、经济法、婚姻法与继承法、合同法、知识产权法、消费者权益保护法、劳动与社会保障法、诉讼法、国际法与国际私法。

本书内容全面，注重从理论和实践的结合上说明问题，注重法学知识的科学性、系统性、完整性和思想性。对法的基本理念进行了详细阐述，并对一些主要部门法的基本理念进行了深入的案例探讨，便于学生理解和记忆法学基础理论知识。本书既有理论法学知识，包括基本法律概念、基本原理、基础知识，又有部门法知识运用案例指导；既有国内法，又有国际法；既有实体法，又有程序法。

本书结构合理，重点突出，阐释清楚，适用性强，可作为高等职业学校、高等专科学校、成人高校及本科院校举办的二级职业学院和民办高校法律基础课通用教材及师范高等专科学校、电大政教等专业基础课教材，也可作为职业培训和普法教育用书。

本书各章撰稿人员是：

周静（黑龙江农业工程职业学院副教授）：第一章至第四章；

王威宇（黑龙江司法警官职业学院副教授）：第五章至第八章；

张书梅（黑龙江司法警官职业学院副教授）：第九章至第十三章。

编 者
2016 年 6 月

目 录

第四章　刑　法

第五章　行政法

第六章　婚姻法和继承法

第七章　合同法

第一章
法的一般理论

第一节　法的概述

一、法的定义

在我国，"法"一般被界定为：由国家制定或认可，以规范人们的权利、义务为调整机制的，并以国家强制力保证实施的规范体系。

二、法的本质

法的本质深藏于法的现象背后，是法存在的基础和变化的决定性力量，对此，思想家们提出了许多解释，以解答"法是什么"的问题。

马克思、恩格斯在《共产党宣言》中谈到资本主义法律时指出："你们的观念本身是资产阶级的生产关系和所有制关系的产物，正像你们的法不过是被奉为法律的你们这个阶级的意志一样，而这种意志的内容是由你们这个阶级的物质生活条件来决定的。"这一论述，科学地解释了法律的本质特征，对于我们探讨和研究法的本质有着普遍的指导意义。

1. 法是国家意志的体现

法是国家意志的体现，意味着法是国家专门机关以"国家"的名义制定和颁布的，法和国家是相辅相成的共生物。由于统治阶级掌握着国家政权，因此法是国家意志的体现又意味着这个阶级可以通过国家专门机关将自己的意志上升为国家意志，这种意志转化的意义一方面在于以"国家"的名义可以使本阶级的意志获得全社会一致遵循的效力，另一方面也可以借此获得国家强制力的保障。实际上，"国家意志"就是掌握国家政权的那个阶级的意志在法律上的体现，所以，法律是以国家意志表现出来的统治阶级的意志。

2. 法所反映的内容是由一定物质生活条件所决定的

与自然规律不同，法是人们有意识创造的产物，但是，人们却不能随心所欲地立法，这是因为人们的意识总是渗透了一定的物质生活条件的内容。法所体现的意志的内容是由统治阶级的物质生活条件决定的。统治阶级的物质生活条件主要是指生产关系，即在一定社会中占统治地位的生产关系——特别是所有制关系——决定着该社会统治阶级的根本利益和意志。任何立法都离不开其物质生活条件，否则，即使制定出法律，也必然因为违背了客观经济条件而在实际生活中无法实现。

3. 经济以外的因素对法具有影响

社会物质生活条件在根本上决定着法的内容，但是法的形成与发展不仅反映了社会物质生活条件的要求，也反映了其他社会现象的影响和要求。因此，除了社会物质生活条件以外，思想、道德、文化、历史传统等都对法的形成和发展产生了不同程度的影响。

三、法的特征

法是社会规范的一种，同时法也是一种特殊的社会规范。

1. 法是出自于国家的社会规范

任何社会规范都具有程度不同的概括性、规范性和可预测性，但唯有法律所具有的概括性、规范性和可预测性出自国家。法是由国家制定或认可的社会规范，制定法律或认可法律是国家创制法律的两种方式。制定法律是指有权制定法律的国家机关依照法定程序制定具有不同效力的法律文件，国家制定的法律也称为成文法；认可法律是指有权的国家机关对社会上业已存在的行为规范（如风俗习惯、宗教伦理等）加以确认、赋予其法的效力，国家认可的法律通常被称为习惯法。

2. 法是规定人们权利义务的社会规范

法以权利义务的双向规定为调整机制，在法的规范中，权利义务往往相互呼应、彼此依存，法的这种调整机制使法区别于以义务或责任为重心的道德、宗教等其他社会规范。

3. 法是以国家强制力保证实施的社会规范

任何一种社会规范的实施都需要由一定的强制力来保障，但是强制的力量来源、强制的范围、程度和方式不同。由国家制定或认可的法，通过国家强制力保证实施，以暴力手段作为后盾，这种强制性表现为通过国家机关的法律适用活动，对违法行为予以制裁或强制人们履行法定义务，法的强制程度超过一切其他社会规范。必须指出，国家强制力只是法实施的最后保障手段或者是备用手段。但是，法以国家强制力为保障不等于国家强制力是保证法律实施的唯一力量。

4. 法是具有普遍适用性的社会规范

法的普遍适用性具有两层含义：①法作为一个整体，在一国主权范围和法所规定的界限内，具有普遍的效力；②法为社会上的一切人提供行为模式，法的普遍适用性也是要求平等地对待一切人，要求法律面前人人平等。而其他社会规范由于不具有法所具有的高度统一性，因此在适用上也无法做到普遍性。

四、法的作用

法的作用，一般来说，是指法律对人们的行为、社会关系、社会生活发生的影响。法的生命在于实施，法的实施必然对个人和社会产生这样或那样的影响，正是在这一过程中，法实现着它对社会的调整与控制。

1. 法的一般作用

（1）法律提供了自然资源、社会资源的分配方案。相对于人的需求和欲望而言，资源是稀缺和有限的，法律产生的最初目标就是要解决这个问题——把社会中的财富、机会、待遇等资源在不同的社会主体中进行分配和调剂，以避免无谓的争斗。正是在这个意义上，人们把立法称为资源的第一次分配。

（2）法律提供了社会交往和国家管理的行动指南。我们的行动受到诸多社会规范的调整，包括法律、道德、宗教、习惯、政策、纪律等，法律无疑是最重要的，它是由国家制定或认可的，体现了国家的意志并由国家强制力保障实施，为社会交往和国家管理提供了最基本的行动指南。对于个人来说，法律指导人们依法行使权利并履行义务，以此保证社会互动的正常进行；对于国家来说，法律约束国家机关及其工作人员依法行使权力进行社会管理，以此保障国家职能正常运转。

（3）法律提供了权威的纠纷解决机制。在远古时代，每当人们发生矛盾和纠纷，往往采用复仇和战争的方式来解决。随着社会的不断进步，法律逐步成为权威而文明的纠纷解决机制。这种纠纷解决机制以法律的名义代表国家对争端作出裁判，纠纷各方必须遵守。现代社会，针对不同类型的社会纠纷，法律提供了与其相适应的纠纷解决方式，可以分为三类：一是行政主导的解决机制；二是司法诉讼解决机制，这是现代社会最重要的纠纷解决机制；三是替代诉讼的纠纷解决机制，西方称之为 ADR（Alternative Dispute Resolution），指法院之外的往往带有民间性质的纠纷解决方式，包括谈判、和解、仲裁、调解等。

2. 法的规范作用

法的规范作用是由法作为特殊的社会规范的规范属性所决定的，是法内部诸要素和独特的逻辑结构所决定的，是法的固有属性。

（1）法的指引作用。法的指引作用是指法所具有的能够为人们的行为提供一个既定的模式，从而引导人们在法允许的范围内从事某种社会活动的作用。法的指引作用是通过规定人们的权利和义务以及违反法的规定应承担的责任来实现的，它为人们提供了三种行为模式：一是授权性指引，即允许人们可以为一定行为的指引，而人们是否为此行为则由行为人自行决定，允许自由选择，从而保护和鼓励人们从事法律所提倡（至少是不被禁止）的行为。二是义务性指引，这是法确定的人们必须为一定行为或者禁止为一定行为的行为模式，在行为方式上表现为作为的义务和不作为的义务。对法所确定的这种义务，人们必须服从，不容许自由选择，其目的在于防止人们作出或不作出某种行为。三是职权性指引，这是规定国家机关及其工作人员职务上的职权和职责的指引。

法的指引作用引导人们在法律所许可的范围内开展活动，从而把社会主体的活动引入可调控的、有利于社会稳定的社会秩序之中。

（2）法的预测作用。法的预测作用是指根据法的规定，人们可以预先知晓、估量相关主体（包括国家机关）之间的行为以及行为的后果，从而对自己的行为作出合理的安排。法的预测作用与法的指引作用紧密相关，两者的区别在于：法的指引作用是针对自己的行为，法的预测作用则针对人与人之间的互动关系。

法的预测作用是建立在法的确定性、稳定性和连续性的基础之上，正是法的这种确定性、稳定性和连续性为人们进行相互间的行为预测提供了可能。法的预测作用可以使人们相互之间建立一种基本的信任，加强对自己行为和合法权益的安全感。正是人与人之间的这种基本信任，降低了社会运作成本，提高了社会运作效率。

（3）法的评价作用。法的评价作用是指法作为一种行为规则，具有判断和衡量人们行为是否合法的作用，即法是评价人们行为的准则。在现实生活中，任何社会规范都具有一定的评价作用，但法的评价作用具有统一性、公开性和客观性等特点，所以这种评价更加权威并具有决定性的作用，是现代社会最重要的评价标准。当然，法只能评价人们的行为是否合法或有无法律效力。

（4）法的教育作用。法的教育作用是指法的实施对人们的认识和行为产生的影响。这种作用一般是针对广泛的社会成员。法律作为一种重要的社会规范，包含和体现了国家认可和鼓励的价值标准和行为模式，法律在实施过程中必然会对公众产生影响。这种教育通过两个方面实现：一是通过对违法行为的制裁，在教育违法者本人的同时，对其他人可以起到威慑和警示的作用；二是通过对合法行为的保护、赞许或鼓励，可以起到表率和示范的作用，促使人们效仿，进而实现社会的稳定和发展。

（5）法的强制作用。法具有国家意志性和国家强制性的特点，因而自然的具有强制作用。这种作用在于以国家的名义制裁违法行为，这也是法的其他作用的重要保障。通过制裁加强法的权威性，保护人们的正当权利，增强人们的安全感。

3. 法的社会作用

一般认为，法的社会作用是指法对社会产生的影响和意义。

（1）建立和维护掌握国家政权阶级所需要的经济基础。法根源于经济又反作用于经济，成为服务与调整经济关系的重要手段。这种作用主要表现在确认和维护有利于掌握国家政权阶级所需要的经济基础，反映经济规律，发展生产力等方面。

（2）建立和维护掌握国家政权阶级所需要的政治秩序。就政治领域而言，掌握国家政权阶级通过法律确立国家的政治格局，即确认和维护国家政权的性质和组织形式、规定国家机关的组织和活动的原则等，以保证国家的正常运行。法所关注的政治秩序，既要考虑协调统治阶级内部对权利要求的矛盾和冲突，还要考虑统治阶级与同盟阶级的分权关系，更要考虑有效地防止被统治阶级对现有秩序的破坏和反抗。

（3）执行社会公共事务。所谓社会公共事务，是指由一定的社会性质所决定的具有全社会意义的事务。在社会发展的不同阶段，社会公共事务的内容和范围会有所不同，但可以肯定的是，随着社会生产的发展和社会制度的变革，这类执行社会公共事务方面的法必然会日益增多，其在一国法律体系中所占的比重会越来越大，地位也会越来越重要。

第二节　法律渊源与法律部门

一、法律渊源的含义

法律渊源，也被称为"法源"，是一个有多重含义的概念，但较多的是指法律的效力渊源，即由不同国家机关依照法定职权和程序制定或认可的具有不同法律地位和效力的法的不同表现形式，也就是根据法律效力来源的不同而划分的法律的不同形式。

在历史和现实中，一般认为，法律渊源包括制定法、习惯法、判例法、国际协定和条约以及学说和法理。制定法是一个国家按照一定的程序制定并颁布的以条文形式表现出来的规范性法律文件。大陆法系国家以制定法为主要的法律渊源。判例法是指法院对于诉讼案件所作的判决具有法律效力，先前的判例所确立的原则是具有普遍意义的法律规范。在英美法系国家，判例是一种重要的法律渊源。习惯法是经过有权的国家机关的认可并赋予其法律效力的习惯和惯例。

二、当代中国法的渊源

根据宪法、立法法、有关国家机关的组织法和诉讼法的相关规定，当代中国法的渊源可概括为以下几种：

（一）宪法

宪法是具有最高效力的法律渊源，是国家的根本大法，是其他所有法律、法规的依据。法律、法规凡与宪法相抵触均无法律效力，由于宪法具有的这种重要性，所以只有全国人民代表大会才能按照特别的程序修改宪法，也只有全国人民代表大会及其常务委员会才有权对宪法加以解释。

（二）法律

在当代中国法的渊源中，法律是仅次于宪法的主要的法的渊源。需要特别指出的是，在现代汉语中，"法律"一词通常有广义和狭义两种用法。广义的"法律"是指所有由具有立法权的立法机关依据立法程序产生的规范性法律文件，包括宪法、法律、法规、规章等；狭义的"法律"，也被称为"严格意义上的法律"，专指由全国人民代表大会和全国人民代表大会常务委员会制定的规范性法律文件。这里的法律是指狭义的法律，包括全国人民代表大会制定的《刑事诉讼法》《民事诉讼法》《民法通则》《香港特别行政区基本法》等基本法律，也包括由全国人民代表大会常务委员会制定的《商标法》《文物保护法》《环境保护法》等基本法律以外的法律。

（三）行政法规

行政法规是国家最高行政机关——国务院根据宪法和法律制定、颁布的规范性法律文件的总称。行政法规的效力次于宪法和法律，不能与宪法和法律相抵触，其目的是保证宪法和法律的实施。

（四）地方性法规

地方性法规是指具有立法权的地方人民代表大会及其常务委员会，根据本行政区域的具体情况和实际需要，在不同宪法、法律、行政法规相抵触的前提下所制定的规范性法律文件。依据制定机关等级的不同，地方性法规分为两类：一类是省、自治区、直辖市人民代表大会及其常务委员会制定的地方性法规；另一类是较大的市的人民代表大会及其常务委员会制定的地方性法规。地方性法规具有地方性，一般来说，其效力范围仅限于本行政区域内。

（五）自治条例和单行条例

民族自治地方的人民代表大会有权依据当地民族的政治、经济、文化的特点制定自治条例和单行条例，自治条例是民族自治地方根据自治权制定的综合性的规范性法律文件；单行条例是民族自治地方根据自治权制定的调整某一方面的规范性法律文件。民族自治条例和单行条例不得违背宪法，也不得与法律和行政法规的原则相违背。

（六）行政规章

行政规章是有关行政机关依法制定的规范性法律文件的总称，包括部门规章和地方规章。

部门规章是国务院所属部委根据法律、行政法规以及国务院的决定、命令，在本部门的权限内制定和颁布的各种行政性的规范性法律文件，也被称为部委规章。部门规章的地位低于宪法、法律、行政法规。

地方规章指省、自治区、直辖市人民政府以及省、自治区人民政府所在地的市、经济特区所在地的市、国务院批准的较大的市的人民政府依法制定的规范性法律文件。地方规章除了不得同宪法、法律、行政法规相抵触外，还不得同上级和同级地方性法规相抵触。

（七）国际条约与国际惯例

我国所缔结和参加的国际条约、认可的国际惯例也是我国法的渊源。

三、法律体系与法律部门

（一）法律体系的含义

一般认为，法律体系是指一国现行的法律规范按照不同的法律部门分类组合而成的有机联系的统一整体。

（二）法律部门的含义

作为一种系统存在，法律体系是各种具有差异性和多样性的法律规范的统一体，为了更好地了解和把握法律体系，我们根据一定的标准和原则将相同或相似的法律规范划归一个法律部门。区分法律部门的标准大致有两个：一是法律规范所调整的社会关系，调整同一性质和种类的社会关系的法律可以构成一个法律部门；二是法律调整的方法，是指法律在调整社会关系时用以影响和控制这些社会关系的手段和方法，调整方法的特殊性也能够使一个法律部门区别于其他法律部门。

（三）当代中国主要的法律部门

1. 宪法法律部门

宪法作为一个法律部门，是我国社会主义法律体系的基础。凡涉及我国社会制度、国家制度、公民的基本权利和义务以及国家机关的组织与活动的原则等方面的法律规范，即构成宪法法律部门。宪法法律部门最基本的规范，主要反映在《中华人民共和国宪法》这部规范性法律文件中。

2. 民商法法律部门

民法是调整平等主体之间财产关系与人身关系的法律规范的总和，我国目前尚无一部较完整的民法典，只是以《中华人民共和国民法通则》为核心法律文件，附之以其他一些单行的民事立法，主要有《中华人民共和国物权法》《中华人民共和国合同法》《中华人民共和国担保法》《中华人民共和国侵权责任法》等。

商法是调整平等民事主体之间的商事关系和商事行为的法律规范的总和。虽然同样是调整平等民事主体之间的关系，但商法所调整的对象是平等民事主体之间的商事关系和商事行为，由于这种调整对象的不同，决定了商法中存在着许多有别于民法的特殊制度与规则。商法这一法律部门是我国实行市场经济体制改革之后才开始被承认和逐渐发展的一个新兴的法律部门，在我国，属于商法法律部门的规范性法律文件主要有《中华人民共和国公司法》《中华人民共和国证券法》《中华人民共和国票据法》《中华人民共和国保险法》《中华人民共和国海商法》《中华人民共和国信托法》等。

3. 行政法法律部门

行政法法律部门，是指有关调整国家行政管理活动中社会关系的法律规范的总和，由国家行政管理的多样性、复杂性和广泛性所决定。从世界各国来看，行政法法律部门都没有形成一部统一的法典，而都是以若干单行的规范性法律文件来体现。我国已制定的行政法方面的规范性法律文件主要有《中华人民共和国行政处罚法》《中华人民共和国行政复议法》《中华人民共和国行政许可法》《中华人民共和国公务员法》《中华人民共和国治安管理处罚法》《政府信息公开条例》等。

4. 经济法法律部门

经济法法律部门是我国改革开放以后，为适应国家对宏观经济实行间接调控的需要而发展起来的，由调整国家从社会整体利益出发对经济活动实行干预、管理或调控而形成的法律规范构成。经济法法律部门与行政法法律部门都涉及国家行使职权，因此它们的法律调整方法基本相同，之所以将经济法法律部门作为独立的法律部门，是为了突出其调整领域与经济活动有密切关系。

经济法法律部门主要包含两个方面的内容：一是国家创造和维护平等竞争环境、维护市场秩序方面的法律，主要是反垄断、反不正当竞争、反倾销和反补贴方面的法律；二是国家宏观调控和经济管理方面的法律，主要是有关财政、税务、金融、审计、统计、物价、技术监督、工商管理、对外贸易和经济合作等方面的法律。

5. 社会法法律部门

社会法法律部门是调整有关劳动关系、社会保障和社会福利关系的法律规范的总和，它主要是保障劳动者、失业者、丧失劳动能力的人和其他需要扶助的人的权益的法律。包括劳动用工、工资福利、职业安全卫生、社会保险、社会救济、特殊保障等内容。我国已制定的相关法律文件有《中华人民共和国劳动合同法》《中华人民共和国安全生产法》《中华人民共和国残疾人保障法》《中华人民共和国未成年人保护法》《中华人民共和国妇女权益保障法》《中华人民共和国老年人权益保障法》等。

6. 刑法法律部门

刑法法律部门是规定犯罪、刑罚和刑事责任的法律规范的总和，它所调整的是因犯罪而产生的社会关系。刑法所采用的调整方法是法律调整方法中最严厉的一种法律制裁方法——刑罚方法，这种制裁方法可以剥夺人的自由甚至人的生命。我国目前的刑法法律部门主要法律文件有 1997 年 3 月 14 日修订后的《中华人民共和国刑法》。

7. 诉讼与非诉讼法律部门

诉讼法法律部门是调整因诉讼活动而产生的社会关系的法律规范的总和，它规定的是以诉讼方式解决争议的制度和机制。我国目前的诉讼法律部门主要由三个子部门构成，即刑事诉讼法、民事诉讼法和行政诉讼法。这三个子部门各有一部标志性法律文件：《中华人民共和国刑事诉讼法》《中华人民共和国民事诉讼法》和《中华人民共和国行政诉讼法》。

以非诉讼方式解决争议正为越来越多的国家所认可，非诉讼方式是指不通过司法机关判决的途径解决争议的机制，通常包括调解、仲裁等方式，伴随其发展，这一方面的立法也越来越正式，在我国，这方面的法律文件有《中华人民共和国仲裁法》《中华人民共和国人民调解法》。

8. 军事法法律部门

军事法法律部门是指关于军事管理和国防建设方面的法律规范的总称。目前我国制定的军事法律主要有《中华人民共和国国防法》《中华人民共和国国防教育法》《中华人民共和国兵役法》等。

9. 自然资源和环境法法律部门

自然资源和环境法法律部门是关于自然资源的合理利用与保护，环境保护和污染防治以及其他公害防治的法律规范的总称。我国现行自然资源和环境法方面的主要法律文件有《中华人民共和国森林法》《中华人民共和国草原法》《中华人民共和国渔业法》《中华人民共和国矿产资源法》《中华人民共和国环境保护法》《中华人民共和国土地管理法》等。

第三节　法的效力

一、法的效力的含义

法的效力，即法的保护力和约束力。法的效力常见的分类有：从法的效力渊源上看，有规范性法律文件的效力和非规范性法律文件的效力，前者如宪法、法律、行政法规等，具有普遍的效力；后者如判决书、调解书、结婚证等，仅适用于特定的当事人，不具有普遍的效力。从法的效力位阶上看，有些法的效力位阶较高，如宪法、法律；有些法的效力位阶较低，如地方性法规、规章等等。

我国学界所称法的效力，一般是指具有普遍约束力的法律规范的效力，即法律规范适用于哪些地方，适用于哪些人，在什么时间发生效力。因此，法的效力可以分为三类（法的效力范围）：空间效力、时间效力和对人的效力。明确法的效力范围，是正确适用法律的前提。

二、法的空间效力

法的空间效力，是指法在哪些地域范围内具有保护力和约束力。法的空间效力范围的大小，直接取决于制定该法律的机关的性质和法律本身的规定。在我国，法的空间效力主要有两种情况：域内效力和域外效力。域内效力是指法在制定机关所管辖的领域内有效，包括法的效力及于制定机关所管辖的全部领域和法的效力只及于制定机关所管辖的部分领域两种情形。

三、法的时间效力

法的时间效力，是指法在什么时间范围内具有保护力和约束力，包括法何时生效、何时终止生效以及法的溯及力这三方面的内容。

（一）法开始生效的时间

在我国，法律的生效时间，一般表现为四个方面：①自法律公布之日起生效；②具体规定本法的生效时间；③比照其他法律以确定本法律的生效时间；④自法律试行之日起生效。

（二）法终止生效的时间

同法律生效一样，法律可以通过明令废止或默示废止的形式，而终止其效力。我国法律的终止生效时间主要有下面五种形式：①新法律公布后，原有的法律即丧失效力；②新法律取代原有法律，同时宣布旧法作废；③法律本身规定的有效期届满；④由有关机关颁发专门文件宣布废止某个法律；⑤法律已完成其历史任务而自行失效。

（三）法的溯及力

法的溯及力，又称法律溯及既往的效力或法的追溯力，是指某一规范性法律文件颁布后，对它生效以前所发生而未经最后处理的事件或行为是否适用。如果适用，新的法律就具有溯及力；如果不适用，新的法律就没有溯及力。

一般来说，人们应该遵守的是现行的法律，不能苛求人们知道以后的法律将怎样规定，因此，各国法律一般都采用不溯及既往的原则。以此为基础各国又有不同的具体原则，包括从新原则，即新法有追溯力；从旧原则，即新法没有追溯力；从新兼从轻原则，即新法原则上溯及既往，但旧法对行为人处罚较轻时，则从旧法；从旧兼从轻原则，即新法原则上不溯及既往，但新法对行为人处罚较轻时，则从新法。"从旧兼从轻"这一做法为绝大多数国家所采用。我国《立法法》第93条规定："法律、行政法规、地方性法规、自治条例和单行条例、规章不溯及既往，但为了更好地保护公民、法人和其他组织的权利和利益而作的特别规定除外。"对法律的溯及力作这样的规定，体现了法治原则和公正理念的要求。

四、法对人的效力

法对人的效力是指法对什么人生效，即适用于哪些人。这里所说的"人"，既包括自然人，也包括法人、国家机关和其他社会组织。

在一个主权国家范围内，法对人的效力主要涉及的是对本国公民、外国人和无国籍人的约束力问题。对此，世界各国的做法存在差异，大体有四种做法："属人主义""属地主义""保护主义"和"综合主义"（也被称为"折衷主义"）。其中，"综合主义"以"属地主义"为基础，以"属人主义"和"保护主义"为补充，它克服了前三种做法各自的弊端，是一种比较切合实际的做法，被包括我国在内的许多国家所采用。

第四节　法律关系

一、法律关系的含义与特征

法律关系是法律规范在调整人们行为的过程中所形成的法律上的权利和义务关系。法律关系是社会关系的一种，但法律关系具有不同于其他社会关系的特征：

（一）法律关系是根据法律规范建立的一种社会关系

任何法律关系，都是根据相应的法律规范而形成的。正是因为法律规范规定了法律关系的主体和客体、法律关系主体的权利义务以及法律关系产生、变更和消灭的条件，当某种法律事实出现时，社会主体之间就以客体为中介形成某种法律关系，或享有权利，或承担义务。

（二）法律关系是以法定权利和义务为内容的社会关系

法律关系是以法律上的权利、义务为纽带而形成的社会关系，法律关系中的权利和义务的内容来源于两个方面：一是相应的法律规范的规定；二是法律关系参加者在法律规定的范围内所作的约定。

（三）法律关系是由国家强制力保障的社会关系

由于法律关系是由法所调整或创设的社会关系，这意味着法律关系一旦形成就受到国家强制力的保障，不能任意违反破坏。例如，合同关系一旦依法成立，任何一方都不得自行变更或者废除，如果合同当事人一方不经对方同意，擅自变更或者废除，对方就有权请求有关国家机关责令其履行合同并赔偿损失。

二、法律关系主体

任何法律关系，均由法律关系的主体、客体和内容三要素构成。

（一）法律关系主体的概念和种类

法律关系主体是法律关系的参加者、法律关系中权利的享有者和义务的承担者。在每一具体的法律关系中，都包含了两个或两个以上的主体。例如，在房屋租赁关系中，出租人和承租人就是法律关系的主体。

法律关系的主体范围十分广泛。在我国，根据宪法、法律、法规的规定，能够参与法律关系的主体包括以下几类：公民（自然人）、机构与组织（法人）和国家。

（二）法律关系主体的能力

任何组织和个人要想成为法律关系的主体，实际享有权利和承担义务，就必须具有权利能力和行为能力，也就是要具有成为法律关系主体的能力。

1. 权利能力

权利能力，指能够参与一定的法律关系，依法享有一定权利和承担一定义务的法律资格。它是法律关系主体实际取得权利、承担义务的前提条件。

公民的权利能力始于出生，终于死亡。法人的权利能力自法人成立时产生，至法人解体时消灭。法人根据其成立或登记时所确立的宗旨，在法律规定或者主管机关批准的活动范围内享有权利能力。

2. 行为能力

行为能力是指法律关系主体能够通过自己的行为实际取得权利和履行义务的能力。

行为能力以权利能力为前提，即只有具备法律上的资格，主体才能通过自己的行为取得权利和承担义务，但是有权利能力不一定就有行为能力。有行为能力意味着主体具有意志自由，即主体能够理解并控制自己的行为。这种意志自由与人的年龄和精神健康密切相关，正是因为这样，各国法律都从人的年龄和精神健康状况方面，对主体的行为能力作出规定。

世界各国的法律，一般都把本国公民划分为：①完全行为能力人；②限制行为能力人；③无行为能力人。

法人的行为能力，与公民的行为能力不同，法人的行为能力和权利能力同时产生、同时消灭。法人一经依法成立，就同时具有权利能力和行为能力，法人一经依法撤销，其权利能力和行为能力就同时消灭。行为能力的内容与权利能力的内容完全一致。

三、法律关系的内容

任何法律关系都是在法律关系主体之间形成的一种法律权利和法律义务关系，因此法律关系的内容就是指法律关系主体之间的法律权利和法律义务。

（一）法律权利

法律权利是指国家通过法律规定，对法律关系主体作出或者不作出某种行为，以及要求他人作出或者不作出某种行为的许可和保障。法律权利的实用性和有效性是由他人的义务与国家的强制力来保障的。

法律关系主体之权利行使有一个适度的范围和限度。超出了这个限度，就不为法律所保护，甚至可能构成"越权"或"滥用权利"，属于违法行为，将遭到法律的禁止甚至制裁。

（二）法律义务

法律义务是指法律规定的法律关系主体所应承受的行为约束，表现为：义务承担者按照权利享有者的要求以作为的形式做出某种行为，义务承担者按照法律的规定以不作为的形式做出某种行为；义务承担者不履行义务时，权利享有者有权请求国家机关依法采取必要的强制措施，强迫义务承担者履行义务，而义务承担者必须承受国家的强制。

正像权利行使是有限度的一样，法律关系主体义务的履行也是有限度的。要求义务人做出超出"义务"范围的行为，同样是法律所禁止的。

法律权利和法律义务作为构成法律关系的内容要素，两者紧密联系、不可分割。在具体的法律关系中，法律权利和法律义务往往相互依存，一方法律权利的实现有赖于另一方法律义务的履行，一方在享受权利的同时，必须承担相应的法律义务。

◁案例

甲是种子公司，乙是培育公司，甲给了乙1万斤种子，让乙在1年内培育出来，甲乙商量好定价是每斤1元钱。

问题：该案例中，法律关系的主体、客体、内容是什么？

四、法律关系客体

法律关系客体是指法律关系主体之间权利和义务所指向的对象。它是构成法律关系的要素之一。

法律关系客体的种类包括物、人身、精神产品（财富）、行为。

（一）物

法律意义上的物是指法律关系主体支配的、在生产上和生活上所需要的客观实体。它可以是天然物，也可以是生产物；可以是活动物，也可以是不活动物。哪些物可以成为法律关系的客体或可以成为哪些法律关系的客体，通常由法律加以具体规定。在我国，大部分天然物和生产物都可以成为法律关系的客体。但有四种物不得进入流通市场成为私人法律关系的客体：①人类公共之物或国家专有之物，如海洋、山川、水流、空气；②文物；③军事设施、武器（枪支、弹药等）；④危害人类之物（如毒品、假药、淫秽书籍等）。

（二）人身

在现代社会，人身作为法律关系主体的承载者，一般不允许作为法律关系的客体，但在某些情况下、在一定范围内可以成为法律关系的客体，特别是随着现代科技和医学的发展，输血、植皮、器官移植、精子提取等现象大量出现，可与身体分离之物逐渐成为捐赠、买卖等法律关系的客体。但须注意的是：①活人的（整个）身体，不得视为法律上之"物"，不能作为物权、债权和继承权的客体；②权利人对自己的人身不得进行违法或有伤风化的活动，不得滥用人身或自践人身和人格，例如，卖淫、自杀、自残行为属违法行为或至少是法律所不提倡的行为；③对人身行使权利时必须依法进行，不得超出法律授权的界限。

（三）精神产品（财富）

精神产品（财富），是指法律关系主体从事智力活动所取得的成果，是法律关系主体通过脑力劳动在科技、文化等精神领域创造的产品，包括科学发明、学术著作和文艺创作等，是一种无形的财产。精神产品（财富）的价值和利益在于物中所承载的信息、知识、技术、标识和其他精神文化。通过国家法律的认可，法律关系主体可以获得发明权、发现权、专利权、商标权和著作权，并因此获得法律的保护，在这种情况下，精神产品（财富）成了法律关系的客体。

（四）行为

在很多法律关系中，其主体的权利和义务所指向的对象是行为。作为法律关系客体的行为是特定的，即义务人完成其行为所产生的能够满足权利人利益要求的过程或结果。这种过程或结果一般分为两种：一种是物化结果，即义务人的行为（劳动）凝结于一定的物体，产生一定的物化产品或营建物（房屋、道路、桥梁等）；另一种是非物化结果，即义务人的行为没有转化为物化实体，而仅表现为一定的行为（通常为服务行为）过程所产生的结果，例如货物运输合同、保管合同等。

需要注意的是，在很多具体的法律关系中，权利义务所指向的对象并不是单一的，即法律关系的客体可能既有行为，也有物；既有精神产品（财富），也有人身。

五、法律关系的产生、变更和消灭

（一）法律关系的产生、变更和消灭的含义

法律关系的产生是指法律关系主体之间形成新的某种法律上的权利和义务关系；法律关系的变更是指法律关系主体、客体或内容发生部分变化；法律关系的消灭是指法律关系主体之间的权利和义务的终止。

（二）法律关系的产生、变更和消灭的前提和条件

1. 法律规范是法律关系产生、变更和消灭的前提

这是因为法律关系的产生、变更和消灭必须以相应法律规范的存在为前提，没有相应的法律规范，法律关系无从产生，更不用说变更和消灭了。

2. 法律事实是法律关系产生、变更和消灭的条件

这是因为法律规范本身并不能自动引起法律关系产生、变更和消灭，只有当法律规范规定的那些情况出现时，才能引起法律关系产生、变更和消灭。这种能够直接引起法律关系产生、变更和消灭的现象和情况就是法律事实。

（三）法律事实的分类

法学上传统的分类，是根据法律事实是否以人的主观意志为转移，而将法律事实分为事件和行为。

事件是不以人的意志为转移的依法能够引起法律关系产生、变更和消灭的客观现象，如人的出生、死亡、自然灾害、意外事件等。当然，并不是任何一种客观事件都能导致法律关系的产生、变更和消灭，只有当它与人们的法律权利和义务有关时，才具有法律意义。

行为是由法律规范规定的，以人的主观意志为转移的能够引起法律关系产生、变更和消灭的法律事实，如买卖、租赁、赠与等。需要注意的是，并非所有行为都能够引起法律关系产生、变更和消灭，只有那些具有法律意义、能产生一定法律后果的行为才能够引起法律关系的产生、变更和消灭。

第五节　法的实施

在法的整个运行过程中，法律的创制是前提和基础，而法的实施则是结果和目的。法的实施是指法律的规定和要求通过各种方式在人的行为和社会生活中得到落实和贯彻。一般说来，法的实施方式包括守法、执法、司法和法律监督等。

一、守法与违法

（一）守法

守法也可以称为"法的遵守"，指公民、社会组织和国家机关自觉自主地按照法律的要求从事相关活动，依法行使权利或权力，依法承担义务和职责。守法是法的实施的一种最正常和最自然的方式，它不借助于外力的直接干预，而是法律主体自觉自愿的行为。

一般来说，守法的内容包括两个方面：一方面是指社会主体在自己的活动中自觉遵守国家的宪法、法律、法规等规范性法律文件；另一方面还包括自觉遵守有关国家机关依法作出的判决、裁定、决定、通知等具有法律效力的文件。

（二）违法

1. 违法的含义

违法也称违法行为，是守法的相反状态，指人们没有按照法律的要求从事活动，违反了法律的相关规定，不履行法定义务，侵犯他人权利，造成社会危害并因此承担相应法律责任的行为。在所有的违法行为中，犯罪（刑事违法）是最严重的违法，因此所遭受的惩罚也是最严厉的。

2. 违法的构成

违法，不论是一般违法还是犯罪，作为一种要被国家追究法律责任的行为，必须符合法定的要件，即具备法定的主观和客观因素，这就是违法的构成。违法的构成包括四个方面：①违法的主体，必须是具有法定责任能力的自然人、法人或其他社会组织；②违法的主观要件，是指违法主体实施违法行为时具有的故意或者过失的心理状态，即行为人主观上的过错或者罪过；③违法的客体，是指由法律所保护并为违法行为所侵犯的社会关系；④违法

的客观要件，是指具有违反法律规定的某种行为，包含两层意思：一是违法的行为性，二是行为的违法性。

（三）法律责任与法律制裁

1. 法律责任

法律责任是指由于违法行为或不属于违法的某些法律事实的出现，而使责任主体应对国家、社会或者他人承担的法律上的责任。法律责任与政治责任、道德责任等其他社会责任不同，它具有法定性、国家强制性、专门性和程序性四个特征。

一般来说，法律责任是与违法行为密切联系在一起的，两者之间是一种因果关系。实施了某种违法行为，就要承担相应的法律责任。具体地说，刑事违法承担刑事法律责任；民事违法承担民事法律责任；行政违法承担行政法律责任；违宪行为承担违宪法律责任。

如前所述，法律责任多数情况下是由违法行为引起的，但也有些法律责任是根据无过错责任原则确定的，还有一些则是由于出现了某些不属于违法的法律事实。法律责任承担的方式，是指承担或追究法律责任的具体形式，包括惩罚、补偿、强制三种。

2. 法律制裁

法律制裁是由特定的国家机关对违法者依其所负的法律责任而实施的强制性惩罚措施，是承担法律责任的方式之一。法律制裁是最严厉的法律责任实现方式，是国家通过强制对责任主体的人身、财产和精神实施制裁的方式。由此可见，法律制裁以法律责任为前提，但有法律责任并不必然导致法律制裁。

一般认为，法律制裁包括这样一些种类：①民事制裁，是指依照民事法律规定对责任主体依其所承担的民事法律责任而实施的强制措施；②行政制裁，是指依照行政法律规定对责任主体依其所承担的行政法律责任而实施的强制措施；③刑事制裁，是指依照刑事法律规定对责任主体依其所承担的刑事法律责任而实施的强制措施；④违宪制裁，是指依照宪法的规定对责任主体依其所承担的违宪责任而实施的强制措施。

二、执法

（一）执法的概念

执法，又称法的执行，是指国家机关及其公职人员依照法定职权和程序，贯彻、执行法律的活动。执法有广义和狭义之分。广义的执法，是指一切执行法律的活动，包括国家行政机关、司法机关及其公职人员依照法定职权和程序实施法律的活动。狭义的执法，则专指国家行政机关及其公职人员依法行使管理职权、履行职责、实施法律的活动。人们通常称行政机关为执法机关，就是在狭义上使用"执法"一词。本节所讲的执法仅指狭义的执法。

（二）执法的特征

有法必依、执法必严是法治的基本原则，因此，国家立法之后，就必然要求严格执法。值得一提的是，人们对执法这一概念的认识有一个从不明确到逐步明确的过程，认识在逐步深化，因此掌握执法的特征能够更好地理解执法的精神内涵。执法的特征可以从四个方面分析：

1. 执法是以国家的名义对社会进行全面管理，具有国家权威性

执法的内容涉及社会的方方面面，包括经济活动、文化交流等社会公共事务和民事问题。执法的结果具有最高权威性，未经法定程序不得任意更改。

2. 执法的主体是国家行政机关及其公职人员以及依法被授权的组织

执法的主体是特定的，具有严格的要求，是必须依法享有执法权或者被授予执法权的国家公职人员和被委托的组织。

3. 执法具有国家强制性

行政机关的执法活动是属于公务行为的一种，为了维护社会秩序和法律权威，国家的执法活动必须在国家的强制力下依法进行。

4. 执法具有主动性和单方面性

有的执法活动是职能部门主动进行的，比如查处街道的违章建筑、抽检食品的公共安全等；有的执法活动是依申请人申请才进行的，比如到工商部门申请注册营业执照等。

（三）执法的原则

执法活动同立法活动一样，有其原则，贯穿于整个执法活动当中，作为执法的精髓，指导执法活动的整个过程。执法活动主要有以下几个原则：

1. 合法性原则

执法的合法性原则也被称为依法行政原则，是指行政机关必须依据法定权限、法定程序和法治精神进行管理，越权无效。

2. 合理性原则

执法的合理性原则是指执法主体在执法活动中，特别是在行使自由裁量

权进行行政管理时，必须做到适当、合理、公正，即符合法律的基本精神和目的，具有客观、充分的事实根据和法律依据，与社会生活常理相一致。

3. 应急性原则

应急性原则是指在某些特殊紧急情况下出于国家安全、社会稳定和公共利益的特别需要，行政机关可以在限制条件下，采取没有法律依据的或者同法律抵触的措施。具体说，就是指在正常的宪政和法制体制难以运转的情况下，行政机关可以采取必要的应急措施，即使该项措施没有法律依据或者同法律相抵触，也应该视为有效。

三、司法

（一）司法的概念

司法，又称为法的适用，通常是指国家司法机关依据法定职权和法定程序，具体应用法律处理案件的专门活动。

（二）司法的特点

我国法律明确规定，人民法院和人民检察院依法独立、公正、高效地行使宪法赋予的审判权和检察权，不受任何国家行政机关、社会团体和个人的干涉。从这一表述中，可以看出，司法的特点有：

1. 专属性

司法是由特定的国家机关及其公职人员，依据法定职权实施法律的专门活动，具有专门性。在我国，人民法院和人民检察院依法享有司法权。

2. 权威性

司法是司法机关以国家强制力为后盾，以国家的名义运用法律处理案件的专门活动，因此它所作出的裁决具有很大的权威性，任何组织和个人都必须执行，不得擅自修改和违抗。

3. 程序性

司法是司法机关依照法定程序、运用法律处理案件的活动，具有严格的程序性。司法的公正与否，是衡量一个国家民主、文明程度的重要标志。司法的公正，其重要一环就是司法程序是否合法，因此，司法必须具有严格的程序性。

4. 专门性

司法是司法机关运用法律处理案件的专门活动，它需要专业的判断，这就要求司法人员必须具有精深的法律专业知识和丰富的经验，因此，司法具有很强的专业性。

（三）我国司法的基本原则

司法的基本原则，指的是为保证司法机关有效地完成任务，司法机关在其组织和活动中必须遵循的指导方针，它是法的本质要求和法的调整规律在司法制度中的集中体现。根据我国相关法律的规定，我国司法的基本原则主要有以下几项：

1. 司法机关依法独立行使职权

司法机关依法独立行使职权的含义是：①国家的司法权只能由国家的司法机关统一行使，其他任何机关、社会组织或个人均无权行使司法权；②司法机关依照法律规定独立行使职权，不受行政机关、社会组织或个人的干涉；③司法机关审理案件必须遵循法律的规定，准确地适用法律。这一原则是我国司法机关建设和组织活动的重要原则，其基本内容在我国的《宪法》《人民法院组织法》《人民检察院组织法》和三部诉讼法中都有明确规定。

2. 以事实为依据，以法律为准绳

以事实为依据、以法律为准绳这一原则在我国三部诉讼法中都有明确规定，它也是我国长期以来司法经验的总结。以事实为依据，是指司法机关处理案件时，只能以被合法证据证明了的事实和依法推定的事实作为适用法律的依据。以法律为准绳，是指在对案件作出处理时，必须按照法律的规定办事，一方面要求对案件的定性定量的处理必须符合实体法的规定；另一方面要求在办案的整个过程中必须符合程序法的规定，要求各司法机关各司其职，保障诉讼参加人、参与人在诉讼中的权利，做到司法过程合法、公正。

3. 公民在适用法律上一律平等

公民在法律面前一律平等，是我国宪法规定的一项法治原则，公民在适用法律上一律平等是这项法治原则在司法制度中的具体化。这一原则的基本含义是：必须奉行平等原则。我国法律明确规定，法律面前一律平等原则的内容包括：①我国法律对全体公民，不分民族、种族、性别、职业、社会出身、宗教信仰、教育程度、财产状况、居住年限等，都平等地普遍适用；②公民平等地享有法定权利，平等地承担法定义务，对于权利的享受和义务的履行，司法提供平等的保障；③不允许任何公民有超越于法律之上的特权，任何公民的违法犯罪行为，都须被平等地追究法律责任。

4. 专门机关工作与依靠群众相结合

专门机关工作与依靠群众相结合，指司法权由司法机关依法独立行使，但在司法活动中不能关门办案，而要联系群众，依靠群众。这一原则的内容在我国的诉讼法中都有相关的规定。贯彻这一原则，要求司法机关在查清事实时，应深入群众了解事实真相；在审理案件时，依法向群众公开，向群众宣传法治和接受群众的监督，并依法吸收群众直接参与司法活动（如陪审制）；办案结束后，应向群众了解司法的社会效果，以便进一步提高司法工作的质量。

5. 实事求是，有错必究

"实事求是，有错必究"指的是一切冤、假、错案一经发现，司法机关必须本着实事求是的态度予以纠正。如果给当事人的合法权益已造成损害，司法机关应当依照法律的规定进行赔偿。这一原则在我国的三部诉讼法关于上诉制度和审判监督的规定中有所体现，同时在《国家赔偿法》关于错案赔偿的规定中也予以确定。

第一节　宪法概述

一、宪法的概念和特征

宪法是规定国家的根本制度和根本任务、集中表现各种政治力量对比关系、保障公民基本权利的国家根本法。宪法的特征主要表现在：

（一）宪法是国家的根本法

1. 宪法规定国家最根本、最重要的问题

国家的性质、政权组织形式和结构形式、基本国策、公民的基本权利和基本义务、国家机构的组织及其职权等最重要的问题，都由宪法作出规定。其他法律所规定的通常只是国家生活中的一般性问题，而且只涉及国家生活和社会生活中的某些方面或某一方面。

2. 宪法的法律效力最高

宪法的最高法律效力主要体现在：①宪法是制定普通法律的依据，我国宪法明确规定，一切法律、行政法规和地方性法规都不得与宪法相抵触；②宪法是一切国家机关、社会团体和公民的最高行为准则。

3. 在制定和修改程序上，宪法比其他法律更加严格

这主要体现在：①制定和修改宪法的机关，往往是依法特别成立的（如制宪会议、宪法起草委员会等）。②通过宪法或者宪法修正案的程序，往往严于普通法律的通过程序。如我国宪法规定，宪法的修改，由全国人民代表大会常务委员会或者 1/5 以上的全国人民代表大会代表提议，并由全国人民代表大会以全体代表的 2/3 以上的多数通过。

（二）宪法是公民权利的保障书

近代意义的宪法在基本内容上限制国家权力的初衷或基本出发点即在于保障公民权利。因而，保障公民权利在宪法中居于核心的支配地位。从当今世界各国的宪法条文来看，虽然宪法规定了国家生活的各个方面，但是它们的条文结构基本上可以分成两大块，即国家权力的恰当行使和公民权利的有效保障。

（三）宪法是民主事实法律化的基本形式

"民主"是指"大多数人的统治"。由于保障公民权利在宪法中居于核心的支配地位，因而这种对公民权利的保障是民主最直接的表现，或者说是民主事实的必然结果。宪法与民主紧密相连，民主主体的普遍化（或称民主事实的普遍化）是宪法得以产生的前提，而宪法则是民主事实法律化的基本形式。

二、宪法的本质

宪法的本质是指从总体上规定宪法性能和宪法发展方向的宪法的内部联系，是宪法比较深刻的、一贯的、稳定的方面。宪法的本质在于，它是各种政治力量对比关系的集中表现。

这主要体现在：①宪法是在阶级斗争中取得胜利的那个阶级的意志和利益的集中表现，这就决定了宪法不可能代表全民的意志，社会主义和资本主义的宪法都是如此。②各种力量的实际对比关系决定并影响着宪法的具体内容。虽然决定宪法内容的因素很多，但是，最重要的仍然是政治力量的对比关系。③当各种力量的实际对比关系发生变化时，必然引起宪法内容的变化。

三、宪法的历史发展

（一）近代意义宪法的产生

1. 近代意义的宪法是西方国家资产阶级革命的产物

首先，资产阶级或者无产阶级在政治上和经济上的根本利益，要求以宪法形式表现的民主制度是与市场经济最相适应的政治外壳；其次，以普选制、议会制为核心的民主制度的形成，为近代宪法的产生提供了政治条件；再次，"天赋人权""人民主权""三权分立"等学说的提出，以及以保障公民的权利和自由等为宗旨的立宪主义思想，为近代宪法的产生奠定了思想基础；最后，随着资本主义市场经济的发展，不同规则之间的矛盾与冲突就会越来越明显，从而为宪法的产生提供了法律契机。

2. 早期主要资本主义国家宪法的产生

（1）英国宪法。17世纪的英国宪法是近代宪法的先驱，被称为"宪政之母"。其宪政体制的特点在于：在内容上，确立了君主立宪制的政治体制；在形式上，没有统一完整的宪法典，而是由在革命过程中陆续制定的、反映不同时期革命成果的宪法性文件、宪法惯例和宪法判例等构成（如1689年的《权利法案》、1701年的《王位继承法》），是典型的不成文宪法。

（2）美国宪法。1787年制定的《美国宪法》是世界宪法史上第一部成文宪法。它所确立的三权分立原则与总统制的政体为后世许多国家所效仿，对宪政运动的发展起了较大的推动作用。美国现行宪法在很大程度上保持着1787年《宪法》的规定，只是陆续增加了一些修正案。《美国宪法》由序言和7条正文以及27条修正案构成。

（3）法国宪法。1789年法国爆发了资产阶级革命，制宪会议通过了著名的《人权宣言》，确立了"主权在民""天赋人权""权力分立"和"法律面前人人平等"等资产阶级民主和法治的一系列原则。1791年法国制定了法国第一部宪法，同时也是欧洲大陆历史上第一部成文宪法，该宪法以《人权宣言》为序言，宣布废除一切封建制度，取消特权。法国的现行宪法为1958年由戴高乐主持制定的宪法。

3. 社会主义国家宪法的产生

1917年俄国十月社会主义革命取得伟大胜利，建立了人类历史上崭新的苏维埃社会主义国家，1918年制定了《俄罗斯社会主义联邦苏维埃共和国宪法（根本法）》，这是世界上第一部社会主义性质的宪法。从此，宪法就有了两种历史类型的划分，即资本主义宪法和社会主义宪法。"二战"以后，包括中国在内的社会主义国家先后颁布了自己的宪法，它们都属于社会主义类型的宪法。

（二）我国宪法的产生和发展

从1949年中华人民共和国成立前夕至今，在中国共产党的领导下，人民掌握了国家政权。我国先后制定和颁布了1部宪法性文件和4部宪法。

1.《共同纲领》是新中国成立初期的临时宪法

1949年9月，中国人民政治协商会议在北京召开了第一次全体会议并通过了起临时宪法作用的《中国人民政治协商会议共同纲领》（简称《共同纲领》）。它确定了新中国的性质、基本政治制度、人民的基本权利和义务，规定了国家政治、军事、经济、文化教育、民族、外交等方面的基本政策。它对于巩固新生的革命政权、维护人民民主权利、发展和恢复国民经济均起到了巨大的作用。

2. 1954 年《宪法》是我国第一部社会主义类型的宪法

1954 年 9 月召开的第一届全国人民代表大会通过了第一部《中华人民共和国宪法》。

1954 年《宪法》包括序言和正文，共 106 条，是我国第一部社会主义性质的宪法，是对《共同纲领》的继承和发展。它确定了建设社会主义制度的道路和目标、适合国情的国家性质和政权组织形式。1954 年《宪法》为新中国的法制建设做出了重要的贡献。

3. 1975 年《宪法》存在着严重的"左"倾错误和缺陷

1975 年《宪法》于 1975 年 1 月由第四届全国人民代表大会第一次会议通过。这部宪法总条文仅有 30 条，它把 1954 年《宪法》中已规定的内容大量删减，内容上过于简单，文字上也有许多矛盾和不确切之处，是一部有着严重"左"倾错误和缺陷的宪法。

4. 1978 年《宪法》仍是"左"的指导思想的产物

1978 年《宪法》于 1978 年 3 月由第五届全国人民代表大会通过。这部宪法是在特定的历史条件下颁布的，制定得比较仓促，虽取消了 1975 年《宪法》中某些错误规定，但仍存在严重的不足，如在指导思想上仍然坚持以阶级斗争为基础。

5. 1982 年《宪法》是建设社会主义现代化强国的总章程

1980 年下半年，在叶剑英委员长的直接主持下，我国开始对《宪法》（我国第三部《宪法》）进行大规模、全局性的修订。经过两年多的讨论、修改，并经过全民讨论，1982 年 12 月 4 日，中华人民共和国第四部《宪法》（现行《宪法》）在第五届全国人大第五次会议上正式通过并颁布。第四部宪法继承和发展了 1954 年《宪法》的基本原则，总结了中国社会主义发展的经验，并吸收了国际经验，是一部有中国特色、适应中国社会主义现代化建设需要的根本大法。它明确规定了中华人民共和国的政治制度、经济制度、公民的权利和义务、国家机构的设置和职责范围、今后国家的根本任务等。其根本特点是，规定了我国的根本制度和根本任务，确定了四项基本原则和改革开放的基本方针，规定全国各族人民和一切组织都必须以宪法为根本的活动准则，任何组织或个人都不得有超越宪法和法律的特权。这部宪法分为序言，总纲，公民的基本权利和义务，国家机构，国旗、国徽、首都五个部分，共 4 章 138 条。截至 2010 年，全国人大以《宪法》修正案的形式对这部宪法进行了 4 次修改：

（1）1988 年 4 月 12 日，第七届全国人大第一次会议通过的宪法修正案，对私营经济的地位、作用和国家对私营经济政策做了明确规定；对土地使用转让的问题做了补充规定。这是中国第一次采用宪法修正案的形式修改宪法。

（2）1993 年 3 月 29 日，第八届全国人大第一次会议通过的宪法修正案，对原宪法作了 9 处修改，将"社会主义初级阶段""建设有中国特色的社会主义的理论""坚持改革开放"及"中国共产党领导的多党合作和政治协商制度"等写入了宪法；将"国营经济"修改为"国有经济"；将"国家在社会主义公有制基础上实行计划经济"修改为"国家实行社会主义市场经济"。修正案内容还涉及政协制度、县市级人民代表大会任期等。

（3）1999 年 3 月 15 日，第九届全国人大第二次会议再次通过宪法修正案，对原宪法作了 6 处修改，把邓小平理论的指导思想地位、依法治国的基本方略、国家现阶段的基本经济制度和分配制度以及非公有制经济的重要作用等写进宪法。

（4）2004 年 3 月 14 日，第十届全国人大二次会议通过宪法修正案，对原宪法作了修改。宪法修正案确立"三个代表"重要思想在国家政治和社会生活中的指导地位，增加推动物质文明、政治文明和精神文明协调发展的内容，在统一战线的表述中增加社会主义事业的建设者，完善土地征用制度，进一步明确国家对发展非公有制经济的方针，完善对私有财产保护的规定，增加建立健全社会保障制度的规定，增加尊重和保障人权的规定，完善全国人民代表大会组成的规定，做出关于紧急状态的规定，规定国家主席进行国事活动的职权，修改乡镇政权任期的规定，增加对国歌的规定等。

第二节　我国的基本制度

一、我国的国家性质

（一）人民民主专政的内涵

国家性质即国家的阶级本质，或称"国体"，是指社会各阶级在国家中的地位。具体包括两方面内容：一方面是指在一个国家内谁是统治阶级，谁是被统治阶级；另一方面是指在统治阶级内部谁是领导者，谁是同盟者。在国家制度中，国家性质处于核心和决定性的地位。

我国的国家性质是：工人阶级领导的，以工农联盟为基础的人民民主专政。它具有以下基本特征：人民民主专政是民主和专政的有机结合；工人阶级是人民民主专政的领导力量；工农联盟是人民民主专政的阶级基础。

（二）人民民主专政的主要特色

1. 共产党领导下的多党合作制

中国共产党领导下的多党合作制度包括以下几个方面的基本内容：①中国共产党是社会主义事业的领导核心，是执政党；②各民主党派接受中国共产党的领导，是参政党而非在野党；③中国共产党对各民主党派的领导是政治领导，即政治原则、政治方向和重大方针政策的领导；④坚持中国共产党的领导，坚持四项基本原则，是中国共产党同各民主党派合作的政治基础；⑤"长期共存，互相监督，肝胆相照，荣辱与共"是中国共产党同各民主党派合作的基本方针；⑥宪法和法律是各政党的根本活动准则。

2. 爱国统一战线

爱国统一战线是指由中国共产党领导的，由各民主党派参加的，包括全体社会主义劳动者、拥护社会主义的爱国者和拥护祖国统一的爱国者的广泛的政治联盟。现阶段我国的爱国统一战线包含着两个联盟：一是由祖国大陆范围内的全体劳动者和爱国者组成的以社会主义为政治基础的联盟；二是广泛团结台湾同胞、港澳同胞、海外侨胞，以拥护祖国统一为政治基础的联盟。

目前我国爱国统一战线的主要任务是：为社会主义现代化建设服务，为实现祖国统一大业服务，为维护世界和平服务。

中国人民政治协商会议是爱国统一战线的组织形式，是实现共产党领导的多党合作和政治协商制度的重要机构。其主要职能是对国家的大政方针，地方的重要事务，群众生活以及统一战线内部关系等重要问题进行政治协商，并提出批评、建议，进行民主监督；吸收各民主党派的成员在各级国家机关中担任领导职务，积极参政、议政。

二、我国的政权组织形式

（一）政权组织形式概述

政权组织形式又称"政体"，它是指统治阶级组织国家政权机关、实现国家权力的形式。政权组织形式与国家性质紧密相连，国家性质决定国家的政权组织形式，国家的政权组织形式反映并制约国家性质。

政体形式大致可分为君主制和共和制两大类。君主制政体是指国家的最高权力实际上或名义上由君主一人掌握的政体；君主制政体又可分为君主专制政体和君主立宪政体。共和制政体是指国家的最高权力实际上或名义上都不属于一人所有，而由选举产生并有一定任期的国家机关掌握的政体；资本主义国家的共和制政体按其特点可分为议会制、总统制、委员会制和半总统制四种形式。社会主义国家的政体都是共和制，但具体形式也非完全一样。我国的政体是人民代表大会制度。

（二）人民代表大会制度

1. 国家的一切权力属于人民是人民代表大会制度的逻辑起点

这是人民代表大会制度的实质，也是这一制度推演的逻辑起点。解决了国家权力的归属问题，也就明确了据此建立的所有制度的目的以及运行原则。在我国，人民代表大会制度就是既有民主又有集中的政治制度。

2. 选民民主选举代表是人民代表大会制度的前提

人民代表大会制度是通过选举产生全国人民代表大会和地方各级人民代表大会，并以此为基础，建立全部国家机构，实现人民当家做主的一种根本政治制度。

3. 以人民代表大会为基础建立全部国家机构是人民代表大会制度的核心

虽然人民代表大会代表人民行使一切国家权力，但是在实际中，它也不可能直接管理所有的事项，故人民代表大会直接行使宪法和法律赋予各级人民代表大会的职权，而通过人民代表大会选举产生国家行政机关、审判机关和检察机关，由这些机关行使宪法和法律赋予它们的相应职权，并对人民代表大会负责，受它的监督。

4. 对人民负责、受人民监督是人民代表大会制度的关键

我国《宪法》第 3 条第 2 款明确规定："全国人民代表大会和地方各级人民代表大会都由民主选举产生，对人民负责，受人民监督。"

由上可知，人民代表大会制度是指拥有国家权力的我国人民根据民主集中制原则，通过民主选举组成全国人民代表大会和地方各级人民代表大会，并以人民代表大会为基础，建立全部国家机构，对人民负责，受人民监督，以实现人民当家做主的政治制度。人民代表大会制度直接、全面地表现了我国的阶级本质，是我国国家机构得以建立健全和国家政治生活得以全面开展的基础，是其他政治制度的核心，反映了我国政治生活的全貌。

三、我国的选举制度

选举制度是指由法律规定的关于选举国家机关代表和国家公职人员的各项制度的总称。我国的选举制度是人民代表大会制度的基础。

（一）我国选举制度的基本原则

1. 普遍性原则

这是就享有选举权的主体范围而言的。我国《宪法》第 34 条规定："中华人民共和国年满 18 周岁的公民，不分民族、种族、性别、职业、家庭出身、宗教信仰、教育程度、财产状况、居住期限，都有选举权和被选举权；但是依照法律被剥夺政治权利的人除外。"这一规定保证了绝大多数公民都享有选举权利，从而保证了选举权的普遍性。

2. 平等性原则

选举权的平等性是指每个选民在每次选举中只能在一个地方享有一个投票权。这是公民在法律面前一律平等的宪法原则在选举制度中的具体体现。

3. 直接选举和间接选举并用原则

《中华人民共和国全国人民代表大会和地方各级人民代表大会选举法》（后简称《选举法》）第 2 条规定："全国人民代表大会的代表，省、自治区、直辖市、设区的市、自治州的人民代表大会的代表，由下一级人民代表大会选举。不设区的市、市辖区、县、自治县、乡、民族乡、镇的人民代表大会的代表，由选民直接选举。"

4. 秘密投票原则

秘密投票又称为无记名投票，指选民不署自己的姓名的一种选举方法。它有利于选民摆脱外界压力，真实地表达自己的意愿，更好地行使当家做主的权利。

（二）选举的物质保障和法律保障

我国《选举法》第7条规定："全国人民代表大会和地方各级人民代表大会的选举经费，列入财政预算，由国库开支。"同时，它和其他有关选举的法律文件规定了我国选举的原则、组织、程序和方法，使我国选举制度得以法律化、条文化。

（三）选举的民主程序

1. 确定选举的组织

在我国，实行直接选举的各级人大代表的选举工作由选举委员会主持。实行间接选举的各级人大代表的选举由本级人大常委会主持。

2. 划分选区

选区是以一定数量的人口为基础划分的区域，是选民直接选举产生人民代表的基本单位，同时也是人民代表联系选民进行活动的基本单位。

3. 选民登记

选民登记是指对每一个享有选举权利的公民从法律上确认其选民资格的行为。选举委员会将符合法律规定条件的公民列入选民名单，承认其选民资格。

4. 代表候选人的提出

在直接选举的地方，由选举委员会根据较多数选民的意见，确认正式代表候选人名单。在间接选举的地方，各级人民代表大会主席团将候选人名单提交全体代表讨论、协商，然后由大会主席团根据较多数代表的意见，确定正式代表候选人名单。

5. 投票选举

选举人对于代表候选人可以投赞成票，可以投反对票，可以另选其他候选人，也可以弃权。在确定代表当选时，选区全体选民的过半数参加投票选举有效。代表候选人获得参加选举的选民的过半数选票始得当选。间接选举中，代表候选人须获得全体代表的过半数选票才能当选。

四、我国的国家结构形式

国家结构形式是指特定国家的统治阶级所采取的，按照一定原则来划分国家内部区域，调整国家整体和组成部分、中央和地方之间相互关系的形式。它是从纵向体现国家政权体系，而政权组织形式是从横向描述权力配置格局。

现代国家结构形式主要有单一制和联邦制两大类型。

单一制是指国家由若干普通行政单位或者自治单位组成，这些组成单位都是国家不可分割的一部分的国家机构形式。单一制的基本特征有：①从法律体系看，国家只有一部宪法；②从国家机构组成看，国家只有一个最高立法机关，一个中央政府，一套完整的司法系统；③从中央与地方的权力划分看，地方政府的权力由中央政府授予；④从对外关系看，国家是一个独立主体，公民具有统一的国籍。

联邦制是指国家由两个或多个成员国（邦、州、共和国等）组成的复合制国家结构形式。联邦制的基本特征有：①从法律体系看，除有联邦的宪法外，各成员国还有各自的宪法；②从国家机构组成看，除设有联邦立法机关、政府和司法系统外，各成员国还设有各自的立法机关、政府和司法系统；③从联邦与各成员国的职权划分看，其职权划分由联邦宪法作出具体规定，对剩余权力的归属问题，不同的国家有不同的规定；④从对外关系看，有些国家还允许其成员国享有一定的外交权，联邦国家的公民既有联邦的国籍，又有成员国的国籍。

我国宪法明确规定，中华人民共和国是全国各族人民共同缔造的统一的多民族国家。可见，我国采取的是单一制的国家结构形式。

（一）我国的行政区划

行政区划是指统治阶级为了便于管理，兼顾地理条件、历史传统、风俗习惯、经济联系、民族分布等因素，把国家领土分成层次不同、大小不等的若干区域的制度。根据《宪法》，我国的行政区划为：①全国分为省、自治区、直辖市；②省、自治区分为自治州、县、自治县、市；③县、自治县分为乡、民族乡、镇；④直辖市和较大的市分为区、县；⑤自治州分为县、自治县、市。自治区、自治州、自治县都是民族自治地方。《宪法》还规定，国家在必要时得设立特别行政区，目前，香港、澳门系我国的两个特别行政区。

（二）我国的民族区域自治制度

民族区域自治是指在中华人民共和国范围内，在中央政府的统一领导下，以少数民族聚居区为基础，设立自治机关，行使自治权，自主管理本民族地方性事务的制度。民族区域自治制度，保证了国家的统一和民族的团结，促进了各民族的共同繁荣和发展。

民族区域自治主要包括以下内容：

（1）各民族自治地方是中华人民共和国不可分离的组成部分，各民族自治地方的自治机关，是中央政府统一领导下的地方政权机关。

（2）民族区域自治必须以少数民族聚居区为基础，是民族自治与区域自治的结合。

（3）在民族自治地方，设立自治机关。自治机关是民族自治地方的人民代表大会和人民政府，不包括人民法院和人民检察院。

（4）民族自治地方的自治机关除行使宪法规定的地方国家机关的职权外，还依照宪法和法律的规定行使广泛的自治权。

（三）我国的特别行政区制度

特别行政区是指根据我国宪法和法律的规定所设立的具有特殊的法律地位，实行特别的政治、经济制度的行政区域。它是根据"一国两制"，即"一个国家，两种制度"的理论，解决历史遗留问题、和平实现祖国统一而设立的一种制度。

特别行政区同其他一般行政区一样，都是中华人民共和国不可分离的部分，并直辖于中央人民政府。但是，特别行政区又具有自身的特殊性，主要表现在高度的自治权。主要包括行政管理权、立法权、独立的司法权和终审权以及自行处理有关对外事务的权力；特别行政区的行政机关和立法机关由该区永久性居民依照基本法的有关规定组成；特别行政区原有的法律基本不变。

五、我国的经济制度

经济制度是指经济基础或经济结构，它是人类社会在一定历史发展阶段上占统治地位的生产关系的总和。

（一）社会主义公有制经济

生产资料所有制形式是国家经济制度的基础。我国经济制度的基础是生产资料的公有制,即全民所有制和劳动群众集体所有制,它决定了我国社会主义经济制度的本质特征。

1. 全民所有制经济

全民所有制经济又称国有经济,是指由代表人民利益的国家占有生产资料的一种所有制形式。国有经济是国民经济中的主导力量,国家保障国有经济的巩固和发展。

2. 集体所有制经济

集体所有制经济是指生产资料归集体经济组织内的劳动者共同所有的一种所有制形式。在城镇,它主要表现为各种形式的合作经济。在农村,集体所有制经济是现阶段的主要经济形式,实行家庭承包经营为基础、统分结合的双层经营体制。它是我国社会主义公有制的重要组成部分。国家对集体经济的政策是,保护城乡集体经济组织的合法的权利和利益,鼓励、指导和帮助集体经济的发展。

(二)非公有制经济

在法律规定范围内的个体经济、私营经济等非公有制经济,是社会主义市场经济的重要组成部分。我国对非公有制经济的政策是,保护个体经济、私营经济等非公有制经济的合法权利和利益,国家鼓励、支持和引导非公有制经济的发展,并对非公有制经济依法实行监督和管理。

(三)我国现阶段的分配制度

我国《宪法》第6条规定:"中华人民共和国的社会主义经济制度的基础是生产资料的社会主义公有制,即全民所有制和劳动群众集体所有制。社会主义公有制消灭人剥削人的制度,实行各尽所能、按劳分配的原则。国家在社会主义初级阶段,坚持公有制为主体、多种所有制经济共同发展的基本经济制度,坚持按劳分配为主体,多种分配方式并存的分配制度。"我国现在实行的分配制度是由当前的所有制结构决定的。目前,除按劳分配外,其他分配方式主要有利息收入、股息收入等。

(四)国家保护社会主义公共财产

公有财产是国民经济存在和发展的前提和基础,保护社会主义公共财产是社会主义国家的重要职能。我国《宪法》第9条第2款规定:"国家保障自然资源的合理利用,保护珍贵的动物和植物。禁止任何组织或者个人用任何手段侵占或者破坏自然资源。"《宪法》第12条第2款规定:"国家保护社会主义的公共财产。禁止任何组织或者个人用任何手段侵占或者破坏国家的和集体的财产。"

第三节　公民的基本权利和基本义务

一、公民基本权利与义务概述

（一）公民的概念

公民是指具有一国国籍的自然人。我国《宪法》第 33 条第 1 款规定："凡具有中华人民共和国国籍的人都是中华人民共和国公民。"

在我国，公民与人民表达的是两个不同的概念，它们的区别主要有：①性质不同。公民是与外国人相对的法律概念，而人民则是与敌人相对的政治概念。②范围不同。公民除了包括人民外，还包括敌人，所以它的范围要比人民的范围广。③后果不同。公民中的人民，享有宪法和法律规定的一切公民权利并履行全部义务，而公民中的敌人，则不能享有全部公民权利，也不能履行公民的某些义务。

（二）公民基本权利和基本义务的概念

公民基本权利是指由宪法规定的公民享有的主要的、必不可少的权利。它表现为公民可作某种行为以及要求国家和其他公民作为或不作某种行为。公民基本义务是指宪法规定的公民必须履行的法律责任。它表现为国家要求公民必须为某种行为或禁止为某种行为。如果公民不履行这种责任，国家就要强制其履行。情节严重的还要受到法律的制裁。

二、我国公民的基本权利

（一）平等权

平等权是指公民依法平等地享有权利，不受任何不合理的差别对待，要求国家给予同等保护的权利。它是公民的一项基本权利，是实现其他一切权利的前提条件。平等权的含义为：①公民平等地享有宪法和法律规定的权利，平等地履行宪法和法律规定的义务；②任何人的合法权利都平等地受到保护，对违法行为一律依法予以追究；③在法律面前，任何公民不得享有法律以外的特权。

◁◆ 案例

2001 年毕业于武汉科技学院艺术设计专业的大学生孙某某，案前任职于广州达奇服装公司。2003 年 3 月 17 日晚上，孙某某在前往网吧的路上，因未携带任何证件被广州市天河区黄村街派出所民警李某某带回派出所对其是否为"三无"人员进行甄别。孙被带回后，辩解自己有正当职业、固定住所和身份证，并打电话叫朋友成先生把他的身份证带到派出所来，但李某某却没有对孙某某的说法进行核实，未同意孙某某的朋友"保领"孙某某，也未将情况向派出所值班领导报告，导致孙某某被错误地作为拟收容人员送至广州市公安局天河区公安分局待遣所。3 月 18 日晚孙某某称有病被送往市卫生部门负责的收容人员救治站诊治。3 月 19 日晚至 3 月 20 日凌晨孙某某在该救治站 206 房遭连续殴打致重伤，而当晚值班护士曾某某、邹某某没有如实将孙某某被调入 206 房及被殴打的情况报告值班医生和通报接班护士，邹某某甚至在值班护理记录上做了孙某某"本班睡眠六小时"的虚假记录，导致孙某某未能得到及时救治，3 月 20 日，孙某某死于这家收容人员救治站。法医事后鉴定其因大面积软组织损伤致创伤性休克死亡。后经广州中级人民法院、广州白云区法院和天河区法院三地同时审理，涉案的 18 名被告人受到法律制裁。

问题：收容所依据的《城市流浪乞讨人员收容遣送办法》是否合宪、合法？

（二）政治权利和自由

政治权利和自由是指公民作为国家政治主体而依法享有的参加国家政治生活的权利和自由。公民享有参与国家政治生活方面的权利，是国家权力属于人民的直接表现，也是人民代表大会的基础。

1. 选举权与被选举权

选举权是指选民依法选举代议机关代表和特定国家公职人员的权利；被选举权是指选民依法被选举为代议机关代表和特定国家机关公职人员的权利。选举权和被选举权是人民参与国家管理的最基本的一项政治权利。

2. 政治自由

政治自由是指公民表达自己政治意愿的自由。公民的政治自由是近代民主政治的基础，是公民表达个人见解和意愿，参与正常社会活动和国家管理的一项基本权利。根据《宪法》的规定，公民享有言论、出版、集会、结社、游行、示威的自由，公民必须依法行使这些权利，如《集会游行示威法》中规定，公民举行游行、示威活动，不得携带武器、管制刀具和爆炸物，不得使用暴力或煽动使用暴力。

（三）监督权和获得赔偿权

监督权是公民监督国家机关及其工作人员活动的权利。我国《宪法》规定，公民对于任何国家机关和国家工作人员，有提出批评和建议的权利；对于任何国家机关和国家机关工作人员的违法失职行为，有向有关国家机关提出申诉、控告或者检举的权利。对于公民的申诉、控告或者检举，有关国家机关必须查清事实，负责处理。任何人不得压制和打击报复。

（四）宗教信仰自由

我国《宪法》第36条第1款规定："中华人民共和国公民有宗教信仰自由。"宗教信仰自由是指公民依据内心的信仰，自愿地信仰宗教的自由。其含义可概括为：是否信仰宗教、信仰何种宗教、何时信仰宗教均是公民的自由。

任何国家机关、社会团体和个人都不得强制公民信仰宗教或者不信仰宗教，不得歧视信仰宗教的公民和不信仰宗教的公民。国家保护正常的宗教活动。任何人都不得利用宗教进行破坏社会秩序、损害公民身体健康、妨碍国家教育制度的活动。

（五）人身自由

人身自由是公民得以行使其他各种权利的基本前提。它有狭义和广义之分，狭义的人身自由主要指公民的身体不受非法侵犯；广义的人身自由是指公民个人在符合国家法律要求的范围内，有一切举止行动的自由。

1. 人身自由

这里是指狭义的人身自由，即公民的身体不受任何非法搜查、拘禁、逮捕、剥夺和限制的权利。《宪法》第37条第1、3款规定，中华人民共和国公民的人身自由不受侵犯。禁止非法拘禁和以其他方法非法剥夺或者限制公民的人身自由，禁止非法搜查公民的身体。

2. 人格尊严不受侵犯

人格尊严是指与人身有密切关系的名誉、姓名、肖像等不容侵犯的权利。人格尊严在宪法上表现为公民的人格权。《宪法》第38条规定："中华人民共和国公民的人格尊严不受侵犯。禁止用任何方法对公民进行侮辱、诽谤和诬告陷害。"表现为人格权的公民人格尊严主要包括下述几项权利：①姓名权；

②肖像权；③名誉权；④荣誉权；⑤隐私权。

3. 住宅不受侵犯

住宅不受侵犯是指任何机关、团体的工作人员或者其他个人，未经法律许可或者未经户主等居住者的同意，不得随意进入、搜查或者查封公民的住宅。公安、检察机关为了履行职务而需进入公民住宅时，必须严格依照法律规定的程序进行。

4. 通信自由和通信秘密受法律保护

通信自由是指公民通过书信、电话、电信及其他通信手段，根据自己的意愿自由进行通信不受他人干涉的自由；通信自由的主要内容是通信秘密，主要指公民的通信（包括电报、电话和邮件），他人不得隐匿、毁弃、拆阅或窃听。

（六）社会经济、文化教育方面的权利

社会经济权利是指公民依照宪法规定享有的物质经济利益的权利，是公民实现其他权利的物质上的保障。文化教育权利是公民依照宪法规定，在教育和文化领域享有的权利，除财产权外，社会经济权利和文化教育权利都属于公民的积极受益权，即公民可以积极主动地向国家提出申请，国家也应积极予以保障的权利。这类权利在 20 世纪以后越来越受到关注。

1. 财产权

财产权是指公民对其合法财产享有的不受非法侵犯的支配权。《宪法》第13 条第 2 款规定："国家依照法律规定保护公民的私有财产权和继承权。"现行宪法对公民财产权的规定比 1954 年《宪法》有了重大发展，主要是将公民"各种生活资料的所有权"改成"私有财产权"，从而扩大了公民财产权的保护范围。

2. 劳动权

劳动权是指有劳动能力的公民有从事劳动并取得相应报酬的权利。《宪法》第 42 条第 1、2 款规定："中华人民共和国公民有劳动的权利和义务。国家通过各种途径，创造劳动就业条件，加强劳动保护，改善劳动条件，并在发展生产的基础上，提高劳动报酬和福利待遇。"

3. 劳动者的休息权

休息权是劳动者在享受劳动权的过程中，为保护身体健康，提高劳动效率，根据国家的法律和制度的有关规定而享有的休息和休养的权利。《宪法》

第43条规定："中华人民共和国劳动者有休息的权利。国家发展劳动者休息和休养的设施，规定职工的工作时间和休假制度。"

4. 退休人员的保障权

《宪法》第44条规定："国家依照法律规定实行企业事业组织的职工和国家机关工作人员的退休制度。退休人员的生活受到国家和社会的保障。"退休是劳动者的权利，是一项附属于劳动权的权利。

5. 物质帮助权

物质帮助权是公民因失去劳动能力或者暂时失去劳动能力而不能获得必要的物质生活资料时，有从国家和社会获得物质保障、享受集体福利的权利。为了保障公民的这项权利，国家发展社会保险、社会救济和医疗卫生事业。

6. 受教育的权利和义务

《宪法》第46条第1款规定："中华人民共和国公民有受教育的权利和义务。"受教育的权利和义务是指公民有在国家和社会提供的各类学校和机构中学习文化知识的权利，也有在一定条件下依法接受各种形式的教育的义务。

◀ 案例

原告齐某某与被告之一陈某某都是山东省滕州市第八中学的初中学生，都参加了中等专科学校的预选考试。陈某某在预选考试中成绩不合格，失去继续参加统一招生考试的资格。而齐某某通过预选考试后，又在当年的统一招生考试中取得了超过委培生录取分数线的成绩。山东省济宁商业学校给齐某某发出录取通知书，由滕州八中转交。陈某某从滕州八中领取齐某某的录取通知书，并在其父亲陈某某的策划下，运用各种手段，以齐某某的名义到济宁商校就读直至毕业。毕业后，陈某某仍然使用齐某某的姓名，在中国银行滕州支行工作。

齐某某发现陈某某冒其姓名后，向山东省枣庄市中级人民法院提起民事诉讼，被告为陈某某、陈某某（陈某某的父亲）、济宁商校、滕州八中和山东省滕州市教育委员会。原告诉称：由于各被告共同弄虚作假，促成被告陈晓琪冒用原告的姓名进入济宁商校学习，致使原告的姓名权、受教育权以及其他相关权益受到侵害。请求法院判令被告停止侵害、赔礼道歉，并赔偿原告经济损失16万元，精神损失40万元。

最终，山东省高级人民法院依照《宪法》第46条和最高人民法院的批复, 对枣庄市中级人民法院的一审判决予以部分维持、部分撤销, 并判决: ①被上诉人陈某某、陈某某 (陈父) 赔偿齐某某因受教育的权利被侵犯造成的直接经济损失 7000 元, 被上诉人济宁商校、滕州八中、滕州教委承担连带赔偿责任; ②被上诉人陈某某、陈某某 (陈父) 赔偿齐某某因受教育的权利被侵犯造成的间接经济损失 (按陈某某以齐某某名义领取的工资扣除最低生活保障费后计算) 41 045 元, 被上诉人济宁商校、滕州八中、滕州教委承担连带赔偿责任; ③被上诉人陈某某、陈某某 (陈父)、济宁商校、滕州八中、滕州教委赔偿齐某某精神损害费 50 000 元。

问题: 法院作出此判决的法律依据是什么?

7. 文化权利和自由

《宪法》第 47 条规定: "中华人民共和国公民有进行科学研究、文学艺术创作和其他文化活动的自由。国家对于从事教育、科学、技术、文学、艺术和其他文化事业的公民的有益于人民的创造性工作, 给以鼓励和帮助。"

(七) 特定主体的权利

我国宪法除了对一切公民所应普遍享有的权利和自由作出了全面的规定外, 还对具有特定情况的公民给予特殊保护。

1. 保障妇女的权利

宪法规定, 我国妇女在政治、经济、文化、社会和家庭生活等各方面享有同男子平等的权利。

2. 保护婚姻、家庭、母亲、儿童和老人

《宪法》第 49 条规定: "婚姻、家庭、母亲和儿童受国家的保护……禁止破坏婚姻自由, 禁止虐待老人、妇女和儿童。"在法律上承认和保护合法的婚姻家庭关系将使社会获得稳定的社会关系基础, 同时, 婚姻关系和家庭关系中各成员相互间的权利将得到承认和保护, 相应地要求各成员间相互履行法定义务。

3. 保护华侨、归侨和侨眷的正当与合法权益

《宪法》第 50 条规定: "中华人民共和国保护华侨的正当的权利和利益, 保护归侨和侨眷的合法的权利和利益。"华侨是居住在外国的中国公民; 侨眷是华侨在我国国内的亲属。

1990 年全国人大常委会通过了《中华人民共和国归侨侨眷保护法》, 从

而确定了一套较为完善的保护制度。

三、我国公民的基本义务

（一）维护国家统一和民族团结

国家统一是公民享有基本权利的重要条件，任何公民都负有自觉地维护国家统一的神圣义务。维护国家统一是指维护国家主权独立和领土完整，公民有责任同破坏国家统一的言论和行为进行斗争。

（二）维护祖国的安全、荣誉和利益的义务

国家安全是国家政权稳定和公民依法行使权利与自由的根本保障，是指国家的领土完整和主权不受干扰和威胁；国家荣誉是指国家的声誉与荣誉不受损害，对有辱国家荣誉、损害国家利益的行为给予法律制裁；国家的利益是国家共同利益的集中体现，是相对于外国国家利益、集体利益和个人利益而言的国家整体利益。任何公民都不可为了自己的私利而危害国家的安全、荣誉和利益。

（三）保卫祖国，依法服兵役和参加民兵组织

依法服兵役作为公民的基本义务，具有法律强制性，即不履行服兵役义务则要承担法律责任。依据《兵役法》的规定，我国公民不分民族、种族、职业、家庭出身、宗教信仰和教育程度，都有服兵役的义务，但有严重生理缺陷或者严重残疾不适合服兵役的人以及依法被剥夺政治权利的人除外。

（四）依法纳税

税收是国家筹措资金的重要方式和国民收入的重要来源。纳税以公民的自觉性为基础，以强制性为后盾。因此，所有纳税单位和个人，都必须自觉地履行纳税的义务，任何偷税、漏税的做法都将受到法律的制裁。

四、我国公民基本权利和义务的主要特点

（一）公民权利和自由的广泛性

这主要体现在：①享有基本权利和自由的主体非常广泛。现阶段我国的权利主体的范围主要包括一切社会主义劳动者，拥护社会主义的爱国者和拥护祖国统一的爱国者；即使是对于被限制人身自由或者剥夺政治权利的公民而言，国家也是依法保护与他们身份相应的其他权利。②宪法确认并保障公民的基本权利和自由的范围广泛。我国现行宪法形成了包括政治权利、人身

权利、宗教信仰自由、社会经济权利、文化教育权利在内的完整权利体系。

（二）公民权利和义务的平等性

这主要体现在：①享有权利和履行义务方面一律平等。②公民的正当权利和利益平等地受到法律的保障，任何人侵犯他人权利的行为都平等地受到法律的追究。③任何人不得享有法律之外的特权。

（三）公民权利和义务的现实性

这主要体现在：①公民权利和义务的内容具有现实性。宪法在确立公民权利和自由时，充分考虑到我国的实际情况。②宪法规定的权利和义务具有法律和物质保障，因而是可以实现的。

（四）公民权利和义务的一致性

这主要体现在：①权利和义务主体的一致性。宪法要求公民既要享有宪法和法律规定的权利，又必须履行宪法和法律规定的义务。②公民的某些权利和义务是彼此结合的，如劳动权和受教育权既是公民的基本权利，又是公民的基本义务。③权利和义务互相促进、相辅相成。公民基本权利的有效保障将促使公民自觉地履行义务，公民义务的自觉履行将为公民基本权利和自由的扩大创造条件。

第四节　我国的国家机构

一、国家机构的概念

国家机构是国家为实现其职能而建立起来的国家机关的总和。国家机构的组织与活动是国家权力的具体表现，是实现国家职能，完成国家任务的直观形态。

二、我国国家机构的组织和活动原则

（一）民主集中制原则

我国的国家机构实行民主集中制的原则。民主集中制是一种民主与集中相结合的制度，是在民主基础上的集中和在集中指导下的民主的结合，体现了民主与集中的辩证统一。

（二）社会主义法治原则

有法可依、有法必依、执法必严、违法必究是社会主义法治原则的基本要求。国家机构贯彻社会主义法治原则，就是指国家机构在组织和活动中必须依法办事，具体体现在：①所有国家机关的设立都须有直接的法律根据；②国家机关行使权力须按法定程序进行；③任何国家机关违反宪法和法律的行为，都必须受到追究。

（三）责任制原则

责任制原则是指国家机关依法对其行使职权、履行职责的后果承担责任的原则。其表现在：各级人民代表大会都要向人民负责；国家行政机关、审判机关和检察机关等则向各级人民代表大会及其常务委员会负责。

由于各种国家机关行使的国家权力的性质不同，我国宪法规定了两种责任制，即集体负责制和个人负责制。如国家权力机关实行集体责任制，国务院实行个人（总理）负责制。

（四）联系群众、为人民服务原则

这一原则体现在：①国家机关一切工作都要从最大多数人的最高利益出发，为人民的根本利益服务；②在具体的工作中贯彻"从群众中来，到群众中去"的工作方法；③要开辟各种途径，吸收人民群众参加国家管理；④倾听群众的批评和意见，接受群众的监督。

（五）精简和效率原则

即在正确界定国家职能的基础上，设置相应的国家机关，并以法律的形式明确规定各个国家机关及其工作人员的职责权限，以便他们各司其职，各尽其责。

三、我国的国家机构体系

（一）全国人民代表大会

1. 全国人民代表大会的性质、地位、组成

全国人民代表大会（以下简称"全国人大"）是我国最高国家权力机关，也是国家立法机关，在国家机构体系中居于最高地位，其他国家机关都由全国人大产生并对它负责，受它监督。全国人大的工作方式主要是举行会议，通常每年一次。

2. 全国人民代表大会的主要职权

主要包括：①国家立法权，即修改宪法、监督宪法的实施；②制定和修改国家的基本法律；③国家领导人的任免权；④国家重大事项的决定权；⑤监督权；等等。

（二）全国人民代表大会常务委员会

1. 全国人民代表大会常务委员会的性质、地位、组成、任期

全国人民代表大会常务委员会（以下简称"全国人大常委会"）是全国人大的常设机关，是最高国家权力机关的组成部分，也是行使国家立法权的机关。全国人大常委会与全国人大是隶属关系，全国人大常委会必须服从全国人大，对全国人大负责并报告工作。全国人大常委会由委员长、副委员长若干人、秘书长、委员若干人组成，每届任期 5 年，行使职权至下一届全国人大选出新的常委会为止。委员长、副委员长连选连任不得超过 2 届。

2. 全国人大常委会的主要职权

包括：①解释宪法和法律，监督宪法的实施以及行使立法权；②人事任免、决定及批准权；③决定国家生活中的某些重要问题；④监督权；⑤荣典权；等等。

（三）中华人民共和国主席

1. 国家主席的性质、地位、产生、任期

国家主席是我国国家机构中的一个重要组成部分，属于我国最高权力机关的范畴。国家主席不是握有一定国家权力的个人，而是一个国家机关，同全国人大常委会结合行使国家元首的职权。中华人民共和国主席代表国家。中华人民共和国主席、副主席由全国人民代表大会选举产生。《宪法》第 79 条第 2 款规定："有选举权和被选举权的年满 45 周岁的中华人民共和国公民可以被选为中华人民共和国主席、副主席。"国家主席、副主席每届任期 5 年，连选连任不得超过 2 届。

2. 国家主席的职权

包括：①公布法律，发布命令；②任免国务院组成人员，授予国家的勋章和荣誉称号，发布特赦令，宣布进入紧急状态，宣布战争状态，发布动员令；③代表国家，进行国事活动，接受外国使节，批准和废除同外国缔结的条约和重要协定。

（四）国务院

1. 国务院的性质、地位、组成、任期

国务院即中央人民政府，是最高国家权力机关的执行机关，是最高国家行政机关。国务院在国家行政机关体系中处于最高地位，它对全国人大负责并报告工作，在全国人大闭会期间对全国人大常委会负责并报告工作。国务院由总理及副总理若干人、国务委员若干人、各部部长、各委员会主任、审计长和秘书长组成。国务院每届任期5年，总理、副总理、国务委员连选连任不得超过两届。国务院实行总理负责制，各部、各委员会实行部长、主任负责制。

2. 国务院的职权

国务院的职权主要有：①行政立法权，即依法制定行政法规、发布决定和命令；②行政管理权，即管理全国性的各方面的行政工作，如管理教育、对外事务、批准县的建置；③监督权，主要是对国务院各部、委、地方各级行政机关及其工作人员的监督；等等。

（五）中央军事委员会

中央军事委员会是全国武装力量的最高领导机关，是中央国家机构的重要组成部分。中央军委由主席、副主席若干人、委员若干人组成，每届任期5年，宪法未规定中央军事委员会主席的任期限制。中央军委实行主席负责制，军委主席对全国人大和全国人大常委会负责。

（六）人民法院

人民法院是国家的审判机关，依法行使审判权，人民法院通过行使审判权，即通过审理和判决刑事、民事、经济、行政和其他案件，来具体实现国家权力和国家职能。人民法院依照法律规定独立行使审判权，不受行政机关、社会团体和个人的干涉。我国的各级人民法院基本上是以国家行政区划为基础设置的，它的组织体系是：最高人民法院、地方各级人民法院（包括基层人民法院、中级人民法院和高级人民法院）和专门人民法院。最高人民法院对全国人民代表大会及其常委会负责并报告工作，监督地方各级人民法院和专门人民法院的审判工作。地方各级人民法院对产生它的国家权力机关负责，上级人民法院监督下级人民法院的审判工作。

（七）人民检察院

在我国，人民检察院通过行使检察权对各级国家机关、国家机关工作人员和公民是否遵守宪法和法律实行监督，以保障宪法和法律的统一实施。人民检察院依照法律规定独立行使检察权，不受行政机关、社会团体和个人的干涉。人民检察院的组织体系是：最高人民检察院、地方各级人民检察院（包括省、自治区、直辖市人民检察院；省、自治区、直辖市人民检察分院；自治州和设区的市人民检察院；县、不设区的市、自治县和市辖区人民检察院和专门人民检察院）。人民检察院的领导体制为双重领导体制，人民检察院对国家权力机关负责，上级人民检察院领导下级人民检察院的工作。

最高人民检察院对全国人民代表大会及其常委会负责并报告工作；地方各级人民检察院对产生它的国家权力机关和上级人民检察院负责。

第三章
民　法

第一节　民法概述

一般认为，民法源于罗马法。所谓罗马法，一般是指古罗马奴隶制国家从形成到衰亡整个历史时期的法律制度的总称。早期罗马法的代表是公元前451～公元前450年制定的《十二铜表法》。罗马法由于适应了商品经济的发展，不仅在当时发挥了重要作用，而且对后世也有着广泛的影响。1804年颁布施行的《法国民法典》是世界上最早的一部资产阶级民法典，为当时的欧洲和后来许多国家的民事立法树立了一个典范。

由于各种各样的原因，我国尚未颁布民法典。1987年1月1日起施行的《中华人民共和国民法通则》（以下简称《民法通则》），是目前我国民法的基本法律。

一、民法的概念及调整对象

民法是调整平等主体的自然人、法人、其他组织之间的财产关系和人身关系的法律规范的总称。

我国《民法通则》第2条规定："中华人民共和国民法调整平等主体的公民之间、法人之间、公民和法人之间的财产关系和人身关系。"根据这一规定，我国民法的调整对象是平等主体的自然人、法人、其他组织之间的财产关系和人身关系。

（一）平等主体之间的财产关系

财产关系是指人们在物质资料生产、分配、交换和消费过程中形成的具有经济内容和利益的社会关系。根据财产关系主体地位的不同，财产关系可分为横向财产关系和纵向财产关系，主体地位平等的财产关系就是横向财产关系，主体地位不平等的就是纵向财产关系。民法只调整平等主体间发生的财产关系，即横向财产关系。

（二）平等主体之间的人身关系

人身关系，又称人身非财产关系，是指基于人与人之间的人格和身份而形成的，与人身不可分离而以特定精神利益为内容的社会关系。如基于人的生命健康、姓名、肖像、荣誉、名誉、著作、发明等所发生的社会关系，这些关系在民法上表现为姓名权、荣誉权、著作权、发明权等。但并不是所有的人身关系均由民法来调整，民法只调整平等主体之间的人身关系。民法调整的财产关系和人身关系都具有平等的属性，在这种关系中，当事人互不隶属，彼此处于平等的法律地位，能够保持自己独立的意志和自由。

二、民法的基本原则

民法基本原则，是指效力贯穿整个民事法律制度的根本规则，是民事立法、民事司法和民事活动的基本准则。民法基本原则体现了民法的基本价值，集中反映了民事立法的目的和方针，对各项民法制度和民法规范起统率和指导作用。

（一）平等原则

我国《民法通则》第 3 条规定："当事人在民事活动中的地位平等。"民事主体地位平等是指民事主体享有独立、平等的法律人格，在具体的民事法律关系中互不隶属，地位平等，各自能独立地表达自己的意志，其合法权益平等地受到法律保护。具体包括：①民事主体具有独立、平等的人格；②在具体民事法律关系中，民事主体平等地享有民事权利承担民事义务，不允许任何人享有任何特权；③民事主体一律受平等的对待，平等地适用法律。

平等原则反映了民事法律关系的本质特征，体现了民法调整平等主体之间的财产关系和人身关系的要求。

（二）自愿原则

自愿原则也称意思自治原则，是指民事主体在进行民事活动时，在法律允许的范围内享有完全的自由，意志独立、行为自主，根据自己的真实意思来充分表达自己的意愿，根据自己的意愿来设立、变更和终止民事法律关系。

自愿原则与平等原则密切联系。自愿以民事主体地位平等为前提，只有民事主体地位平等，不同的民事主体才可能在意志上独立，任何一方当事人才能不受他人意志的支配。自愿又是民事主体地位平等的具体体现。

（三）公平原则

公平原则指民事主体应该本着社会公认的公平观念从事民事活动，而司法机关裁判民事纠纷时，也应该本着公平的观念和要求。公平原则还要求民事案件处理的结果符合公平、正义的要求。

（四）诚实信用原则

诚实信用原则指民事主体在从事民事活动、行使民事权利和履行民事义务时，应该按照诚实、善意的态度，讲究信用、恪守诺言、诚实不欺，在不损害他人和社会利益的前提下追求自己的利益，维持双方利益平衡以及当事人利益与社会利益的平衡。

（五）权利不得滥用原则

《民法通则》第6条规定："民事活动必须遵守法律，法律没有规定的，应当遵守国家政策。"第7条规定："民事活动应当尊重社会公德，不得损害社会公共利益，扰乱社会经济秩序。"这些规定是禁止权利滥用原则的法律表现形式。

民法一方面奉行私权神圣原则，充分保护私权；另一方面又提出禁止权利滥用原则，将权利之行使限制在不违反法律和不损害社会公共利益的范围之内，从而协调个人利益与社会公共利益。因此，禁止权利滥用原则要求民事主体对自己民事权利的行使，不得超越法律所规定的正当界限。

（六）公序良俗原则

公序良俗原则是指民事主体的行为应当遵守公共秩序，符合善良风俗，不得违反国家的公共秩序和社会的一般道德。公序良俗是公共秩序与善良风俗的简称。《民法通则》第7条规定："民事活动应当尊重社会公德，不得损害社会公共利益，扰乱社会经济秩序。"公共秩序，是指国家社会的存在及其发展所必需的一般秩序。善良风俗，是指国家社会的存在及其发展所必需的一般道德。

◁🔊 案例

甲男与乙女于2002年登记结婚，婚后双方未生育子女，关系尚可，但经常有打骂行为。2005年7月1日凌晨，两人因琐事在家中发生争执，乙女遭甲男殴打后即到厨房拿出一把水果刀对着甲男，当甲男再次上前时，乙女遂用手中水果刀刺伤甲男左腹部。甲男后送医院抢救无效死亡，经法医鉴定，其系因被刺破左髂总动脉致急性失血休克而死亡。乙女被法院以故意伤害罪判处了有期徒刑，并在刑事附带民事诉讼中赔偿甲男父母经济损失，共计人民币二十余万元，双方约定给付方式待析产后，从乙女所得财产中以现金方式一次性支付。后因双方在遗产继承问题上协商未成，甲男父母诉至法院，主张乙女故意杀害被继承人，按法律规定已丧失继承权，要求判令甲男遗产由原告继承。

问题：本案中，双方当事人争执的主要焦点是乙女的继承权是否丧失？

三、民事法律关系

民事法律关系是平等主体之间发生的，符合民事法律规范的，以权利义务为内容的社会关系。

民事法律关系是法律关系之一种，它既有法律关系的共性，也有区别于其他法律关系的特殊性。民法调整的社会关系的平等性和民法实行的平等原则决定了民事法律关系是平等主体间的法律关系，民事法律关系只调整平等主体间的财产关系和人身关系。

（一）民事法律关系的要素

1. 民事法律关系的主体

民事法律关系的主体是指参加民事法律关系，享有民事权利和承担民事义务的人。根据我国《民法通则》规定，民事法律关系主体是公民和法人。在实践中以户为单位的个体工商户、农村承包经营户、个人合伙组织以及非法人组织，也可以自己的名义参与民事活动，因而也是民事主体。在特定的情况下，国家还直接参与债的法律关系，因此，国家是特殊的民事主体。

在民事主体中，享有权利的一方为权利主体，负有义务的一方为义务主体。在不同的民事法律关系中对主体的称谓不同，如所有权关系中的所有人和非所有人，买卖合同中的买受人和出卖人，出租合同中的出租人与承租人等。

2. 民事法律关系的客体

民事法律关系的客体是指民事法律关系的主体享有的民事权利和负有的民事义务所共同指向的对象。

民事法律关系的客体主要有四类：物、行为、智力成果和人身利益。不同的民事法律关系有不同的客体，如物权关系的客体是物，债权关系的客体是行为，知识产权关系的客体是智力成果，人身关系的客体是人身利益。

民法上的物，是指存在于人身之外，能够满足人们的社会需要，而又能为人们所实际控制或支配的物质客体。物是民事法律关系的最为普遍的客体。

行为是指权利人行使权利的活动以及义务人履行义务的活动。行为主要是债的法律关系的客体，主要有三种：一是给付财产的行为，如在买卖合同法律关系中，出卖人给付出卖物的行为；二是完成一定工作并交付工作成果的行为，如承揽合同中，交付工作成果的行为；三是提供劳务或服务，如保管合同中的保管行为。

智力成果又称知识产品，是指人类运用脑力劳动创造的具有一定表现形式的精神财富。智力成果的几种主要类型：作品、发明、实用新型、外观设计、科学发现、商标等。

人格和身份也称为人身非物质利益或精神利益。就自然人而言，非物质利益包括生命、健康、自由、名誉、隐私、荣誉等；对法人或其他社会组织而言，包括名称、名誉等。

除此而外，有的民事法律关系的客体还可以是某种民事权利（如权利质押关系的客体是权利）或者民事义务（如债务移转合同的客体即是被移转的债务）。

3. 民事法律关系的内容

民事法律关系的内容是指民事主体享有的民事权利和承担的民事义务。民事权利是民事法律关系的权利主体为实现其受法律保护的财产利益或人身利益，依法为一定行为或者不为一定行为的可能性；民事义务则是民事法律关系的义务主体为实现权利主体的利益，依法应当为一定行为或不应当为一定行为的约束。在民事法律关系中，民事权利与民事义务既是相互对立的，又是互相依存的，一方主体享有的权利往往是另一方主体承担的义务。

（二）民事法律事实

民事法律事实是指能够引起民事法律关系产生、变更或消灭的客观现象。法律关系不是自然而然地产生的，也不能仅凭法律规范的规定就在当事人之间产生具体的民事法律关系，只有一定的法律事实发生，才能在当事人之间产生一定的法律关系或者使原来的法律关系变更或消灭。

民事法律事实，根据其是否和当事人的意志有关，分为事件和行为。

民事法律事件是指与当事人意志无关，能够引起民事法律关系产生、变更或消灭的客观现象。如自然人的死亡能够引起民事主体资格的消灭、合同关系的变更或解除等，时间的经过会引起一定的请求权的发生或消灭。

民事法律行为是指与人们意志有关的，能够引起民事法律关系产生、变更或消灭的人的活动。行为是受人的意志所支配的，人们通过有目的、有意识的活动建立一定的民事法律关系。有些行为属于行为人的过失行为或无意发生法律后果的行为，但这些行为因违反民事法律的规定，也有引起产生一定民事法律关系的后果，如过失侵权行为等，它们都属于能够发生一定民事后果的法律事实。因此，合法行为和违法行为都可在民事主体之间发生、变更或消灭一定的民事法律关系。

第二节　民事主体

在我国，民事主体主要是自然人和法人，也包括其他享有民事权利承担民事义务的非法人组织和国家。

一、自然人

自然人是基于自然规律出生而获得生命、具有生理属性的人类个体。自然人是与法人相对应的法律概念，它包括公民、外国人、无国籍人。

（一）自然人的民事权利能力和民事行为能力

1. 自然人的民事权利能力的概念

民事权利能力是指民事主体依法享有民事权利和承担民事义务的资格。这是自然人民事主体资格的法律依据和标志。自然人的民事权利能力具有平等性、统一性、广泛性和不可转让性。

2. 自然人的民事权利能力的开始和终止

我国《民法通则》第9条规定："公民从出生时起到死亡时止，具有民事权利能力，依法享有民事权利，承担民事义务。"由此可见，我国公民的民事权利能力从出生时开始，死亡后其权利能力也随之消灭。

按照司法解释，公民出生时间的确认，应以户籍证明为准；没有户籍证明的，以医院出具的出生证明为准；没有医院证明的，参照其他有关证明认定。

3. 自然人的民事行为能力

公民的民事行为能力，是指根据法律的规定，公民以其行为从事民事活动，取得民事权利和承担民事义务的能力。

公民的民事行为能力由法律直接规定，受到公民的年龄及智力状况和精神健康状况的影响。

我国《民法通则》将自然人的民事行为能力分为三类：完全民事行为能力、限制民事行为能力和无民事行为能力。

完全民事行为能力，是指自然人可以通过自己完全独立的行为取得民事权利和承担民事义务的资格。我国《民法通则》第 11 条规定："18 周岁以上的公民是成年人，具有完全民事行为能力，可以独立进行民事活动，是完全民事行为能力人。16 周岁以上不满 18 周岁的公民，以自己的劳动收入为主要生活来源的，视为完全民事行为能力人。"

限制民事行为能力，又称不完全民事行为能力，是指自然人在一定范围内具有民事行为能力，超出一定范围便不具有相应的民事行为能力。《民法通则》第 12、13 条规定，10 周岁以上的未成年人是限制民事行为能力人，不能完全辨认自己行为的精神病人是限制民事行为能力人。限制民事行为能力人可以进行与他们的年龄、智力、精神健康状态相适应的民事活动，其他民事活动应由其法定代理人代理或征得法定代理人同意后进行。

无民事行为能力，是指自然人不具有以自己的行为取得民事权利和承担民事义务的能力。《民法通则》第 12、13 条规定，不满 10 周岁的未成年人，是无民事行为能力人，由他的法定代理人代理民事活动；不能辨认自己的行为的精神病人是无民事行为能力人，由他的法定代理人代理民事活动。

◁ 案例

老张有一个 9 岁儿子，十分顽皮。今年 3 月，孩子把老张妻子刚买的一块进口手表偷出去，以 5 元钱的价格卖掉。老张妻子几经追问才找到买主，耐心向对方说明情况，要求返还手表，并退回他 5 元钱。但对方却说手表是买的，又不是骗来的，不予退还。

问题：孩子可以转让手表的所有权吗？

（二）监护

监护是对无民事行为能力人和限制民事行为能力人的人身、财产以及其他合法权益加以监督和保护的民事法律制度。

1. 监护人的设定

根据无民事行为能力人和限制民事行为能力人的具体情形，可分别依法为其设定法定监护人和指定监护人。

（1）法定监护人。法定监护人是指根据法律的直接规定而为无民事行为能力人和限制民事行为能力人设定的监护人。

对于未成年人的法定监护人，法律规定，未成年人的父母是未成年人的监护人。未成年人的父母已经死亡或者没有监护能力的，由下列人员中有监护能力的人担任监护人：①祖父母、外祖父母；②兄、姐；③关系密切的其他亲属、朋友愿意承担监护责任，经未成年人的父、母的所在单位或者未成年人住所地的居民委员会、村民委员会同意的；④没有上述几种监护人的，由未成年人的父母所在单位、未成年人的住所地居民委员会、村民委员会或者民政部门担任。

精神病人的法定监护人依次为配偶、父母、成年子女、其他近亲属以及经精神病人所在单位或者其住所地的居民委员会、村民委员会同意的关系密切的其他亲属、朋友。

（2）指定监护人。指定监护人是指当无民事行为能力人和限制民事行为能力人的法定监护人对由谁担任监护人发生争议，则由有关社会组织为无民事行为能力人和限制民事行为能力人在法定监护人中指定某人担任监护人。《民法通则》规定，对担任监护人有争议的，由未成年人父、母所在单位，精神病人所在单位或者未成年人、精神病人住所地的居民委员会、村民委员会在近亲属中指定；对指定不服提起诉讼的，由人民法院裁决。

2. 监护人的职责

监护人的职责主要包括：①保护被监护人的人身、财产及其他合法权益；②监督被监护人从事民事活动；③代理被监护人参加民事法律关系；④管束和教育被监护人。

（三）宣告失踪和宣告死亡

1. 宣告失踪

宣告失踪是指自然人下落不明满 2 年的，经利害关系人申请，人民法院宣告其失踪并对其财产实行代管的法律制度。

失踪人下落不明的起算时间从其音讯消失的次日起计算；战争期间下落不明的，应从战争结束之日起算。利害关系人的范围，我国司法实践中一般认为应该包括两方面：一是被申请宣告失踪人的近亲属，如配偶、父母、子女、兄弟姐妹、祖父母、外祖父母、孙子女、外孙子女；二是与被申请宣告失踪人有民事权利义务关系的人，如债权人、合伙人、对该自然人有监护责任的人等。

自然人被宣告失踪后，被宣告失踪人的权利能力并不消失，其财产由他的配偶、父母、成年子女或者关系密切的其他亲属、朋友代管。代管有争议的，没有以上规定的人或者以上规定的人无力代管的，由人民法院指定的人代管；失踪人所欠的税款、债务和应付的其他费用，由代管人从失踪人的财产中支付。

宣告失踪是对自然人失踪事实的确认，如果被宣告失踪人重新出现或者有人确知其下落的，经本人或者利害关系人的申请，人民法院应当撤销所做的失踪宣告判决。

2. 宣告死亡

宣告死亡是指自然人下落不明满4年（在意外事件中下落不明满2年）的，经利害关系人申请，由人民法院依法定程序宣告其死亡的法律制度。

被宣告死亡人下落不明起算的时间和宣告失踪人下落不明起算的时间相同。宣告死亡与自然死亡产生同样的法律后果：在财产方面，对被宣告死亡的自然人的债权债务进行清理，继承关系开始；在婚姻关系方面，被宣告死亡人与其配偶的婚姻关系，自死亡宣告之日起消灭；被宣告死亡的人在被宣告死亡后，其子女可以被他人依法收养。

被宣告死亡的人重新出现，或者有人确知被宣告死亡人的下落，经本人或者利害关系人申请，人民法院应当撤销对其死亡宣告。

◁▷案例

李某将自家的一辆人力两轮板车放于河大堤内侧的斜坡上，然后到河岸边等候其在河中捕鱼的父亲。由于板车放置不当，李某离开后不久，该板车自动滑下坡，把正在河边洗衣服的王某撞入河中，李某意识到后即下河施救，但未能发现王某，后经长期打捞无果，始终没有发现王某尸体。两年后，经利害关系人申请，法院判决宣告王某死亡。

问题： 法院的判决正确吗？

宣告死亡被撤销后，如果其配偶尚未再婚，夫妻关系从撤销死亡宣告之日起自行恢复；如果其配偶再婚，其配偶再婚的婚姻关系有效；如果其配偶再婚后又离婚或者再婚后配偶又死亡的，则不能认定夫妻关系自行恢复。被宣告死亡的公民在被宣告死亡期间，其子女被他人依法收养的，不能主张收养无效，收养人和被收养人同意解除收养关系的除外。被撤销宣告死亡的人有权请求返还财产，一般应当归还原物，原物不存在应给予适当补偿，如果利害关系人隐瞒真实情况使他人被宣告死亡而取得其财产的，除应返还原物及孳息外，还应赔偿给被宣告死亡人造成的损失。

宣告死亡只是一种法律推定，被宣告死亡的自然人也许还活着，因此，《民法通则》规定，具备相应的民事行为能力的自然人在宣告死亡期间实施的民事法律行为有效。

（四）个体工商户、农村承包经营户和个人合伙

个体工商户，是指公民在法律允许的范围内，依法经核准登记，从事工商业经营的民事主体。个体工商户必须依法办理工商登记，经核准后才能取得相应的民事主体资格，从而享有民事权利和承担民事义务，从事工商业经营活动。

农村承包经营户，是指农村集体经济组织的成员，在法律允许的范围内，按照承包合同的规定从事商品经营的民事主体。

个体工商户和农村承包经营户对外以户的名义从事民事活动，在享有民事权利的同时也应当承担相应的民事义务。个体工商户、农村承包经营户的债务，个人经营的，以个人财产承担；家庭经营的，以家庭共有财产承担；用家庭共有财产投资或者用其收益的主要部分供家庭成员享用的，其债务应以家庭共有财产承担；在夫妻关系存续期间，一方从事个体经营或者承包经营的，其收入为夫妻共同财产，债务亦应以夫妻共同财产清偿。

个人合伙是依法设立，由各合伙人订立合伙协议、共同出资、合伙经营、共享收益、共担风险，并对合伙企业债务承担无限连带责任的营利性组织。个人合伙属于非法人组织，具有相对独立的法律地位。

二、法人

（一）法人的概念和特征

法人，是具有民事权利能力和民事行为能力，依法独立享有民事权利和承担民事义务的社会组织。

法人的法律特征表现在如下方面：

（1）法人是一种社会组织。社会组织是具有一定组织机构的集合体，包括人的集合和财产的集合，法人作为社会组织，必须具有一定的组织机构，不因法人成员的变化影响其民事主体资格的存续。

（2）法人具有独立的财产，不仅独立于其他社会组织的财产，而且脱离于法人成员和法人创设人的财产。法人对其拥有的财产享有占有、使用、收益和处分的权利。

（3）法人具有独立承担民事责任的能力。法人以自己的名义进行民事活动，以自己独立的财产承担民事责任。

（二）法人的类型

根据不同标准，可以将法人分为如下几类：

1. 公法人和私法人

这是根据法人设立的目的及法律依据不同而进行的分类。公法人是指依照公法为根据设立的法人，如国家行政管理机关；私法人是依照私法为根据设立的法人，如公司。

2. 社团法人和财团法人

这是依法人成立的构成要素为标准而进行的分类。社团法人以其成员的存在为基础，按照其章程从事活动，如公司、协会、学会等；财团法人则以他人捐赠的财产为基础而成立，依照捐赠的目的和法人章程规定从事活动，如基金会、慈善机构等。

3. 公益法人和营利法人

这是以法人成立的不同目的为标准做的分类。公益法人成立的目的是社会公益事业；营利法人设立的目的是为了营利。社团法人中多数是营利法人，少数为公益法人；而财团法人则均为公益法人。

4. 企业法人、机关法人、事业单位法人、社会团体法人

这是我国《民法通则》的分类。机关法人是指根据法律规定或行政命令

而成立的、行使国家权力和从事国家活动、具有法人资格的社会组织，它相当于公法人；事业单位法人是指从事社会公益事业的，具有独立法人资格的社会组织，属于公益法人；社会团体法人，是指由自然人或法人基于共同的目的而自觉成立，依其章程规定从事社会活动，具有独立法人资格的社会组织，如民主党派团体、人民群众团体、文学艺术团体、科学研究团体等。

（三）法人民事权利能力和民事行为能力

法人的民事权利能力是指法律赋予法人从事民事活动、享受民事权利、承担民事义务的资格。

与公民的民事权利能力相比较，法人的民事权利能力具有以下特点：①法人的民事权利能力从法人依法成立时开始享有，到法人终止时消灭；②法人的民事权利能力与公民的民事权利能力范围不同；③法人之间的民事权利能力因其性质和设立目的的限制而有所差异。

法人的民事行为能力是指法人根据法律的规定，以其行为从事民事活动，取得民事权利和承担民事义务的能力。

法人的民事行为能力和权利能力同时产生，同时消灭；法人的民事行为能力在范围上受到法人设立目的、性质和章程的限制。如事业单位学校不能从事营利性活动，只承担社会公益事业任务；法人的民事行为能力只能由它的机关或工作人员加以实现。

（四）法人的成立、变更和终止

1. 法人的设立

法人的设立是指依照法律规定的条件和程序创设法人，使其具有民事主体资格的过程。根据《民法通则》的规定，设立法人应当符合法律的规定，有必要的财产或经费，有自己的名称、组织机构和场所。

2. 法人的变更

法人的变更，是指在法人存续期间发生法人组织的分立、合并或其他重大事项的变化。法人的分立是指将一个法人分为两个或两个以上法人组织的行为；法人的合并是指两个或两个以上的法人依照法律规定或协议约定整合为一个法人的行为；法人的变更必须依法经过批准，办理相应的登记手续并公告。

3. 法人的终止

法人的终止又称法人的消灭，是指因法定事由的出现而导致法人民事主体资格的丧失。

根据《民法通则》第 45 条的规定，法人终止的法定事由包括：依法被撤销、解散、依法宣告破产和其他原因。

法人的终止必须经过清算，清算完毕后，法人资格才最终消灭。

第三节　人身权

一、人身权的概念和特征

（一）人身权的概念

人身权是指民事主体依法享有的，与其人身不可分离、无直接财产内容的民事权利。人身权是民事主体依法享有的最基本的民事权利，它和财产权共同构成了民法中的两大类基本民事权利。

（二）人身权的法律特征

1. 人身权与权利主体人身紧密联系，不可分离

人身权的不可分离性，决定了权利主体行使人身权的方式不同于财产权。人身权是民事主体一种固有的权利，无论是自然人、法人还是非法人组织，自他们具有法律上的人格时起，就自然地享有人身权。人身权与民事主体的紧密联系还表现在人身权除法律另有规定外，通常不得以任何形式转让，即不得出售、赠与或继承。

2. 人身权没有直接的财产内容

人身权是以人身利益为其权利客体的，而人身利益本身不具有财产属性，因此，人身权不直接体现权利人的财产利益，也不以满足权利人的财产利益为目的，故其本身没有直接的财产内容。人身权无直接的财产内容，但与财产权又有密切联系，往往是发生财产关系或为主体带来财产利益的依据或前提。

3. 人身权是绝对权和支配权

人身权是一种绝对权，其权利主体是特定的，权利主体之外的任何人都是义务人，都负有不妨害权利主体人身权的义务。民事主体在自己的人身权受到他人的不法侵害时，可依法自行保护或请求有关机关予以保护。

人身权是一种支配权，其权利主体在法律允许的范围内可自主行使该权

利，而无需他人的协助。如自然人对自己的生命权、健康权、身体权、姓名权、肖像权等人格权利可直接进行支配，并且在支配这些权利时不需要特定的义务人予以协助。

二、人身权的分类

根据人身权依存的社会关系，可将人身权分为人格权和身份权两大类。

（一）人格权

人格权是指民事主体固有的，由法律确认的，以人格利益为客体，为维护民事主体具有法律上的独立人格所必备的基本权利。人格权包括生命权、健康权、姓名（名称）权、肖像权、名誉权和隐私权等。

1. 生命权

生命权是以自然人的生命安全利益为内容的一种人格权。生命权是最基本的、独立的人格权，是人赖以生存的前提，也是公民行使其他民事权利的基础。生命的存在和生命权的享有，是每个公民的最高人身利益。

2. 健康权

健康权是指自然人以其外部组织和身体内部生理机能的健全，使肌体生理机能正常运作和功能完善发挥，从而维持人体生命活动为内容的人格权。

3. 姓名（名称）权

姓名权是指自然人依法享有的自主决定、使用和变更自己姓名并排除他人非法干涉的权利。包括姓名决定权、姓名使用权、姓名改变权。

名称权是指自然人以外的民事主体依法享有的决定、使用、改变、转让自己的名称并排除他人非法干涉的一种人格权。

4. 肖像权

肖像权是指公民对通过造型艺术或其他形式在客观上再现自己形象所享有的专有权。肖像权是自然人专有的民事权利，自然人有权决定由自己或他人制作自己的肖像，有权禁止他人非法制作、使用自己的肖像。

5. 名誉权

名誉权指自然人、法人或其他组织就其自身属性和价值所获得的社会评价而依法享有的保有、维护并不受他人侵犯的权利。

6. 隐私权

隐私权是指自然人享有的对自己的个人秘密和个人生活进行支配并排除

他人干涉的一种人格权。隐私权的客体是隐私，隐私一般是指仅与特定人的利益或者人身发生联系，是权利人不愿为他人所知晓的私人生活和私人信息。

📢 案例

汤先生和范小姐同在一家公司的销售部工作，汤先生正式向范小姐求婚，不料被范拒绝。汤怀恨在心，冒充范小姐的真实姓名在报纸上刊登征婚广告，并注明范小姐的真实姓名和联系地址。随后，范小姐接二连三接到多封求爱信，大为震惊和羞愧。一怒之下，以侵害名誉权为由，将汤先生告到法院。

问题： 汤先生侵犯范小姐的什么权利？

（二）身份权

身份权是指民事主体基于某种特定的身份而依法享有的一种民事权利。根据我国《民法通则》和《婚姻法》的有关规定，身份权主要包括亲权、配偶权和亲属权。

1. 亲权

亲权是指父母基于其身份对未成年子女人身、财产方面的管教和保护的权利。它是源于父母子女这一特定的身份关系而产生的一种专属于父母的权利。我国立法未对亲权作出明确规定，但"未成年人的父母是未成年人的法定监护人"的规定，说明我国法律规定的监护权带有亲权的性质。

亲权的内容主要包括：①对未成年子女进行管教、保护的权利；②作为未成年子女的法定代理人，代理未成年子女的民事法律行为；③管理未成年子女的财产；等等。

2. 配偶权

配偶权是指在合法有效的婚姻关系存续期间，夫妻双方基于夫妻身份所互享的民事权利。其内容主要包括：①同居权，即夫妻双方享有请求对方与自己同居的权利，负有与对方同居的义务；②忠诚权，即夫妻双方互享请求对方保持对自己忠诚的权利，如恪守贞操；③协助权，即夫妻双方互享请求对方在生活中给予自己帮助、照顾和配合的权利，负有帮助、照顾和配合对方的义务。

3. 亲属权

亲属权是指民事主体因血缘、收养等关系产生的特定身份而享有的民事权利。主要包括：①父母与成年子女之间的权利，如父母享有请求成年子女赡养的权利；②祖父母、外祖父母与孙子女、外孙子女之间的权利，如父母已经死亡的未成年的孙子女、外孙子女享有请求有负担能力的祖父母、外祖父母抚养的权利；③兄弟姐妹之间的权利，如父母无力抚养的未成年弟妹享有请求有负担能力的兄、姐抚养的权利。

第四节　物　权

一、物权的概念与特征

物权是权利主体依法对特定的物进行直接支配并享受物之利益的排他性财产权利。物权是民法中最基本的一种财产权。

在财产权体系中，物权是作为其他财产权的前提和归宿而存在的。物权是债权、继承权的出发点，也是债权和继承权的归宿点。

物权和其他权利相比，有以下特征：

1. 物权是绝对权

物权的权利主体是特定的，而义务主体则是不特定的，除权利人外，其他任何人都负有不得侵害他人物权的义务，他们都是物权的义务主体，承担不侵害他人物权的不作为义务。

2. 物权是支配权

物权人可以直接对物进行支配，不需要借助其他任何人的行为。

物权人可以依自己的意志直接占有、使用或者以其他方式支配标的物，任何人非经物权人的同意，不得侵害其权利或者加以干涉，物权人在行使权利的时候，也无需得到任何人的同意。物权人对物的支配可以表现为对物的全面支配，如所有权，也可以表现为对物的某一方面的支配，如用益物权和担保物权。

3. 物权是排他权

即物权人有权排除他人对于他行使物上权利的干涉，而且同一物上不允许有内容不相容的物权并存。

二、物权法的原则和物权的分类

（一）物权法的基本原则

1. 平等保护物权原则

即物权法平等保护各民事主体的物权。我国《物权法》第4条规定："国家、集体、私人的物权和其他权利人的物权受法律保护，任何单位和个人不得侵犯。"

2. 物权法定原则

物权法定原则是指物权的种类、内容以及创设方式，均由法律直接规定，禁止任何人创设法律没有规定的物权和不按法律有关规定创设法律已作规定的物权。不按法定原则创设物权的行为不能产生物权的效力。

3. 公示公信原则

公示原则是指物权变动行为须以法定方式进行才能生效的原则。公示原则要求当事人依照法定方式向社会公众公开其物权变动，以明确何人取得物权，何人丧失物权，否则不能发生物权变动的效力。如动产的物权变动以交付为公示形式，不动产物权变动则以登记作为其公示形式。公信原则是指赋予公示以一定范围可信性效力的原则。即若物权变动公示的，即使公示与实际权利关系不一致，标的物出让人事实上无处分权，善意受让人基于对公示的信赖，仍能取得物权。

（二）物权的分类

物权可以按不同标准进行以下分类：

1. 自物权与他物权

这是根据权利主体是否为物的所有人而分的。自物权是物的所有人对自己的所有物依法进行全面支配的物权；他物权是非所有人根据法律规定或者所有人的意思对他人的所有物享有的进行有限支配的物权。

2. 用益物权与担保物权

根据设立的目的不同，他物权可以进一步分为用益物权与担保物权。用益物权是以物的使用收益为目的而设立的物权；担保物权是以保证债务的履行、债权的实现为目的而设立的物权。

3. 动产物权与不动产物权

按物权的客体是动产或不动产，可以分为动产物权和与不动产物权。动产物权是以能够移动的物为客体的物权；不动产物权是以土地、房屋等不能移动的物为客体的物权。

三、物权的效力

（一）物权的优先权效力

1. 物权破除债权

它是指就债权的特定标的物成立物权时，该物权可基于其优先效力破除债权，使已经成立的债权不能实现。在这种情况下，债权人不能请求物权人交付原债权的标的物，只有请求原债务人承担违约责任。

2. 先物权优于后物权

它是指在同一标的物上同时存在两个以上相同内容或性质的物权时，先成立的物权优先于后成立的物权。

3. 优先受偿权

它是指享有担保物权的债权人可以就担保物的价值优先于其他债权人受到清偿。

4. 优先购买权

它是指物的所有人出卖其标的物时，与该物存在物权关系的人，在同等条件下可以优先于其他人购买。

（二）物上请求权效力

物上请求权效力是指物权人对物的支配因受到他人妨碍而出现缺陷时，为恢复其对物的圆满支配状态而产生的请求权。包括返还原物请求权、排除妨碍请求权、恢复原状请求权。

（三）物权的追及效力

物权的追及效力指物权的标的物无论辗转落入何人之手，除法律另有规定外，物权人均可追及至物之所在行使物权的法律效力。但追及效力不是绝对的，也要保护善意第三人。

四、所有权

（一）所有权的概念和特征

所有权是指所有人依法对自己所有的财产享有的占有、使用、收益和处分的权利。

所有权具有以下主要特征：①所有权是自物权。所有权是权利人对自己之物所享有的权利，而他物权则是权利人对他人之物所享有的权利；②所有权为完全物权。在所有的物权中，所有权是对物的最完整的权利。在不违反法律或第三人权利的范围内，所有权人可以对物进行自由处分，而无需受其他人限制。

（二）所有权的内容

1. 占有权

占有是指所有人对物的实际掌管和控制。占有权即对所有物加以实际管领或控制的权利。

所有权的占有权既可以由所有人自己行使，也可以由他人行使，因此，占有分为所有人占有和非所有人占有。非所有人占有又分合法占有和非法占有。合法占有是指基于法律的规定或所有人的意志而享有的占有权利；非法占有则指无合法依据亦未取得所有人同意的占有。非法占有又分为善意占有和恶意占有。善意占有是指非法占有人在占有时不知道或不应当知道其占有为非法；恶意占有则指非法占有人在占有时已经知道或应当知道其占有为非法。

2. 使用权

使用权是指依照物的属性及用途对物进行利用从而实现权利人利益的权利。所有人对物的使用是所有权存在的基本目的，人们通过对物的使用来满足生产和生活的基本需要。所有人对自己所有的物享有当然的使用权，也可移转给非所有人享有。

3. 收益权

收益权是指收取物所生利益的权利。物所生利益主要指物的孳息，孳息包括天然孳息和法定孳息两类。天然孳息是指因物的自然属性而生之物，如母牛所生牛仔；法定孳息是指依一定的法律关系而生之利益，如股票的股息。天然孳息在没有与原物分离之前，由原物所有人所有；法定孳息的取得则需依据法律规定进行。

4. 处分权

处分权是指所有人依法处置物的权利。处分包括事实上的处分和法律上的处分。事实上的处分是指通过一定的事实行为对物进行处置，如消费、加工、改造、毁损等；法律上的处分是指依照法律的规定改变物的权利状态，如转让、租借等。

处分权是所有权内容的核心,是拥有所有权的根本标志,是决定物之命运的一项权能。因此,在通常情况下,处分权均由所有人来行使,但在特殊情况下,处分权可以基于法律的规定和所有人的意志而与所有权分离,如国有企业依法处分国有财产。

(三) 所有权的种类

我国《物权法》根据所有权的主体不同,将所有权分为国家所有权、集体所有权和私人所有权。

1. 国家所有权

国家所有权是指国家对全民所有的财产进行占有、使用、收益和处分的权利。属于国家所有的财产包括:①矿藏、水流、海域、城市的土地;②森林、山岭、草原、荒地、滩涂(集体的除外);③无线电频谱资源、国防资产;④法律规定的野生动植物资源;⑤法律规定的铁路、公路、电力设施、电信设施和油气管道;⑥国家举办的事业单位对其直接支配的不动产和动产;⑦国家出资的企业。

国有财产由国务院代表国家来统一行使国家所有权。

2. 集体所有权

集体所有权是指集体组织以及集体组织全体成员对集体财产享有的占有、使用、收益和处分的权利。集体所有权分为农村集体和城镇集体。属于集体所有的财产有:①法律规定属于集体所有的土地和森林、山岭、草原、荒地、滩涂;②集体所有的建筑物、生产设施、农田水利设施;③集体所有的教育、科学、文化、卫生、体育等设施;④集体所有的其他不动产和动产。

集体所有的财产由集体经济组织全体成员或者村民委员会代表集体行使所有权。

3. 私人所有权

私人所有权是指自然人个人对合法取得的不动产和动产享有的占有、使用、收益、处分并排除他人干涉的权利。我国《宪法》《民法通则》和《物权法》都规定了保护私人合法的财产。

(四) 所有权的取得和消灭

所有权的取得是指民事主体根据一定的法律事实获得某物的所有权,从而在该特定主体与其他人之间发生以该物为客体的所有权法律关系。根据所有权的取得是否以原所有人的所有权与意志为依据，所有权的取得可分为原始取得和继受取得，两种取得又各有不同的方法。

1. 原始取得

原始取得是指根据法律的规定，取得新物、无主物的所有权，或者不以原所有人的意志为根据而取得原物的所有权。原始取得的主要方法有：

（1）生产。这是指民事主体通过自己的劳动创造出新的财产进而取得该财产的所有权的方式。

（2）先占。这是指民事主体以所有人的意思占有无主动产而取得其所有权的法律事实。

（3）添附。这是指不同所有人的物因一定的行为而结合在一起形成不可分割的物或具有新质的物。

（4）善意取得。这是指无处分权人将其占有的他人动产或登记在其名下的他人的不动产转让给第三人，若第三人在交易时出于善意即可取得该财产的所有权。

（5）遗失物、漂流物、埋藏物或隐藏物的取得。遗失物是指他人丢失的动产，漂流物是指在水上漂流的动产，埋藏物通常是指埋藏于地下，所有权人不明的动产，隐藏物是指隐藏于他物之中的物。根据我国《物权法》规定，拾得遗失物，应当返还权利人。遗失物自发布招领公告之日起6个月内无人认领的，归国家所有。

拾得漂流物、发现埋藏物和隐藏物的，参照拾得遗失物的有关规定，文物保护法等法律另有规定的，依照其规定。

（6）孳息的取得。孳息是指民事主体通过合法途径而取得的物质利益，包括天然孳息和法定孳息。天然孳息是指原物因自然规律而产生的或者按物的用法而收获的物。天然孳息由所有人取得，既有所有权人又有用益物权人的，由用益物权人取得，当事人另有约定的，按照约定。法定孳息是指根据法律的规定所产生的收益。法定孳息，当事人有约定的，按照约定取得，没有约定或者约定不明确的，按照交易习惯取得。

◁《案例

农民某甲与某肉联厂约定：由肉联厂将其所有的两头黄牛宰杀后，净得的牛肉按每千克20元的价格进行结算；牛头、牛皮、牛下水归肉联厂，再由某甲付宰杀费400元。在宰杀过中，肉联厂屠宰工人在其中一头牛的下水中发现牛黄70克。肉联厂将这些牛黄出售，每克200元，共得14 000元。某甲得知此事后，认为牛黄应当归其所有，遂向肉联厂索取卖牛黄所得的14 000元价款。肉联厂认为牛黄在牛下水中，而牛下水按约定是归肉联厂的，因此拒绝给某甲该款。双方发生纠纷。

问题：牛黄应归谁所有？法律上的依据是什么？

2. 继受取得

继受取得，又称传来取得，是指通过一定的法律行为或基于法定的事实从原所有人处取得所有权。根据法律的规定，所有权继受取得的原因主要包括：

（1）因一定的法律行为而取得所有权。法律行为具体包括买卖合同、赠与、互易等。

（2）因法律行为以外的事实而取得所有权。例如继承遗产、接受他人遗赠等。

（3）因其他合法原因取得所有权。如合作经济组织的成员通过合股集资的方式形成新的所有权形式。

3. 所有权的消灭

所有权的消灭是指因一定的法律行为或法律事实而使所有权人丧失物的所有权。所有权消灭的情形主要包括：①所有物灭失；②所有物转移；③所有物被抛弃；④所有人消灭；⑤强制手段等。

（五）所有权的民法保护方式

1. 请求确认物权

当因为物权归属不明或是否存在发生争执时，当事人可以向法院提起诉讼，请求确认物权。

2. 请求排除妨碍

当他人的行为非法妨碍物权人行使物权时，物权人可以请求妨碍人排除妨碍，也可请求法院责令妨碍人排除妨碍。排除妨碍之请求，直接占有物的所有人可以提出，直接占有物的用益物权人也可以提出。

3. 请求恢复原状

当物权的标的物因他人的侵害行为而损坏时，如果能够修复，物权人可以请求侵权行为人加以修理，恢复物之原状。恢复原状物的请求，可以由物之所有权人提出，也可以由物之合法占有人提出。

4. 请求返还原物

所有人的财产被他人非法占有时，财产所有人或合法占有人可以依照法律的规定请求不法占有人返还原物，或者请求法院责令不法占有人返还原物。

5. 请求赔偿损失

当他人侵害物权的行为造成物权人的经济损失时，物权人可以直接请求侵害人赔偿损失，也可请求法院责令侵害人赔偿损失。

五、共有、建筑物区分共有及相邻关系

（一）共有

共有是指两个或两个以上的民事主体对同一项财产共同享有所有权。两个或两个以上的所有权主体称为共有人，共同拥有的标的称为共有财产，这种特殊的所有权称为共有权。

根据"一物一权"的物权原则，共有权是单独的物权，并非在一项财产上的两个以上所有权。

共有权有两种，按份共有和共同共有。按份共有是指两个或两个以上的共有人按照各自的份额分别对共有财产享有权利和承担义务的一种共有关系。共同共有是指两个或两个以上的人对某项财产不分份额共同享有权利和承担义务，包括夫妻共有和家庭共有。

在共同共有关系中，对共有财产的处分和其他权利的行使，应得到全体共有人的同意，而且各共有人有平等的决定权。

按份共有人对自己的份额，可以自由处分，而共同共有的份额，在共有关系存续期间不得自由处分。

◁▷ 案例

甲、乙、丙于2009年8月8日各出资1万元买得一幅名画。约定由甲保管。同年10月，甲遇丁，丁愿购此画。甲即将画作价7.5万元卖给丁。

问题： 甲是否有权出卖该画？

（二）建筑物区分所有权

建筑物区分所有权也称公寓所有权、分层所有权，是指多个区分所有权

人共同拥有一栋区分所有建筑物时，各区分所有权人对建筑物专有部分所享有的专有所有权和对共用部分所享有的共有权的总称。

专有部分是指在构造上及使用上具有独立性，并且能够成为所有权客体的部分。业主对其建筑物专有部分享有占有、使用、收益和处分的权利。但业主行使权利时不得危及建筑物的安全，不得损害其他业主的合法权益。

业主对建筑物专有部分以外的共有部分，如建筑物的基本构造部分、建筑物的共用部分、土地使用权及设施等享有权利，承担义务，不得以放弃权利为由不履行义务。

此外，业主对整栋建筑物或整个小区享有成员权，全体所有人可以成立管理组织（如业主委员会）管理相关事务，包括对重要管理事项的表决、参与订立规约、选举和解除管理者、请求停止违反共同利益行为等。

（三）相邻关系

相邻关系是指两个或两个以上相邻的不动产的所有人或使用人，在使用各自所有的或占有的不动产时，相互之间应当给予便利或接受限制而发生的权利义务关系。

相邻关系中的不动产的所有人或使用人又称相邻人，相邻方享有的要求他人给予方便的权利又称相邻权。相邻权是为调节在行使不动产所有权中的权益冲突而产生的一种权利。

处理相邻关系的基本原则：有利生产、方便生活、团结互助、公平合理、尊重历史和习惯。

📣案例

甲与乙均住于某小区一栋四层楼内，对所居住之房屋均有私有产权。该楼每层居住两户。甲住四楼，对四楼之两套房屋均具有产权，乙住同一门洞之三楼。

甲于2011年将三、四楼之间三楼以上第二个楼梯的台阶处用防盗门封死，仅供自家出入。乙认为甲封闭楼道影响了自己的采光权，阻断了消防通道，影响了自己的生活。在反复协商未能达成一致的情况下，2002年，乙向人民法院起诉，要求甲拆除封堵的木门。

问题： 此案应当如何处理？

六、用益物权和担保物权

（一）用益物权

用益物权是指以使用和收益方式直接支配他人所有之物，并排除任何人不法干预的限制物权。我国《物权法》规定的用益物权有四种。

1. 土地承包经营权

土地承包经营权是指农业生产经营者为种植、养殖、畜牧等农业目的，对其依法承包的集体所有和国家所有由农民集体使用的土地（耕地、林地、草地等）享有的占有、使用和收益的权利。

2. 建设用地使用权

建设用地使用权是指土地使用权人为营造建筑物或其他工作物而使用国有土地的权利。

3. 宅基地使用权

宅基地使用权是指集体经济组织成员依法在集体所有的土地上建筑住宅及其附属设施，供居住使用的权利。

4. 地役权

地役权是指为了自己的不动产使用的便利和效益，按照合同约定而利用他人不动产的权利。

（二）担保物权

担保物权是指以确保特定债权的实现为目的、以支配和取得特定财产的交换价值为内容的限定物权。我国《物权法》规定的担保物权有三种。

1. 抵押权

抵押权是指债权人对债务人或第三人提供的不转移占有的财产，在债务人到期不履行债务时，就该财产的价值优先受偿的权利。

2. 质权

质权是指债权人对债务人或第三人提供的移转占有的动产或其他财产权利，于债务人到期不履行债务时或发生约定的情形时，就该出质财产的价金优先受偿的权利。

3. 留置权

留置权是指债权人按照合同占有债务人的动产，于债务人到期不履行债务时，可依法直接留置该动产，并在宽限期届满后，变价优先受偿的权利。

第五节 债 权

一、债和债权

债是指特定当事人之间的一种民事法律关系。按照我国《民法通则》第84条第1款的规定:"债是按照合同的约定或者依照法律的规定,在当事人之间产生的特定的权利和义务关系。享有权利的人是债权人,负有义务的人是债务人。"

债权是指债权人请求债务人为给付行为的权利。债权和物权是财产法律制度中的两大制度,两者之间有着密切联系,债权以物权为基础;而债权的实现又以债权人取得所有权为结果。和物权相比,债权有以下特点:

(1)债权是相对权、对人权。债的主体都是特定的。在债的关系中,权利主体是特定的,而且义务主体也是特定的。

(2)债权是请求权。在债的关系中,债权人的权利只有通过特定的义务主体为一定行为或不为一定行为才能实现,亦即没有相对人的履行义务,债权就无从实现,故债权为请求权。

(3)债的客体具有广泛性。在债的关系中,物、行为和智力成果皆可成为债的客体,如买卖合同的标的是物,技术转让合同的标的是智力成果。可见,债的客体具有广泛性。

二、债发生的根据

债是民事法律关系的一种,它的发生也必须以一定的民事法律事实为根据。能够引起债发生的法律事实即是债发生的根据。债发生的根据主要有四种。

(一)合同

合同,也称契约,是指民事主体之间关于设立、变更或终止民事关系的协议。任何一种民事合同的成立,都意味着在当事人之间发生债的关系。因此,合同行为是引起债务关系发生的最主要、最普遍的根据。

(二)侵权行为

侵权行为是指行为人不法侵害他人的财产权利或人身权利的行为,根据我国《民法通则》以及有关法律的规定,侵权行为一经发生,也能在加害人和受害人之间产生权利义务关系，即受害人有要求加害人赔偿其财产损失或身心损害所带来的经济损失的权利，加害人则负有赔偿这种损失的义务。因此，侵权行为也是我国较为普遍的债的发生根据。

（三）不当得利

凡是没有法律或契约上的根据，有损于他人而取得的利益就叫不当得利。不当得利，它可能表现为得利人的财产增加，致使他人不应减少的财产减少了；也可能表现为得利人应支付的费用没有支付，致使他人应当增加的财产没有增加。

（四）无因管理

无因管理是指没有法定或约定的义务管理他人事务或为他人服务的行为。管理他人事务的人为管理人，负有将所管理的事务通知本人、适当管理、继续管理等义务，本人负有偿还必要费用、赔偿损失等义务，管理人与本人之间发生债的关系。

◁◀案例

张某父子俩共同生活。2009 年秋天，张某父子俩出国务工，需 6 个月后才能回家。一天，气象台预报：近期将有强台风。张家邻居王某见张家无人，房子又年久失修，难以承受台风袭击。于是，就花钱请人对张家的房子进行了加固，共花费用 500 元，但台风过后，张家的房子还是倒塌了。

问题：王某的行为是否构成无因管理？王某是否有权要求张家父子偿还所支出的费用？

三、债的类型

以引起债发生的根据为标准，可把债分为合同之债和非合同之债。

依照主体标准，债可分为单数主体之债和复数主体之债。单数主体之债是债权人和债务人都是一个人（自然人或者法人，下同）的债。它只存在双方当事人之间的债权债务关系，相对来说比较单纯。复数主体之债则是当事人一方是两个人或者更多人，甚至双方都是多数人的债，这就复杂多了，因为除了双方之间的债权债务关系之外，还存在每个当事人之间的权利义务关系以及其中每个人与对方的权利义务关系。复数主体之债依其每方复数主体之间是否具有连带关系而分为连带之债和按份之债。

依照给付的标的，可以把债分为实物之债、货币之债、劳务之债等，而实物之债也还可分为种类之债和特定之债。

依照债的内容是否具有选择性而分为选择之债和非选择之债。

依照债务关系，债可分为主债与从债、总债与分债。

四、债的履行和担保

债的履行是指债务人按照合同的约定或者依照法律的规定全面履行自己所承担的义务。

不同类型的债，履行的表现形式不同。在合同之债中，最常见的如买卖合同的出卖人交付标的物，买受人支付价款，货物运输合同的承运方将托运货物按照约定时间和地点运达，托运方为此支付酬金，都是债的履行。而非合同之债，其履行表现为：不当得利人须将其取得的不当得利返还受损失者；无因管理的管理人应将其所管理的事务移交本人；不法侵害人应当赔偿受害人所受到的损失。

债的担保是指保证债得以履行的有效措施。我国债的担保种类主要有保证、抵押、质押、留置、定金。

五、债的终止

债的终止即债的消灭，是指民事主体之间债权债务关系因一定的法律事实而不再存在的情况。

债的终止原因主要包括以下几种：

（1）债的履行。即债务人按照法律规定或合同约定清偿了债务，债权人接受其履行从而导致债的消灭。

（2）债的解除。即合同有效成立后，因一方当事人的意思表示或双方的协议而导致债的消灭。

（3）抵销。指当事人双方互负同种类的债务，各自以其债权充当债务之履行，而使其债务与对方的债务在对等额内消灭。

（4）提存。指债务人在债务履行期届满时，将无法给付的标的物交提存机关，以消灭债务的行为。

（5）债务免除。指债权人抛弃债权，而使债务人的债务消灭的单方的民事法律行为。

（6）混同。即债权与债务同归于一个民事主体，而使债的关系消灭的法律事实。

第六节　民事责任

一、民事责任的概念和特点

民事责任是指民事主体因违反合同或者不履行其他民事法律义务而依法所应当承担的责任。承担民事责任的前提是违反民事义务。民事责任主要是财产性责任，也包括非财产性责任，它是一种补偿性责任，是特定主体之间的责任。

二、民事责任的归责原则

民事责任的归责原则是指确定民事主体是否承担民事责任的根本标准。我国民事责任的归责原则主要包括过错责任原则、无过错责任原则和公平责任原则。

（一）过错责任原则

过错责任原则，是指民事主体承担民事责任的前提，是其在实施损害行为时主观上存在过错。它是我国民事责任最主要的归责原则，适用于大多数的民事责任。

所谓过错，主要包括两种情况：①故意。即行为人明知自己的行为会造成损害他人权益的结果，仍然积极追求或听任损害结果发生的主观心理状态。②过失。即行为人因未尽合理的注意义务而未预见自己的行为会造成的损害后果，因此而造成损害后果发生的主观心理状态。

（二）无过错责任原则

无过错责任原则又称客观归责原则或严格责任原则，是指在法律规定的特定领域或行业内，只要损害结果是由行为人的行为造成的，则不论行为人主观上是否存在过错，都可确定由其承担民事责任的归责原则。

（三）公平责任原则

公平责任原则，是指当事人双方对损害结果的发生均无过错时，根据公平原则在当事人之间合理分担损失的归责原则。

我国《民法通则》第 132 条即对公平责任原则做了规定："当事人对造成损害都没有过错的，可以根据实际情况，由当事人分担民事责任。"

三、一般侵权行为的民事责任

（一）一般侵权行为民事责任的构成要件

1. 必须有损害事实的存在

所谓损害事实，既包括对财产的损害，也包括对人身权利的损害，损害事实的客观存在是侵权行为民事责任基本构成要件之一，没有损害事实，就没有侵权行为的民事责任。

2. 行为人的行为是违反法律规定的行为

若行为人的行为虽在客观上造成了他人的损害，但并未违反民事法律规范，如医生给病人动手术以及因正当防卫、紧急避险等造成他人损害的，一般不承担民事责任。

3. 侵权人的侵权行为与损害后果之间存在着因果关系

即违法行为是损害事实发生的原因，损害事实是违法行为所导致的必然结果，如果损害事实并非违法行为所致，则二者之间无因果关系，行为人也就无需承担民事责任。

4. 侵权行为人存在主观上的过错

即行为人主观上存在故意或者过失，法律另有规定的除外。故意是指行为人明知自己的行为会导致损害后果，却希望或者放任这种后果的发生；过失是指行为人应当预见到自己的行为可能导致损害后果，却因疏忽大意而未预见到，或者虽然预见到，但却轻信能够避免而致这种后果的发生。

（二）免责条件

行为人虽然有侵权的事实，但出现法律规定的情况时，可以不承担民事责任，包括：①受害人故意。如果损害是因受害人故意造成的，行为人不承担责任。②第三人的原因。损害是因第三人造成的，由第三人承担侵权责任。③不可抗力。因不能预见、不能避免并不能克服的客观情况造成他人损害的，不承担责任。法律另有规定的，依照其规定。④正当防卫和紧急避险。因正当防卫造成损害的，不承担责任；因紧急避险造成损害的，由引起险情发生的人承担责任。如果危险是由自然原因引起的，紧急避险人不承担责任或者给予适当补偿。

◁✦ 案例

2011 年 5 月 2 日，刘某驾驶大货车顺着国道往北出城，车辆驶至城乡接合部，刘某见行人车辆渐少，遂加快行驶速度。此时，突然发现前面有一人王某横穿公路，眼看就要撞上王某，刘某慌乱之下猛打方向盘，避开王某，但由于车辆方向急转，失去平衡，一下子便侧翻在地，车辆、货物均有受损。刘某遂要求王某赔偿，王某不肯。在多次要求赔偿未果的情况下，刘某诉至法院请求法院判决王某赔偿其所受损失。

问题： 王某应当赔偿吗？

四、特殊侵权行为的民事责任

特殊侵权行为，是指侵权行为虽不同时具备一般侵权民事责任的构成要件，但依照民法上的特别责任条款或者民事特别法的规定所应当承担的民事责任。

（1）国家机关或其工作人员因执行职务致人损害的民事责任。根据我国《民法通则》的规定，国家机关或者国家机关工作人员在执行职务中，侵犯公民、法人的合法权益造成损害的，应当承担民事责任。

（2）因产品质量不合格造成他人财产、人身损害的，产品的制造者、销售者应当依法承担民事责任。运输者、仓储者对此负有责任的，产品制造者、销售者有权要求赔偿损失。

（3）高度危险作业致人损害的，应当承担民事责任。从事高空、高压、易燃、易爆、剧毒、放射性、高速运输工具等对周围环境有高度危险的作业造成他人损害的，应当承担民事责任；如果能够证明损害是由受害人故意造成的，不承担民事责任。

（4）违反国家保护环境防止污染的规定，污染环境致人损害的，应当依法承担民事责任。

（5）在公共场所、道旁或者通道上挖坑、修缮安装地下设施等，没有设置明显标志和采取安全措施造成他人损害的，施工人应当承担民事责任。

（6）建筑物或者其他设施以及建筑物上的搁置物、悬挂物发生倒塌、脱落、坠落致人损害的，它的所有人或者管理人应当承担民事责任，但能够证明自己没有过错的除外。

（7）饲养的动物致人损害的，动物饲养人或者管理人应当承担民事责任。由于受害人的过错造成损害的，动物饲养人或者管理人不承担民事责任；由于第三人的过错造成损害的，第三人应当承担民事责任。

（8）无民事行为能力人、限制行为能力人致人损害的，由监护人承担民事责任。监护人尽了监护责任的，可以适当减轻他的民事责任。有财产的无民事行为能力人、限制民事行为能力人造成他人损害的，从本人财产中支付赔偿费用。不足部分，由监护人适当赔偿，但单位担任监护人的除外。

五、民事责任的承担方式

1. 赔偿损失

即指行为人违反民事义务致人损害后，以其财产赔偿受害人所受的损失。

2. 返还财产

即指侵权行为人将其非法占有或获得的财产移转给原所有人或其他合法的权利人。

3. 恢复原状

即指使受害人的财产恢复到受侵害之前的状态。

4. 停止侵害

即指侵权行为人终止其正在进行的或者延续的损害他人合法权益的行为。

5. 排除妨碍

即指侵权行为人排除由其行为造成的妨碍他人权利正常行使和利益实现的客观事实状态。

6. 消除危险

即指侵权行为人消除由其行为引起的现实存在的某种可能对他人合法权益造成损害的紧急事实状态。

7. 消除影响

即指侵权行为人在其行为造成不良影响的范围内消除对受害人的不利后果。

8. 恢复名誉

即指侵权行为人采取适当方式使受害人的名誉恢复到未受损害之前的状态。

9. 赔礼道歉

即指由侵权行为人以口头或书面的方式向受害人承认错误，表达歉意的承担责任方式。

第七节　诉讼时效

一、时效的概念和种类

时效是指一定的事实状态经过一定的时间，即依法产生一定法律后果的法律制度。时效属于法律事实中的事件，关于时效的规定属于强行性规定，不得由当事人以其自由意思而加以改变。

诉讼时效的实质，是对民事权利保护的一种时间限制。民事主体的权利受到国家法律保护，这是权利本身固有的属性，因此，当民事权利受到侵害时，权利人有权请求人民法院通过诉讼程序予以保护。但这种保护并不是无期限的、永久的，而是在法律规定期限内的保护，权利人逾期不行使请求权将会丧失胜诉权。但权利人的实体权利并未因此而消灭，因而《民法通则》规定"超过诉讼时效期间，当事人自愿履行的，不受诉讼时效限制"。

时效依其成立要件及其法律效果不同，分为取得时效和消灭时效两种。取得实效又称占有时效，是指非所有人占有财产超过法定时间未受所有人追索而取得该财产所有权；消灭时效又称诉讼时效，是指民事权利受到侵害的权利主体在法定时间内不行使请求权即丧失获得法律保护的权利。

二、诉讼时效的概念和种类

（一）诉讼时效的概念

诉讼时效是指权利人在法定期间内不行使权利即丧失请求人民法院依法保护其民事权利的法律制度。

（二）诉讼时效的种类

根据诉讼时效期间的长短和适用范围的不同，诉讼时效分为三类。

1. 普通诉讼时效

普通诉讼时效又称一般诉讼时效，是指在一般情况下普遍适用的诉讼时效。它是针对一般民事法律关系的共同性而加以规定和适用的时效，范围十分广泛。根据我国《民法通则》的规定，普通诉讼时效的期间为 2 年。

案例

3 年前，豫北某村的朱某与马某，因故发生纠纷而厮打，结果马某将朱某打伤，朱某花住院费 700 余元。当时，朱某出院后没向马某提出支付医疗费的要求。孰料 3 年后，二人因故再生纠纷，朱某就向马某提出 3 年前的医疗费问题，遭马拒绝。

问题：朱某可以向法院起诉要求马某赔偿医疗费吗？

2. 特殊诉讼时效

特殊诉讼时效是指适用于特定的民事法律关系、长于或短于普通诉讼时效期间的时效。特殊诉讼时效优先于一般诉讼时效，凡有特殊诉讼时效规定的，要适用特殊诉讼时效，在没有特殊诉讼时效规定的情况下，才适用一般诉讼时效。根据《民法通则》的规定，特殊诉讼时效可以分为两种：①诉讼时效期间为 1 年的时效。包括：身体受到伤害要求赔偿的；出售质量不合格的商品未声明的；延付或拒付租金的；寄存财物被丢失或者毁损的。②诉讼时效期间在 2 年以上的诉讼时效。如因环境污染损害赔偿提起诉讼的时效期间为 3 年，因国际货物买卖合同和技术进出口合同发生争议的诉讼时效为 4 年。

3. 最长诉讼时效

最长诉讼时效是指对于各类民事权利予以保护的最长时效期间。根据我国《民法通则》的规定，最长诉讼时效的期间为 20 年。

三、诉讼时效的开始、中止、中断和延长

（一）诉讼时效的开始

我国《民法通则》规定，诉讼时效期间从知道或者应当知道权利被侵害时起计算。所谓应当知道，是一种客观推定，就是不管当事人实际上是否知道权利受到侵害，只要客观上存在知道的可能，人民法院就应当开始计算诉讼时效期间。最长保护期限是从权利被侵害之日起开始计算。

不同案件的时效起算点不尽相同，大致有以下几种方法：①有约定履行期限的债权，诉讼时效从期限届满之日的第二天起算；②没有履行期限或履行期限不明的债权，应当自债权人给予债务人清偿债务的宽限期届满时起算；

③附条件或附期限的债的民事法律关系，从条件成就或期限届满之时起算；④财产被侵害，要求返还财产或恢复原状的，从权利人知道或者应当知道财产被侵害及加害人为谁时起算；⑤人身受到伤害，损害明显的，从受伤之日起算，伤害当时未发现的，从伤势确诊之日起算。

（二）诉讼时效的中止

诉讼时效的中止，又称为时效的暂停，是指在诉讼时效期间的最后6个月，因发生不可抗力或者其他阻碍权利人行使请求权的法定事由，暂时停止计算诉讼时效，从中止时效的原因消除之日起，诉讼时效期间继续计算。

（三）诉讼时效的中断

诉讼时效的中断，是指已开始的诉讼时效因发生法定的事由不再计算，并使已经经过的时效期间丧失效力，诉讼时效期间重新计算。诉讼时效在重新计算期间内，再发生中断事由，则再次中断。

中断的法定事由有如下几种：①提起诉讼。包括民事诉讼法上的一切权利主张形式，如起诉、应诉，作为第三人参加诉讼，申请支付令、申报破产债权、申请强制执行等，也包括依照其他法律规定的争议解决程序提出权利的主张，还包括权利人向人民调解委员会或有关单位提出保护民事权利的请求等。②权利人主张权利。这是指权利人在诉讼程序外向义务人明确提出要求其履行义务的意思通知。③义务人同意履行义务。这是指权利人的相对人表示知悉该权利人的权利存在的行为。

（四）诉讼时效的延长

诉讼时效的延长，是指在诉讼时效期间届满以后，权利人因有特殊情况和正当理由提起诉讼，法院可将法定诉讼时效期间予以延长的一种法律制度。

《民法通则》规定："有特殊情况的，人民法院可以延长诉讼时效期间。"这里的特殊情况，是指权利人由于客观的障碍，在法定诉讼时效期间内不能行使请求权的情况。但具体标准，应由人民法院严格掌握。

诉讼时效的延长与诉讼时效的中止、中断的主要区别在于：延长发生在时效期间届满之后，且适用于1年、2年及20年时效期间的规定；中止、中断发生在时效期间届满之前，仅适用1年、2年时效期间的规定，不适用20年的时效期间。

第一节　刑法概述

一、刑法的概念和渊源

（一）刑法的概念和特征

刑法是规定犯罪和刑罚及其罪刑关系的法律。刑法作为一个独立的部门法，具有以下特征：

1. 公法的特征

公法是与私法相对应的概念，公法是指涉及公共利益，尤其是国家利益的法律。而私法是指涉及私人利益的法律。刑法作为公法，个人处于受国家权力支配的法律地位，只要主体的行为触犯刑律构成犯罪，即应当受到司法机关的刑事追究。

2. 刑事法的特征

刑事法是与民事法、行政法相对应的概念，指以犯罪为规制对象，围绕犯罪的侦查、认定与刑罚的裁量、执行及其程序的法律规范总和。凡与刑事（犯罪）有关的一切法律，均可被称为刑事法。刑法作为刑事法，与犯罪和刑罚具有密切联系，可以说是刑事基本法。

3. 强行法的特征

强行法是与任意法相对应的概念，是指必须绝对执行的法律规范。在法学理论上，一般认为刑法主要是强行法，只有在告诉才处理的情况下才具有任意法的性质。刑法由于具有这种强行法的特征，国家强制力体现得更为明显。

（二）刑法的任务

我国《刑法》第 2 条规定："中华人民共和国刑法的任务，是用刑罚同一切犯罪行为作斗争，以保卫国家安全，保卫人民民主专政的政权和社会主义制度，保护国有财产和劳动群众集体所有的财产，保护公民私人所有的财产，保护公民的人身权利、民主权利和其他权利，维护社会秩序、经济秩序，保障社会主义建设事业的顺利进行。"

根据这一规定，我国刑法的任务包括两个方面的内容：①打击犯罪与保护人民的统一；②保障机能与保护机能的统一。打击犯罪与保护人民是手段与目的的关系。刑法的保障机能首先是指刑法为无罪的人不受法律追究提供了法律保障。刑法的保护机能，是指刑法通过制裁侵害一定社会关系的犯罪行为，而达到使社会关系不再受犯罪侵害的目的。刑法的保障机能与保护机能是有机统一的，两者不可偏废。

二、刑法的基本原则

刑法作为一门独立的部门法，是一个有机的整体。若干刑法法律规范之间必然存在内在的联系，体现着相同的原理或者准则，这就是刑法的基本原则。它是刑法的灵魂和核心，贯穿于刑法法律关系之中，作为刑法的精髓，指导刑法的制订、修改、废除并指导刑法的实施。我国《刑法》第 3～5 条对刑法的基本原则做了规定，研究这些原则，具有重要意义。

（一）罪刑法定原则

罪刑法定原则又称罪刑法定主义，即某一行为是否构成犯罪，构成什么罪，对犯罪处什么刑，均须由法律预先明文规定，也即所谓"法无明文规定不为罪，法无明文规定不处罚"。

我国《刑法》第 3 条规定了罪刑法定原则："法律明文规定为犯罪行为的，依照法律定罪处刑；法律没有明文规定为犯罪行为的，不得定罪处刑。"罪刑法定原则在刑法中的确立，只是罪刑法定原则的立法化。罪刑法定原则的真正实现，还有赖于罪刑法定原则的司法化，也就是必须在司法活动中切实地贯彻罪刑法定原则。

（二）法律面前人人平等原则

法律面前人人平等是我国宪法确立的社会主义法治原则。我国《刑法》第 4 条明确规定："对任何人犯罪，在适用法律上一律平等。不允许任何人有超越法律的特权。"

平等适用刑法是保障公民自由、实现法治的要求，也是保护法益的要求，还是预防犯罪的要求，同样也是人们实现价值追求的要求，即得到尊重的欲望。

（三）罪刑相当原则

罪刑相当原则是指根据客观行为的侵害性与主观意识的罪过性相结合的犯罪社会危害程度，以及犯罪主体再次犯罪的危险程度作为刑罚的尺度。罪刑相当原则不同于罪刑均衡原则，罪刑均衡原则要求刑罚设定合理的体系，而罪刑相当原则既制约量刑，也制约定罪。刑罚的轻重必须与罪行的轻重以及罪犯的人身危险性相适应是罪刑相当原则的要求。如刑法中关于累犯、特别再犯、减刑、假释的规定就体现了这一原则。

我国《刑法》第5条明确规定："刑罚的轻重，应当与犯罪分子所犯罪行和承担的刑事责任相适应。"

三、刑法的适用范围

（一）刑法的时间效力

刑法的时间效力解决的是刑法在何时生效、在何时失效以及对其生效前的行为有无追溯效力。其主要解决的是刑法溯及力问题。

从本质上说，根据罪刑法定原则，定罪判刑应以行为时有法律的明文规定为限，行为人只能根据行为之时的有效法律预见其行为后果，对行为之后才实施的法律原则上不能对该行为有效。但如果法律发生变更，由于考虑到有利于被告人的原则，故产生了刑法时间效力的"从旧兼从轻"规则，其含义为：

（1）要考虑的是适用旧法即行为当时的法律规定。

（2）当新旧法规定不同时，适用新法的基本条件是其处刑较轻或不认为是犯罪，即轻法可以溯及既往。处刑轻重的比较应当以法定刑轻重为依据。

（3）刑法溯及力适用的对象只能是未决犯（即未作出生效判决的案件），对于已决犯按照《刑法》第12条第2款之规定则不适用。

（4）关于"跨法连续犯、跨法继续犯"的适用法律问题。如果旧刑法不认为是犯罪，则只处罚新刑法生效以后的行为。如果新旧法都认为是犯罪，只是构成要件、罪名、情节、法定刑发生变化的，根据最高人民检察院司法解释规定，追诉时一律适用新刑法。

（5）关于司法解释的时间效力问题。司法解释实施前发生的行为，行为实施时没有相关司法解释，司法解释施行后尚未处理的或者正在处理的案件，依照司法解释的规定办理。如果存在新旧司法解释的，依照"从旧兼从轻"规则处理。

（6）按照审判监督程序重新审判的案件，适用行为时的法律，没有溯及力问题。

（二）刑法的空间效力

刑法的空间效力即刑法的空间适用范围，需要解决的是刑罚在什么样的空间范围内有适用的效力，是以一定的地域范围还是在一定的公民范围，还是以保护本国利益为准则，或是在全球化的背景下而产生的普遍管辖原则。刑法的空间效力归结起来主要有：

（1）属地原则。即不管是本国人还是外国人，只要在本国领域内犯罪，就适用本国刑法。我国《刑法》第6条第1款规定："凡在中华人民共和国领域内犯罪的，除法律有特别规定的以外，都适用本法。"属地原则处于基础性的地位。

◁ 案例

迈克，23岁，外国人，系某国在医科大学的留学生。2011年5月13日，迈克遭到医科大学另一外国留学生安某拳打后，蓄意报复。6月10日晚7时许，卞某得知安某在留学生1楼104会客室会客，便手持木棒，到会客室敲门。安某将门打开后，迈克用木棒击打安某。在厮打中，迈克手持的木棒被打掉，随手用尖型菜刀乱刺，刺中对方的上腹部，创伤透入胸腔，将肝脏切成局部破损，安某经抢救无效，于次日下午死亡。

问题：迈克的行为构成何种犯罪？可否适用我国刑法追究其刑事责任？

（2）属人原则。这里的"人"即指本国公民，不包括单位。它是针对本国公民在国外犯罪的，适用本国刑法。

◁ 案例

张某，男，26岁，工人。李某，男，24岁，工人。二人均系我国公民。

某年 10 月，该二人受雇在美国轮船上工作。10 月 24 日，轮船停泊于巴西某港口后，二人在轮船上饮酒闹事，不仅不听从船长及其他工作人员的劝阻，反而公然杀死制止他们的中国公民刘某。杀人后又抢劫了一些其他船员的财物，然后逃到巴西某市藏身，并计划逃到第三国。由于在隐藏期间二人的财物被盗，李某被迫回到船上，并报告了张某隐身之处。其后，巴西警察将二犯逮捕。

问题： 张某、李某的犯罪行为可否适用我国刑法？为什么？

（3）保护管辖原则。保护管辖原则是针对外国人在国外犯罪的情形，基本含义是不论是本国人还是外国人，其在国外的犯罪行为，只要侵犯了本国国家利益或者本国公民的利益，就适用本国刑法。按照我国《刑法》第 8 条规定，它的适用是有严格条件限制的，即应当同时满足如下几个条件：①侵犯的是我国国家或公民的利益；②行为人的行为是重罪（可能被判处三年以上有期徒刑）；③双重犯罪原则（我国和行为地国都认为是犯罪的）。

（4）普遍管辖原则。该原则针对的对象是国际犯罪，而且在前三个管辖原则都不能适用的情形下才有普遍管辖原则适用的余地，对于国际犯罪应根据国际法知识来确认。它是以保护各国的共同利益为标准，认为凡是国际公约或者国际条约所规定的侵犯各国共同利益的犯罪，缔约国或者参加国发现犯罪人在其领域之内时便应行使刑事管辖权。解决的方式是要么起诉，要么引渡。

◁ 案例

阮某，系无国籍人，组织武装控制了缅甸边境一些地方种植罂粟，建立毒品加工厂，并将毒品销往北美国家。后阮某进入我国境内旅游观光，被我国公安机关抓获。

问题： 我国法院是否有权对阮某案行使刑事管辖权？

第二节　犯　罪

一、犯罪的概念和特征

我国《刑法》第 13 条规定："一切危害国家主权、领土完整和安全，分裂国家、颠覆人民民主专政的政权和推翻社会主义制度，破坏社会秩序和经济秩序，侵犯国有财产或者劳动群众集体所有的财产，侵犯公民私人所有的财产，侵犯公民的人身权利、民主权利和其他权利，以及其他危害社会的行为，依照法律应当受刑罚处罚的，都是犯罪，但是情节显著轻微危害不大的，不认为是犯罪。"这一犯罪概念不仅揭示了犯罪的法律特征，而且阐明了犯罪的社会政治内容，从而为区分罪与非罪的界限提供了原则标准。它具有三个特征：

（一）刑事违法性

刑事违法性是指触犯刑律，即某一个人的行为符合刑法分则所规定的犯罪构成要件。刑事违法性是犯罪的法律特征，是对犯罪行为的否定的法律评价。在罪刑法定原则下，没有刑事违法性，也就没有犯罪。因此，刑事违法性是犯罪的基本特征。

（二）法益侵害性

法益侵害性是指对于刑法所保护的利益的侵害。这里所谓刑法所保护的利益，就是法益。法益是关涉社会生活的重要利益，对此，我国《刑法》第13条关于犯罪概念的规定中做了明文列举，这就是国家主权、领土完整和安全、人民民主专政的政权和社会主义制度、社会秩序和经济秩序、国有财产或者劳动群众集体所有的财产、公民私人所有的财产、公民的人身权利、民主权利和其他权利。上述法益，可以分为国家法益、社会法益和个人法益。

这些法益被犯罪所侵害而为刑法所保护，因此，法益侵害性揭示了犯罪的实质社会内容。

（三）应受惩罚性

应受惩罚性是犯罪的重要特征，它表明国家对于具有刑事违法性和法益侵害性的行为的刑罚惩罚。犯罪是适用刑罚的前提，刑罚是犯罪的法律后果。如果一个行为不应受刑罚惩罚，也就意味着它不是犯罪。应受惩罚性并不是刑事违法性和法益侵害性的消极的法律后果，它对于犯罪的立法规定与司法认定具有重要意义。在立法上，应受惩罚性对于立法机关将何种行为规定为犯罪具有制约作用。某种行为，只有当立法机关认为需要动用刑罚加以制裁的时候，才会在刑法上将其规定为犯罪，给予这种行为否定的法律评价。在司法上，应受惩罚性对于司法机关划分罪与非罪的界限也具有指导意义。根据《刑法》第13条关于犯罪概念的但书规定，某种行为情节显著轻微危害不大的不认为是犯罪。这些不认为是犯罪的行为，也是没有必要予以刑罚惩罚的行为。因此，是否具有应受惩罚性也是犯罪的重要特征。

二、犯罪的构成

犯罪构成是指刑法规定的犯罪成立所必需的主客观要件的有机统一体。

（一）犯罪构成的意义

犯罪构成理论在刑法理论体系中占据着核心的地位。犯罪构成的意义主要体现在以下几方面：

1. 区分罪与非罪的意义

犯罪构成是犯罪认定的法律标准，是犯罪概念的具体化，是各种犯罪成立条件的总和。只有正确地掌握了犯罪构成，才能据此准确地认定犯罪，并科学地区分罪与非罪的界限。

2. 区分此罪与彼罪的意义

社会上的犯罪现象是形形色色的，刑法根据犯罪的特征规定为各种不同的犯罪。在刑事审判中，不仅应当区分罪与非罪的界限，而且还应当区分此罪与彼罪的界限。此罪与彼罪区分，主要在于各种犯罪之间构成要件上的差别，例如，"抢夺罪"与"盗窃罪"，都是非法占有他人财物的犯罪，两者的区分在于："抢夺罪"采取的是公然夺取的手段；而"盗窃罪"采取的是秘密窃取的手段。只有正确地掌握了上述两种犯罪的构成要件，才能将两罪加以科学的区分。

3. 区分轻罪与重罪的意义

犯罪在法益侵害的程度上存在差别，因而刑法规定的犯罪有轻重之分，即使是同一罪，也设置轻重有别的犯罪构成，这就是减轻构成与加重构成。因此，不仅要掌握基本构成，而且要掌握减轻构成与加重构成，这对于区分轻罪与重罪的界限，对于刑罚的正确适用，都具有重要的意义。

（二）犯罪构成的要件

1. 犯罪客体

犯罪客体是指刑法所保护而为犯罪行为所侵害的社会主义社会关系。犯罪客体的基本内容包括一般客体、同类客体和直接客体。我国刑法总则条文在规定犯罪的概念时概括列举了刑法所保护的社会关系的各个方面，分则条文则规定了各个具体犯罪所侵犯的社会关系的某一方面。

犯罪客体与犯罪对象既有联系又有区别。犯罪对象是指犯罪行为所直接作用的具体人或具体物。犯罪对象常常是犯罪客体的载体，反映了犯罪客体，是判断客体的基本素材。二者的区别在于：是否为犯罪构成的必备要件，是否决定危害的犯罪性质，是否必然受到损害，是否为犯罪分类的基础与标准，人们认识的难易程度等。

◁ 案例

《刑法》第257条第1、2款"暴力干涉婚姻自由罪"规定："以暴力干涉他人婚姻自由的，处2年以下有期徒刑或者拘役。犯前款罪，致使被害人死亡的，处2年以上7年以下有期徒刑。"

问题：本罪的客体是什么？

2. 犯罪客观方面

犯罪客观方面是指犯罪活动的客观外在表现。犯罪客观方面的要素包括危害行为、危害结果、行为与结果之间的因果关系等。刑法中的危害行为包括作为和不作为两种。作为是指不应为而为，违反禁止义务，其结果是制造或增加危险。不作为是指应为而不为，违反作为义务。危害结果即危害行为对社会造成或可能造成的危害，它是犯罪构成客观方面一个十分重要的条件，我国刑法规定的绝大部分犯罪均属于结果犯。除危害行为和危害结果外，有些行为必须在特定的时间、地点实施或者采取特定的方法、手段实施才能构成犯罪。因此，特定的时间、地点和方法成为犯罪构成客观方面的选择要件。这些选择要件对某些犯罪的成立具有决定性的意义。

3. 犯罪主体

犯罪主体是指具有刑事责任能力、实施犯罪行为的人，它包括自然人和单位。

（1）自然人。自然人的刑事责任年龄是指构成犯罪的自然人必须达到的法定刑事责任年龄。我国刑法把刑事责任年龄划分为三个阶段：完全无责任年龄（不满14周岁）、相对责任年龄（14周岁以上不满16周岁）、完全责任年龄（16周岁以上）。

自然人的刑事责任能力是指辨认和控制自己行为的能力，即辨认自己行为的意义、性质、作用、后果并加以控制的能力。刑事责任能力要求同时具备辨认能力（认识因素）与控制能力（意志因素），即犯罪能力；影响刑事责任能力的有无以及程度的因素有年龄、精神障碍、生理功能丧失等。

（2）单位。《刑法》第30条规定："公司、企业、事业单位、机关、团体实施的危害社会的行为，法律规定为单位犯罪的，应当负刑事责任。"据此可以看出，单位犯罪是指单位本身犯罪，而不是指单位中的所有共同成员共同犯罪。

单位是指依法成立、拥有一定财产或者经费、能以自己的名义独立承担责任的公司、企业、事业单位、机关、团体。单位实施的犯罪行为是与其经营、管理活动具有相关性的行为，并常常以单位名义实施，并且体现单位意志与单位整体利益。

对单位犯罪的处罚原则以双罚制为原则，以单罚制为例外。双罚制指既处罚单位又处罚单位主要负责人。

4. 犯罪主观方面

犯罪主观方面是指行为人对于危害社会的结果的主观心理状态。犯罪主观方面基本内容包括犯罪故意和犯罪过失。对犯罪故意的把握应从认识因素与意志因素两方面分析。由于对法律认识错误或者对事实认识错误等原因，造成不同内容的认识因素与意志因素相结合，形成直接故意、间接故意、过于自信的过失、疏忽大意的过失四种罪过形式。

案例

李某，男，35岁，经常虐待妻子。一日，李某的妻子因不堪李某的毒打，在李某走后服毒自杀。邻居发现李某的妻子在床上挣扎，便把李某找回来，要他赶快将妻子送医院抢救。李某既不抢救，也不让邻居抢救，还恶狠狠地说："我就要看着她死。"最后，邻居们强行将李某的妻子送往医院，但由于时间拖延太久，经抢救无效死亡。

问题：李某的行为是否构成犯罪，为什么？

三、正当化事由

正当化事由是指行为在形式上与犯罪具有相似性，但实质上不具有法益侵害性，因而在定罪过程中予以排除的情形。

（一）正当防卫

我国《刑法》第20条第1款规定："为了使国家、公共利益、本人或者他人的人身、财产和其他权利免受正在进行的不法侵害，而采取的制止不法侵害的行为，对不法侵害人造成损害的，属于正当防卫，不负刑事责任。"

正当防卫是公民依法享有的权利，根据《刑法》第20条关于正当防卫概念的规定，正当防卫应当符合以下条件：①存在现实的不法侵害；②不法侵害正在进行；③对不法侵害者本人进行防卫；④必须有防卫意图；⑤没有明显超过必要限度造成重大损害。根据我国《刑法》第20条第2款规定，防卫过当的处罚原则是"应当减轻或者免除处罚"。

◁案例

徐某，男，25岁，工人。某日晚，在自己家附近遇见两个男青年正在侮辱他的女朋友，即上前制止，因被其中一男青年殴打而被迫还手。在对打时，便衣警察黄某路过，见状抓住徐某的左肩，但未表明其公安人员的身份。徐文长误以为黄是对方的帮凶，便拔刀刺黄某左臂一刀后逃走。

问题： 对徐某的行为应如何认定和处理？请说明理由。

（二）紧急避险

根据《刑法》第21条第1款的规定，紧急避险是指在法律所保护的权益遇到危险而不可能采用其他措施加以避免时，不得已而采取的损害另一个较小的权益以保护较大的权益免遭损害的行为。我国《刑法》规定，紧急避险行为不负刑事责任。

紧急避险是采用损害一种合法权益的方法以保全另一种合法权益，因此，必须符合法定条件，才能排除其社会危害性，真正成为对社会有利的行为。这些条件是：①起因条件：具有现实危险；②时间条件：危险已经发生尚未结束，且迫不得已；③对象条件：侵害第三人的合法权益；④主观条件：必须有避险意图；⑤限度条件：没有超过必要限度造成不应有的损害。根据《刑法》第21条第2款规定，避险过当的刑事责任是应当减轻或免除处罚。

◁案例

赵某某在城外树林里游逛，遇女青年林某某（21岁，体校业余武术队员）骑车从树林穿过，遂生歹意。他潜伏窥察后发现，林某某每日清晨和傍晚都要骑车路过此地。某日傍晚，赵某某携带刺刀一把，躲在路旁大树后面，等候林下班回家，伺机强奸。当林骑车进树林时，刘某某突然窜出，拦住去路，林某某与其搏斗将刘某某踢翻在地后迅速逃跑，刘某某穷追不舍。林某某跑出不远，看见一户人家亮着灯，欲进去暂时躲避，但屋门推不开，便破窗而入。刘某某见林逃进屋内，便返身逃跑。但是，林某某在破窗进屋时，不仅损坏了窗户，而且一脚踩在床上睡觉的小孩（8岁）的左腿上，造成粉碎性骨折。

问题： 林某某对踩伤小孩的行为应否负刑事责任，为什么？

四、未完成罪

犯罪停止形态是指在犯罪行为的过程中由于主客观的原因不再发展而固定下来的相对静止的不同停止形态。犯罪停止形态包括犯罪完成形态与犯罪未完成形态，前者即犯罪既遂。我国《刑法》分则对具体犯罪的规定，是以既遂为标准的。但是，在现实生活中并非一切犯罪都能达到既遂。有的可能在为犯罪做准备的阶段就被迫停止；有的可能在着手实行犯罪的阶段被停止；还有的可能由于犯罪分子自动中止犯罪，使之在犯罪的预备阶段或者实行阶段停止下来。这样，就在犯罪过程中，出现了犯罪的预备、未遂和中止等各种不同的停止状态。相对于犯罪既遂而言，这些犯罪可以被称为未完成罪，即犯罪的未完成形态。因此，未完成罪是指在犯罪过程中，由于主观与客观原因，停顿在不同犯罪阶段的各种未完成的犯罪形态。

（一）犯罪预备

我国《刑法》第22条第1款规定："为了犯罪，准备工具、制造条件的，是犯罪预备。"根据这一规定，犯罪预备具有以下四个特征：①主观上为了实行犯罪；②客观上实施了预备行为；③事实上未能着手实行犯罪；④未能着手实行犯罪是由于行为人意志以外的原因。

我国《刑法》第22条第2款规定："对于预备犯，可以比照既遂犯从轻、减轻处罚或者免除处罚。"

（二）犯罪未遂

我国《刑法》第23条第1款规定："已经着手实行犯罪，由于犯罪分子意志以外的原因而未得逞的，是犯罪未遂。"

所谓"着手"，是指已经开始实施《刑法》分则规定的某一具体犯罪构成要件的行为。所谓"未得逞"，是指犯罪分子的行为没有完成某一犯罪的全部构成要件，即没有完成犯罪。所谓"意志意外的原因"是指违背犯罪分子本意的其他因素，包括主观因素、客观障碍因素。

对于犯罪未遂的处罚原则，我国《刑法》第23条第2款规定："对于未遂犯，可以比照既遂犯从轻或者减轻处罚。"

◁◉案例

沈某，男，24岁，某厂工人。沈某因赌博欠债，难以偿还，便图谋盗窃本厂财务股保险柜里的现金。某日晚9时许，沈某撬开了财务股的房门，但因无法打开小保险柜，未能窃取柜中的现金。于是，沈某将小保险柜搬离财务股，隐藏在厂内仓库旁的小试验室里，想等待时机再撬开小保险柜，窃取现金。第二天，财务股的李会计上班后发现办公室门被撬、小保险柜失踪，当即报案。公安人员在厂内仓库旁的小试验室里找到保险柜，柜门尚未打开，柜内人民币也原封未动。

问题：请分析沈某的行为是盗窃既遂还是未遂？

（三）犯罪中止

我国《刑法》第24条第1款规定："在犯罪过程中，自动放弃犯罪或者自动有效地防止犯罪结果发生的，是犯罪中止。"从这一规定中可以看出，犯罪中止的成立必须具备以下条件：①中止的及时性，这是指犯罪中止必须发生在犯罪过程中，即在开始实施犯罪行为之后、犯罪呈现结局之前中止；②中止的自动性，这是指犯罪分子在自己认为有可能将犯罪进行到底的情况下，出于本人意愿而自动地中止了犯罪；③中止的有效性，这是指在犯罪完成以前自动放弃犯罪或者有效地防止犯罪结果的发生。

关于犯罪中止的刑事责任，我国《刑法》第24条第2款规定："对于中止犯，没有造成损害的，应当免除处罚；造成损害的，应当减轻处罚。"

◁◉案例

赵某意图抢劫，尾随一妇女身后。当该妇女回家打开房门后准备关门时，赵某以为其家中无人，强行挤进房内，并随手锁上门，该妇女被吓得惊叫一声。她的丈夫闻声起床，拉开电灯，见赵某站在门口，便问："你是干什么的？"赵某答不上来，该妇女的丈夫上前打了其几个耳光。在邻居的帮助下，赵某被扭送到公安机关。在公安机关，赵某供认他到该妇女家的目的是为了抢钱。

问题：请分析赵某的抢劫行为属于犯罪中止还是犯罪未遂？

五、共同犯罪

我国《刑法》第 25 条第 1 款规定："共同犯罪是指 2 人以上共同故意犯罪。"这是我国刑法中共同犯罪的法定概念。共同犯罪包括结伙犯罪、聚众犯罪和集团犯罪三种形式。我国刑法将共同犯罪的犯罪主体分为：

（一）主犯

主犯就是指在共同犯罪中起主要作用的人。主犯在共同犯罪中是引起犯罪意图或者对造成犯罪的危害结果起决定作用的人。根据我国《刑法》第 26 条第 1 款的规定："组织、领导犯罪集团进行犯罪活动的或者在共同犯罪中起主要作用的，是主犯。"《刑法》第 26 条第 3 款规定："对组织、领导犯罪集团的首要分子，按照集团所犯的全部罪行处罚。"第 4 款规定："对于第三款规定以外的主犯，应当按照其所参与的或者组织、指挥的全部犯罪处罚。"这就是我国对于主犯按照参与或者组织、指挥的全部犯罪处罚的原则。即：①对组织、领导犯罪集团的首要分子，按照集团所犯的全部罪行处罚，不论其是否参与、策划甚至知悉；②对其他主犯，应按照其所参与或组织、指挥的全部犯罪处罚。

（二）从犯

我国《刑法》第 27 条第 1 款规定："在共同犯罪中起次要或者辅助作用的，是从犯。"根据我国刑法的这一规定，从犯可以分为以下两种情况：①起次要作用的从犯，即次要的实行犯；②起辅助作用的从犯即帮助犯。可见，实行犯也并非一律是主犯，也有属于从犯的可能，主要看其作用是否为次要的，所以从犯的处罚原则是应当从轻、减轻或免除处罚。

（三）胁从犯

根据我国《刑法》第 28 条的规定，"被胁迫参加犯罪的人"是胁从犯。

胁从犯是被胁迫参加犯罪的，这是胁从犯不同于其他共同犯罪人的特征之一，也是构成胁从犯必须具备的前提条件。在共同犯罪人中，主犯与从犯虽然在共同犯罪中的作用有所不同，但从主观上来说，都是自觉、自愿地参加犯罪的。至于教唆犯，他本人虽然不参与犯罪的实行，但他是犯意的发起者。而胁从犯在共同犯罪中居于被动的地位，其参加犯罪具有一定的不得已性。同时，胁从犯不仅是被胁迫参加犯罪的，而且在共同犯罪中所起的作用较小，也就是说，胁从犯在共同犯罪的活动中，处于从属的地位，其所起的作用在一般情况下比从犯还要小。必须指出，胁从犯所起的作用比较小，这是从他的行为的社会危害性程度上来说的，从分工上来看，胁从犯的共同犯罪行为既可能是实行行为，也可能是帮助行为。

我国《刑法》第28条规定，对胁从犯应当按照他的犯罪情节，减轻或者免除处罚。

（四）教唆犯

教唆犯是指教唆他人犯罪的人即故意引起他人实行犯罪意图的人。教唆犯成立的主要特征有以下两个方面：①在客观上，行为人必须实施了教唆他人犯罪的行为；②在主观上，行为人必须具有教唆他人犯罪的故意。

关于教唆犯的刑事责任，可分为以下三种情况：

（1）被教唆人犯了被教唆的罪的，对于教唆犯应当按照他在共同犯罪中所起的作用处罚。起了主要作用的，按照对主犯的处罚原则处罚；只起次要或辅助作用的，按照对从犯的处罚原则处罚。

（2）如果被教唆人没有犯被教唆的罪，由于教唆人主观上具有教唆的故意，且客观上实施了教唆的行为，所以仍构成独立的教唆犯。但是，考虑到教唆行为没有造成实际危害结果，对于这种教唆犯可以从轻或者减轻处罚。

（3）教唆不满18周岁的人犯罪的，应当从重处罚。

第三节 刑 罚

一、刑罚的概念

刑罚是指刑法规定的，由国家审判机关依法对犯罪分子所适用的一种强制性的法律制裁措施，是对犯罪分子某种利益的剥夺，并且表现出国家对犯罪分子及其行为的否定评价。由此可以看出，刑罚的具有以下四个方面的特征：①只能适用于犯罪分子；②必须由刑法明文规定；③只能由国家审判机关依照法定程序决定；④是一种最严厉的强制性法律制裁措施。

二、刑罚体系

刑罚体系是指按照一定的标准对各种刑罚方法进行排列而形成的刑罚序列。

在刑法理论上，刑罚体系的构成要素是各种刑罚方法，也称为刑罚种类，简称为刑种。

我国刑法中的刑种包括以下九种：管制、拘役、有期徒刑、无期徒刑、死刑；罚金、剥夺政治权利、没收财产、驱逐出境。

刑罚体系中的各种刑种，并不是任意组合的，而是具有内在的逻辑结构。根据我国刑法的规定，刑罚可以被分为主刑与附加刑。主刑是对犯罪适用的主要刑罚方法，它只能独立适用，不能附加适用。因此，一个犯罪只能适用一种主刑，不能适用两种以上主刑。在我国刑罚体系中，管制、拘役、有期徒刑、无期徒刑和死刑均是主刑。附加刑又称为从刑，是补充主刑适用的刑罚方法。附加刑既可以附加适用又可以独立适用。在附加适用时，一个犯罪可以同时适用两个以上的附加刑。在我国刑法中，罚金、剥夺政治权利、没收财产、驱逐出境均是附加刑。

对于刑罚体系中的各个刑种，立法者按照一定的标准进行了排列，因而形成了一定的顺序。我国刑法中的刑罚体系，是按照各个刑种的严厉程度由轻到重对主刑和附加刑依次排列的，这反映了我国刑罚体系的内在逻辑关系。

（一）主刑

1. 管制

管制是指对犯罪分子不予关押，但限制其一定自由，由公安机关执行和群众监督改造的刑罚方法。管制是主刑中最轻的一种，是我国特有的一种刑罚。

管制的期限是3个月以上2年以下，数罪并罚时不得超过3年。从判决执行之日起计算。先行羁押的，羁押1日，折抵刑期2日。期满时，执行机关应立即向本人和其所在单位或居住地的群众宣布解除管制。劳动中实行同工同酬。对判处管制的犯罪分子，依法实行社区矫正。

2. 拘役

拘役是短期剥夺犯罪分子的人身自由，就近实行劳动改造的刑罚方法。拘役适用于罪行较轻，不需要判处有期徒刑，但又必须予以短期关押改造的犯罪分子，由公安机关就近执行。拘役的期限为 1 个月以上 6 个月以下，数罪并罚时不得超过 1 年。拘役的刑期从判决之日起计算。判决以前先行羁押的，羁押 1 日折抵刑期 1 日。

3. 有期徒刑

有期徒刑是剥夺犯罪分子一定期限的自由，实行强制劳动改造的刑罚方法。其刑罚幅度变化较大，从较轻犯罪到较重犯罪，都可以适用。所以，在我国刑罚体系中，有期徒刑居于中心地位。有期的期限为 6 个月以上 15 年以下，数罪并罚时，有期徒刑总和刑期不满 35 年的，最高不能超过 20 年；总和刑期在 35 年以上的，最高不能超过 25 年。刑期从判决执行之日起计算，判决执行以前先行羁押的，羁押 1 日折抵刑期 1 日。被判处有期徒刑的犯罪分子在监狱或者其他执行场所执行，有劳动能力的参加劳动但是无报酬。

4. 无期徒刑

无期徒刑是剥夺犯罪分子终身自由，并强制劳动改造的刑罚方法。在我国刑法中，无期徒刑介于有期徒刑和死刑之间，是仅次于死刑的一种严厉的惩罚方法。它主要适用那些罪行严重，又不必判处死刑，但需要与社会永久隔离的犯罪分子。根据《刑法》和《监狱法》的有关规定，被判无期徒刑的犯罪分子，在监狱或者其他场所执行；凡是有劳动能力的，都应当参加劳动，接受教育和改造。

无期徒刑是剥夺罪犯终身自由实行监禁的一种刑罚，关押没有期限。但是，根据《刑法》有关减刑和假释的规定，被判处无期徒刑的犯罪分子在执行期间，认罪伏法，接受教育改造，确有悔改或立功表现，可获得减刑，由无期徒刑减为有期徒刑；如果实际执行 13 年以上，还可以获得假释，但累犯以及因故意杀人、爆炸、抢劫、强奸、绑架、放火、投放危险物质或者有组织的暴力性犯罪被判处无期徒刑的犯罪分子除外。

5. 死刑

死刑是指剥夺犯罪分子生命的刑罚方法。《刑法》第 48 条第 1 款规定："死刑只适用于罪行极其严重的犯罪分子。……"第 49 条第 1 款规定："犯罪的时候不满 18 周岁的人和审判的时候怀孕的妇女，不适用死刑。"第 49 条第

2款规定："审判的时候已满75周岁的人，不适用死刑，但以特别残忍手段致人死亡的除外。"第48条第2款规定："死刑除依法由最高人民法院判决的以外，都应当报请最高人民法院核准……"

我国《刑法》第48条第1款中规定："死刑只适用于罪刑极其严重的犯罪分子。对于应当判处死刑的犯罪分子，如果不是必须立即执行的，可以判处死刑同时宣告缓期二年执行。"这就是我国刑法中的死刑缓期执行制度，简称死缓，是死刑制度的重要组成部分。死缓不是一个刑种，而一个运用死刑的刑罚制度。死缓没有适用的独立性，所以刑罚体系中没有规定死缓。死缓只在对罪犯判处死刑的前提下，才有适用的可能性。可见，死刑是死缓的前提条件。凡是可以判处死刑的罪犯都可以适用死缓，没有规定死刑的犯罪，都不能适用死缓。

（二）附加刑

1. 罚金

罚金是指强制犯罪人向国家缴纳一定数额金钱的刑罚方法。罚金作为一种财产刑，是以剥夺犯罪人金钱为内容的，这是罚金与其他刑罚方法显著区别之所在。我国《刑法》第52条规定："判处罚金，应当根据犯罪情节决定罚金数额。"但2000年11月15日《最高人民法院关于适用财产刑若干问题的规定》第2条第1款规定："人民法院应当根据犯罪情节，如违法所得数额、造成损失的大小等，并综合考虑犯罪分子缴纳罚金的能力，依法判处罚金。……"因此，罚金数额应当与犯罪情节相适应，并且应当考虑犯罪分子缴纳罚金的能力。根据《刑法》第53条的规定，罚金在判决指定的期限内一次或者分期缴纳。期满不缴纳的，强制缴纳。对于不能全部缴纳罚金的，人民法院在任何时候发现被执行人有可以执行的财产，应当随时追缴。

2. 剥夺政治权利

剥夺政治权利是指剥夺犯罪人参加国家管理和政治活动权利的刑罚方法。剥夺政治权利是一种资格刑，它以剥夺犯罪人的一定资格为内容。我国刑法中的剥夺政治权利，是以剥夺政治权利这种资格为内容的，具有明显的政治性。根据《刑法》第54条的规定，剥夺政治权利是指剥夺犯罪分子下列四项权利：①选举权和被选举权；②言论、出版、集会、结社、游行、示威自由的权利；③担任国家机关职务的权利；④担任国有公司、企业、事业单位和人民团体领导职务的权利。

适用剥夺政治权利的有两类对象：①被判处无期徒刑和死刑的犯罪分子；②危害国家安全的犯罪分子。

3. 没收财产

没收财产是将犯罪分子个人所有合法财产的一部分或者全部强制无偿地收归国有的刑罚方法。没收财产也是一种财产刑，但它不同于罚金，是适用于罪行严重的犯罪分子的刑罚方法。根据刑事诉讼法的规定，没收财产的判决，无论附加适用或者独立适用，都由人民法院执行；在必要的时候，可以会同公安机关执行。

4. 驱逐出境

驱逐出境是强迫犯罪的外国人离开中国国（边）境的刑罚方法，是一种只适用于在中国犯罪的外国人的特殊刑罚方法。由于刑法中的驱逐出境是附加刑，故其与《外国人入境出境管理法》规定的由公安机关决定、适用于违反出入境管理法的外国人、作为行政处罚的驱逐出境具有本质区别。在我国，驱逐出境的适用方式比较灵活。刑法规定是可以适用，而不是应当适用。这即是说，对犯罪的外国人不一定要适用驱逐出境，而是不仅要根据案情，考虑犯罪的事实、性质、情节等因素，而且还要考虑我国与所在国的关系以及国际斗争的需要加以决定。

（三）非刑罚处罚

非刑罚处罚指人民法院根据案件的不同情况，对犯罪分子直接适用或建议主管部门适用的刑罚以外的其他处理方法的总称。非刑处置虽然由刑法明文规定，但就其性质而言不是刑种，不具有刑罚的性质、作用和后果，而是刑罚的必要补充或替代措施，是强制犯罪分子实际承担其刑事责任的具体表现方式，也具有惩罚、教育、改造罪犯的功能，体现了国家对犯罪行为和犯罪人的否定性评价和谴责。它对于伸张正义，维护受害者的合法权益，教育罪犯，预防和减少犯罪，衔接、协调各种不同性质的处理方法的适用，都具有重要的意义。

非刑罚处罚方法的种类有以下五种：①训诫；②责令具结悔过；③责令赔礼道歉；④责令赔偿损失；⑤行政处罚与行政处分。

三、刑罚裁量

刑罚裁量，又称量刑，是指根据刑法规定，在认定犯罪的基础上，对犯罪人是否判处刑罚，判处何种刑罚以及判处多重刑罚的确定与裁量。

（一）累犯

累犯是指因故意犯罪被判处一定的刑罚，在刑罚执行完毕或赦免后，在法定期限内再犯应当判处一定刑罚之罪的犯罪分子。累犯分为一般累犯和特殊累犯。一般累犯是指被判处有期徒刑以上刑罚的犯罪分子，在刑罚执行完毕或者赦免以后，在5年内再犯应当判处有期徒刑以上刑罚之罪的犯罪分子，但是过失犯罪和不满18周岁的人犯罪的除外。特殊累犯是指因犯危害国家安全犯罪、恐怖活动犯罪、黑社会性质的组织犯罪被判处刑罚的犯罪分子在刑罚执行完毕或者赦免后，在任何时候再犯上述任一类罪的犯罪分子。

我国《刑法》第65条规定，累犯应当从重处罚。累犯的从重处罚是指在犯相同罪行的情况下，累犯的处罚应当重于初犯。

◁》案例

孟某某，男，24岁，某公司会计。于2006年5月10日因贪污公款20 000元，被法院判处有期徒刑1年，缓刑2年，到2008年5月10日缓刑考验期结束，在缓刑考验期内无任何违法犯罪行为。2009年3月20上午，孟某某因琐事与邻居张某发生争吵，将张某打成重伤。

问题：孟某某是否构成累犯？为什么？

（二）自首

自首是指犯罪以后自动投案，如实供述自己的罪行，或者被采取法律措施的犯罪嫌疑人、被告人和正在服刑的罪犯，如实供述司法机关还未掌握的本人其他罪行的行为。

自首可以分为一般自首和特殊自首。一般自首的构成条件为：①自动投案，将自己置于司法机关的合法控制之下；②如实供述罪行。

特别自首的成立条件是：①主体的特殊性。必须是依法被采取强制措施的犯罪嫌疑人、被告人和正在服刑的罪犯等三种人，因其人身已经处于司法机关的控制之下，故不存在自动投案的问题。②供述罪行范围的特殊性——根据相关司法解释，要求行为人供述的不仅是司法机关还未掌握的罪行，而且还要求与已经掌握的罪行属不同性质的罪行；如果其供述的罪行与已被掌握的罪行属同种的，属于坦白，虽然可以酌情从轻，但不属于自首。

对于自首的犯罪分子，可以从轻或者减轻处罚。其中，犯罪较轻的，可以免除处罚。

◁ **案例**

杨某、李某曾于 2009 年 12 月共同抢劫并致被害人死亡。此案一直未被破获。2010 年 2 月，杨某因盗窃被依法逮捕。与此同时，李某因伤害他人被拘留。杨某在看守所见到了李某，心想如果李某先交代以前的抢劫致人死亡的罪行，自己就要被从重处罚。为争取从轻处理，杨某主动交代了与李某合伙抢劫致人死亡的罪行。杨某交代这一罪行之前，司法机关并未掌握杨某的罪证，也未怀疑杨某作案。

问题：对杨某应如何定罪量刑？

（三）立功

立功是指犯罪分子揭发其他犯罪分子的犯罪行为，查证属实，或者提供重要线索，从而得以侦破其他案件的行为。

根据我国刑法的规定，对具有立功表现的犯罪人，可以分别以下三种情形处理：

（1）犯罪人有一般立功表现的，可以从轻或者减轻处罚；

（2）犯罪人有重大立功表现的，可以减轻或者免除处罚；

（3）犯罪分子犯罪后自首又有重大立功表现的，应当减轻或者免除处罚。

四、量刑制度

（一）罪数

同一行为人的多次举动是一罪还是数罪问题即涉及罪数问题。

1. "实质的一罪"

实质的一罪是与单纯的一罪相对而言的，其最根本点在于只有一个犯罪行为，故为"实质的一罪"。

（1）继续犯。继续犯亦即持续犯，是指出于一个罪过，犯罪行为与该行为引起的不法状态在一定时间内处于继续状态的犯罪。犯罪行为与不法状态同时继续，始终针对同一对象、侵犯同一法益。如果只有不法状态继续的则是状态犯。

（2）想象竞合犯。其一行为触犯数罪名，只成立最重一罪。它是指实施一个犯罪行为同时触犯数个不同罪名的犯罪形态。

◁╳ 案例

2011 年 8 月～2012 年 6 月，被告人周某、高某分别或伙同他人，在北京铁路分局西长铁路线、京原铁路线，盗窃备用钢轨、电焊机、砂轮机、无齿锯和正在使用的护轨鱼尾板等物品，均已达到法定数额，构成"盗窃罪"和"破坏交通设施罪"，依法分别被判处刑罚。

问题：被告人的一个行为为什么触犯两个罪名？

（3）结果加重犯。它是指行为人的一个犯罪行为在已经具备一个基本犯罪的全部构成要件基础上，又发生了法定的更为严重的结果，因而法律规定加重其刑罚的犯罪形态。

2．"法定的一罪"

（1）结合犯。结合犯的结构为"A 罪 + B 罪 = AB 罪"，目的是避免数罪并罚，加大打击力度。

（2）集合犯。集合犯即犯罪构成规定了数个同种类的行为的犯罪。

3．"处断的一罪"

处断的一罪，即本来是数个犯罪行为、符合数罪特征，但鉴于其数个行为之间存在的密切关联，刑法理论和司法实践都将其作为一罪来处理。

（1）连续犯，是指基于同一或概括的犯意，连续实施数个独立的犯罪行为，触犯同一罪名的犯罪形态。

（2）牵连犯，是指以实施某一犯罪为目的，其方法和结果行为又触犯其他罪名的犯罪形态。牵连关系的判断是主观上其数行为须具有犯罪目的同一性；在客观上存在目的行为与方法或手段行为的牵涉（即主从关系）或者原因行为与结果行为的牵连。其中一个罪的社会危害性体现在另一个罪上。

（3）吸收犯，是指行为人的数个犯罪行为因为一个被另一个所吸收，而失去独立存在的意义，仅以吸收之罪处断的犯罪形态。其核心问题是数行为之间存在吸收关系，这种吸收关系因为数行为之间存在着密切联系，常常处于同一犯罪的过程：前行为可能是后行为发展的必经阶段，后行为可能是前行为发展的自然结果。吸收犯的吸收关系包括：重行为吸收轻行为、主行为吸收从行为、实行行为吸收预备行为。

（二）数罪并罚

数罪并罚是指在判决宣告之前，一人犯数罪或者刑罚没有执行完毕以前发现漏罪或者又犯新罪，对其所犯各罪分别定罪量刑，依照法定原则，决定执行的刑罚。

数罪并罚的三种情况：

（1）判决宣告以前一人犯数罪的，除判处死刑和无期徒刑的以外，应当在总和刑期以下、数刑中最高刑期以上，酌情决定执行的刑期，但是管制最高不能超过 3 年，拘役最高不能超过 1 年，有期徒刑总和刑期不满 35 年的，最高不能超过 20 年，有期徒刑总和刑期在 35 年以上的，最高不能超过 25 年。

（2）判决宣告以后，刑罚执行完毕以前，发现在判决宣告以前还有其他罪没有判决的。该情况适用"先并后减"原则，即对新发现的罪作出判决，把前后两个判决所判处的刑罚，依法决定执行的刑罚。已经执行的刑期，应当计算在新判决决定的刑期以内。

（3）判决宣告以后，刑罚执行完毕以前，被判刑的犯罪分子又犯新罪的。该情况适用"先减后并"原则。即对新犯的罪作出判决，把前罪没有执行的刑罚和后罪所判处的刑罚，依照法律规定，决定执行的刑罚。

◁◖ 案例

王某某被人民法院以贪污罪判处有期徒刑 7 年。判决交付执行 2 个月后，又发现王某某在判决以前还强奸过妇女 2 人。

问题：法院应对王某某如何处罚？

（三）缓刑

缓刑是指人民法院对于被判处拘役、三年以下有期徒刑的犯罪分子，在法定条件下暂缓执行或不执行原判刑罚的一种刑罚制度。

缓刑的适用条件有三个：

（1）只适用被判处拘役或者三年以下有期徒刑的犯罪分子。

（2）犯罪分子的犯罪情节较轻，确有悔罪表现，没有再犯罪的危险，宣告缓刑对所居住社区没有重大不良影响。

（3）必须不是累犯。

五、刑罚的执行与消灭

刑罚执行是指刑罚执行机关将发生法律效力的刑事裁判所确定的刑罚内容予以实施，并解决由此产生的一些法律问题所进行的活动。

刑罚消灭是指由于法定的原因或者事实的原因，司法机关不能对犯罪人行使具体的刑罚权。刑罚消灭的事由有：

（1）超过追诉时效——对犯罪分子依法追究刑事责任的有效期限。

（2）经特赦免除刑罚。

（3）告诉才处理的犯罪，没有告诉或者撤回告诉的。

（4）犯罪嫌疑人、被告人死亡的。

（5）其他法定事由。

（一）减刑

减刑是指对被判处管制、拘役、有期徒刑和无期徒刑的罪犯，在刑罚执行期间，如果认真遵守监规，接受教育改造，确有悔改或者立功表现，可以减轻原判刑罚的刑罚制度。

减刑的适用条件为：①只适用于被判处管制、拘役、有期徒刑和无期徒刑的罪犯；②确有悔改或者立功表现或者重大立功表现。被判处管制、拘役、有期徒刑的，减刑的刑期不能少于原判刑期的1/2；判处无期徒刑的，不能少于13年。人民法院依照《刑法》第50条第2款规定限制减刑的死刑缓期执行的犯罪分子，缓期执行期满后依法减为无期徒刑的，不能少于25年，缓期执行期满后依法减为25年有期徒刑的，不能少于20年。

（二）假释

假释是指对被判处有期徒刑、无期徒刑的犯罪分子，在执行一定刑期后，确有悔改表现，假释后不致再危害社会，而有条件地将其提前释放的一种刑罚制度。

假释的适用条件有：①只适用于被判处有期徒刑或者无期徒刑的罪犯；②只适用于已执行一定刑期的犯罪分子；③确有悔改表现，假释后不致再危害社会的。

对适用于假释的犯罪分子，如果是被判处有期徒刑的犯罪分子，其执行刑期必须在原判刑期的1/2以上；如果是被判无期徒刑的犯罪分子，其必须实际执行刑期13年以上。有特殊情况，经最高人民法院核准，可以不受上述执行刑期的限制。

对累犯以及因故意杀人、强奸、抢劫、绑架、放火、爆炸、投放危险物质或者有组织的暴力性犯罪被判处十年以上有期徒刑、无期徒刑的犯罪分子，不得假释。

假释是对正在服刑改造的犯罪分子附条件地予以提前释放，这种提前释放并不意味着刑罚已经执行完毕，而是在刑罚执行期间将犯罪分子放在社会上进行改造。从一定意义上说，假释只是刑罚执行场所的变更，而不是刑罚本身的变更。根据《刑法》第85条的规定，对假释的犯罪分子，在假释考验期限内，依法实行社区矫正。

（三）时效

刑法上的时效，是指刑事法律规定的国家对犯罪人行使刑事追诉权和刑罚执行权有效期限的制度。在有效期内，国家如果不行使刑事追诉权和刑罚执行权，超过期限刑事追诉权和刑罚执行权即归于消灭，对犯罪人就不能再追诉或者执行刑罚。我国只有追诉时效，没有行刑时效。

我国《刑法》第87条规定，犯罪经过下列期限不再追诉：

（1）法定最高刑为不满5年有期徒刑的，经过5年；

（2）法定最高刑为5年以上不满10年有期徒刑的，经过10年；

（3）法定最高刑为10年以上有期徒刑的，经过15年；

（4）法定最高刑为无期徒刑、死刑的，经过20年。如果20年以后认为必须追诉的，须报请最高人民检察院核准。

我国同样确立了追诉时效延长制度，是指在追诉时效进行期间，由于发生了法律规定的事由，致使追诉期限无限伸延的制度。根据我国《刑法》第88条的规定，我国追诉时效延长的情形有：

（1）案件已经立案或受理而逃避侦查与审判的；

（2）被害人在追诉时效内已经提出控告的，公、检、法机关应当立案而不立案的；

（3）最高人民检察院核准的。

追诉时效的起算是从"犯罪之日"或者"行为终了之日"起计算。如果在追诉期限以内又犯罪的，前罪追诉的限制从犯后罪之日起计算。

（四）赦免

赦免，是指国家以政令的形式，免除或者减轻犯罪人的罪责或者刑罚的一种制度。赦免制度通常由宪法加以规定，一般不在刑法中规定。赦免的具体时间和对象由国家元首或最高国家权力机关以政令的形式颁布，在我国由最高人民法院执行。所以，赦免制度不是一项刑罚制度。但是，由于赦免的对象是罪犯，其结果免除或减轻罪与刑，导致追诉权和行刑权归于消灭，而且赦免命令又由司法机关执行，所以，各国都把它纳入刑罚消灭理论加以研究。

第四节　《刑法》分则中常见的犯罪种类

一、《刑法》分则概述

《刑法》分则按照犯罪行为所侵犯的社会关系（即犯罪客体），将我国社会上各种各样的犯罪分为 10 类，各大类下又分为若干具体罪名，并进行了科学的排列，构成了我国《刑法》分则的 350 条。最高人民法院的司法解释规定了 435 种罪名。现将《刑法》分则规定的十类罪简述如下：

（一）危害国家安全罪

危害国家安全罪是指故意危害国家独立、主权和领土完整，颠覆国家政权和推翻社会主义制度，分裂国家、破坏国家统一的行为。《刑法》分则第 102～112 条共规定了 12 种罪。

（二）危害公共安全罪

危害公共安全罪是指故意或者过失地实施足以危害不特定多数人的生命、健康或者大量公私财产安全的行为。《刑法》分则第 114～139 条共规定了 45 种罪。

（三）破坏社会主义市场经济秩序罪

破坏社会主义市场经济秩序罪是指违反国家经济管理法规，破坏国家经济管理活动，严重损害社会主义市场经济秩序的行为。《刑法》分则第 140～230 条共规定了 103 种罪。

（四）侵犯公民人身权利、民主权利罪

侵犯公民人身权利、民主权利罪，是指侵犯公民人身权利和与人身权直接有关的权利，以及非法剥夺或者妨害公民自由行使依法享有的管理国家事务和参加社会政治活动权利的行为。《刑法》分则第 232～262 条共规定了 38

种罪。

（五）侵犯财产罪

侵犯财产罪，是指故意非法地将公共财产和公民私人财产据为己有，或者故意毁坏公私财物的行为。《刑法》分则第263～276条共规定了12种罪。

（六）妨害社会管理秩序罪

妨害社会管理秩序罪，是指妨害国家机关对社会的管理活动，破坏社会秩序，情节严重的行为。《刑法》分则第277～365条共规定了123种罪。

（七）危害国防利益罪

危害国防利益罪是指故意或者过失实施危害国防利益、情节严重的行为。《刑法》分则第368～381条共规定了22种罪。

（八）贪污贿赂罪

贪污贿赂罪是指国家工作人员利用职务上的便利，非法占有公私财物，或者拥有不能说明与合法收入差额巨大的财产或者支出的合法来源，破坏公务行为廉洁性的行为。《刑法》第382～396条共规定了12种罪。

（九）渎职罪

渎职罪是指国家机关工作人员利用职务上的便利，徇私舞弊、玩忽职守、滥用职权，危害国家机关的正常活动，情节严重或者致使国家和人民利益遭受或者可能遭受重大损失的行为。《刑法》第397～419条共规定了36种罪。

（十）军人违反职责罪

军人违反职责罪是指军人违反职责，危害国家军事利益，依照法律应当受到刑罚处罚的行为。《刑法》分则第421～448条共规定了31种罪。

二、几种常见犯罪及其刑事责任

（一）故意杀人罪

1. 故意杀人罪的概念和特征

故意杀人罪是指故意非法剥夺他人生命的行为。故意杀人罪是侵犯公民人身权利罪中最严重的犯罪，历来是刑法打击的重点。故意杀人罪侵犯的客体是他人的生命权利。任何公民的生命权利都受到法律的保护，不允许非法侵犯。

故意杀人罪的主体是一般主体。因为故意杀人罪是严重犯罪，因此，凡已满14周岁的人犯该罪，只要具有刑事责任能力，就应当承担刑事责任。故意杀人罪在主观方面必须具有杀人的故意，既包括直接故意，也包括间接故意。需要指出的是，间接故意和过失犯罪一样，不存在未遂。同时，间接故意也不存在动机和目的。

2. 与故意杀人罪有关的几个问题

（1）"安乐死"问题。"安乐死"问题是国际国内争论都很激烈的问题，争论的焦点在于是否符合人道主义，是否有利于医学发展，是否符合医生的职业道德。赞成者和反对者各有道理，目前，世界上只有荷兰、比利时、卢森堡、瑞士和美国的个别州等国家和地区通过立法，将"安乐死"合法化。我国刑法理论界和司法实践界较为一致的观点是，"安乐死"的法律责任问题应当通过立法途径解决，在立法未能解决前，应认定为故意杀人罪，原则上应当追究行为人的刑事责任，但在量刑时可以从轻或者减轻处罚。

（2）关于逼人自杀和诱骗他人自杀问题。自杀是自己剥夺自己生命的行为，不是犯罪行为。但由于情况的复杂性和多样性，决定了具体问题要具体分析。一般具有以下情形的，以故意杀人罪定刑：①以相约自杀为名欺骗对方，自己并不准备自杀的诱骗他人自杀；②教唆他人自杀并积极提供条件的；③采用暴力、威吓等卑劣手段逼人自杀的。

3. 故意杀人罪的刑事责任

根据《刑法》第232条的规定，犯故意杀人罪的处死刑、无期徒刑或者十年以上有期徒刑；情节较轻的，处三年以上十年以下有期徒刑。可见，该罪在法定刑顺序上由重到轻排列，这在刑法分则中是不多见的，仅在少数几种严重的犯罪中有这样的规定。因此，对犯故意杀人罪的，原则上要从重处罚，对犯罪动机卑劣，犯罪手段残忍，后果严重的，要首选死刑。同时，对有法定从轻、减轻处罚情节的，要从轻、减轻处罚。对"情节较轻"的，如防卫过当杀人，激于义愤杀人，因受被害人长期迫害而杀人的，应在三年以上十年以下有期徒刑幅度内量刑。

◀▶案例

大学生李某（女）和张某（男）恋爱，三年后李某提出分手，张某怀恨在心，在李某的学校用刀连捅李某数刀致其死亡，28小时后自首。

问题：张某的行为构成什么罪？应如何处罚？

（二）故意伤害罪

1. 故意伤害罪的概念和特征

故意伤害罪是指非法损害他人身体健康的行为。本罪侵犯的客体是他人的身体健康。人的身体健康是人的生命价值完全实现的条件和基础。所谓损害他人身体健康，主要是指损害人体组织的完整或者破坏人体器官的正常功能。

本罪的客观方面表现为非法损害他人身体健康的行为。这种行为必须是非法的。对于正当防卫造成非法侵害人损伤的，外科医生给病人截肢和摘除病人某器官的手术等是合法行为，不构成犯罪。伤害的结果可能是轻伤，也可能是重伤，还可能是致人死亡。重伤是指使人肢体残废或者毁人容貌的；使人丧失听觉、视觉或者其他器官机能的；其他对于人身健康有重大伤害的。轻伤是指造成人体组织、器官结构一定程度的损害或者部分功能障碍，尚未构成重伤，而又不属于轻微伤害的损伤。

本罪的主体是一般主体，已满16周岁的人致人轻伤的应负刑事责任，已满14周岁的人致人重伤死亡的应当负刑事责任。

本罪的主观方面是故意，既包括了直接故意，也包括了间接故意。

2. 故意伤害罪的刑事责任

根据《刑法》第234条的规定，故意伤害罪有三个量刑幅度：①故意伤害致人轻伤的刑罚幅度，即三年以下有期徒刑、拘役或者管制。在具体适用时，应根据案件具体情况确定，如果所造成的轻伤接近于重伤的标准，可从重处罚，如果稍重于轻微伤，可从轻处罚。②故意伤害致人重伤的刑罚幅度，即三年以上十年以下有期徒刑。③致人死亡或者以特别残忍手段致人重伤造成严重残疾的刑罚幅度，即十年以上有期徒刑、无期徒刑和死刑。只有当罪行特别严重时，才可适用死刑。

（三）强奸罪

1. 强奸罪的概念和特征

强奸罪是指违背妇女意志，使用暴力、胁迫或者其他手段，强行与妇女性交的行为。本罪所侵犯的客体是妇女的性自由。对象是14周岁以上的少女或者成年妇女。强奸不满14周岁幼女的，亦以强奸罪论处。

本罪在客观方面表现为以暴力、胁迫或者其他手段，强行与妇女性交的行为。暴力是指对妇女人身进行捆绑、殴打等危害妇女人身安全和限制人身自由，使妇女不能反抗的手段。胁迫是指对妇女实行精神上的威胁、恐吓和强制，使妇女不敢反抗的手段。其他手段是指暴力、胁迫以外的，使妇女不知反抗的手段。如利用妇女熟睡之机进行奸淫，或者利用醉酒、药物麻醉等方法对妇女进行奸淫。

本罪的主体是年满14周岁的有责任能力的男子。妇女不能单独成为强奸罪的主体，但可以成为帮助犯和教唆犯，即强奸罪的共犯。本罪的主观方面是直接故意，并且具有奸淫目的。

奸淫幼女罪是一种特殊形式的强奸罪，是指同不满14周岁的幼女发生性关系的行为，与前述普通强奸存在区别：①犯罪对象是不满14周岁的幼女；②侵犯的客体是幼女的身心健康；③客观方面不论采用什么手段，也不论幼女是否同意或者是否抗拒，只要与幼女发生了性行为，就构成犯罪，这体现了国家对幼女的特别保护；④既遂的标准不同，只要双方生殖器官相接触，就构成既遂；⑤《最高人民法院关于审理未成年人刑事案件具体应用法律若干问题的解释》第6条规定，已满14周岁不满16周岁的人偶尔与幼女发生性行为，情节轻微、未造成严重后果的，不认为是犯罪。

2. 强奸罪的刑事责任

根据《刑法》第236条的规定，强奸罪有两个刑罚幅度：一是第1款的规定，即三年以上十年以下有期徒刑；二是第3款的规定，即强奸妇女、奸淫幼女，有下列情形之一的，处十年以上有期徒刑、无期徒刑或者死刑：①强奸妇女、奸淫幼女情节恶劣；②强奸妇女、奸淫幼女多人的；③在公共场所当众强奸妇女的；④二人以上轮奸的；⑤致使被害人重伤、死亡或者造成其他严重后果的。

◁※案例

2008年4月8日深夜11点半，杜某某、韩某某、杜某某（已满16周岁）三人趁着酒劲儿翻墙进入某市职业中学校内，持刀闯入女生宿舍304室，先对陈某等5名高一女生进行亵渎，后又轮奸了女生蒲某。此后，三名罪犯又闯入301室，对其中的4名女生施以暴行。此外，三人在实施上述犯罪行为的同时，还从被害女生处抢劫90余元钱。直到次日凌晨3点多钟，因为学校教职工被女生宿舍传出的叫声惊醒，闻声赶来查看，三人才翻墙而去。

问题：对本案三名行为人能否适用死刑？为什么？

（四）抢劫罪

1. 抢劫罪的概念和特征

抢劫罪是指以非法占有为目的，使用暴力、胁迫或者其他方法，强行将公私财物占为己有的行为。

本罪侵犯的客体是复杂客体，即公私财物的所有权和他人的人身权利。

在客观方面，行为人必须具有当场使用暴力、胁迫或者其他方法，立即劫取公私财物的行为。所谓暴力，是指殴打、伤害等足以危及他人身体健康或者生命安全的手段。所谓胁迫，是指以立即实施暴力相威胁的精神强制。所谓其他方法，是指暴力、胁迫方法之外的方法，如用药物麻醉等。

本罪的主体是年满 14 周岁，具有刑事责任能力的人。

本罪的主观方面是直接故意，故意的内容必须以非法占有公私财物为目的。

2. 转化型的抢劫罪

根据《刑法》第 269 条的规定，犯盗窃、诈骗、抢夺罪，为窝藏赃物、抗拒抓捕或者毁灭罪证而当场使用暴力或者以暴力相威胁的，是转化型的抢劫罪。

构成本罪的前提是犯盗窃、诈骗、抢夺罪，即盗窃或者诈骗或者抢夺公私财物数额较大，如果盗窃、诈骗、抢夺虽未达到数额较大，但是当场使用暴力或者以暴力相威胁，情节严重的，也可以按抢劫罪处罚。

本罪的行为必须是使用暴力或以暴力相威胁。本罪的目的是为窝藏赃物、抗拒抓捕或者毁灭罪证。

使用暴力或者以暴力相威胁的时间必须是当场，即犯罪分子实施盗窃、诈骗、抢夺犯罪的现场或者现场的延伸。

3. 抢劫罪的刑事责任

《刑法》第 263 条规定了两个刑罚幅度：一是三年以上十年以下有期徒刑，并处罚金，这是一般抢劫罪的量刑幅度。二是具有下列情形之一的处十年以上有期徒刑、无期徒刑或者死刑，并处罚金或者没收财产：①入户抢劫的；②抢劫银行或者其他金融机构的；③在公共交通工具上抢劫的；④多次抢劫或者抢劫数额巨大的；⑤抢劫致人重伤、死亡的；⑥冒充军警人员抢劫的；⑦持枪抢劫的；⑧抢劫军用物资或者抢险、救灾、救济物资的。

◁◉ᴳ案例

李某和廖某是一对生意场上的老朋友。2005 年 7 月，廖某因经营失误，造成了严重亏损，致使资金一直短缺。同年 8 月，李某由于周转急需，要求廖某支付尚欠的 11 万元货款，但廖某无能为力。转眼过了 3 个月，李某见廖某仍分文未付，便下了最后通牒：如 7 日内不付清欠款，将在法庭上见。廖某最担心的正是这招，怎么办呢？想来想去还真想出了一个办法。于是他叫来三位好友，然后打电话给李某，要她带欠条来其家取款。李某如约而至后，廖某便撕下了伪装，要钱没有，欠条必须交出。李某不干，廖某等便对李琴大打出手并致其轻微伤甲级。李某无奈，被迫交出欠条，廖某当场撕毁后仍觉不稳妥，又逼李某写下了一份收条。

问题： 廖某的行为是犯罪吗？

（五）盗窃罪

1. 盗窃罪的概念和特征

盗窃罪是指以非法占有为目的，秘密窃取公私财物，数额较大或者多次秘密窃取公私财物的行为。

本罪侵犯的客体是公私财物的所有权。

本罪在客观方面表现为秘密窃取公私财物的行为。秘密窃取是盗窃罪的重要特征，是区别于抢劫、抢夺、诈骗罪的主要特征。盗窃财物数额较大或者多次秘密窃取公私财物的，是构成盗窃罪的法定条件。所谓数额较大，《刑法》没有明确规定。根据《最高人民法院关于审理盗窃案件具体应用法律若干问题的解释》的规定，盗窃公私财物数额较大的起点为 500 元～2000 元以上。所谓多次盗窃，是指 1 年内入户盗窃或者在公共场所扒窃 3 次以上，虽未达到数额较大的起点也应认定为盗窃罪的情节。

本罪的犯罪主体是一般主体，即已满 16 周岁的具有刑事责任能力的人。

本罪在主观方面只能由直接故意构成，并且具有非法占有的目的。

2. 盗窃罪的刑事责任

《刑法》第 264 条规定了三个刑罚幅度：①盗窃公私财物，数额较大的，或者多次盗窃、入户盗窃、携带凶器盗窃、扒窃的，处三年以下有期徒刑、拘役或者管制，并处或者单处罚金；②盗窃公私财物数额巨大或者有其他严重情节的，处三年以上十年以下有期徒刑，并处罚金，所谓"数额巨大"，是指盗窃公私财物 5000 元 ~ 20 000 元以上的；③盗窃公私财物数额特别巨大或者其他特别严重情节的，处十年以上有期徒刑或者无期徒刑，并处罚金或者没收财产。所谓"数额特别巨大"，是指盗窃公私财物 30 000 元 ~ 100 000 元以上的。所谓"其他特别严重情节"，是指盗窃数额达到较大或者巨大的起点，并有下列情形之一的：盗窃集团的首要分子或者共同盗窃犯罪中情节严重的主犯；盗窃金融机构的；流窜作案危害严重的；导致被害人死亡、精神失常或者其他严重后果的；盗窃救灾、抢险、防汛、优抚、扶贫、移民、救济、医疗款物，造成严重后果的；盗窃生产资料，严重影响生产的；造成其他重大损失的。

◀️ 案例

被告人顾某于 2013 年 1 月 24 日下午，在上海市静安希尔顿酒店大厅内，趁美国籍客人约翰·莫法在办理住宿手续不备之机，窃得该旅客密码箱一只，内有笔记本电脑、文件夹、手机、飞机票等物，价值人民币 3 万元。嗣后，顾某又到上海市国际贵都大饭店大厅，在总服务台附近，趁意大利籍客人曲某·费塞不备，在其敞开的皮包内窃得皮夹一只，内有美元、visa（维莎）信用卡两张、意大利身份证、驾驶证、新加坡居住证、电话磁卡等财物。盗窃后，顾某将所窃的美元非法兑换得人民币 18 700 元。

问题：顾某的行为是何种犯罪？应如何处罚？

第一节 行政法概述

一、行政法的概念与特征

（一）行政法的概念

行政法是一个独立的法律部门，是调整行政关系和与行政相关的社会关系的法律规范的总称，或者说行政法是调整因行政主体行使行政职权而产生的特定社会关系的法律规范的总称。这一表述包括以下两层含义：

（1）行政法是调整特定社会关系的一类法律规范的总称。

（2）行政法是一个独立的法律部门。

（二）行政法的特征

行政法作为一个独立的法律部门，与其他普通部门法相比无论是在形式上还是在内容上都有自己的特征。

1. 行政法在形式上的特征

（1）行政法没有统一、完整的法典形式。通常情况下，每一个法律部门都有一部相对统一的法典形式，如民法有民法典、刑法有刑法典。但由于行政法调整的社会关系极为复杂、广泛且易于变动，难以用统一的法典来兼容各种行政法律规范，因此到目前为止世界各国都未能制定出适用于全部或绝大部分行政领域的统一、完整的行政法典。当然，行政法不能，或者难以法典化，并不意味着不可以制定诸如行政组织法、行政程序法、行政赔偿法、行政执行法等部门行政法典，事实上包括我国在内的许多国家都制定了一系列部门行政法典。

（2）行政法以散见于各种法律、法规、规章中的大量规范为其存在形式。

在我国，法律行政法规、地方性法规、行政规章、自治条例和单行条例、有权法律解释、国际条约与协定等都可以是行政法的存在形式，这是由行政法调整的社会关系的特殊性决定的，只能以不同的规范性法律文件规定不同的行政法规范，以调整不同性质和特点的行政关系，使行政法寓于形式多样的法律文件之中。

（3）行政法实体性规范与程序性规范相互交织，往往共存于同一法律文件之中。一般而言，实体性规范是确认当事人的权利和义务的，而程序性规范是规定当事人行使权利和履行义务所必须遵循的程序，两者有很大的差别。因此在刑事法律和民事法律中，实体性规范与程序性规范早已分离，各自成为独立的法律部门。但在行政法中，由于行政活动的特点和实现行政目标的要求，使行政权力的取得、行使及对相对人所产生的后果实际上是一个密不可分的过程，因此在一个行政法律文件中往往同时规定实体性规范与程序性规范。

2. 行政法在内容上的特征

（1）行政法内涵丰富、范围广泛、技术性较强。现代国家的行政活动范围极为广泛，不仅包括传统的国防、外交、公安、民政、工商、税务和司法行政等领域，而且还扩展到了社会福利、环境保护及国民经济建设等社会生活的新领域，这就决定了由行政法调整的社会关系极其广泛和在内涵上十分丰富。同时由于行政活动有许多是面向未来的创设性活动，或者是对特定专业领域进行管理的活动，因此行政法在规定行政活动的目的、手段和方法时，必须对未来可能发生的情况或有关专业问题进行科学、客观的分析、预测和论证，从而具有较强的专业技术性。

（2）行政法律规范的内容易于变化。行政法调整的社会关系，在任何国家都是最富于活动性、最易于变动的社会关系，这就决定了与其他法律部门相比，行政法律规范的内容更易于变动，尤其是数量较多、地位重要的行政法规、行政规章的变动更为突出。

二、行政法的作用

行政法与其他法律部门一样，具有法的规范作用和社会作用，但行政法毕竟是独立的法律部门，它的社会作用有其特殊性。行政法的特殊社会作用是在其调整行政关系以及与行政有关的社会关系时发挥出来的，行政法的作用有：

1. 对行政主体而言

（1）行政法合理设定行政权，保障行政主体有效行使行政职权。

（2）行政法规范控制行政权，约束行政主体合法、正确地行使行政职权、履行法定职责。

2. 对作为行政管理相对一方的公民、法人和其他组织而言

（1）保障公民、法人和其他组织自由与权利的实现。

（2）约束被管理一方的行为，促使其积极履行行政法义务，以建立和维护社会公共利益和秩序。

三、行政法的基本原则

行政法的基本原则是指贯穿于行政法中，指导行政法制定和实施的基础性规范。一般认为行政法有两个基本原则：行政合法性原则和行政合理性原则。

（一）行政合法性原则

1. 行政合法性原则的含义

行政合法性原则是指行政主体的设立，拥有行政职权和行使行政职权都必须依据法律，符合法律，不得与法律相抵触，任何违法行政行为都应当承担相应的法律责任。

行政合法性原则与法治的发展密切相关，法治是一种状态，它要求政府、社会组织和公民都要在法律之下活动，把自己的行为自觉地统一于法律之中，因此为了规范政府行为，保护社会组织和公民的合法权益，必须树立政府守法信念，推行行政合法性原则。

2. 行政合法性原则的内容

行政法的发展表明，行政合法性原则的内容在历史上曾经历了一个演进的过程。在早期的资本主义国家，行政合法性原则的"法"仅指议会制定的法律，即宪法与议会法。"委任立法""授权立法"的出现，改变了人们依法行政的观念，即行政不仅应遵循宪法与议会法，还应遵循政府根据授权或委托所立的法。这表明行政合法性原则的内容扩大了。在我国行政合法性原则要求政府（行政主体）进行行政活动时应遵循宪法、法律、行政法规、地方性法规、自治条例和单行条例以及行政规章等。

行政合法性原则包含合乎实体法与合乎程序法两个方面，违反实体法和违反程序法都构成对行政合法性原则的破坏。

3. 行政合法性原则的具体要求

（1）行政主体的设立必须合法。

（2）行政职权的拥有应当合法。在我国，行政主体合法拥有行政职权通常有两条途径：①由宪法、法律和法规设定；②由有权机关依宪法、法律和法规的规定授予。

（3）行政职权的行使应当合法。

（4）违法行使行政职权应当承担法律责任。

（二）行政合理性原则

1. 行政合理性原则的含义

行政合理性原则是与行政合法性原则相并列的又一基本原则，它是指行政主体在合法的前提下，在行政主体的设立、拥有行政职权和行使行政职权、追究违法行为和实施行政救济等方面都必须正当、客观、适度。

行政合理性原则是行政法治化的更高要求，这里所指的合理是在合法的前提下的适度行政。行政裁量权的存在是行政合理性原则存在的理由，行政法赋予行政主体行政裁量权，是由行政法的调整对象和调整手段的特殊性所决定的。在我国，行政裁量权是指行政主体在法律规定的范围内根据具体的事实和依据，选择自己（行政主体）认为最为适当的方式、范围、幅度、种类去处理行政事务的权力。在行政主体依法拥有行政裁量权的情况下，行政主体的行政行为就可能会出现合法而不合理的现象，随着行政法治化的发展，必然会要求行政主体的行政行为不仅要遵循合法性原则，还必须遵循合理性原则。

2. 行政合理性原则的内容

（1）行政主体的设立应当合理。

（2）行政职权的拥有应当合理。

（3）行政职权的行使应当合理，这是行政合理性原则的重心。

（4）对违法行为的追究和实施行政救济应当合理。

3. 行政合理性原则的具体要求

（1）行政行为应当符合立法目的。

（2）行政行为应当建立在正当考虑的基础上，不得考虑不相关因素。

（3）平等适用法律，不得对相同事实给予不同对待。

（4）符合自然规律。

四、行政法律关系

（一）行政法律关系的概念和特征

行政法律关系是指行政法调整的具有行政法上权利义务内容的社会关系，是行政法调整行政关系以及与行政有关的社会关系的结果。与其他法律关系相比，行政法律关系具有以下鲜明特征：

1. 行政主体是行政法律关系中的必要一方

行政法律关系是行政关系的法律化，而行政关系是行政主体在行使行政职权的过程中产生的社会关系，即行政关系中必有一方当事人为行政主体，由此在行政法律关系双方当事人中也必定有一方为行政主体。

2. 行政法律关系主体间的权利和义务具有不对等性

在民事法律关系中，当事人之间在地位、权利、义务等方面都是对等的，而行政法律关系则具有明显的不对等性，从而与民事法律关系的对等性形成了鲜明的对照。

在行政实体法律关系中，行政主体代表国家行使行政权力，这是法律赋予它的单方面的权力，相对人要无条件地服从，即使认为行政主体的行为违法，一般也只能采取事后救济的办法补救。也就是说，行政主体可以在不征得相对人同意，甚至违反相对人意志的情况下，单方面创设行政法律关系，这表明行政法律关系主体间的权利和义务的不对等。

在行政程序法律关系中，行政主体在行使行政实体权力时，必须遵循相关的法律程序，这是行政主体的一种义务和责任。所以，制约行政主体的程序性规范为义务性规范，从这个意义上说，在行政程序法律关系中，行政主体往往是义务主体，而相对人享有更多的权利，两者的权利和义务不对等。

3. 行政法律关系主体的权利义务具有法定性

行政法律关系主体所享有的权利和承担的义务都是法律、法规预先确定的，主体之间不能相互自由约定和选择权利义务，这与民事法律关系中当事人可以自行商定双方权利义务不同。

4. 行政主体在实体上的权利义务是重合的

行政主体在行政法律关系中具有双重地位，对于相对人来说，它是权利主体，对于国家来说，它是义务主体。行政主体在行政法上的权利义务，表现为职权和职责的密不可分，它可以依法行使职权，也必须依法行使职权，职权既不能转让，也不能放弃，体现了权利义务的重合。

5. 多数行政争议可由行政机关自行解决

在行政法律关系中，由行政主体的地位决定，双方发生纠纷后，大多由行政机关或行政裁判机构依照行政程序或准司法程序予以解决，只有在对行政复议不服或法律有规定的情况下，才可由司法机关通过司法程序解决。

（二）行政法律关系的构成

1. 行政法律关系主体

行政法律关系主体即参加行政法律关系的当事人，也就是行政法律关系中的权利享有者和义务承担者。尽管行政法律关系的参加者非常广泛，但根据行政法律关系的性质，可划分为行政主体和行政相对人。

（1）行政主体。行政主体就是能够以自己的名义依法拥有和行使行政职权，并能够对其行使行政职权造成的后果承担法律责任的机关或组织，也就是说，行政主体是在行政法律关系中行使行政管理职权、处于支配地位的机关或组织。

（2）行政相对人。行政相对人简称"相对人"，就是在行政法律关系中与行政主体相对应，处于被管理和被支配地位的组织或者个人。这里需要我们注意的是：在行政管理活动中处于被管理地位的当事人绝不是单纯的被支配对象，而是既享有权利又承担义务的行政法律关系主体。根据我国现行法律的规定，在具体的行政法律关系中可以成为行政相对人的有：公民、法人、其他组织、外国组织和个人。

2. 行政法律关系的内容

行政法律关系的内容即行政法律关系主体所享有的权利和所承担的义务的总和。由于行政法律关系主体被分为行政主体与行政相对人，行政法律关系的内容也被分为行政主体的权利、义务（职权、职责）和行政相对人的权利、义务。从总体上讲，行政主体有依法行使行政职权，不得非法行政，应当接受行政相对人监督等职权和职责；行政相对人有要求行政主体依法行使行政职权，监督行政主体依法行政等权利以及服从行政主体的行政管理等义务。至于行政法律关系双方主体在具体行政法律关系中的权利和义务则需要根据具体情况依法确定。

3. 行政法律关系的客体

行政法律关系的客体即行政法律关系主体的权利义务所指向的对象。一般包括人身、行为、物和智力成果。

第二节　行政主体

一、行政主体概述

（一）行政主体的概念

行政主体是指依法享有行政职权，能以自己的名义实施行政行为，并能独立承担由此产生的法律后果的机关或组织。行政主体是法学上的概念（不是法律上的概念），是人们对公共行政中具有独立管理地位的行政机关和法律法规授权的组织的抽象和概括。

（二）行政主体的类型

在行政法学的研究中，人们根据不同的标准对行政主体做了不同的分类，常见的分类有外部行政主体与内部行政主体、中央行政主体与地方行政主体、职权行政主体与授权行政主体、地域性行政主体与公务性行政主体。在我国行政主体有两类，即行政机关和法律法规授权的组织。

（三）行政主体的行政职权和行政职责

1. 行政主体的行政职权

（1）行政职权的含义。行政职权是国家行政权的转化形式，是行政主体依法拥有的实施国家行政管理活动的资格和权能，或者说由具体的机关和组织所拥有和实施的国家行政权就是行政职权。

（2）行政职权的特征。行政职权有这样一些特征：国家强制性、不可自由处分性、单方性、公益性和优益性，行政职权的公益性决定了行政职权具有优益性，行政职权的优益性是通过与之相伴随的行政优益权来体现的。行政优益权由行政优先权和行政受益权构成，前者是行政主体行使行政职权时依法享有的职务上的优先条件，后者是行政主体行使行政职权时依法享有的物质上的优异条件。

（3）行政职权的内容。行政职权大致包括行政立法权、行政决策权、行政决定权、行政命令权、行政执行权、行政制裁权（行政处罚和行政处分权）、行政强制权（行政强制措施与行政强制执行）、行政许可权、行政确认权、行政监督检查权、行政奖励权、行政裁决权、行政复议权等。

2. 行政主体的行政职责

行政职责是指行政主体在行使行政职权的过程中，依照法律规定所承担的义务。它具有义务性、法定性、与行政职权不可分割性等特征。根据宪法、法律、法规的规定，行政职责的内容一般包括依法履行行政职务、严格遵守行政权限、符合法定目的、遵循合理原则、遵守法定程序等。

二、行政机关

（一）行政机关的含义

行政机关是指依据宪法和行政组织法规定而设置的依法行使国家行政职权、对国家各项行政事务进行组织和管理的国家机关。这一概念包括以下几层意思：

（1）行政机关是国家机关，是由国家设置，代表国家行使国家行政职权的机关，因此它不同于政党、社会组织、社会团体。

（2）行政机关是行使国家行政职权的国家机关，区别于同为国家机关的立法机关、司法机关。

（3）行政机关是依据宪法和行政组织法规定而设置的国家机关，不同于依据宪法和行政组织法之外的单行法律、法规授权而设立的组织。

（二）我国现行行政机关的体系

1. 中央行政机关

（1）国务院。国务院即中央人民政府，是最高国家行政机关，是最高国家权力机关的执行机关。

（2）国务院各部、各委员会。国务院各部、各委员会是负责国家行政管理的某一方面的行政事务或某些职能的工作机构，是国务院的组成部分，依法对某一方面的行政事务具有在全国范围内的行政管理权。

（3）国务院的直属机构。国务院的直属机构是指国务院根据宪法和法律规定及工作需要设置的由国务院直接领导的行政机关，负责领导和管理全国的某一方面的行政事务，具有独立的法律地位，具备行政主体资格。

（4）国务院各部委管理的国家局。国务院各部委管理的国家局是指国务院依照行政组织法规定的权限，根据国家行政管理需要设立的由主管部委管理的，负责管理国家某方面行政事务的行政管理机关，具备行政主体资格。

需要注意的是：国务院的办公和办事机构（例如国务院法制工作办公室、国务院港澳事务办公室等）在通常情况下不具有行政主体资格。

2. 地方国家行政机关

（1）地方各级人民政府，包括省（自治区、直辖市）、市（自治州、直辖市的区）、县、乡（镇）四级人民政府。

（2）地方各级人民政府的各工作（职能）部门。

（3）地方各级人民政府的派出机关，包括行政公署、区公所、街道办事处。地方人民政府的派出机关虽然不是一级人民政府，但具有行政主体资格。

（三）行政主体与行政机关的关系

在我国行政机关是行政主体的重要组成部分，两者之间存在着一种不完全的包含关系：

（1）行政主体主要由行政机关构成，但行政机关之外的社会组织和行政机关内部的行政机构在特定的条件下也可以成为行政主体。

（2）行政机关虽然都可以成为行政主体，但并非在任何场合都是行政主体，行政机关只有在参加到行政法律关系中行使行政管理职能时，才能成为行政主体。

三、法律、法规授权的组织

（一）法律、法规授权组织的含义

法律、法规授权的组织又被称为被授权组织，是指国家行政机关以外的组织，根据宪法和行政组织法以外的法律、法规的特别授权而取得行政主体资格，并能行使行政职权的组织。被授权组织主要包括行政机构和社会组织，其行政主体资格的获得来源于两种法定方式：法律法规直接授予职权和法律法规规定由特定的行政机关授予行政职权。

（二）法律、法规授权组织的类型

1. 行政机构

行政机构包括地方人民政府工作（职能）部门的派出机构，如公安派出所、税务所、工商所等；行政机关的某些内部机构，如《水污染防治法》第4条规定各级交通部门的航政机关可独立对外行使行政执法权。

2. 其他社会组织

其他社会组织的具体存在形态可以是企业单位、事业单位，也可以是社会团体或群众性组织。通过法定授权，其他社会组织可以获得行政主体资格，成为行政主体。

四、行政主体与行政机关委托的组织

行政机关委托的组织是指受行政机关的委托，按照委托范围，以委托机关的名义行使被委托的行政职权的组织。在实践中行政机关还可以委托个人或某些私人组织行使被委托的行政职权。

行政机关委托的组织不具有行政主体资格，即使被委托的组织行使行政职权，并参加到行政法律关系中去，也不具有行政主体的法律地位，它不直接承担因此而产生的法律后果，该法律后果由委托的行政机关承担，也就是说行政职权的委托不发生职权、职责、法律后果及行政主体资格的转移。另外需要注意的是，有些专有的行政权力不能进行委托，比如，公安机关具有的行政拘留权、税务机关的征税权等。

五、公务员

（一）公务员的含义

公务员在不同的国家有不同的含义，其范围也不相同，在此仅指依法定的方式和法定的程序任用并行使国家行政职权的行政机关的工作人员。

（二）公务员与行政主体的关系

公务员对行政主体有法律上的职务隶属关系，他们是行政主体对其行政职权的具体实施者，他们只能以行政主体的名义行使行政职权，作出行政行为，其行为结果归属于所隶属的行政主体。任何公务员与行政主体之间都存在着法定关系，具体表现为：

（1）行政主体的职权、职责、权限和优先权涉及公务员，即行政主体的职权、职责也当然成为公务员的职权、职责，而行政主体的优先权同时也成为公务员的当然权利；同时，对行政主体的监督制约，同样也对公务员产生约束力。

（2）公务员实施行政管理活动，必须以行政主体的名义，并依据行政主体的意志办事。公务员公务行为的结果归属于所隶属的行政主体。行使权利

和承担义务往往是共存的。

（三）公务员公务行为的效力与责任

公务员在执行公务时，其行为是代表国家的，是代表其所服务的行政机关，因此，公务员执行公务的行为具有法律效力，行政相对人必须遵守和服从。行政相对人对公务员执行公务的行为有异议，只能向公务员所代表的行政机关提出，而不能向公务员本人提出。

公务员如果在执行公务时违法，或者有失职行为，行政机关可以追究公务员的责任。如果对行政相对人造成损害，行政机关在向行政相对人进行赔偿后，在特定情形下可向公务员行使追偿权。

第三节　行政行为

一、行政行为概述

（一）行政行为的概念

行政行为是指行政主体行使行政职权，作出的能够产生行政法律效果的行为。行政行为的概念包括以下几层含义：①行政行为是行政主体所为的行为；②行政行为是行使行政职权，进行行政管理的行为；③行政行为是行政主体实施的能够产生行政法律效果的行为。

行政行为的特征是：①行政行为是执行法律的行为，任何行政行为均须有法律根据，具有从属法律性，没有法律的明确规定或授权，行政主体不得作出任何行政行为。②行政行为具有一定的裁量性，这是由立法技术本身的局限性和行政管理的广泛性、变动性、应变性所决定的。③行政主体在实施行政行为时具有单方意志性，不必与行政相对方协商或征得其同意即可依法自主作出。即使是在行政合同行为中，在行政合同的缔结、变更、解除与履行等诸方面，行政主体均具有与民事合同不同的单方意志性。④行政行为是以国家强制力保障实施的，带有强制性，行政相对方必须服从并配合行政行为。否则，行政主体将予以制裁或强制执行。这种强制性与单方意志性是紧密联系在一起的，没有行政行为的强制性，就无法实现行政行为的单方意志性。⑤行政行为以无偿为原则，以有偿为例外。行政主体所追求的是国家和社会公共利益，其对公共利益的集合、维护和分配，应当是无偿的。当特定行政相对人承担了特别公共负担，或者分享了特殊公共利益时，则应该是有偿的，这就是公平负担和利益负担的问题。

（二）行政行为的功能

行政行为的功能主要是指某种行政行为对行政相对人的权利、义务所产生的具体影响，有以下具体表现：

1. 赋予权益和剥夺权益

赋予权益是指赋予行政相对人某种新的法律上的权益，包括使行政相对人获得为某种行为的权利、资格（权能）、利益（奖励、救济、抚恤等）。

剥夺权益是指行政主体依法剥夺行政相对人已有的某种权益，包括法律上的权能、权力和利益。

2. 设定义务和免除义务

设定义务是指通过行政行为使行政相对人承担某种作为或不作为的义务。

免除义务是指由于某种情况的出现而对行政相对人原来承担的或本应承担的义务予以解除。

3. 确认法律事实和确认法律地位

确认法律事实是指依法确认对某种行政法律关系有重大影响的事实是否存在的活动。确认法律地位是指依法确认某种法律关系中当事人的权利义务是否存在及其存在范围的活动。确认法律事实和确认法律地位本身并不直接引起某种法律效果，但基于该确认，行政主体将进一步采取某些特定的行政行为，进而产生某种法律效果。可见确认法律事实和确认法律地位的确认行为，实质上是采取行政行为的一个重要环节，直接影响行政行为的效力。

（三）行政行为的法律效力

行政行为的法律效力是指行政行为所发生的法律效果，表现为它所产生的特定的法律约束力和强制力。

1. 行政行为的拘束力

行政行为的拘束力是指行政行为具有法律规定的或行政机关决定的法律效果，当事人即行政机关和行政相对人都必须尊重并遵守之。

2. 行政行为的确定力

行政行为的确定力又被称为行政行为的不可变更力和不可争力，是指已生效的行政行为对行政主体和行政相对人所具有的不受任意改变的法律效力。

3. 行政行为的公定力

行政行为的公定力是指行政行为一经成立，不论是否合法，即具有被推定为合法而要求所有机关、组织和个人予以尊重的一种法律效力。公定力并不意味着行政行为的真正合法与否，在行政法上，之所以要赋予行政行为这样的法律效力，是因为社会对行政主体的地位和作用应予充分信任和尊重，从而稳定权利义务关系。

4. 行政行为的执行力

行政行为的执行力是指行政行为生效后，行政主体有权依法采取一定手段，使行政行为的内容得以实现的效力。行政行为的执行力表现为自行执行力和强制执行力。自行执行力是指行政行为要求行政相对人自觉履行该行政行为确定的义务的法律效力。强制执行力是指行政相对人拒绝履行或拖延履行行政行为确定的义务时，行政主体可依法采取强制措施或申请人民法院强制行政相对人履行该义务。

二、抽象行政行为和具体行政行为

行政行为有多种分类方法，由于我国《行政诉讼法》将受案范围界定为对具体行政行为不服的诉讼，所以，将行政行为分为抽象行政行为和具体行政行为的分类方法较为普遍，且具有法律意义。

（一）抽象行政行为

1. 抽象行政行为的含义

抽象行政行为又称"制定行政法律规范"的行为，从动态方面看，它指行政主体针对不特定的人或事，制定具有普遍约束力的行为规则的行为。从静态方面看，它指行政主体针对不特定的人或事，制定具有普遍约束力的行为规范，包括行政法规、行政规章和其他具有普遍约束力的决定、命令等。

2. 抽象行政行为的分类

对于抽象行政行为，可以从各种不同角度进行分类，以规范程度与效力等级为标准，可以将抽象行政行为分为行政立法行为和除行政立法行为以外的其他抽象行政行为，这也是我国学界比较普遍的分类。

（1）行政立法行为。行政立法行为是指特定的国家行政机关依照法定权限和程序，制定、修改和废止有关行政管理方面的行政法规和行政规章等规范性文件的活动。

在我国，行政立法的主体包括国务院、国务院各部委、国务院直属机构、特定的地方人民政府。国务院有权制定行政法规，同时还享有对规章的批准权、改变权和撤销权；国务院各部委有根据法律和行政法规等，在本部门的权限内制定规章的权力；根据我国《立法法》的规定，国务院具有行政管理职能的直属机构享有行政立法权；特定的地方人民政府包括省、自治区、直辖市的人民政府，省、自治区人民政府所在地的市人民政府，国务院批准的较大的市的市人民政府，经济特区的市人民政府，它们有权制定地方政府规章。

行政立法是行政性质与立法性质的有机结合，它首先是一种抽象行政行为，具有行政的性质，同时又具立法性质，但它是一种从属性的立法，因此是一种准立法行为。

（2）除行政立法行为以外的其他抽象行政行为。除行政立法行为以外的其他抽象行政行为又被称为制定其他规范性文件的行为，是指各级各类国家行政机关为实施法律、执行政策，制定除行政法规和行政规章、地方政府规章以外的具有普遍约束力的决定、命令，规定行政措施等其他规范性文件的行为。它具有主体的广泛性、效力的多层级性和从属性以及规范性的特点。

这种抽象行政行为在实践中具有重要的地位和意义。首先，在行政管理领域，对公民、法人或其他组织具有拘束力和强制执行力；对行政机关本身具有确定力，对具体行政行为具有适用力；它是行政复议机关审理复议案件的依据。其次，在行政诉讼中，行政诉讼当事人可以以行政规范性文件作为论证相应具体行政行为违法或合法的根据；人民法院审理行政诉讼案件，对具体行政行为合法性进行审查时，会同时审查相应具体行政行为所依据的规范性文件的合法性；人民法院在判决的理由部分，可以指出具体行政行为所依据的合法的行政规范性文件，人民法院认为行政规范性文件违法，可以向有关机关提出司法建议。

（二）具体行政行为

具体行政行为，是行政主体在行使行政职权的过程中，针对特定人或特定事作出影响相对方权益的具体决定或措施的行为。具体行政行为与抽象行政行为相比，具有特定性和直接性，即调整对象是特定的，并且对于特定对象的权利义务直接发生影响。在我国法律实践中，区分具体行政行为与抽象行政行为的意义在于二者受到监督和审查的范围与程度不同，抽象行政行为一般不受行政诉讼的司法审查，而具体行政行为一般都可以提起行政诉讼。

另外，具体行政行为一般都可以进入行政复议程序，只有部分抽象行政行为可以进入行政复议程序，可以由有权行政机关审查这些抽象行政行为的合法性。具体行政行为包括行政给付、行政征收、行政奖励、行政确认、行政裁决、行政许可、行政强制、行政处罚等多种形式。

三、几种常见具体行政行为

（一）行政许可

为了规范行政许可的设定和实施，我国于 2004 年 7 月 1 日开始正式实施《中华人民共和国行政许可法》（以下简称《行政许可法》）。在这部法律中规定了行政许可的基本原则、行政许可的设定、行政许可的实施机关、行政许可的实施程序、行政许可的费用以及监督检查和法律责任等基本内容。

1. 行政许可的含义与特征

行政许可是指在法律一般禁止的情况下，行政主体根据行政相对人的申请，通过颁发许可证或执照等形式，依法赋予特定的行政相对人从事某种活动或实施某种行为的权利和资格的行政行为。

行政许可具有这样一些特征：①行政许可是依申请的单方行政行为；②行政许可存在的前提是法律的一般禁止，没有法律的一般禁止，便不存在行政许可；③行政许可是赋权性的行政行为；④行政许可是要式行政行为；⑤行政许可的目的在于抑制公益上的危险或影响秩序的因素。

2. 行政许可的基本原则

《行政许可法》从限制政府的许可权力，保护公民、法人以及其他组织的基本权利的角度出发确立了公开、公平、公正原则，便民原则和效率原则，行政相对人权利保护原则，合法信赖保护原则，监督检查原则。

3. 设定行政许可的范围

根据《行政许可法》第 12 条的规定，下列事项可以设定行政许可：

（1）直接涉及国家安全、公共安全、经济宏观调控、生态环境保护以及直接关系人身健康、生命财产安全等特定活动，需要按照法定条件予以批准的事项；

（2）有限自然资源的开发利用、公共资源配置以及直接关系公共利益的特定行业的市场准入等，需要赋予特定权利的事项；

（3）提供公众服务并且直接关系公共利益的职业、行业，需要确定具备特殊信誉、特殊条件或者特殊技能等资格、资质的事项；

（4）直接关系公共安全、人身健康、生命财产安全的重要设备、设施、产品、物品，需要按照技术标准、技术规范，通过检验、检测、检疫等方式进行审定的事项；

（5）企业或者其他组织的设立等，需要确定主体资格的事项；

（6）法律、行政法规规定可以设定行政许可的其他事项。

根据《行政许可法》第 13 条的规定，上述事项如果能够由公民、法人或者其他组织自主决定的、能够由市场竞争机制有效调节的、能够由行业组织或者中介机构自律管理的、能够由行政机关采用事后监督等其他行政管理方式解决的，可以不设行政许可。

4. 行政许可的程序

根据《行政许可法》的规定，行政许可的程序包括申请与受理、审查与决定。

（1）申请与受理。申请是行政主体实施行政许可的前提，行政相对人要取得某项行政许可，首先要向行政机关提出申请，并提交有关文件材料。受理是行政许可实施机关在对申请材料进行形式上的审查后，作出受理或不予受理的书面决定。

（2）审查与决定。行政许可实施机关在对行政相对人的申请材料进行审查、核实后，确定申请人是否具备取得相应行政许可的法定条件，针对不同情况作出书面的是否准予许可的决定，包括准予行政许可的决定和不予行政许可的决定。

根据《行政许可法》的规定，除可以当场作出行政许可的决定外，行政机关应当自受理行政许可申请之日起 20 内作出行政许可决定。法律、法规、规章规定实施行政许可应当听证的事项，或者行政机关认为需要听证的其他涉及公共利益的重大行政许可事项，行政机关应当向社会公告，并举行听证。行政机关实施行政许可并对行政许可事项进行监督检查，不得收取任何费用，但是法律、行政法规另有规定的除外。

（二）行政征收

1. 行政征收的概念与特点

行政征收是指行政机关根据法律的规定，以强制的方式无偿向行政相对人征集一定数额的金钱或者实物的行政行为。行政征收具有以下特点：①行政征收的主体是依法负有行政征收职能的行政机关或其他组织；②行政征收的对象是负有法律所规定的缴纳义务的相对人；③行政征收是无偿取得相对人的财产；④行政征收的目的是保证国家和公共利益的需要；⑤行政征收具有突出的羁束性与强制性。

2. 行政征收的种类

（1）税。税是行政征收中最主要的一种，在我国其征收主体只能是税务机关和海关。

（2）费。即各种社会发展费用，是一定行政机关凭借国家行政权所确立的地位，为行政相对人提供一定的公益服务，或授予国家资源和资金的使用权而收取的代价。目前，我国的各种社会发展费用主要包括资源费、建设资金、排污费、管理费等，有权进行社会发展费用征收的主体有交通行政机关、环保机关以及地方各级人民政府。

在我国与行政征收行为相类似的行为有行政征用、行政征购，应注意将它们区分开来。

（三）行政处罚

1. 行政处罚的概念和特征

行政处罚是指特定的行政主体对违反行政法律规范、尚未构成犯罪的违法行为人，依照法定权限和程序实施的一种惩戒行为。行政处罚是一种法律制裁，属于行政制裁的范畴。为了规范行政处罚的设定和实施，维护公共利益和社会秩序，维护公民的合法权益，我国于 1996 年制定并颁布实施了《中华人民共和国行政处罚法》（以下简称《行政处罚法》）。

行政处罚与刑事制裁、民事制裁相比较有以下主要特点：

（1）实施行政处罚的主体是具有法定职权的行政主体；

（2）行政处罚的对象是违反行政法律规范、尚未构成犯罪的公民、法人或者其他组织；

（3）行政处罚在性质上属于行政制裁。从程度上讲，它针对的是轻于犯罪的行政违法行为，因此它的惩罚性要轻于刑事处罚；在方式上，有许多与行政管理相关的方式，如罚款、吊销执照等。

行政处罚与行政处分在适用对象、制裁方式、依据、救济途径几方面存在不同。

2. 行政处罚的基本原则

（1）处罚法定原则。其基本含义是处罚的主体、处罚的职权、处罚的依据、处罚的程序是法定的。

（2）公正、公开原则。公正原则要求设定和实施行政处罚要做到客观、合理，处罚与当事人的违法行为相当，做到过罚相当。公开是指处罚公开，包括处罚依据、处罚程序、处罚决定的公开。

（3）处罚与教育相结合原则。对于违法行为人既要依法处罚，使之感受到法律和法律制裁的严肃性，又要对其加强教育，只有这样，才能真正有效地实现行政处罚设置和适用的目的。

（4）保障当事人权利原则。行政处罚法赋予了当事人两方面的权利：一是在行政处罚过程中的陈述权、申辩权、被告知权等；二是行政处罚决定作出之后的救济权，包括申请复议权、提起诉讼权和提出赔偿的权利等。

3. 行政处罚的种类

（1）警告。即由行政主体对违法者提出告诫和谴责，其目的是通过对违法者精神上的惩戒，教育违法者以后不要再违法。警告应以书面形式作出，并向本人宣布和送达。

（2）罚款。即由具有行政处罚权的行政主体依法强制违法者在一定期限内向国家缴纳一定数额的金钱的处罚方式，是一种适用十分广泛的行政处罚形式。根据《行政处罚法》的规定，除法定当场收缴的情形外，作出行政处罚决定的机关及其执法人员不得自行收缴罚款。依法当场收缴罚款的，必须出具统一收据。

（3）没收违法所得、没收非法财物。是指有行政处罚权的行政主体依法将违法行为人的违法所得和非法财物收归国有的处罚形式。违法所得是指违法行为人从事违法经营等活动获得的利益。非法财物是指违法行为人用于从事违法活动的工具、物品和违禁品等。

（4）责令停产停业。是指行政主体对违法从事生产经营活动的相对人，在一定期限和范围内限制或取消生产经营活动资格的处罚形式。

（5）暂扣或吊销许可证、暂扣或吊销执照。是指行政主体依法暂时或永久剥夺违法行为人从事某些活动的权利和资格的处罚形式。

（6）行政拘留。又称"治安拘留"，是公安机关依法对违反行政法律规范（特别是治安管理法律规范）的人，在短期内限制其人身自由的一种处罚形式。除县级以上的公安机关外，其他任何机关都没有决定行政拘留的权力。同时，行政拘留只能由法律设定。

（7）法律、行政法规规定的其他行政处罚。除以上六种处罚形式外，还包括劳动教养、驱逐出境、通报批评等。

4. 行政处罚的实施主体

行政处罚的实施主体是指能够享有行政处罚权，进行处罚行为的组织。根据《行政处罚法》的规定，我国行政处罚的实施主体包括：

（1）行政机关。行政机关是最主要的行政处罚实施主体，但并不是任何行政机关都可以行使行政处罚权，只有法律、法规的明确授权，即依法取得行政处罚权的特定的行政机关才能行使。

（2）法律、法规授权的组织。《行政处罚法》规定，法律、法规授权的具有管理公共事务职能的组织可以在法定授权范围内行使行政处罚权。

（3）行政机关委托的组织。基于公共管理的需要，行政机关可以依法将自己拥有的行政处罚权委托给非行政组织行使，但接受委托的组织必须具备法定条件：①该组织是依法成立的管理公共事务的事业组织；②该组织具有熟悉有关法律、法规、规章和业务的工作人员；③对违法行为需要进行技术检查或者技术鉴定的，应有组织进行相应检查鉴定的条件。

5. 行政处罚的程序

《行政处罚法》根据行政处罚的不同情况，规定了简易程序、一般程序和听证程序。

（1）简易程序。简易程序是针对事实确凿、处罚较轻的情况设置的，基本特点是当事人程序权利简单，执法人员当场决定给予处罚。适用简易程序的条件有：①违法事实确凿；②有法定依据；③符合行政处罚法所规定的处罚种类和幅度，只有对个人处以50元以下罚款或警告、对法人或者其他组织处以1000元以下的罚款或者警告才可以适用简易程序。

（2）一般程序。一般程序是行政处罚典型和普遍适用的程序，它适用于除适用简易程序和听证程序以外的其他所有情形，广泛适用于各种行政处罚；实行办案调查人员和处罚决定人员的分离制度，包括立案、调查取证、说明理由、当事人陈述与申辩、作出处罚决定、送达几个具体步骤。在调查取证中行政机关及其执法人员的职权职责有：①调查或检查时的执法人员不得少于两人并向当事人和有关人员出示证件表明身份；②执法人员有要求当事人如实回答询问并协助调查或检查的职权；③行政机关在收集证据时，可以抽样取证。例如，强制获取违禁印刷品作为证据样品，对某些证据实行先行登记保存制度，在登记保存证据期间，当事人或有关人员有不得销毁或者转移证据的义务。这种方法适用于证据可能灭失或者以后难以取得的情况。在实施中须经行政机关负责人批准并登记保存的，7日内作出处理决定。

（3）听证程序。听证程序是在行政机关作出行政处罚决定之前，公开举行由利害关系人参加的专门会议，对事实进行质证、辩驳的程序。听证程序不是一个独立的程序，而是一般程序中的特殊程序，只适用于需要听证的案件。听证程序适用的条件包括责令停产停业、吊销许可证或者执照和较大数额罚款的行政处罚，并经当事人提出听证请求，方由行政机关组织。需要注意的是，组织听证是行政机关的法定义务，当事人要求听证的，行政机关应当（必须）举行听证，而且承担组织听证的费用。

听证程序具体步骤：告知听证权、提出听证、通知听证、举行听证。在听证结束后由行政机关依照一般程序的有关规定作出处罚决定。

6. 行政处罚的执行

行政处罚法在执法方面最有特色的，是规定了作出罚款决定的机关与收缴罚款的机构分离制度。行政处罚执行制度的主要内容有：

（1）一般规定。当事人应当及时履行行政处罚决定规定的义务。原则上，在当事人申请行政复议或提起行政诉讼期间行政处罚不停止执行。行政机关应当健全对行政处罚的监督制度。

（2）罚款的收缴。原则上，作出罚款决定的行政机关应当与收缴罚款的机构分离，作出处罚决定的行政机关及其执法人员不得自行收缴罚款。当事人应当在法定期限内，到指定的银行缴纳罚款，银行应当收受罚款，并将罚款直接上缴国库。作为例外，行政处罚法规定了当场收缴罚款的条件和收缴办法。

对于罚款、没收违法所得或者没收非法财物拍卖的款项，必须全部上缴国库，任何行政机关或者个人不得以任何形式私分、截留。财政部门不得以任何形式向行政处罚决定机关返还。

（四）行政裁决

1. 行政裁决的概念与特征

行政裁决是指行政机关根据法律授权，主持解决当事人之间发生的与行政管理事项密切相关的特定的民事纠纷的活动。行政裁决有以下特征：

（1）行政裁决的主体是国家行政机关；

（2）行政裁决是行政机关居间解决有关民事纠纷的活动；

（3）行政裁决职权来源于法律的明确授权；

（4）行政裁决的程序是一种准司法程序。

行政裁决与行政仲裁、行政调解是不同的概念，要注意将它们区别开来。

2. 行政裁决的范围

（1）权属争议。权属争议包括当事人因诸如土地、山林、草原、滩涂、渔区、矿产资源、水资源等的所有权、使用权以及智力成果权等的归属问题所引起的争议。这类争议与有关行政管理部门的管理有直接关系，一般都是先由行政机关加以处理。

（2）损害赔偿争议。损害赔偿争议是因当事人一方侵害了另一方的权益，另一方要求赔偿损失所引起的争议。凡是属于行政管理范围的此类争议案件，都可以申请行政裁决。这类争议常见的有产品质量、药品管理、食品卫生、环境污染、自然资源利用等方面的争议。

（3）补偿争议。双方当事人之间有关补偿问题的争议可以请求行政机关进行裁决，作出强制性补偿决定。在现行的法律、法规中，涉及补偿性争议的有城市房屋拆迁、草原、水面、滩涂、土地征用等。

（五）行政强制

行政强制是指行政主体为实现行政目的，对相对人的财产、身体及自由予以强制而采取的措施。包括行政强制措施和行政强制执行两种基本类型。

1. 行政强制措施

行政强制措施是指行政机关为查明事实情况，或者为了预防、制止、控制违法行为、危害状态，按照法定的方式，对有关相对人的人身、财产及行为进行暂时性限制，以实现行政目的的行为。一般包括限制公民人身自由和对公民身体强制检查，对财物予以查封、扣押、冻结等。

2. 行政强制执行

行政强制执行是指行政相对人不履行其应履行的法定义务时，行政机关或人民法院依法采取强制手段，迫使其履行义务，或者达到与履行义务相同状态的活动。行政强制执行可以划分为间接强制和直接强制两种。间接强制，是指通过间接手段迫使义务人履行义务或者达到与履行义务相同状态的强制措施，包括代执行和执行罚两种。执行罚也称强制金，最常见的形式就是滞纳金。直接强制，是指针对义务人的人身、财产或行为直接采取强制手段使义务得以履行或者达到与履行义务相同的状态。直接强制执行是较严厉的执行手段，只有在间接强制执行仍无法实现义务或者不能适用间接强制执行时才能采取。直接强制执行一般包括强制划拨、强制检疫、强制服兵役等。

行政强制措施与行政强制执行都是行政强制性行为，但两者在目的、主体、前提以及法律救济方面存在明显区别。

第四节　行政救济

一、行政救济概述

行政救济制度和行政救济学说的产生是民主政治和法律发展的结果，民主与法治是行政救济的理由和基础，具体表现为：民主与法治要求政府守法；民主与法治要求公民权利有保障；当其受到损害时，法律应当为其提供充分的救济。

（一）行政救济的含义

行政法上的救济即行政救济，是指公民、法人或其他组织的权利和利益受到行政主体侵害或可能受到侵害时的防卫手段和申诉途径，也是通过解决行政争议纠正、制止或矫正行政侵权行为，使受到侵害的公民、法人或其他组织的权利得到恢复、利益得到补救的法律制度。

（二）行政救济的特征

行政救济的内容决定了行政救济的特征：①行政救济以行政纠纷的存在为基础；②行政救济以存在损害为前提；③行政救济的目的在于补救相对人。

（三）行政救济的途径

行政救济的途径，是指相对人的合法权益受到行政损害时，请求救济的渠道。对此各国的法律有不同规定，我国目前行政救济的途径有：

1. 监察救济

相对人就行政侵权行为向政府系统的行政监察部门申诉，请求救济。这种救济途径，属于行政系统内部的救济，相对人只能请求对行政违法、侵权的行政工作人员进行处理，如行政纪律处分。

2. 立法救济

相对人就行政机关及其工作人员的行政侵权行为，向人民代表大会申诉，请求救济。

3. 复议救济

复议救济是指相对人认为行政机关的具体行政行为侵犯其合法权益，向作出具体行政行为的上一级或法律规定的特定的专门机构申诉，请求救济。

4. 行政赔偿救济

行政赔偿救济是指行政主体及其工作人员在行使职权时违法，侵犯相对人的合法权益并造成损害，相对人依法向有关国家机关申诉，请求救济，由行政主体（代表国家）承担损害赔偿责任的救济。

5. 行政补偿救济

行政补偿救济是行政主体及其工作人员在行使职权的过程中，因其合法行为给无义务的特定公民、法人或其他组织的合法权益造成损失，依法由国家给予补偿的救济。

6. 诉讼救济

诉讼救济是指相对人认为行政机关的具体行政行为侵犯其合法权益，向人民法院提起诉讼，由人民法院对被诉具体行政行为进行审查，给予救济。诉讼救济在性质上属于司法救济。

二、行政复议

行政复议是解决行政争议的行政救济制度。它属于行政机关的内部监督，是功能较完备的救济途径，复议机关在查明事实、判明责任的基础上，可以撤销违法的具体行政行为，可以变更不当的具体行政行为，可以责令行政机关就损害后果进行经济赔偿，行政复议制度不仅能够保证行政机关正确、及时地履行行政复议职责，监督行政机关依法行政，更为重要的是能够切实保护行政相对人的合法权益。1999 年 4 月我国通过了《中华人民共和国行政复议法》（以下简称《行政复议法》），该法对行政复议的基本问题作出了明确规定。

（一）行政复议的概念和特征

行政复议是指公民、法人或者其他组织认为具体行政行为侵犯了其合法权益，依法向特定的行政机关提出申请，由受理该申请的行政机关对具体行政行为依法进行审查，并作出行政复议决定的活动。在行政法学理论中，行政复议被视为具有行政与司法的双重性质。行政复议有以下特征：①行政复议是由相对人提起的一种依申请而产生的行为；②行政复议是行政机关的行政行为；③行政复议是行政机关内部的层级监督行为；④行政复议是一种事后救济的措施；⑤行政复议是一种行政司法行为。

（二）行政复议的范围

1. 可以申请行政复议的具体行政行为

（1）对行政机关作出的警告、罚款、没收违法所得、没收非法财物、责令停产停业、暂扣或者吊销许可证、暂扣或者吊销执照、行政拘留等行政处罚决定不服的；

（2）对行政机关作出的限制人身自由或者查封、扣押、冻结财产等行政强制措施决定不服的；

（3）对行政机关作出的有关许可证、执照、资质证、资格证等证书变更、中止、撤销的决定不服的；

（4）对行政机关作出的关于确认土地、矿藏、水流、森林、山岭、草原、荒地、滩涂、海域等自然资源的所有权或者使用权的决定不服的；

（5）认为行政机关侵犯合法的经营自主权的；

（6）认为行政机关变更或者废止农业承包合同，侵犯其合法权益的；

（7）认为行政机关违法征收财物、摊派费用、强行集资或者违法要求履行其他义务的；

（8）认为符合法定条件，申请行政机关颁发许可证、执照、资质证、资格证等证书，或者申请行政机关审批、登记有关事项，行政机关没有依法办理的；

（9）申请行政机关履行保护人身权利、财产权利或者受教育权利的法定职责，行政机关没有依法履行的；

（10）申请行政机关依法发放抚恤金、社会保险金或者最低社会保障费，行政机关没有依法发放的；

（11）认为行政机关的其他具体行政行为侵犯其合法权益的。

2. 不能申请复议的事项

（1）行政机关作出的行政处分或者其他人事处理决定的。按我国现行法律、行政法规的规定，对行政处分或者其他人事处理决定不服的，可以向监察机关或人事机关或上级行政机关提出，由它们依法解决。

（2）行政机关对民事纠纷作出的调解或者其他处理的。行政机关在对民事纠纷作出调解或其他处理时，是以居中裁决者的身份实施的非行政行为，当事人不服可以依法申请仲裁或向人民法院提起民事诉讼。

（3）国家行为不得申请复议。国家行为是政府行使国家主权的行为，行政相对人对国防、外交等国家行为不服，不能申请行政复议。

3. 可以提出审查申请的抽象行政行为

根据《行政复议法》规定，公民、法人或者其他组织在对具体行政行为申请复议时，认为该具体行政行为所依据的以下抽象行政行为不合法，可以一并向行政复议机关提出对该抽象行政行为的审查申请：

（1）国务院部门的规定；

（2）县级以上地方各级人民政府及它们的工作部门的规定；

（3）乡镇人民政府的规定。

（三）行政复议参加人

行政复议参加人，是指参加行政复议的当事人以及与行政复议当事人地位相类似的人。具体包括：申请人、被申请人、第三人以及行政复议代理人。

1. 行政复议申请人

行政复议申请人是认为行政机关的具体行政行为侵犯了其合法权益，依法向行政复议机关提出行政复议申请的公民、法人或者其他组织。行政复议申请人必须以自己的名义进行行政复议活动，必须与被申请行政复议的具体行政行为有利害关系；有权申请复议的公民死亡，其近亲属可以申请行政复议。

2. 行政复议被申请人

行政复议被申请人是复议申请人的对称，是申请人认为具体行政行为侵犯其合法权益而申请行政复议，由复议机关通知参加复议的、作出该具体行政行为的行政主体。由于行政管理活动复杂，行政复议被申请人确定的具体情况如下：

（1）对县级以上地方人民政府依法设立的派出机关以自己的名义作出的具体行政行为不服的，以该派出机关为被申请人；

（2）对政府工作部门依法设立的派出机构以自己的名义作出的具体行政行为不服的，以该派出机构为被申请人，如公安派出所可以为被申请人；

（3）对法律、法规授权的组织作出的具体行政行为不服的，以该组织为被申请人；

（4）对两个或者两个以上的行政机关以共同名义作出的具体行政行为不服的，以共同作出具体行政行为的行政机关为被申请人；

（5）对被撤销的行政机关在撤销前作出的具体行政行为不服的，以继续行使其职权的行政机关为被申请人，没有继续行使其职权的行政机关的，以作出撤销行为的行政机关为被申请人；

（6）对经过批准的具体行政行为不服的，以最终批准的行政机关为被申请人；

（7）对于行政机关依法委托的组织作出的具体行政行为不服的，以委托的行政机关为被申请人。

3. 行政复议第三人

行政复议第三人是指同申请复议的具体行政行为有利害关系，并参加行政复议的公民、法人或者其他组织。第三人参加行政复议必须符合下述条件：①同所复议的具体行政行为有利害关系；②行政复议程序已开始，尚未终结；③主动申请并经复议机关批准后参加复议，或者由复议机关通知后参加复议。

（四）行政复议管辖与机构

1. 行政复议管辖

行政复议管辖是指不同复议机关之间受理复议案件的权限和分工。它解决的是每个具体行政争议该由哪一个行政机关复议的问题。关于管辖，我国《行政复议法》作了如下规定：

（1）不服县级以上各级人民政府工作（职能）部门的具体行政行为的复议管辖。不服县级以上各级人民政府工作（职能）部门的具体行政行为的，一般由申请人选择管辖，即申请人可以向该部门的本级人民政府申请行政复议，也可以向上一级主管部门申请行政复议。但对实行垂直领导的行政机关的具体行政行为不服的，向上一级主管部门申请行政复议。对国务院部门的具体行政行为不服的，向作出该具体行政行为的国务院部门申请行政复议。

（2）不服地方各级人民政府具体行政行为的复议管辖。不服地方各级人民政府具体行政行为的，由上一级地方人民政府管辖。但对省、自治区、直辖市人民政府具体行政行为不服的，应向作出该具体行政行为的省、自治区、直辖市人民政府申请行政复议。

（3）不服派出机关的具体行政行为的复议管辖。对县级以上人民政府依法设立的派出机关的具体行政行为不服的，向设立该派出机关的人民政府申请行政复议。不服省、自治区人民政府所辖的派出机关（行政公署）所属的县级人民政府的具体行政行为，由该派出机关管辖。

（4）不服政府工作部门设立的派出机构的具体行政行为的复议管辖。不服政府工作部门设立的派出机构的具体行政行为的，向设立该派出机构的部门或者该部门本级人民政府申请行政复议。

（5）不服法律、法规授权的组织的复议管辖。对法律、法规授权的组织的具体行政行为不服的，可以分别向直接管理该组织的地方人民政府、地方人民政府的工作部门或国务院部门申请行政复议。

（6）共同行政行为的复议管辖。对两个或两个以上行政机关以共同名义作出的具体行政行为不服的，向其共同上一级行政机关申请行政复议。

（7）行政机关被撤销的复议管辖。对被撤销的行政机关在撤销前作出的具体行政行为不服的，向继续行使其职权的行政机关的上一级行政机关申请行政复议。

（8）转（移）送管辖和指定管辖。对派出机关、派出机构、授权的组织、共同行政行为或被撤销的行政机关的具体行政行为不服的，申请人也可以向具体行政行为发生地的县级人民政府提出复议申请，接受申请的县级人民政府在接到该行政复议申请之日起 7 日内，转送有关行政复议机关，并告知申请人。

2. 行政复议机构

行政复议机构是指在行政复议机关内设置的专门负责复议工作的机构，其属于行政机关的内部工作机构，不能以自己的名义独立行使行政职权。

行政复议机构的设置有两种情况：①地方各级人民政府的复议机构，地方各级人民政府的复议机构设在政府的法制工作机构内或与政府法制工作机构合署办公。②各级地方人民政府工作部门的复议机构，各工作部门的情况不一样，有的设置了法制工作机构，有的没有设置，没有设置法制工作机构的其复议工作是由其他工作机构承担的。

（五）行政复议的程序

行政复议的程序分为申请、受理、审理、决定四个阶段。

1. 申请

申请人申请行政复议必须提交书面复议申请，说明复议的请求和事实理由，并附有关材料。申请一般在知道被申请人作出具体行政行为之日起 60 日内提出，但法律规定的申请期限超过 60 日的除外。

2. 受理

复议机关在收到复议申请书后，应当在 5 日内进行审查，决定予以受理或不予受理。

3. 审理

审理是复议机关对复议案件的事实、证据、争议焦点及理由等进行查明的活动。行政复议的审理一般采用书面审的方式进行。复议期间，不停止原具体行政行为的执行，但也有例外，有下列情形之一的，可以停止执行：被申请人认为需要停止执行的；行政复议机关认为需要停止执行的；申请人申请停止执行，行政复议机关认为其要求合理，决定停止执行的；法律规定停止执行的，如《治安管理处罚法》规定，对被实施拘留处罚的人，在提供了保证人或缴纳了保证金的情况下，拘留处罚在复议期间可以暂时停止。

4. 决定

复议机关在审理后，根据具体情况作出以下复议决定：维持原具体行政行为；要求被申请人补正原具体行政行为程序上的不足；责令被申请人履行法定职责；撤销或变更原具体行政行为。

三、行政赔偿

（一）行政赔偿的概念与特征

行政赔偿是指行政主体及其工作人员在行使职权时违法，侵犯公民、法人或者其他组织的合法权益并造成损害，依法由行政主体（代表国家）承担损害赔偿责任的制度。行政赔偿是国家赔偿的重要组成部分，1994 年 5 月 12 日第八届全国人民代表大会常务委员会第七次会议通过了《中华人民共和国国家赔偿法》，2010 年 4 月 29 日第十一届全国人民代表大会常务委员会第十四次会议通过了对该法的第一次修改，2012 年 10 月 26 日第十一届全国人民代表大会常务委员会第二十九次会议对其进行了第二次修改，修改后的《中华人民共和国国家赔偿法》（以下简称《国家赔偿法》）于 2013 年 1 月 1 日生效，是我国行政赔偿责任制度方面的基本法律。

行政赔偿有以下特征：①行政赔偿必须是由行政机关及其公务员的行为引起；②行政机关及其公务员的行为必须是行使职权的行为；③行政机关及

其公务员的行为必须具有违法性；④损害必须已经发生；⑤行政赔偿的义务主体是违法行使职权的行政主体，而不是其公务员；⑥赔偿责任由国家承担，因此行政赔偿实质上是一种国家赔偿。

（二）行政赔偿的范围

《国家赔偿法》在确定行政赔偿范围方面贯彻了两个原则：一个是有限赔偿原则，根据法律规定，行政赔偿仅限于对侵犯人身权和财产权的赔偿，不包括对侵犯其他权利的赔偿，其他权利的赔偿，如侵犯教育权、劳动权等的赔偿，适用其他有关法律解决。二是职务行为与职务相关行为结合的原则。国家赔偿法的赔偿范围在行政诉讼法确定的赔偿范围的基础上做了适当扩大，即引起行政赔偿责任的行政违法行为除了违法的具体行政行为之外，还包括与行政职务相关的事实行为。行政赔偿的具体范围是：

1. 侵犯人身权的行政赔偿

根据《国家赔偿法》的规定，国家行政机关及其工作人员在行使行政职权时有下列侵犯人身权情形之一的，受害人有权取得赔偿：

（1）违法拘留或者违法采取限制公民人身自由的行政强制措施的；

（2）非法拘禁或者以其他方法非法剥夺公民人身自由的；

（3）以殴打、虐待等行为或者唆使、放纵他人以殴打、虐待等行为造成公民身体伤害或者死亡的；

（4）违法使用武器、警械造成公民身体伤害或者死亡的；

（5）造成公民身体伤害或者死亡的其他违法行为。

2. 侵犯财产权的行政赔偿

根据《国家赔偿法》的规定，国家行政机关及其工作人员在行使行政职权时有下列侵犯财产权情形之一的，受害人有权取得国家赔偿：

（1）违法实施罚款、吊销许可证和执照、责令停产停业、没收财物等行政处罚的；

（2）违法对财产采取查封、扣押、冻结等行政强制措施的；

（3）违法征收、征用财产的；

（4）造成财产损害的其他违法行为。

3. 国家不承担赔偿责任的情形

根据《国家赔偿法》的规定，国家不承担赔偿责任的情形主要有：

（1）行政机关工作人员实施的与行使职权无关的行为；

（2）因公民、法人或其他组织自己的行为致使损害发生的；

（3）法律规定的其他情形。

（三）行政赔偿关系中的当事人

1. 行政赔偿请求人

行政赔偿请求人是因其合法权益受到行政主体及其工作人员违法行使职权的损害，而有权依法要求行政赔偿的当事人，包括公民、法人和其他组织。

（1）公民。作为赔偿请求人的两种情形：①受害的公民或其监护人；②受害公民的继承人和其他有扶养关系的亲属。

（2）法人和其他组织。作为赔偿请求人的两种情形：①受害的法人和其他组织；②受害的法人和其他组织终止的，承受其权利的法人或者组织有权要求赔偿。

2. 行政赔偿义务机关

行政赔偿义务机关，是指代表国家履行行政赔偿义务的机关。根据《国家赔偿法》和《最高人民法院关于审理行政赔偿案件若干问题的规定》，行政赔偿义务机关的具体认定应当区分不同情况：

（1）行政机关及其工作人员违法行使行政职权时侵犯公民、法人和其他组织的合法权益，并造成损害的，该行政机关为赔偿义务机关。

（2）两个以上的行政机关共同行使行政权时侵犯公民、法人或其他组织的合法权益，并造成损害的，共同行使行政职权的行政机关为共同赔偿的义务机关。赔偿请求人可以向共同赔偿义务机关的任何一个赔偿义务机关要求赔偿，该赔偿义务机关应当先予赔偿。

（3）法律、法规授权的组织在行使被授予的行政权力时侵犯公民、法人和其他组织的合法权益，并造成损害的，被授权的组织为赔偿义务机关。

（4）受行政机关委托的组织或个人在行使受委托的行政权力时侵犯公民、法人和其他组织的合法权益，并造成损害的，委托的行政机关为赔偿义务机关。

（5）经行政复议机关复议的，最初造成侵权行为的行政机关为赔偿义务机关，但复议机关的复议决定加重损害的，复议机关对加重部分履行赔偿义务。

（6）行政机关依法申请人民法院强制执行具体行政行为，由于据以强制执行的根据错误而发生行政赔偿诉讼的，申请强制执行的行政机关为赔偿义务机关。

（7）行政赔偿义务机关被撤销的，继续行使其职权的行政机关为赔偿义务机关；没有继续行使其职权的行政机关的，撤销该赔偿义务机关的行政机关为赔偿义务机关。

3. 行政赔偿第三人

根据《最高人民法院关于审理行政赔偿案件若干问题的规定》，与行政赔偿案件处理结果有法律上的利害关系的其他公民、法人或者其他组织有权作为第三人参加行政赔偿诉讼。

（四）行政赔偿程序

行政赔偿程序是行政赔偿请求人向国家行政赔偿义务机关请求行政赔偿，行政赔偿义务机关给予行政赔偿以及通过人民法院解决行政赔偿纠纷的方式、方法和步骤。

1. 行政先行处理程序

对于行政相对人单独要求行政赔偿的，应当首先向行政赔偿义务机关提出，赔偿请求人应当递交书面申请书，申请书必须记载下列事项：受害人的基本情况、要求赔偿的理由和事实依据、具体的请求、赔偿义务机关及提出申请的日期。

行政赔偿义务机关应当自收到行政赔偿申请书之日起2个月内作出赔偿或不赔偿的决定。对于不予赔偿的应说明理由，理由一般有：被申请之违法侵害行为不是本机关的工作人员或受委托的组织和个人所为；被请求损害赔偿的事实不在《国家赔偿法》所规定的赔偿范围内，依法不应予以赔偿等。

赔偿义务机关自收到赔偿申请后，超过2个月的法定期限不予赔偿，或者赔偿请求人对赔偿数额有异议的，请求人可向人民法院提起赔偿诉讼。

2. 行政赔偿诉讼

根据《国家赔偿法》的规定，行政赔偿义务机关逾期不予赔偿，或者赔偿请求人对赔偿数额有异议的，可以自期间届满之日起3个月内向人民法院提起诉讼。赔偿诉讼可以适用调解。需要注意的是：在行政复议和行政诉讼中附带提出行政赔偿请求的，由复议机关一并处理或由人民法院根据具体情况合并审理或者单独审理，并不要求赔偿义务机关先行处理。

3. 行政追偿

行政追偿是行政机关对赔偿请求人承担赔偿责任后，依法责令有故意或重大过失的公务员、受委托组织或个人承担全部或部分赔偿费用的法律制度。

行政追偿的适用条件有：①赔偿义务机关已经向受损失的公民、法人和其他组织支付了赔偿金、返还了财产或恢复了原状；②行政机关工作人员及受委托的组织和个人对加害行为有故意或重大过失。

（五）赔偿方式与计算标准

1. 赔偿方式

根据《国家赔偿法》的规定，国家赔偿以支付金钱为主要方式，能返还财产或恢复原状的，予以返还财产或者恢复原状。如果违法行为还使受害人名誉权、荣誉权受到损害的，应当在侵权行为影响的范围内为受害人消除影响，恢复名誉，赔礼道歉。

2. 赔偿标准

根据《国家赔偿法》的规定，我国的赔偿标准基本上采用抚慰性原则，其标准是：

（1）侵犯人身自由的赔偿标准。对于侵犯人身自由的赔偿，一般采取金钱赔偿的方式。我国目前由于经济发展还相对落后，国家财力有限，因此，《国家赔偿法》规定，侵犯人身自由的，每日赔偿金按照国家上年度职工日平均工资计算，国家上年度职工日平均数额，以国家统计局发布的数字为准。

（2）侵犯生命健康权的赔偿标准。造成身体伤害的，应当支付医疗费、护理费以及赔偿因误工减少的收入。减少的收入按照国家上年度职工日平均工资计算，最高额为国家上年度职工年平均工资的 5 倍；造成部分或者全部丧失劳动能力的，应当支付医疗费、护理费、残疾生活辅助具费、康复费等因残疾而增加的必要支出和继续治疗所必需的费用，以及残疾赔偿金。残疾赔偿金根据丧失劳动能力的程度，按照国家规定的伤残等级确定，最高不超过国家上年度职工年平均工资的 20 倍。造成全部丧失劳动能力的，对其扶养的无劳动能力的人，还应当支付生活费；造成死亡的，应当支付死亡赔偿金、丧葬费，总额为国家上年度职工年平均工资的 20 倍。对死者生前扶养的无劳动能力的人，还应当支付生活费。被扶养的人是未成年人的，生活费给付至 18 周岁止，其他无劳动能力的人，生活费给付至死亡时止。

（3）侵犯财产权的赔偿标准。具体赔偿标准为：处以罚款、追缴、没收财物或者违法征收、征用财物的，返还财产；查封、扣押、冻结财产的，解除对财产的查封、扣押、冻结；应当返还的财产损坏的，能够恢复原状的恢复原状，不能恢复原状的，按照损害程度给付相应的赔偿金；应当返还的财产灭失的，给付相应的赔偿金；财产已经拍卖或者变卖的，给付拍卖或者变卖所得的价款，变卖的价款明显低于财产价值的，应当支付相应的赔偿金；吊销许可和执照、责令停产停业的，赔偿停产、停业期间必要的经常性费用开支；返还执行的罚款或者罚金、追缴或者没收的金钱，接触冻结的存款或者汇款的，应当支付银行同期存款利息；对财产造成其他损害的，按照直接损失给予赔偿。

赔偿请求人请求国家赔偿的时效为 2 年，自国家机关及其工作人员行使职权的行为被依法确定违法之日起计算，但被羁押期间不计算在内。赔偿请求人在时效的最后 6 个月内，因不可抗力或者其他障碍不能行使请求权的，时效中止。请求国家赔偿免缴费用，赔偿请求人取得的赔偿金不予征税。

第一节 婚姻法

一、婚姻法的概念和基本原则

我国的《婚姻法》，是调整人们婚姻、家庭关系的法律规范的总称。它是人们正确处理婚姻家庭关系的行动指南。

我国现行《婚姻法》是 1980 年 9 月 10 日五届人大第三次会议通过的。2001 年 4 月 28 日第九届全国人大常委会第二十一次会议通过了对该法的修改。

《婚姻法》是适用于一切公民，关系到千家万户、男女老少社会家庭生活的重要法律。我国《婚姻法》确立的基本原则包括：

（一）婚姻自由

婚姻自由包括结婚自由和离婚自由两个方面。

结婚自由，即结婚须男女双方本人完全自主、自愿，不许任何一方对他方强迫或任何第三者干涉。只要双方当事人建立了感情，自愿组织家庭，符合《婚姻法》有关规定，就可登记结婚。

离婚自由是指男女双方有决定解除婚姻关系的自由。在夫妻双方感情已破裂的情况下，任何一方都有提出离婚并通过法定程序要求解除婚姻关系的权利，任何人不得加以干涉和阻碍。

为了保障婚姻自由原则，我国《婚姻法》第 3 条第 1 款规定："禁止包办、买卖婚姻和其他干涉婚姻自由的行为。禁止借婚姻索取财物。"

◀ 案例

张某（女）与林某于 2010 年结婚，婚后育有一女，因性格不合，双方常为家务琐事争吵，为此，张某曾于 2015 年 9 月诉请离婚，后经慎重考虑撤回了起诉。同年 12 月 31 日，双方就财产及子女抚养问题签订了一份协议，协议约定：如张某再次提出离婚，不管是真心离婚，还是以离婚相要挟，双方的婚姻关系即告结束；所有婚前、婚后财产均归林某所有，婚生女由林某抚养，张某不得有任何异议。协议签订后，双方的关系并无改善，张某因林某殴打她，于 2016 年 4 月再次起诉离婚。诉讼过程中，张某以上述协议是在被胁迫的情况下所签，并非自己的真实意思表示，且协议内容违反法律规定，应属无效为由，要求抚养婚生女并按法律规定分割财产。林某虽表示同意离婚，但坚持按照协议的约定确定财产归属及婚生女的抚养权。

问题：该协议有效吗？为什么？

（二）一夫一妻制

一夫一妻制是指一男一女结为夫妻的婚姻制度，要求任何人只有一个配偶，不得同时有两个或更多的配偶，反对任何形式的一夫多妻或一妻多夫的婚姻。《婚姻法》规定禁止重婚。重婚，是指有配偶与他人结婚，或者明知他人有配偶而与之结婚的行为。重婚不但在法律上无效，而且还要受到法律的制裁。我国《婚姻法》规定"禁止有配偶者与他人同居"，这就是说，无论是公开的还是隐蔽的"一夫多妻"或"一妻多夫"的两性关系都是非法的。

（三）男女平等

男女平等是指男女两性在婚姻关系和家庭生活各方面都享有平等权利，负有平等的义务。我国《宪法》第 48 条第 1 款规定："中华人民共和国妇女在政治的、经济的、文化的、社会的和家庭的生活等各方面享有同男子平等的权利。"其婚姻家庭生活方面主要包括以下内容：①婚姻权利平等，即在结婚和离婚方面，男女双方的权利和义务是平等的；②夫妻在人身关系和财产关系方面的权利和义务是平等的；③父母抚养、教育子女的权利和义务是平等的；④不同性别的家庭成员在家庭中的权利和义务是平等的。

（四）保护妇女、儿童和老人的合法权益

妇女、儿童和老人是社会中的弱势群体，强调对他们的保护，对于维护他们的合法权益有特殊意义。保护妇女、儿童和老人的合法权益是婚姻法的一项基本原则，也是社会主义精神文明的一个重要标志。

我国《婚姻法》规定，妇女在怀孕期间、分娩后 1 年内、中止妊娠 6 个月内，男方不得提出离婚。此外，离婚时分配共同财产，人民法院根据财产的具体情况，应根据照顾女方和子女权益的原则来处理等。这些无不体现了特别保护妇女权益的原则。

儿童是祖国的未来，保护儿童的合法权益是整个社会的任务，也是家庭的重要职能。为了保护儿童的合法权益，《婚姻法》规定，父母有抚养教育子女的义务，禁止溺婴、弃婴和其他残害婴儿的行为；子女有继承父母遗产的权利，非婚生子女、养子女享有和婚生子女同等的权利。

尊敬老人是中华民族的传统美德，保护老人的合法权益也是社会和家庭的一项重要责任。为了保护老人的合法权益，我国《婚姻法》规定，子女有赡养扶助父母的义务，对失去子女的祖父母、外祖父母，有负担能力的孙子女、外孙子女有赡养的义务。

（五）计划生育

计划生育就是指有计划地调整人口增长速度，控制人口的增长率，提高人口的素质。实现计划生育的基本要求，就是晚婚、晚育、少生、优生、优育。实行计划生育是夫妻双方的共同义务。

二、结婚

（一）结婚的条件

结婚的条件包括法定条件和禁止条件。

1. 结婚的法定条件

（1）男女双方本人完全自愿，不许任何一方对他方加以强迫或任何第三者加以干涉。

（2）必须达到结婚年龄，男不得早于 22 周岁，女不得早于 20 周岁。

（3）符合一夫一妻制，任何一方与第三者不存在婚姻关系。

2. 结婚的禁止条件

（1）禁止结婚的血亲。我国《婚姻法》规定，直系血亲和三代以内的旁系血亲间，禁止结婚。

血亲是指有血缘关系的亲属。血亲分为直系血亲和旁系血亲两种。直系血亲是指与自己有直接血缘关系的亲属，即生育自己和自己生育的上下各代亲属，包括父母子女间，祖父母、外祖父母与孙子女、外孙子女间。旁系血亲是指与自己有间接血缘关系的亲属，即除直系血亲以外，在血缘上与自己出于同源的亲属，如自己的同胞兄弟姐妹、堂兄弟姐妹、叔、伯、姑、舅、姨等。三代以内旁系血亲是指从自己算起往上数三代的血亲，包括：同源于父母的兄弟姐妹（含同父异母、同母异父的兄弟姐妹）；同源于祖父母的堂兄弟姐妹之间或姑表兄弟姐妹之间；同源于外祖父母的姨表或舅表兄弟姐妹之间；不同辈的叔、伯、姑、舅、姨与侄（侄女）、甥（甥女）之间。禁止近亲结婚是优生的需要，也是民族健康发展和社会进步的需要。

（2）禁止结婚的疾病。患有医学上认为不应当结婚的疾病者，禁止结婚。在司法实践中，主要有以下几类：①患性病未治愈的；②重症精神病（包括精神分裂症、躁狂抑郁症和其他精神病发病期间）；③先天痴呆症（包括重症智力低下者）；④非常严重的遗传性疾病。

案例

林先生25岁，刚满1岁时，因父亲去世，母亲与外乡的林平×结婚，他便随母亲与继父一起生活，改名林×。二十多年来与老家的亲友断绝了往来。林先生考入县高中，高中毕业后，与女同学陈女士确立了恋爱关系，双方父母也积极支持。2015年，陈女士同其父母到林先生家做客，聊起家常，方知林先生的母亲与陈女士的祖母是同胞姐妹，林先生与陈女士的父亲是姨表兄弟，林先生与陈女士是表叔与表侄女关系。

请问：他们可以结婚吗？

（二）结婚的程序

男女双方凡符合结婚的条件，又不违反禁止结婚的规定，而自愿结婚的，必须双方亲自到婚姻登记机关进行结婚登记。经过登记机关的审查，符合《婚姻法》的规定，准予登记，并发给结婚证，才算确立了合法的夫妻关系，才能受到法律的保护。

根据国务院2003年8月颁布的《婚姻登记条例》的规定，国务院民政部门主管全国的婚姻登记管理工作。县级以上地方各级人民政府的民政部门主管本行政区域内的婚姻登记管理工作。婚姻登记管理机关，在城市是街道办事处或者市辖区、不设区的市人民政府的民政部门，在农村是乡、民族乡、镇的人民政府。

办理婚姻登记，男女双方必须亲自到一方户口所在地的婚姻登记机关申请，应当出具本人的户口簿、身份证和本人无配偶以及与对方当事人没有直系血亲和三代以内旁系血亲关系的签字声明。婚姻登记机关应当对结婚登记当事人出具的证件、证明材料进行审查并询问相关情况。对当事人符合结婚条件的，应当当场予以登记，发给结婚证；对当事人不符合结婚条件不予登记的，应当向当事人说明理由。

(三) 事实婚姻、无效婚姻和可撤销婚姻

1. 事实婚姻

事实婚姻是指没有配偶的男女，没有履行法律手续就以夫妻关系共同生活的婚姻关系，这种婚姻关系是违法的，是不受法律保护的行为，应依法予以撤销或依法进行法定的结婚登记。

1994 年 2 月 1 日民政部颁布的《婚姻登记管理条例》施行后，凡未办理结婚登记即以夫妻名义同居生活的，均按同居关系处理。

2. 无效婚姻

无效婚姻是指建立婚姻关系的双方当事人违反《婚姻法》的有关规定，不履行法定的结婚登记程序而建立的婚姻关系。无效婚姻有四种：①重婚；②有禁止结婚的亲属关系；③婚前患有医学上认为不应当结婚的疾病，婚后尚未治愈；④未到法定婚龄。

违法建立无效婚姻的婚姻关系当事人，应无条件解除婚姻关系，并承担相应的民事责任，触犯《刑法》的，应负刑事责任。

无效婚姻自始无效，当事人不具有夫妻间的权利和义务，同居期间所得财产，由当事人协商处理，协商不成，由人民法院根据照顾无过错方的原则判决。对重婚的财产处理，不得侵犯合法婚姻当事人的财产利益，所生子女，按婚生子女的规定执行。

◁案例

2013 年，张某和王某相识并恋爱，当时张某未满 20 周岁，为了与王某结婚，张某伪造了一个年龄证明，到民政部门骗领了结婚证。结婚后不久，张某忍受不了王某的一些行为，想到法院离婚。

问题：法院该判决张某离婚吗？张某能否分割王某的财产？

3. 可撤销婚姻

可撤销婚姻是指违背当事人真实意思而成立的婚姻。我国《婚姻法》第11条规定："因胁迫结婚的，受胁迫的一方可以向婚姻登记机关或人民法院请求撤销该婚姻……"胁迫当事人结婚，违反了婚姻自由和结婚完全自愿的原则。所以，法律赋予受胁迫一方撤销该婚姻的权利。但是申请撤销婚姻，应当在结婚登记之日起1年内提出。被非法限制人身自由的当事人请求撤销婚姻的，应当自恢复人身自由之日起1年内提出。

案例

2012年5月，女青年王某在一饭店打工期间，与比她大4岁的印刷厂职工初某相识并相恋。在经过一段时间的深入了解后，王某认为两人性格不合，遂提出终止恋爱关系，初某对此坚决反对，并多次扬言：王某如不与他结婚，就杀死她一家。慑于初某的淫威，2014年12月，王某违心与初某办理了结婚登记手续。在共同生活期间，初某常因生活琐事对王某大打出手。

随着矛盾的加剧，王某决定通过法律手段解除这一痛苦的婚姻关系，并于2015年6月诉至法院，请求依法撤销与初某的婚姻关系。

问题：该婚姻可以撤销吗？

（四）家庭关系

家庭关系是社会关系的重要组成部分，通过婚姻，产生了家庭，形成了家庭关系。家庭关系包括夫妻关系、父母子女关系和其他成员关系。

1. 夫妻关系

夫妻关系是指由合法婚姻而产生的男女之间的人身和财产方面的权利义务关系。它是家庭关系的核心和基础。

我国《婚姻法》规定，夫妻在家庭中地位平等，这也是男女平等在家庭关系中的必然要求。

夫妻关系的平等主要体现在人身关系和财产关系方面。

在人身关系方面，夫妻有独立的姓名权。姓名权是一种重要的人身权利，有无独立的姓名权，往往是有无独立人格的一种标志。《婚姻法》第14条规定："夫妻双方都有各用自己姓名的权利。"第22条规定："子女可以随父姓，可以随母姓。"夫妻双方都有抚养教育未成年子女的权利和义务。夫妻双方各有自由权。自由权是夫妻人身关系中最重要的实质性内容。《婚姻法》第15条规定："夫妻双方都有参加生产、工作、学习和社会活动的自由，一方不得对他方加以限制或干涉。"夫妻都有实行计划生育的义务。

在财产关系方面，夫妻双方对共同所有的财产都有平等的处理权，个人特定的财产归个人所有，双方约定的财产按照约定处理。

我国《婚姻法》规定的夫妻财产制有法定财产制与约定财产制。夫妻法定财产制包括夫妻共同财产和个人财产。我国《婚姻法》第17条规定，夫妻在婚姻关系存续期间所得的下列财产，归夫妻共同所有：①工资、奖金；②生产、经营的收益；③知识产权的收益；④继承或赠与所得的财产（遗嘱或赠与合同中确定只归夫或妻一方的财产除外）；⑤其他应当归共同所有的财产。夫妻对共同所有的财产，有平等的处理权。

夫妻个人特有财产是指夫妻婚前个人享有的财产和婚姻关系存续期间所得的并依法应归夫妻一方所有的财产。《婚姻法》第18条的规定，有下列情形之一的为夫妻一方的财产：①一方的婚前财产；②一方因身体受到伤害获得的医疗费、残疾人生活补助费等费用；③遗嘱或赠与合同中确定只归夫或妻一方所有的财产；④一方专用的生活用品；⑤其他应当归一方的财产。

夫妻约定财产制是指法律允许双方以协议的方式，对夫妻在婚姻关系存续期间所得的财产所有权的归属、使用、收益和处分的事项作出约定，以排除法定共同财产制适用的制度。《婚姻法》第19条第3款规定，夫妻对婚姻关系存续期间所得的财产约定归各自所有的，夫或妻一方对外所负的债务，第三人知道该约定的，以夫或妻一方所有的财产清偿。夫妻就财产关系进行约定后，即对双方当事人及第三人发生法律约束力。

婚姻关系存续期间，夫妻一方请求分割共同财产的，人民法院不予支持，但有下列重大事由，且不损害债权人利益的除外：①一方隐藏、转移、变卖、毁损、挥霍夫妻共同财产，或者伪造夫妻共同债务等严重损害夫妻共同财产利益的行为；②一方负有法定抚养义务的人患重大疾病需要医治，另一方不同意支付相关医疗费用的。

夫妻有相互扶养的权利和义务。我国《婚姻法》第20条第1款规定："夫妻有互相扶养的义务。"一方不履行扶养的义务时，需要扶养的一方，有要求对方付给扶养费的权利。夫妻相互扶养义务是法定的，具有法律强制性，无论就财产的归属作出怎样的规定，都不能免除扶养义务。夫妻之间的扶养义务是相互的，一方不履行扶养义务时，需要扶养的另一方，有权经过调解或诉讼程序，要求对方履行义务。对拒绝履行扶养义务情节恶劣的，应依法追究刑事责任。

夫妻应当互相忠实，互相尊重。

夫妻相互享有继承权。夫妻一方死亡后，另一方有权继承遗产并对遗产享有所有权，任何人不得干涉。

案例

林先生在婚前付全款购置了一处房产，后与陈女士结婚，该房为开发商的预售新房，所以房产证在林先生与陈女士结婚以后才正式办理完毕。

问题：这户房产该认定为夫妻共同财产还是林先生的婚前个人财产呢？

案例

假设林先生结婚前购买的房产付款方式为按揭贷款。其中 10 万元为首付，10 万元为贷款。2014 年还贷 2 万元后林先生结婚。现房产升值，价值 40 万元。

问题：这 40 万元是个人财产还是夫妻共同财产？

2. 父母子女关系

父母子女关系包括婚生父母子女关系、非婚生父母子女关系、养父母子女关系和有抚养关系的继父母子女关系。

（1）父母有抚养教育子女的义务；子女对父母有赡养扶助的义务。我国《婚姻法》第 21 条第 1 款规定："父母对子女有抚养教育的义务……"同时第 2 款还规定："父母不履行抚养义务时，未成年的或不能独立生活的子女，有要求父母付给抚养费的权利。"这一规定表明，父母对未成年子女的抚养教育义务是无条件的。

《婚姻法》还规定，子女对父母有赡养扶助的义务，子女不履行赡养扶助义务时，无劳动能力的或生活有困难的父母，有要求子女付给赡养费的权利。子女对父母的赡养义务，不因父母的婚姻关系变化而终止。

（2）夫妻有保护和教育未成年子女的权利和义务；在未成年子女对国家、集体或他人造成损害时，父母有承担民事责任的义务。

（3）父母和子女有相互继承遗产的权利。

（4）父母对子女的姓名有同等的决定权，子女既可以随父姓，也可以随母姓。

案例

2014 年 6 月，三十多岁的南京人张某通过网络结识了外地女孩纪某，两人相谈甚欢很快有了好感。2 个月后，他们第一次见面就发生了关系。1 个多月后，纪某告诉张某自己怀孕了，并建议两人马上结婚。张某没想到对方这么快就怀孕，他觉得虽然两个人年纪都不小了，但仓促结婚似乎不太合适。纪某似乎看出了张某的心事："我和前男友已经分开了，这个孩子是你的。"对于张某提出的打胎，她坚决不同意。随后，张某开始张罗结婚，当年年底两人在南京领证。第二年，纪某生下一个女婴，可就在带孩子的过程中，张某心里的疑问越来越多，眼看着女儿已经 1 岁了，可哪儿长得都不像自己。不久，张某带着女儿一起到医院验血，检查发现自己是 O 型血，女儿是 AB 型血。"父亲是 O 型血的话，女儿不可能是 AB 型血。"听到医生的结论，张某觉得眼前一黑。面对这个化验结果，张某提出了离婚要求。

问题： 张某离婚后还需要承担女儿的抚养义务吗？

3. 其他家庭成员之间的关系

（1）祖父母、外祖父母与孙子女、外孙子女间的抚养或赡养的义务。我国《婚姻法》第 28 条规定："有负担能力的祖父母、外祖父母，对于父母已经死亡或父母无力抚养的未成年的孙子女、外孙子女，有扶养的义务……"由此可见，祖父母、外祖父母对孙子女、外孙子女的抚养义务是有条件的。同样，有负担能力的孙子女、外孙子女，对于子女已经死亡或子女无力赡养的祖父母、外祖父母，有赡养的义务。

（2）兄弟姐妹之间有抚养义务。我国《婚姻法》规定，有负担能力的兄、姐，对于父母已经死亡或父母无力抚养的未成年的弟、妹，有抚养的义务。由兄、姐抚养长大的有负担能力的弟、妹，对于缺乏劳动能力又缺乏生活来源的兄、姐有扶养的义务。

三、离婚

（一）离婚的概念和程序

离婚是指配偶双方在生存期间依照法定的条件和程序解除婚姻关系的法律行为。

离婚有两种情况：①双方自愿离婚；②诉讼离婚。离婚情况不同，决定离婚程序也有行政程序和诉讼程序之别。

我国《婚姻法》和《婚姻登记条例》规定，男女双方自愿离婚的，并在财产和子女抚养方面取得一致的意见，双方必须亲自到一方所在地的婚姻登记机关申请离婚登记，办理离婚手续。登记机关接到离婚申请书后，在查明离婚确系双方自愿，没有强迫、欺骗等违法行为，并对抚养子女和分割财产等问题确有适当处理时，就应即准予离婚登记，发给离婚证。

对于一方坚决要求离婚，另一方不愿离婚的，以及因财产分割或子女抚养没有取得一致意见，可直接到人民法院提出离婚诉讼。人民法院审理离婚案件，应当进行调解；如感情确已破裂，调解无效，应准予离婚。我国《婚姻法》规定感情破裂的具体情形包括：①重婚或有配偶者与他人同居的；②实施家庭暴力或虐待、遗弃家庭成员的；③有赌博、吸毒等恶习屡教不改的；④因感情不和分居满 2 年的；⑤其他导致夫妻感情破裂的情形。

（二）离婚的特别规定

根据我国《婚姻法》第 34 条规定，女方在怀孕期间、分娩后 1 年内，或是中止妊娠后 6 个月内，男方不得提出离婚。但如果是女方提出离婚的，或人民法院认为确有必要受理男方离婚请求的除外。

此外，现役军人的配偶要求离婚，必须取得现役军人的同意，除非军人一方有重大过错。这里的重大过错，一般是指家庭暴力、重婚、遗弃等严重违法行为。

（三）离婚的法律后果

1. 离婚后子女的抚养教育

有人认为，只要法院把子女判归对方抚养，自己就不需再向子女尽义务，就是和子女断绝关系了。

这种想法不仅违背了起码的家庭道德，同时还违反了法律规定。因为《婚姻法》规定，父母与子女间的关系，不会因父母离婚而消除。离婚后，子女无论由谁抚养，仍是父母双方的子女。一方抚养的子女，另一方要负担必要的生活费和教育费，如出现原定抚育费数额不足以维持生活或子女患病、上学等新的情况，子女有权要求父母增加抚育费。如与子女共同生活的一方因患病、伤残等无力继续抚养，或有虐待子女等行为，另一方还有权主张变更子女归自己抚养。拒绝按法律文书抚养子女的一方会被法院处以拘留或罚款，情节严重的还能构成遗弃罪。所以，离婚后父母仍然必须履行抚养子女的义务。

父母离婚后，子女随哪方生活，一般是根据"有利于子女健康成长"的原则来决定。

哺乳期内的子女，以随哺乳的母亲抚养为原则。哺乳期后的子女，如双方因抚养问题发生争执不能达成协议时，由人民法院根据子女的利益和双方的具体情况判决。

如果子女是已满10周岁的未成年人，父母双方对子女随父或随母生活发生争执时，应考虑该子女的意见。

离婚后，一方抚养子女，另一方应负担必要的生活费和教育费的一部或全部，负担费用的多少和期限的长短，由双方协议；协议不成时，由人民法院判决。关于子女生活费和教育费的协议或判决，不妨碍子女在必要时向父母任何一方提出超过协议或判决原定数额的合理要求。

离婚后，不直接抚养子女的父或母，有探望子女的权利，另一方有协助的义务。父或母探望子女，不利于子女身心健康的，由人民法院依法中止探望的权利；中止的事由消失后，应当恢复探望的权利。

《婚姻法》第21条规定："父母对子女有抚养教育的义务；子女对父母有赡养扶助的义务。父母不履行抚养义务时，未成年的或不能独立生活的子女，有要求父母给付抚养费的权利。"由此可知，子女虽然满18周岁但若不能独立生活时，父母也要承担抚养义务。但是，《最高人民法院关于适用〈中华人民共和国婚姻法〉若干问题的解释（一）》（以下简称《婚姻法司法解释（一）》）第20条对"不能独立生活的子女"作了更加详细的解释，是指"尚在校接受高中及其以下学历教育，或者丧失或未完全丧失劳动能力等非主观原因而无法维持正常生活的成年子女"。所以，年满18周岁的在校大学生不具备抚养费请求权。最高人民法院于1993年11月3日出台的《最高人民法院关于人民法院审理离婚案件处理子女抚养问题的若干具体意见》第12条将尚在校就读的成年子女纳入父母应付抚养费范围。但在2001年12月27日起施行的《婚姻法司法解释（一）》却将尚在大学就读的成年子女排除在"不能独立生活的子女"之外了，这两个规定不一致，应当以在后施行的《婚姻法司法解释（一）》为准。

案例

张某某 7 岁时，其母孙某与其父张某于 2011 年协议离婚，张某某随母亲孙某生活。2015 年 10 月 8 日，已在南京上大学的张某某在向其父索要生活费及学费未果后诉至法院，称其在学校期间，每年需要缴纳学费及支付生活费等共计 1.6 万余元。其母亲至今无业，生活困难，无力支付，张某作为父亲有义务支付上述费用。请求法院判令张某每年支付抚养费 8000 元至张某某独立生活为止。

问题：你认为法院会支持张某某的诉讼请求吗？

2. 夫妻离婚时财产的处理

根据《婚姻法》的规定，夫妻离婚时，只就双方的共同财产进行分割。夫妻各方的婚前财产，一般应该归各方自有。但根据实际需要，也可从一方的婚前财产中，给予对方一些照顾。对究竟属于个人财产或夫妻共同财产难以认定，可推定为夫妻共同财产。

（1）关于彩礼的处理。婚约是男女双方以将来结婚为目的所作的事先约定，是一种预约，基于婚约双方的合意而成立。这是婚约双方就未来成就某种身份关系而达成的契约，根据《合同法》第 2 条之规定，对于婚姻、收养、监护等有关身份关系的协议，适用其他法律的规定。订立婚约不是结婚的必经程序，是民间的一种习俗，它仅具有道德上的约束力，而无法律之上的约束力，法律对这种契约并不加以保护。解除婚约无须经过诉讼程序，婚约当事人可自行解除。一方要求解除的，只需向对方作出意思表示即可，无须征得对方的同意。对于婚约一方对解除婚约有异议而提起诉讼的，法院不予受理。

关于婚约财产特别是彩礼纠纷的处理，《婚姻法》未作规定。最高人民法院公布的《关于适用〈中华人民共和国婚姻法〉若干问题的解释（二）》（以下简称《婚姻法司法解释（二）》）第 10 条根据目前中国的实际情况，规定按习俗给付彩礼的，有三种情形可以请求返还：一是双方未办理结婚登记手续的；二是双方办理结婚登记但确未共同生活的；三是婚前给付导致给付人生活困难的。

（2）关于房产的处理。根据法律及相关司法解释，关于房产处理规定如下：

第一，一方婚前以个人财产买房，结婚前已取得房屋产权证并还清全部贷款的，属于夫妻一方的个人财产。

第二，一方婚前以个人财产买房，结婚前已还清全部贷款，但结婚后方取得房产证并登记在自己名下的，仍应认定为夫妻一方的个人财产，另一方无权要求分割。

第三，一方婚前以个人财产买房，支付了首付款并向银行贷款，婚后用夫妻共同财产还贷，房屋登记于首付款支付方名下的，离婚时该不动产由双方协议处理。不能达成协议的，人民法院可以判决该不动产归产权登记一方，尚未归还的贷款为产权登记一方的个人债务。双方婚后共同还贷支付的款项及其相对应财产增值部分双方平均分割，由产权登记一方对另一方进行补偿。

第四，一方婚前以个人婚前财产买房，支付了全部房款，原登记在一方名下，后变更登记在双方名下的（即加名），应认定为夫妻共同财产，其实质为一方对另一方的赠与。

第五，婚前双方共同出资购房，付清全部房款，房屋登记在一方名下，如能证明出资情况，则双方对房屋按份共有；如不能证明出资情况，且一方否认另一方购房时有出资，则只能认定为一方的个人财产。

第六，婚前双方共同出资购房，付清全部房款，房屋登记在双方名下，根据登记情况认定系按份共有或共同共有。

第七，婚前双方共同出资购房，婚后共同还贷，房屋登记在一方名下，婚后共同还贷部分及其所对应的房屋增值部分应认定为夫妻共同财产，其余则按出资情况按份共有；婚前双方共同出资购房，婚后共同还贷，房屋登记在双方名下，应认定为夫妻共同财产。

第八，一方父母婚前全额出资，产权登记在出资人子女的名下，在离婚时该房屋所有权归出资人子女。

第九，婚前一方父母全额出资，产权登记在出资人配偶或双方名下，离婚时该房屋为夫妻共同财产。

第十，婚前一方或双方父母部分出资，产权登记在夫妻双方或个人名下，离婚时父母的出资额视为对子女的赠与，不影响房屋的产权归属。

第十一，婚后夫妻双方用共同财产买房，房屋登记在双方名下，此为典型的夫妻共同财产。

第十二，婚后夫妻双方用共同财产买房，房屋登记在一方名下，仍属于夫妻共同财产。

第十三，婚后夫妻一方以个人婚前财产买房，支付了全部房款，并登记在自己名下的，如并非投资经营行为，属于一方婚前财产的转化，应认定为一方个人财产。

第十四，婚后夫妻一方以个人婚前财产买房，支付了全部房款，但登记在双方名下的，应认定为夫妻共同财产，其实质为一方对另一方的赠与。

（3）关于债务的处理。婚前债权债务不因婚姻关系的存在而消失，婚姻关系存续期间产生的债权债务关系在婚姻关系解除后仍然存在。

◀▨ 案例一

2012 年 3 月 10 日，宋某向梁某出具欠条一张，载明：今有宋某从梁某处借款人民币 15 万元整，用于宋某建房，借款期限半年。至 2012 年 8 月 11 日，宋某认为自己到期将无法偿还借款，于是双方到所在街道法律服务所签订了《协议书》。该协议书的主要内容为："一、协议人宋某与梁某是朋友，宋某于 2012 年 3 月自建房屋 3 排共 9 间。在建房时宋某资金短缺，向梁某借款人民币 15 万元整。因宋某无工作，无固定收入，现无法偿还梁某 15 万元，宋某将自建房屋 9 间交给梁某占有、使用、收益；二、在宋某还款之前，如遇房屋拆迁，该房屋的拆迁款归梁某所有，宋某不再偿还梁某 15 万元。"2012 年 8 月 20 日，梁某与宋某登记结婚，后因感情不和，于 2015 年 1 月 13 日登记离婚。离婚后，梁某向宋某追讨借款，但宋某认为婚前的债务因婚姻关系而消灭，不必偿还。

根据我国《婚姻法》的有关规定，除双方另有约定外，夫妻一方在婚前形成的债权债务，为夫妻一方所有，因此，夫妻双方在婚前产生的债权债务关系，并不因为双方形成婚姻关系而终止。夫妻在离婚后，贷款人可以依据借款合同要求借款人偿还借款。因此，宋某应当偿还梁某人民币 15 万元。关于《协议书》中的内容，由于房屋未予拆迁，因此对归还借款不发生效力。法院判决宋某返还梁某 15 万元。

本案中，梁某在婚前向宋某提供借款，双方成立了民间借贷法律关系。

梁某与宋某结婚后，借贷关系依然存在，梁某的债权应当受到法律的保护。

◁➤ 案例二

田某与王某于2010年4月登记结婚。2014年10月，田某以自己经营的生意紧张，向王某借款15万元，并出具一张借条："田某今日从王某手中借走人民币15万元整，于2015年10月前还清。借款人：田某。"2014年12月双方因感情纠葛诉至法院，请求离婚。2015年3月，法院判决双方离婚。在离婚判决中，没有涉及上述借条中的15万元财产。2015年10月，还款期限届满。王某多次向田某催要借款，田某拒绝。田某认为，自己向王某借款时，双方仍是夫妻关系，不存在借贷关系，且在法院离婚诉讼中，对方也未对15万元的借款提出诉求，离婚判决里已经表明双方并无其他财产争议，因此田某认为不必偿还15万元的欠款。王某认为，当初之所以让田某写下借条，是因为两人感情已出现裂隙，为防止意外才让田某写下借条。离婚诉讼中，因为还款期限未到，所以没有对15万元提出诉求。

根据我国《婚姻法》的有关规定，除双方另有约定外，夫妻双方在婚姻关系存续期间形成的相互之间的债权债务与婚姻关系无关。因此，田某应偿还王某15万元。

◁➤ 案例三

2012年2月，段某因生意周转向妻子温某借款人民币7万元，借期1年，并向温某出具欠条一张。2013年4月，温某以双方感情破裂为由诉至法院请求离婚。诉讼中，温某向法院出具欠条，并要求段某偿还欠款。段某认为这笔款项是夫妻共同财产，拒绝偿还。法院审理后认为，上述情形符合《最高人民法院关于适用〈中华人民共和国婚姻法〉若干问题的解释（三）》第16条的规定："夫妻之间订立借款协议，以夫妻共同财产出借给一方从事个人经营活动或者用于个人事务的，应视为双方约定处分夫妻共同财产的行为，离婚时可按照借款协议的约定处理。"遂判决段某返还欠款7万元。

（四）离婚损害赔偿

离婚损害赔偿，是指因夫妻一方的重大过错致使婚姻关系破裂的，过错方应对无过错方的财产损失或精神损失予以物质赔偿的法律制度。

离婚损害赔偿制度，是我国《婚姻法》为保护无过错方的合法权益而设立的离婚救济制度。我国《婚姻法》第46条规定："有下列情形之一，导致离婚的，无过错方有权请求损害赔偿：①重婚的；②有配偶者与他人同居的；③实施家庭暴力的；④虐待、遗弃家庭成员的。"

　　我国离婚损害赔偿制度是夫妻一方的过错行为导致双方离婚时发生的赔偿，而非仅因离婚造成损害的赔偿，夫妻一方在婚姻存续期间的婚姻过错行为与双方离婚之间有着必然的因果关系。该条规定还明确了下列问题：①享有赔偿请求权的主体仅限于夫妻中无过错的一方；②无过错方提起损害赔偿请求，必须以离婚为条件；③提起离婚损害赔偿，仅限于上述法定事由。因其他事由导致离婚的，例如，一方有婚外性行为并未达到同居程度，夫妻一方在离婚时女方未发现男方有出轨行为，而离婚后女方发现男方在与其婚姻期间有出轨行为，起诉索要精神损害赔偿，可以获法院支持。

　　◁▦案例一

　　2003 年原告周某与被告张某登记结婚，婚后生育一女一子。2013 年 7 月，张某提起与周某离婚之诉，经法院主持调解离婚，调解书主要内容为，双方自愿离婚，张某一次性给付周某人民币 38 000 元，双方相互不再追究。而 2013 年 5 月，张某与案外某女生育一女。周某诉称离婚后才发现此事，现起诉要求张某赔偿精神损害赔偿金 3 万元。法院经过审理判决被告赔付精神损失费 15 000 元。人民法院认为，依据《中华人民共和国婚姻法》第 4、46 条规定，导致离婚的，无过错方有权请求损害赔偿；《最高人民法院关于适用〈中华人民共和国婚姻法〉若干问题的解释（一）》第 28 条、《婚姻法》第 46 条规定的"损害赔偿"，包括物质损害赔偿和精神损害赔偿。被告张某在与原告婚姻关系存续期间，与他人有不正当男女关系的行为，并生育一女，导致离婚，应该承担相应的民事赔偿责任，应当支持原告提出损害赔偿请求，即判令被告张某给付原告周某精神损害赔偿人民币 15 000 元。

　　◁▦案例二

　　王某与江某经人介绍相识并登记结婚，婚后无子女。由于双方相识时间短，相互了解较少，结婚较为仓促，感情基础薄弱。婚后由于江某酗酒，对王某有家庭暴力，经常因为生活琐事对原告拳脚相加。2015 年，江某无缘无故将王某毒打一顿并致其离家出走。法院最后判决二人离婚，并判决江某支付王某精神损害赔偿金。法院：无过错方可请求损害赔偿。我国《婚姻法》明确禁止家庭暴力，规定配偶一方对另一方实施家庭暴力，经调解无效的应准予离婚，因实施家庭暴力导致离婚的，无过错方在离婚时有权请求损害赔偿。

第二节 继承法

一、继承法概述

（一）继承的概念和基本原则

继承是指将死者生前的财产和其他合法财产权益转归有权取得财产的人所有的法律制度。

在继承关系中，死者所遗留的个人合法财产为遗产，遗留遗产的死亡人是被继承人，依照法律规定或被继承人的合法遗嘱承接被继承人遗产的人为继承人，继承人依照法律的直接规定或者被继承人所立的合法有效遗嘱享有的继承被继承人遗产的权利就是继承权。

📢案例

老胡有 2 个儿子、1 个女儿。2013 年 6 月份，老胡的老伴去世。2015 年老胡患病住院，老胡怕自己死后儿女们为争遗产伤感情，便立下书面遗嘱，2 个儿子 1 个女儿各执一份。老胡出院后便住在大儿子家。老胡的二儿子怀疑父亲的 85 000 元钱会被哥哥慢慢花掉，便提出先分割这笔钱。老胡不同意，认为自己还没死，钱不能分。为此，老胡的二儿子和女儿跑到哥哥家吵闹，提出按照老胡立的遗嘱分钱。

问题：老胡还没有去世，他的子女能继承遗产吗？

我国继承制度包括以下几项基本原则：

1. 保护公民私有财产继承权的原则

我国《宪法》第 13 条第 2 款规定："国家依照法律规定保护公民的私有财产权和继承权。"《民法通则》第 76 条规定："公民依法享有财产继承权。"我国《继承法》第 1 条指出："为保护公民的私有财产的继承权，制定本法。"可见，保护公民的私有财产的继承权，是我国继承立法的宗旨和出发点，是《继承法》的首要原则。

这一原则包含两方面的含义：一方面，法律确认公民的私有财产继承权，保护其不受非法侵害；另一方面，在公民的继承权受到侵害时，继承人有权请求人民法院依法保护。

2. 继承权平等原则

继承权平等原则是平等观念在《继承法》中的反映。继承权平等的原则体现为继承权男女平等、非婚生子女与婚生子女继承权平等、养子女与亲生子女继承权平等、儿媳与女婿在继承权上权利平等、同一顺序的继承人继承遗产的权利平等。

3. 养老育幼、照顾病残原则

养老育幼、照顾病残是中华民族的传统美德，也是我国整个法律体系共同倡导和坚持的原则，体现了社会主义精神文明建设的内在要求。该原则要求在遗产的分配时应该有利于养老育幼，在遗嘱继承和遗赠中要保护老、幼、残疾人的利益，遗产的分割不能侵害胎儿的利益。

4. 互谅互让、团结和睦原则

互谅互让、团结和睦是社会主义道德的要求，《继承法》将之上升为法律原则，这既是发扬社会主义道德风尚，建设社会主义精神文明的要求，也是巩固社会主义新型家庭关系的要求。为了促进家庭成员间的团结和睦，各继承人在分割遗产时，都应当互谅互让、团结和睦。

5. 权利义务一致的原则

权利义务一致原则是指享受依继承等方式获得遗产的权利应当与承担和履行的扶养义务相一致。继承权产生的根据是血缘关系、婚姻关系与扶养关系的结合。继承人的范围、顺序的确定离不开扶养关系。本来有继承权，如果不尽扶养义务，甚至虐待、遗弃被继承人，则会丧失继承权。有些人只有尽了较多或主要的扶养义务，才能取得继承权。例如，丧偶儿媳对公、婆，丧偶女婿对岳父、岳母只有尽了主要赡养义务的，才能作为第一顺序继承人。遗产的分配份额根据对被继承人所尽义务的多少加以确定。有遗赠扶养协议的，或遗嘱附有义务的，未尽扶养义务或没有履行义务的，不能享有继承权。

（二）继承权的取得和丧失

继承权的取得。取得方式：法定取得和遗嘱取得。根据我国《继承法》第 25 条规定，继承开始后，遗产分割前，继承人未表示放弃继承权的，视为接受继承。

继承权的放弃是指继承人在继承开始后的法定期限内，不接受被继承人的遗产的意思表示。放弃继承权的表示要在继承开始后，遗产分割前进行；放弃继承权的表示必须以明示方法进行；放弃继承权不能附加任何条件。

继承人因放弃继承权而不能履行法定义务的，放弃行为无效；继承人为逃避债务而放弃继承的，债权人可以行使撤销权。

继承权的丧失，又称继承权的剥夺，是指对被继承人或其他继承人犯有某种罪行或者有其他违法行为的继承人，依照法律取消原来享有的继承权。《继承法》第7条规定了继承权丧失的法定事由：①故意杀害被继承人的；②为争夺遗产而杀害其他继承人的；③遗弃被继承人或者虐待被继承人情节严重的；④伪造、篡改或者销毁遗嘱，情节严重的。

（三）继承的开始

继承开始的时间是指继承人开始享有被继承人的合法财产所有权的时间。我国《继承法》第2条规定，继承从被继承人死亡时开始。包括两种情况：①从被继承人生理死亡或宣告死亡时开始；②相互有继承关系的几个人在同一事件中死亡，如不能确定死亡先后时间的，推定没有继承人的人先死亡，死亡人各自都有继承人的，如几个死亡人辈分不同，推定长辈先死亡，几个死亡人辈分相同，推定同时死亡，彼此不发生继承，由他们各自的继承人分别继承。

二、法定继承

法定继承，是指依据法律直接规定的继承人范围、顺序和遗产分配原则，将遗产分配给合法继承人的继承方式。法定继承也称无遗嘱继承。

（一）法定继承人的范围和顺序

法定继承人的范围包括：①配偶。配偶是处于合法婚姻关系中的男女双方相互间的称谓。作为继承人的配偶必须是在被继承人死亡时与被继承人之间存在合法的婚姻关系的人。②子女。包括婚生子女、非婚生子女、养子女和有扶养关系的继子女。以祖孙相称收养他人为养孙子女的，视为养父母子女关系；养子女只能继承养父母的遗产；形成抚养关系的继子女既可继承继父母的遗产，也可继承生父母的遗产。③父母。包括生父母、养父母和形成抚养关系的继父母。④祖父母、外祖父母。⑤兄弟姐妹。包括同父同母的兄弟姐妹、养兄弟姐妹、形成抚养关系的继兄弟姐妹。

法定继承人的顺序。《继承法》第10条规定："遗产按照下列顺序继承：

第一顺序：配偶、子女、父母。第二顺序：兄弟姐妹、祖父母、外祖父母。继承开始后，由第一顺序继承人继承，第二顺序继承人不继承。没有第一顺序继承人继承的，由第二顺序继承人继承……"

继承开始后，由顺序在先的继承人继承，只有在没有顺序在先的继承人，或者顺序在先的继承人全部放弃继承权或者全部丧失继承权时，后一顺序的继承人才能开始继承。继承顺序在先的法定继承人所享有的继承权，排斥继承顺序在后的法定继承人所享有的继承权。继承顺序只适用法定继承，而不适用遗嘱继承。丧偶儿媳或丧偶女婿对公婆或岳父母尽了主要赡养义务的，可以作为第一顺序继承人，而且不影响子女的代位继承权。此外，应当为胎儿保留必要的遗产份额。

　　案例

张某与王某（女）结婚 4 个月后，王某怀孕。张某喝酒庆祝，醉后坠入山谷身亡。当时，张某与王某共有财产计 180 000 元，公公张甲提出将 180 000 元与王某平分，王某不同意，双方发生争议。

问题： 这笔财产应如何分配？

（二）代位继承和转继承

代位继承是指被继承人的子女先于被继承人死亡的，由被继承人的子女的晚辈直系血亲代位继承。代位继承人一般只能继承他的父亲或者母亲有权继承的份额。

代位继承的特征：①被继承人的子女先于被继承人死亡；②代位人须是被继承人子女的晚辈直系血亲，包括拟制血亲；③被代位人没有丧失继承权；④代位继承人是第一顺序继承人，一般只能继承被代位人应继承的遗产份额；⑤代位继承只适用于法定继承，而不适用遗嘱继承和遗赠。

代位继承不同于转继承。转继承是指继承人在被继承人死亡后，遗产分割前死亡的，其应继承的份额转由他的继承人继承的制度。

代位继承与转继承的主要区别在于继承人死亡的时间不同。

　　案例

（1）张三在其父之前去世，家中还有其母、其妻、其子，同时，张三有一哥一姐，请问其父去世后留有的 60 万遗产，如何分配？

（2）张三之父去世后，在分配遗产前，张三不幸遇车祸身亡，家中还有其母、其妻、其子，同时，张三有一哥一姐，请问其父去世后所留下的 60 万遗产，如何分配？

（三）法定继承的遗产分配

同一顺序继承人的继承份额，一般应当均等；对生活有特殊困难的又缺乏劳动能力的继承人，应当给予照顾；对被继承人尽了主要扶养义务或与被继承人共同生活的继承人，在分配遗产时，可以多分；有扶养能力和条件的继承人，不尽扶养义务的，分配遗产时应当不分或少分；经继承人协商同意也可以不均分。

◁ 案例

甲（男）和乙（女）是一对新婚夫妇，2011 年 6 月 6 日，在去参加朋友聚会的路上，不幸遭遇一场车祸，在这场车祸中，甲乙夫妇不幸全部遇难死亡。据介绍，甲的死亡时间先于乙，乙后死亡。据统计，甲乙两人生前共拥有财产 100 万元，双方的父母都健在，但是没有子女。

问题：这 100 万财产该如何分配？

三、遗嘱继承和遗赠

我国法律规定，公民有处分自己合法所有的个人财产的权利，被继承人在死亡之前对自己合法所有的个人财产进行处分，在其死后生效，充分体现了我国法律对公民个人财产的保护。但是，这种处分应符合法律的规定，应充分考虑老人、妇女、儿童、胎儿及残疾人和无生活来源人的利益，违反法律规定的遗嘱，是不受法律保护的。

（一）遗嘱继承

遗嘱继承是指继承人按照被继承人生前所立的合法有效的遗嘱进行继承的一种继承方式。

遗嘱是立遗嘱人生前在法律允许范围内，按照法律规定的方式处分自己的财产或其他事务，并于遗嘱人死亡后发生法律效力的行为。

1. 有效的遗嘱必须具备的条件

（1）遗嘱人必须要有完全民事行为能力。无民事行为能力的人所立的遗嘱，即使其本人后来有了行为能力，仍属无效遗嘱。遗嘱人立遗嘱时有行为能力，后来丧失了行为能力，不影响遗嘱的效力。患有聋、哑、盲等生理缺陷而无精神病的成年人，他们是有完全行为能力的，因此他们也可以立遗嘱。

（2）遗嘱人所立的遗嘱必须是其真实意思表示，受胁迫、欺骗所立的遗嘱无效，伪造的遗嘱无效。遗嘱被篡改的，篡改的内容无效。意思表示不真实具体体现在如下几种情况中：①胁迫遗嘱人所立的遗嘱；②欺骗遗嘱人所立的遗嘱；③被非遗嘱人假造的遗嘱；④被篡改的遗嘱；⑤遗嘱人在神志不清的状态下所立的遗嘱。

（3）遗嘱人对遗嘱所处分的财产必须是有处分权的，不能把不属于自己的财产当作遗产处理。另外，遗嘱人生前的行为与遗嘱的意思表示相反，而使遗嘱处分的财产在继承开始前灭失、部分灭失或所有权转移、部分转移的，遗嘱视为被撤销或部分撤销。

（4）遗嘱的内容必须合法。遗嘱不得取消缺乏劳动能力又没有生活来源的继承人的继承权，应当为缺乏劳动能力又没有生活来源的继承人保留必要的份额；遗嘱应保留胎儿的继承份额。

（5）遗嘱的形式必须合法。可采用公证、自书、代书、录音、口头等形式。

案例

甲乙夫妇生有二子一女，早年购置房屋5间。2011年甲乙立下遗嘱将东边两间房给大儿子，西边两间房给小儿子，北边一间房给女儿。2012年8月，因与大儿子发生矛盾，甲乙到公证处做了公证遗嘱，将东边一间房改分给女儿，其余未做改变。以后甲乙又为琐事与大儿子发生争吵，甲乙于2014年2月有两个见证人在场的情况下，作出录音遗嘱，将由大儿子继承的东房一间也划归女儿继承，西边两间房仍归小儿子继承。当年，甲乙相继去世。甲乙的二子一女，持这几份遗嘱为据，要求分割遗产。

问题：应如何分割遗产？

2. 遗嘱的形式

（1）公证遗嘱。遗嘱人必须亲自到公证机关办理公证，在五种遗嘱形式中，公证遗嘱的效力最高。

（2）自书遗嘱。遗嘱人要亲笔书写、签名，注明年、月、日。

（3）代书遗嘱。是代为书写，而不是代立遗嘱；要有两个以上见证人。

（4）录音遗嘱。应当有两个以上见证人在场见证。

（5）口头遗嘱。在紧急情况下可以立口头遗嘱；要有两个以上见证人；遗嘱人能够用其他形式立遗嘱的，口头遗嘱无效。

以下人员不能作为遗嘱见证人：①无行为能力人、限制行为能力人；②遗嘱继承人、受遗赠人；③与遗嘱继承人、受遗赠人有利害关系的人。

◀ 案例

张老汉病危时曾当着其 3 个子女和 4 位医护人员的面说："看来我是不行了，我死后家里的一切财产都留给你们的继母。"后张老汉经抢救、治疗，病愈出院。一年以后，张老汉发病死亡。孩子们的继母把张老汉的全部遗产计有 9 间房、430 000 元存款、彩电、冰箱、家具等物全部据为己有，理由是一年前张老汉病危时立了口头遗嘱。

问题：张老汉的口头遗嘱是否有效？

3. 遗嘱的变更和撤销

遗嘱人可以撤销、变更自己所立的遗嘱。公证遗嘱的变更和撤销必须由公证遗嘱为之；如果数份遗嘱内容冲突，要以公证遗嘱为准；如果没有公证遗嘱，则以时间在后的有效遗嘱为准。

（二）遗赠和遗赠扶养协议

遗赠是指公民以遗嘱的方式将个人合法财产的一部分或全部赠送国家、集体组织或法定继承人以外的其他人并在遗嘱人死亡之后发生法律效力的法律行为。

遗赠是单方法律行为，是无偿法律行为，是死后生效的法律行为，受遗赠人是法定继承人以外的人或组织。

遗赠扶养协议是指遗赠人与扶养人之间订立的关于扶养人承担遗赠人生养死葬义务，遗赠人的财产在其死后转归扶养人所有的协议。

根据我国《继承法》的规定，遗赠扶养协议可分为以下两类：

（1）公民之间的遗赠扶养协议。这一类协议中的遗赠人是没有子女或子女不在身边、独立生活存在困难而需要他人照顾的老人。他享有受扶养人扶养的权利，负有死后将其遗产遗赠给扶养人的义务。这里的扶养人一般是遗赠人的亲属、街坊邻居或者其他亲朋好友等，负有对遗赠人生养死葬的义务，享有接受遗赠人遗赠财产的权利。

（2）公民与集体所有制组织之间的遗赠扶养协议。按照协议，集体所有制组织是扶养人，承担该公民生养死葬的义务，享有受遗赠的权利。遗赠人一般是缺乏劳动能力又缺乏生活来源的鳏寡孤独的老人，他们享有受其所在集体所有制组织扶养的义务。

遗赠扶养协议的法律效力高于法定继承和遗嘱继承。我国《继承法》第5条规定："继承开始后，按照法定继承办理；有遗嘱的，按照遗嘱继承或者遗赠办理；有遗赠扶养协议的，按照协议办理。"这表明，在财产继承中，如果各种继承方式并存，应首先执行遗赠扶养协议，其次是遗嘱继承和遗赠，最后才是法定继承。

四、继承的其他问题

（一）遗产的分割与债务清偿

遗产的分割应该有利生产，有利生活；保留胎儿的遗产份额；不能损害遗产的效用。遗产分割的方法有：实物分割；折价补偿；变价分配；共有。

继承人继承遗产应当清偿被继承人依法应当缴纳的税款和债务，缴纳税款和清偿债务以他的遗产实际价值为限。超过遗产实际价值的部分，继承人自愿偿还的不在此限。继承人放弃继承的，对被继承人依法应当缴纳的税款和债务可以不负偿还责任。

清偿被继承人债务时，应当将家庭债务与个人债务区分开来。清偿被继承人债务时，如有必留份的规定，即使遗产不足偿还债务，也应给他们保留适当遗产。遗产分割后才发现有债务的，偿还债务的顺序是：先由法定继承人用所得遗产偿还；不足清偿时，再由遗嘱继承人和受遗赠人按继承比例用所得遗产清偿。

（二）无人继承遗产的处理

无人继承又无人受赠的遗产，归国家所有，死者生前是集体所有制的组织成员的，归所在集体所有制组织所有。

若有继承人以外的依靠被继承人扶养的缺乏劳动能力又没有生活来源的人，或者继承人以外的对被继承人扶养较多的人提出取得遗产的请求，法院应视情况适当分给遗产。

案例

刘某是画家，没有结婚，黄某是他的好朋友。刘某生前亲笔立下遗嘱，言明死后其一幅清代古画给黄某，其余财产给哥哥刘甲。2014 年 1 月，黄某因车祸身亡，2014 年 2 月，刘某因病死亡，2014 年 3 月刘甲死亡。之后，黄某的子女与刘甲的妻子、子女就刘某的那幅清代古画的继承权发生争议。黄某的子女认为那幅清代古画刘某在生前已明确指定由黄某继承，黄某死后，作为他的子女，有代位继承权。而刘甲的妻子、子女认为黄某不是刘某的法定继承人，且是在刘某死亡之前死亡，因此黄的子女无代位继承权。该画应由他们继承。

问题：

（1）黄某的子女的主张是否成立？为什么？

（2）刘甲的妻子、子女的主张是否成立？为什么？

（3）刘某遗留的那幅清代古画应由谁继承？为什么？

第一节　合同法概述

一、合同法和合同的概念

（一）合同法的概念

合同法是调整平等主体的自然人、法人、其他组织之间设立、变更、终止民事权利义务关系的法律规范的总称。

我国《宪法》规定："国家实行社会主义市场经济。"制定统一的《合同法》，是我国社会主义法制建设的一件大事。九届人大二次全体会议于1999年3月15日通过了《中华人民共和国合同法》（1999年10月1日起施行）。《合同法》是规范我国社会主义市场交易的基本法律，是民商法的重要组成部分。《合同法》第1条对制定《合同法》的目的作了明确的规定："为了保护合同当事人的合法权益，维护社会经济秩序，促进社会主义现代化建设，制定本法。"

（二）合同的概念

合同是平等主体的自然人、法人、其他组织之间设立、变更、终止民事权利义务关系的协议。

民法中的合同有广义和狭义之分。广义的合同是指两个以上的民事主体之间，设立、变更、终止民事权利义务关系的协议；狭义的合同是指债权合同，即两个以上的民事主体之间设立、变更、终止债权债务关系的协议。广义的合同除了民法中的债权合同之外，还包括物权合同、身份合同，以及行政法中的行政合同和劳动法中的劳动合同等。我国《合同法》中所称的合同，是指狭义上的合同。此外，《合同法》第2条第2款还明确规定："婚姻、收养、监护等有关身份关系的协议，适用其他法律的规定。"

总之，合同是指具有平等民事主体资格的当事人，为了达到一定目的，经过自愿、平等、协商一致设立、变更、终止民事权利义务关系达成的协议。

二、《合同法》的调整范围

根据《民法通则》的规定，在总结《经济合同法》《涉外经济合同法》和《技术合同法》多年来实践经验的基础上，结合发展国际大市场经济的客观现实，《合同法》在调整范围上作出了新的规范。

（一）合同主体的扩大

《合同法》第 2 条第 1 款规定："本法所称合同是平等主体的自然人、法人、其他组织之间设立、变更、终止民事权利义务关系的协议。"此条规定突破了原有三部"合同法"中在主体规定上的局限性。明确规定合同包括中国、外国的自然人之间、组织之间以及自然人与组织之间订立的合同，并用自然人的概念取代公民的概念。

（二）合同类别的增加

《合同法》分则中列出了 15 种合同：买卖合同；供用电、水、气、热力合同；赠与合同；借款合同；租赁合同；融资租赁合同；承揽合同；建设工程合同；运输合同；技术合同；保管合同；仓储合同；委托合同；行纪合同；居间合同，这些合同超出了经济合同、技术合同的范围。

（三）合同是平等主体之间的法律关系

《合同法》调整的主体之间的法律关系，是平等主体的自然人、法人、其他组织之间的民事法律关系。它既不调整行政机关依法行政而形成的行政法律关系，也不调整法人、其他组织内部的管理行为所形成的管理与被管理关系。此外，《合同法》第 2 条第 2 款还规定："婚姻、收养、监护等有关身份关系的协议，适用其他法律的规定。"

（四）关于政府机关参与相关合同的调整

政府机关作为平等的主体与相对人签订的买卖合同等，属于一般的合同关系，适用《合同法》。政府机关的采购活动受专门的《政府采购法》调整，《合同法》第 38 条规定："国家根据需要下达指令性任务或者国家订货任务的，有关法人、其他组织之间应当依照有关法律、行政法规规定的权利和义务订立合同。"

三、《合同法》的基本原则

《合同法》总则第一章对《合同法》的基本原则作了明确的规定。《合同法》的基本原则是合同当事人在合同订立、效力、履行、变更与转让、终止、违约责任等以及各项分则规定的全部活动中均应遵守的基本准则，也是人民法院、仲裁机构在审理、仲裁合同纠纷时应当遵循的原则。

（一）平等、自愿原则

《合同法》第3条规定："合同当事人的法律地位平等……"此项规定明确指出，当事人无论是什么身份，其在合同关系中的法律地位都是平等、独立的，是享有平等主体资格的合同当事人。法律地位平等是自愿原则的前提。

自愿原则是《合同法》的重要基本原则，合同当事人通过协商，自愿确立和调整相互间的权利义务关系。签订合同是民事法律行为，除法律强制性的规定外，合同内容均由当事人自愿约定。自愿原则也是发展社会主义市场经济的客观要求，随着社会主义市场经济的发展，合同自愿原则的重要性更加突出。

（二）公平、诚实信用原则

《合同法》第5条和第6条规定，当事人应当遵循公平原则确定各方的权利和义务。当事人行使权利、履行义务应当遵循诚实信用原则。公平、诚实信用是民事活动最重要的基本原则。公平、诚实信用原则，要求当事人在订立和履行合同，以及合同终止后的全过程中，都要讲诚实，重信用，相互协作，不得滥用权利。首先，在订立合同时，应当依据公平原则确定双方的权利和义务，不得欺诈，不得假借订立合同恶意进行磋商或实施其他违背诚实信用的行为；其次，在履行合同过程中，当事人应当遵循诚实信用的原则，根据合同的性质、目的和交易习惯履行法定和约定的各项义务；最后，在合同法律关系终止后，当事人也应当遵循诚实信用的原则，根据交易习惯履行通知、协助和保密等契约后义务。

（三）遵守法律、维护社会公共利益的原则

《合同法》第7条规定，当事人订立、履行合同，应当遵守法律、行政法规，尊重社会公德，不得扰乱社会经济秩序，损害社会公共利益。遵守法律和不得损害社会公共利益，是《合同法》的重要基本原则。

在社会活动中，合同的订立和履行，属于合同当事人之间的民事权利义务关系，主要涉及当事人的利益，因此，应依据平等、自愿原则，由当事人自主约定，国家一般不予干预。但是，合同绝不仅仅只是当事人之间的"私事"，有时会涉及社会公共利益，因此，当事人不应把自愿原则绝对化。应当看到，遵守法律和自愿原则是不矛盾的，自愿以遵守法律、不损害社会公共利益为前提；同时，只有遵守合同法，依法办事，才能更好地体现和保护当事人在合同的订立和履行等全部活动中的自愿原则。

（四）依法成立的合同对当事人具有约束力的原则

《合同法》第 8 条第 1 款规定，依法成立的合同，对当事人具有法律约束力。当事人应当按照约定履行自己的义务，不得擅自变更或者解除合同。订立合同实行自愿原则，但是，依法成立的合同，对当事人具有法律约束力，受法律保护。当事人应按照合同的约定履行各自的义务，非依法律规定或者取得相对人的同意，不得擅自变更或者解除合同；如果不履行合同义务或者履行合同义务不符合约定，必须承担违约责任或者受到法律制裁。

第二节　合同的订立

一、合同当事人的主体资格

《合同法》第 9 条规定："当事人订立合同，应当具有相应的民事权利能力和民事行为能力。当事人依法可以委托代理人订立合同。"

（一）合同当事人的民事权利能力和民事行为能力

《合同法》的上述条款明确规定，作为合同当事人的自然人、法人和其他组织应当具有相应的主体资格——民事权利能力和民事行为能力。

1. 民事权利能力

民事权利能力是指民事主体参加具体的民事法律关系，享有具体的民事权利，承担具体的民事义务的前提条件。

2. 民事行为能力

民事行为能力是指民事主体以自己的行为参与民事法律关系，从而享受权利和承担民事义务的资格。民事行为能力与民事权利能力不同，民事权利能力是指法律规定民事主体是否享有民事权利和承担民事义务的资格；而民事行为能力则是指民事主体通过自己的行为去取得民事权利和承担民事义务的资格。

（二）合同当事人

1. 自然人

自然人是指基于出生而成为民事法律关系主体的有生命的人。我国《合同法》中关于自然人与法人等作为合同法律关系主体在民事权利能力和民事行为能力等方面的规定有所不同。

2. 法人

法人是具有民事权利能力和民事行为能力，依法享有民事权利和承担民事义务的组织。

3. 其他组织

其他组织，是指依法成立，不具备法人资格，但能以自己的名义参与民事活动的经济实体、法人的分支机构等其他社会组织。

（三）法人或其他组织必须依法订立合同

法人和其他组织一般都具有订立合同的行为能力，但由于法律对法人和其他组织都规定有特定的经营、业务活动范围，即法人和其他组织的权利能力依法具有单体的特定性，因此，法人和其他组织在订立合同时，必须按照依法具有的权利能力行事，方能产生有效的合同。如果法人和其他组织超越经营范围或者业务范围而订立合同，就有可能导致合同无效。

（四）委托代理人订立合同

法律规定，当事人在订立合同时，由于主观或客观的原因，不能由法人的法定代表人、其他组织的负责人亲自签订时，可以依法委托代理人订立合同。代理人代理授权人、委托人签订合同时，应向第三人出示授权人签发的授权委托书，并在授权委托书写明的授权范围内订立合同。

二、合同的形式和内容

（一）合同的形式

合同的形式是指合同当事人双方对合同的内容、条款经过协商，作出共同的意思表示的具体方式。

《合同法》第 10 条规定："当事人订立合同，有书面形式、口头形式和其他形式。法律、行政法规规定采用书面形式的，应当采用书面形式。当事人约定采用书面形式的，应当采用书面形式。"《合同法》第 36 条规定："法律、行政法规规定或者当事人约定采用书面形式订立合同，当事人未采用书面形式但一方已经履行主要义务，对方接受的，该合同成立。"《合同法》第 11 条规定："书面形式是指合同书、信件和数据电文（包括电报、电传、传真、电子数据交换和电子邮件）等可以有形地表现所载内容的形式。"合同书，是指记载合同内容的文书，合同书有标准合同书与非标准合同书之分。标准合同书指合同条款由当事人一方预先拟定，对方只能表示全部同意或者不同意的合同书；非标准合同书指合同条款完全由当事人双方协商一致所签订的合同书。信件是指当事人就要约与承诺所作的意思表示的普通文字信函。信件的内容一般记载于书面纸张上，因而与通过电脑及其网络手段而产生的信件不同，后者被称为电子邮件。数据电文与现代通信技术相联系，包括电报、电传、传真、电子数据交换和电子邮件等。电子数据交换（EDI）是一种由电子计算机及其通信网络处理业务文件的技术，作为一种新的电子化贸易工具，又称为电子合同。

（二）合同的内容

合同的内容，是指合同当事人约定的合同条款。当事人订立合同，其目的就是要设立、变更、终止民事权利义务关系，必然涉及彼此之间具体的权利和义务，因此，当事人只有对合同内容——具体条款协商一致，合同方可成立。

根据《合同法》第 12 条规定，合同的内容由当事人约定，一般包括以下条款：

1. 当事人的名称或者姓名和住所

当事人的名称或者姓名，是指法人和其他组织的名称，以及自然人的姓名。住所，对法人和其他组织而言，是指它们的主要办事机构所在地；对自然人而言，是自然人的户口所在地或经常居住地。

2. 标的

标的，是指合同当事人双方权利和义务共同指向的事物，即合同法律关系的客体。标的可以是货物、劳务、工程项目或者货币等。依据合同种类的不同，合同的标的也各有不同。例如，买卖合同的标的是货物；建筑工程合同的标的是工程建设项目；货物运输合同的标的是运输劳务；借款合同的标的是货币；委托合同的标的是委托人委托受托人处理委托事务等。

标的是合同的核心，它是合同当事人权利和义务的焦点。尽管当事人双方签订合同的主观意向各有不同，但最后必须集中在一个标的上。因此，当事人双方签订合同时，首先应当明确合同的标的，没有标的或者标的不明确，必然会导致合同无法履行，甚至产生纠纷。例如，某养鱼专业户采购"种鱼"时，在合同标的条款栏中，把"亲鱼"误写成"青鱼"而引起诉讼。

3. 数 量

数量，是计算标的尺度。它把标的定量化，以便确立合同当事人之间的权利和义务的量化指标，从而计算价款或报酬。国家颁布了《在我国统一实行法定计量单位的命令》，根据该命令的规定，签订合同时，必须使用国家法定计量单位，做到计量标准化、规范化。如果计量单位不统一，一方面会降低工作效率；另一方面也会因发生误解而引起纠纷。

4. 质 量

质量，是标的物内在的特殊物质属性和一定的社会属性，是标的物性质差异的具体特征。它是标的物价值和使用价值的集中表现，并决定着标的物的经济效益和社会效益，还直接关系到生产的安全和人身的健康等。因此，当事人签订合同时，必须对标的物的质量作出明确的规定。标的物的质量，有国家标准的按国家标准签订；没有国家标准而有行业标准的，按行业标准签订，或者有地方标准的按地方标准签订；如果标的物是没有上述标准的新产品，可按企业新产品鉴定的标准（如产品说明书、合格证载明的）写明相应的质量标准。国家鼓励企业采用国际质量标准。

5. 价款或者报酬

价款，通常是指当事人一方为取得对方出让的标的物，而支付给对方一定数额的货币；报酬，通常是指当事人一方为对方提供劳务、服务等，从而向对方收取一定数额的货币。在建立社会主义市场经济过程中，当事人签订合同时，应接受有关部门的监督，不得违反有关规定，扰乱社会经济秩序。

6. 履行期限、地点和方式

履行期限，是指当事人交付标的和支付价款或报酬的日期，也就是依据合同的约定，权利人要求义务人履行义务的请求权发生的时间。合同的履行期限是一项重要条款，当事人必须写明具体的履行起止日期，避免因履行期限不明确而产生纠纷。倘若合同当事人在合同中没有约定履行期限，只能按照有关规定处理。

履行地点，是指当事人交付标的和支付价款或报酬的地点，包括标的交付、提取地点，服务、劳务或工程项目建设的地点，价款或报酬结算的地点等。合同履行地也是一项重要条款，不仅关系到当事人实现权利和承担义务的发生地，还关系到人民法院受理合同纠纷案件的管辖地问题。因此，合同当事人双方签订合同时，必须将履行地点写明，并且要写得具体、准确，以免发生差错而引起纠纷。

履行方式，是指合同当事人双方约定以哪种方式转移标的物和结算价款。履行方式应视所签订合同的类别而定，例如，买卖货物、提供服务、完成工作合同，其履行方式均有所不同。此外在某些合同中还应当写明包装、结算等方式，以利合同的完全履行。

7. 违约责任

违约责任，是指合同当事人约定一方或双方不履行或不完全履行合同义务时必须承担的法律责任。违约责任包括支付违约金、偿付赔偿金以及发生意外事故的处理等其他责任。法律规定责任范围的按规定处理；法律没有规定责任范围的，由当事人双方协商议定办理。

违约责任条款是一项十分重要而又往往易被人们忽视的条款，它对合同当事人正常履行合同具有法律保障作用，是一项制裁性条款，因而对当事人履行合同具有约束力。在现实社会生活中，它的制裁性使一些存在陈腐观念并习惯于运用行政手段调和纠纷的人"犯忌"，认为签订合同是"君子协定"，何必谈违约责任。鉴于上述情况，当事人签订合同时，必须写明违约责任，否则，有关主管机关将不予登记，公证机构将不予公证。

8. 解决争议的方法

解决争议的方法，是指合同当事人选择解决合同纠纷的方式、地点等。根据我国法律的有关规定，当事人解决合同争议时，实行"或裁或审制"，即当事人可以在合同中约定选择仲裁机构或人民法院解决争议；当事人可以就仲裁机构或诉讼的管辖机关的地点进行议定选择。如果当事人在合同中既没有约定仲裁条款，事后又没有达成仲裁协议，那么，当事人只能通过诉讼的途径解决合同纠纷，因为起诉权是当事人的法定权。

三、合同示范文本与格式条款合同

（一）合同示范文本

《合同法》第 12 条第 2 款规定："当事人可以参照各类合同的示范文本订

立合同。"

合同示范文本是指由一定机关事先拟定的对当事人订立相关合同起示范作用的合同文本。此类合同文本中的合同条款有些内容是拟定好的，有些内容是没有拟定而需要当事人双方协商一致填写的。合同的示范文本只供当事人订立合同时参考使用，因此，合同示范文本与格式合同不同。

（二）格式条款合同

格式条款合同，是指合同当事人一方（如某些垄断性企业）为了重复使用而事先拟定出一定格式的文本，文本中的合同条款在未与另一方协商一致的前提下已经确定且不可更改。

《合同法》为了维护公平原则，确保格式条款合同文本中相对人的合法权益，在第 39～41 条中对格式条款合同作了专门的限制性规定：

（1）采用格式条款订立合同的，提供格式条款的一方应当遵循公平原则确定当事人之间的权利和义务，并采取合理的方式提请对方注意免除或者限制其责任的条款，按照对方的要求，对该条款予以说明。

（2）格式条款合同中具有《合同法》第 52 条和第 53 条规定情形的，或者提供格式条款一方免除其责任、加重对方责任、排除对方主要权利的，该条款无效。

（3）对格式条款的理解发生争议的，应当按照通常理解予以解释。对格式条款有两种以上解释的，应当作出不利于提供格式条款一方的解释。格式条款和非格式条款不一致的，应当采用非格式条款。

四、要约与承诺

《合同法》第 13 条规定："当事人订立合同，采用要约、承诺方式。"要约与承诺是当事人订立合同必经的程序，亦即当事人双方就合同的一般条款经过协商一致并签署书面协议的过程。《合同法》中关于当事人通过要约与承诺签订合同的法律行为作了全面、完善的规定。订立合同的过程，一般先由当事人一方提出要约，再由另一方作出承诺的意思表示，经签字、盖章后，合同即告成立。在法律程序上，把订立合同的全过程划分为要约与承诺两个阶段。要约与承诺属于法律行为，当事人双方一旦作出相应的意思表示，就要受到法律的约束，否则必须承担法律责任。

（一）要约

1. 要约的概念

要约，是指合同当事人一方向另一方提出订立合同的要求，并列明合同的条款，以及限定对方在一定期限作出承诺的意思表示。

《合同法》第14条规定："要约是希望和他人订立合同的意思表示，该意思表示应当符合下列规定：①内容具体确定；②表明经受要约人承诺，要约人即受该意思表示约束。"要约是一种法律行为。它表现在要约规定的有效期限内，要约人要受到要约的约束。受要约人若按时、完全接受要约条款，要约人负有与受要约人签订合同的义务，否则，要约人对由此造成受要约人的损失应承担法律责任。

2. 要约具有法律约束力的条件

（1）要约是特定的合同当事人的意思表示。即通过要约的内容，人们能够得知要约人是谁；发出要约的人为要约人，接受要约的人为受要约人。

（2）要约必须是要约人与他人以订立合同为目的。要约是一种意思表示，但这种意思表示必须有与受要约人订立合同的真实意愿，即要约人在主观上要求与受要约人签订合同。

（3）要约的内容必须具体、确定。要约的内容明确、全面，才能使受要约人明了要约人的真实意思，进一步明了待订合同的条款，以便决策是否作出承诺。

（4）要约经受要约人承诺，要约人即受要约的约束。要约一经到达受要约人，在法律上或者要约规定的期限内，要约人不得擅自撤回或者变更其要约。一旦受要约人对要约予以承诺，要约人与受要约人之间的合同订立过程即告完成，合同就成立了，要约人即受已经成立的合同的约束。

3. 要约邀请

《合同法》第15条规定："要约邀请是希望他人向自己发出要约的意思表示。寄送价目表、拍卖公告、招标公告、招股说明书、商业广告等为要约邀请。商业广告的内容符合要约规定的，视为要约。"要约邀请，又称要约引诱，是指当事人一方希望他人向自己发出要约的意思表示，是当事人订立合同的预备行为。因此，要约邀请人无须对自己的行为承担法律责任。此乃要约邀请与要约的关键区别点。

◁░案例

2011 年 3 月 1 号，某超市想要购进一批毛巾，于是向几家毛巾厂发出电报，称：本超市欲购进毛巾，如果有全棉新款，请附图样与说明，我商场将派人前往洽谈购买事宜。于是有几家毛巾厂都回电，称自己满足该超市的要求并且附上了图样与说明。其中一家毛巾厂甲厂寄送了图样和说明后，又送了 100 条毛巾到该超市，超市看货后不满意，决定不购买甲厂的毛巾。甲厂认为超市发出的是要约，其送毛巾的行为是承诺，合同因承诺而生效；超市拒绝购买是违约行为，应该承担违约责任。而超市认为其发出电报的行为是一种要约邀请而不是要约，超市不受该行为约束。

问题：超市发出的电报到底是要约还是要约邀请呢？

4. 要约生效

《合同法》第 16 条规定："要约到达受约人时生效。采用数据电文形式订立合同，收件人指定特定系统接收数据电文的，该数据电文进入该特定系统的时间，视为到达时间；未指定特定系统的，该数据电文进入收件人的任何系统的首次时间，视为到达时间。"

要约的生效时间是指要约发生法律效力，即对要约人和受要约人发生法律约束力的时间。关于要约的生效时间，国际上有不同的规定和惯例。我国签字参加的《联合国国际货物销售合同公约》第 15 条第 1 款规定"发价于送达被发价人时生效"，该公约采纳的是"到达主义"。我国《合同法》也规定适用"到达主义"。

5. 要约撤回与要约撤销

（1）要约撤回。《合同法》第 17 条规定："要约可以撤回。撤回要约的通知应当在要约到达受要约人之前或者与要约同时到达受要约人。"要约撤回，是指要约在发生法律效力之前，要约人欲使其不发生法律效力而取消要约的意思表示。要约的约束力一般是在要约生效之后才发生，要约生效之前，要约人是可以撤回要约的。

（2）要约撤销。《合同法》第 18 条规定："要约可以撤销。撤销要约的通知应当在受要约人发出承诺通知之前到达受要约人。"要约撤销，是指要约在发生法律效力之后，要约人欲使其丧失法律效力而取消该项要约的意思表示。要约虽然生效后对要约人有约束力，但是，在特殊情况下，考虑要约人的利益，在不损害受要约人的前提下，要约是应该被允许撤销的。但是《合同法》第19条规定："有下列情形之一的，要约不得撤销：①要约人确定了承诺期限或者以其他形式明示要约不可撤销；②受要约人有理由认为要约是不可撤销的，并已经为履行合同作了准备工作。"

6. 要约失效

《合同法》第20条规定："有下列情形之一的，要约失效：①拒绝要约的通知到达要约人；②要约人依法撤销要约；③承诺期限届满，受要约人未作出承诺；④受要约人对要约的内容作出实质性变更。"

（二）承诺

1. 承诺的概念

《合同法》第21条规定："承诺是受要约人同意要约的意思表示。"承诺是指合同当事人一方对另一方发来的要约，在要约有效期限内，作出完全同意要约条款的意思表示。

承诺也是一种法律行为。承诺必须是要约的相对人在要约有效期限内以明示的方式作出，并送达要约人；承诺必须是承诺人作出完全同意要约的条款，方为有效。如果要约的相对人对要约中的某些条款提出修改、补充、部分同意、附有条件，或者另行提出新的条件，以及迟到送达的承诺，都不被视为有效的承诺，而被称为新要约。

2. 承诺具有法律约束力的条件

（1）承诺须由受要约人向要约人作出。非受要约人向要约人作出的意思表示不属于承诺，而是一种要约。

（2）承诺的内容应当与要约的内容完全一致。承诺是受要约人愿意接受要约的全部内容与要约人订立合同的意思表示。因此，承诺是对要约的完全同意，也即对要约的无条件接受。

（3）承诺人必须在要约有效期限内作出承诺。《合同法》第28条规定："受要约人超过承诺期限发出承诺的，除要约人及时通知受要约人该承诺有效的以外，为新要约。"

3. 承诺的方式、期限和生效

（1）承诺的方式。《合同法》第22条规定："承诺应当以通知的方式作出，但根据交易习惯或者要约表明可以通过行为作出承诺的除外。""通知的方式"，是指承诺人以口头形式或书面形式明确告知要约人完全接受要约内容作出的意思表示。"行为的方式",是指承诺人依照交易习惯或者要约的条款能够为要约人确认承诺人接受要约内容作出的意思表示。

(2) 承诺期限。《合同法》第 23 条规定:"承诺应当在要约确定的期限内到达要约人。要约没有确定承诺期限的,承诺应当依照下列规定到达:①要约以对话方式作出的,应当即时作出承诺,但当事人另有约定的除外;②要约以非对话方式作出的,承诺应当在合理期限内到达。"

上述第 2 款中所指的"合理期限",是指当事人双方依据公平合理的原则,结合要约发出的客观情况和交易习惯加以确定,既要保证受要约人有足够的时间考虑是否承诺,也要保护要约人的信赖利益不受损害。

(3) 承诺生效。《合同法》第 25 条规定:"承诺生效时合同成立。"承诺生效与合同成立是密不可分的法律事实。承诺生效,是指承诺发生法律效力,也即承诺对承诺人和要约人产生法律约束力。承诺人作出有效的承诺,在事实上合同已经成立,已经成立的合同对合同当事人双方具有约束力。

4. 承诺撤回、超期和迟延

(1) 承诺撤回。《合同法》第 27 条规定:"承诺可以撤回。撤回承诺的通知应当在承诺通知到达要约人之前或者与承诺通知同时到达要约人。"承诺的撤回,是指承诺人主观上欲阻止或者消灭承诺发生法律效力的意思表示。承诺可以撤回,但不能因承诺的撤回而损害要约人的利益,因此,承诺的撤回是有条件的,即撤回承诺的通知应当在承诺生效之前或者与承诺通知同时到达要约人。

(2) 承诺超期。承诺的超期,也即承诺的迟到,是指受要约人超过承诺期限而发出的承诺。依照《合同法》第 28 条的规定,迟到的承诺,要约人可以承认其效力,但必须及时通知受要约人。因为如果不及时通知受要约人,受要约人也许会认为承诺并未生效或者视为自己发出了新要约而企盼要约人的承诺。

(3) 承诺延误。《合同法》第 29 条规定:"受要约人在承诺期限内发出承诺,按照通常情形能够及时到达要约人,但因其他原因承诺到达要约人时超过承诺期限的,除要约人及时通知受要约人因承诺超过期限不接受该承诺的以外,该承诺有效。"

5. 受要约人对要约内容的实质性变更和承诺对要约内容的非实质性变更

(1) 受要约人对要约内容的实质性变更。《合同法》第 30 条规定:"承诺的内容应当与要约的内容一致。受要约人对要约的内容作出实质性变更的，为新要约。有关合同标的、数量、质量、价款或者报酬、履行期限、履行地点和方式、违约责任和解决争议方法等的变更，是对要约内容的实质性变更。"依照本条规定，承诺是受要约人愿意接受要约的内容与要约人订立合同的意思表示，因此，承诺的内容必须和要约的内容一致，否则合同不能成立。

受要约人对要约的内容作出实质性变更，是指对将来成立的合同的性质和合同条款的内容作出扩大、限制或者改变的意思表示。那么，受要约人的意思表示不再是对原要约的承诺，而是受要约人向要约人发出的新要约。

（2）承诺对要约内容的非实质性变更。承诺对要约的内容作出非实质性变更，是指受要约人在有关合同的标的、数量、质量、价款或报酬、履行期限、履行地点和方式、违约责任和解决争议方法等方面以外，对原要约内容作出某些补充、限制和修改。如承诺中增加有建议性条款、说明性条款，以及在要约人的授权范围内，对要约内容的非实质性变更。

承诺对要约的内容作出非实质性变更的，除要约人及时表示反对或者要约表明承诺不得对要约的内容作出任何变更的以外，该承诺有效，合同的内容以承诺的内容为准。

总之，在订立合同时，当事人双方反复协商，最终达成协议。表现在订立合同的程序上，是一个要约—新要约—再要约—承诺的过程，最终合同才能成立。

◁▮▶案例

广州 A 公司 2008 年 3 月 1 日以信件的方式向上海 B 公司发出要约："愿意购买贵公司儿童玩具 1 万件，每件价格 100 元，你方负责运输，货到付款，30 天内答复有效。"3 月 10 日信件到达 B 公司，B 公司收发员李某签收，但由于正逢下班时间，于第二天将信交给公司办公室。恰逢 B 公司董事长外出，2008 年 4 月 6 日才回来，看到 A 公司的要约，立即以电话的方式告知 A 公司："如果价格为 120 元/件，可以卖给贵公司 1 万件儿童玩具。"A 公司不予理睬。4 月 20 日上海 C 公司经理吴某在 B 公司董事长办公室看到了 A 公司的要约，当天回去就向 A 公司发了传真："我们愿意以每件 100 元的价格出售 1 万件儿童玩具。"A 公司于第二天回电 C 公司："我们只需要 5000 件。"C 公司当天回电："明日发货。"

问题：

（1）2008 年 4 月 6 日 B 公司电话告知 A 的内容是要约还是承诺？

（2）A 公司对 2008 年 4 月 6 日 B 公司电话不予理睬是否构成违约？为什么？

（3）2008 年 4 月 20 日 C 公司的传真是要约还是承诺？为什么？

（4）2008 年 4 月 21 日 A 公司对 C 公司的回电是要约还是承诺？为什么？

（5）2008 年 4 月 21 日 C 公司对 A 公司的回电是要约还是承诺？

五、合同成立及合同成立地点等法律规定

《合同法》规定，当事人采用合同书形式订立合同的，自双方当事人签字或者盖章时合同成立。当事人采用信件、数据电文等形式订立合同的，可以在合同成立之前要求签订确认书。签订确认书时合同成立。承诺生效的地点为合同成立的地点。采用数据电文形式订立合同的收件人的主营业地为合同成立的地点；没有主营业地的，其经营居住地为合同成立的地点。当事人另有约定的，按照其约定。当事人采用合同书形式订立合同的，双方当事人签字或者盖章的地点为合同成立的地点。

法律、行政法规规定或者当事人约定采用书面形式订立合同，当事人未采用书面形式但一方已经履行主要义务，对方接受的，该合同成立。

采用合同书形式订立合同，在签字或盖章之前，当事人一方已履行主要义务，对方接受的，该合同成立。

六、国家指令性任务或国家订货任务的合同

《合同法》第 38 条规定："国家根据需要下达指令性任务或者国家订货任务的，有关法人、其他组织之间应当依照有关法律、行政法规规定的权利和义务订立合同。"

七、缔约过失责任

（一）缔约过失责任的概念

缔约过失责任，是指合同订立过程中，当事人一方因未依据诚实信用原则履行应承担的义务，而导致当事人另一方受到损失，应承担的民事责任。

当事人在订立合同过程中，依据诚实信用原则，应当负有一定的责任而履行必要的义务，这些义务不属于合同约定义务，而是一种前合同义务。合同义务是当事人约定的基于有效合同产生的义务，通常表现为给付义务，旨在通过当事人一方的履行而满足当事人另一方的利益；而前合同义务是基于诚实信用原则和当事人之间的信赖关系而产生的法定义务，是一种附随义务，旨在保护缔约中的当事人的安全并促使缔约成功。

（二）缔约过失责任的法律规定

《合同法》第42条规定："当事人在订立合同过程中有下列情形之一，给对方造成损失的，应当承担损害赔偿责任：①假借订立合同，恶意进行磋商；②故意隐瞒与订立合同有关的重要事实或者提供虚假情况；③有其他违背诚实信用原则的行为。"

《合同法》第43条规定："当事人在订立合同过程中知悉的商业秘密，无论合同是否成立，不得泄露或者不正当地使用。泄露或者不正当地使用该商业秘密给对方造成损失的，应当承担损害赔偿责任。"

第三节　合同的效力

一、合同生效

（一）合同生效的概念及法律规定

合同生效，是指合同当事人依据法律规定，经协商一致，取得合意，双方订立的合同即发生法律效力。

《合同法》第44条规定："依法成立的合同，自成立时生效。法律、行政法规规定应当办理批准、登记等手续生效的，依照其规定。"

当事人双方之间欲订立一项有效合同时，必须根据"依法成立的合同，自成立时生效"的规定，方能达到预期的目的。在订立合同的过程中，当事人应正确理解合同成立和合同生效的关系。合同成立与合同生效是有效合同有机结合的两个方面：合同成立是合同生效的前提条件；合同生效是合同成立的必然结果。因此，合同成立和合同生效是两个相对独立的概念。两者之间的区别主要表现在以下四个方面：①合同成立解决合同是否存在的问题；而合同生效解决合同效力的问题。②合同成立的效力与合同生效的效力不同，合同成立以后，当事人不得对自己的要约与承诺任意撤回；而合同生效以后当事人必须按照合同的约定履行，否则，应承担违约责任。③合同不成立的后果仅仅表现为当事人之间产生的民事赔偿责任，一般为缔约过失责任；而合同无效的后果除了承担民事责任之外，还可能应承担行政或刑事责任。④合同不成立，仅涉及合同当事人之间的合同问题，未形成合同时，不会引起国家行政干预；而对于合同无效问题，如果属于合同内容违法时，即使当事人不予以合同无效的主张，国家行政也会予以干预。

（二）附条件、附期限以及限制民事行为能力人订立合同的效力

1. 附条件合同的效力

《合同法》第45条规定："当事人对合同的效力可以约定附条件。附生效条件的合同，自条件成就时生效。附解除条件的合同，自条件成就时失效。当事人为自己的利益不正当地阻止条件成就的，视为条件已成就；不正当地促成条件成就的，视为条件不成就。"

（1）附条件合同的概念。附条件合同，是指合同当事人约定把一定条件的成就与否作为合同效力是否发生或者消灭的依据的合同。条件，是指合同当事人选定某种成就与否并不确定的将来事实作为制约合同效力发生或消灭手段的合同附加条件。合同附加条件，是当事人在合同中特别设定、借以制约合同效力的意思表示，是合同的特别生效条件，是合同的组成部分。

（2）附生效条件的合同。附生效条件的合同，是指合同生效以某种事实的发生作为条件的合同，即约定的事实发生了，合同即生效，否则就不生效。附生效条件的合同虽已成立，但合同的效力处于停止状态，待条件成就时，该合同才发生法律效力。因此，附生效条件的合同又称附停止条件的合同。

（3）附解除条件的合同。附解除条件的合同，是指已发生法律效力的合同，当条件成就时，合同则失效，当事人之间应解除已生效的合同；当条件未成就时，合同继续有效，当事人之间应继续履行合同。

（4）当事人不正当对待附条件合同的法律后果。当事人应依法正确地对待所订立的附条件的合同，附条件的合同一经成立，在条件成就前，任何一方对于所约定的条件是否成就，应顺其自然发展，而不得为了自己的利益，恶意地促成或阻碍条件的成就。凡因条件成就而可受益的当事人，如果以不正当行为恶意促成条件成就的，应视为条件不成就；凡因条件成就而对其不利的当事人，如果以不正当手段恶意阻碍条件成就的，应视为条件已经成就。

2. 附期限合同的效力

《合同法》第46条规定："当事人对合同的效力可以约定附期限。附生效期限的合同，自期限届至时生效。附终止期限的合同，自期限届满时失效。"

（1）附期限合同的概念。附期限合同，是指合同当事人约定一定的期限作为合同的效力发生或者终止的条件的合同。期限，是指合同当事人选定将来确定发生的事实作为制约合同效力发生或者终止的附加条件。附期限合同可分为附生效期限合同和附终止期限合同。

（2）附生效期限的合同。附生效期限的合同，是指合同虽已成立，但在期限到来之前暂不发生法律效力，待到期限到来时合同才发生法律效力的合同。附生效期限的合同又称附延缓期限合同或附始期合同。在附生效期限的合同中，使合同得以生效的期限称为始期，始期的功能与停止条件相同。

（3）附终止期限的合同。附终止期限的合同是指已经发生法律效力的合同，在期限到来时，合同的效力消失，合同解除。附终止期限的合同又称附解除期限的合同。在附终止期限的合同中，使合同终止效力的期限称为终期。终期的功能与解除条件相同。

3. 限制民事行为能力人订立合同的效力

当事人订立合同时，依法应当具有相应的民事权利能力和民事行为能力。因此，限制行为能力人依法不能独立地订立合同。如果限制行为能力人订立了合同，必须经过其法定代理人的承认才能生效。在法理学上这种合同又称为效力待定合同。

《合同法》第47条规定："限制民事行为能力人订立的合同，经法定代理人追认后，该合同有效，但纯获利益的合同或者与其年龄、智力、精神健康状况相适应而订立的合同，不必经法定代理人追认。相对人可以催告法定代理人在1个月内予以追认。法定代理人未作表示的，视为拒绝追认。合同被追认之前，善意相对人有撤销的权利。撤销应当以通知的方式作出。"

（1）效力待定合同的概念。效力待定合同，是指合同虽已成立，但因其不完全具备有关合同生效条件的规定，其效力能否发生尚待确定，依法须经有权人表示承认方能生效的合同。

（2）效力待定合同与无效合同及可撤销合同的区别。效力待定合同并非因行为人故意违反法律的禁止性规定或社会公共利益而无效，也不是因为意思表示不真实而导致合同被撤销。效力待定合同主要是因为有关当事人缺乏缔约能力、处分能力和代订合同的资格所造成的，其可以因有权人的承认而生效，从而有利于促成更多的交易和维护相对人的利益。

（三）无权代理

在民事活动中，代理人应依法行使代理权。在订立合同过程中，代理人必须依据《民法通则》《合同法》等有关法律的规定订立合同，否则将会形成无效合同。

《合同法》第48条规定："行为人没有代理权、超越代理权或者代理权终止后以被代理人名义订立的合同，未经被代理人追认，对被代理人不发生效力，由行为人承担责任。相对人可以催告被代理人在1个月内予以追认。被代理人未作表示的，视为拒绝追认。合同被追认之前，善意相对人有撤销的权利。撤销应当以通知的方式作出。"

无权代理，是指无权代理人以他人名义订立合同，其性质是一种效力待定的合同，而不是绝对无效的合同。此类合同尽管因"代理人"缺乏代理权而存在瑕疵，但此种瑕疵是允许修正的，即经过被代理人追认，可以使无权代理人订立的合同有效。但是，如果未经被代理人追认，那么，这种无权代理人订立的合同属于无效合同，对被代理人不发生效力。

（四）法定代表人、负责人超越权限订立合同的效力

《合同法》第50条规定："法人或者其他组织的法定代表人、负责人超越权限订立的合同，除相对人知道或者应当知道其超越权限的以外，该代表行为有效。"

法人的法定代表人或其他组织的负责人在履行职责时，应依据权限对外订立合同，而不得超越权限，否则，可能导致合同无效。就是说，如果法人或其他组织将其法定代表人、负责人的代表权限制明确地告知了相对人，此项权限的限制有效，即相对人知道或者应当知道法人或其他组织的法定代表人、负责人超越权限订立合同，如果法人或者其他组织不加以追认的，此项合同属于无效合同。

（五）无处分权人订立合同的效力

《合同法》第51条规定："无处分权处分他人财产，经权利人追认或者无处分权的人订立合同后取得处分权的，该合同有效。"

无处分权人处分他人财产订立合同的行为，属于无权处分行为，它是指无处分权人以自己的名义对于他人权利标的所实施的处分行为。所谓"处分

他人财产"，是指处分人对他人财产的法律上的处分，包括财产的转让、赠与或设定抵押等。

依照《合同法》的规定，因无权处分行为而订立的合同，经过权利人的追认或者无处分权人在订立合同后取得处分权后，属于有效合同。

二、合同无效和当事人请求变更或撤销合同

（一）合同无效

1. 合同无效的概念

合同无效，是指虽经合同当事人协商订立，但因其不具备或违反了法定条件，国家法律规定不承认其效力的合同。

2.《合同法》关于无效合同的法律规定

《合同法》第52条规定："有下列情形之一的，合同无效：①一方以欺诈、胁迫的手段订立合同，损害国家利益；②恶意串通，损害国家、集体或者第三人利益；③以合法形式掩盖非法目的；④损害社会公共利益；⑤违反法律、行政法规的强制性规定。"

合同的订立属于民事法律行为，因此，当事人订立合同时，应当遵守我国《民法通则》第55条的规定："民事法律行为应当具备下列条件：①行为人具有相应的民事行为能力；②意思表示真实；③不违反法律或者社会公共利益。"

当事人订立的合同，凡不符合或者违反了法定条件，即使合同成立，也不产生合同的法律效力，而属于无效合同、可撤销合同或者效力待定合同。

3. 合同中免责条款无效的法律规定

合同中免责条款，是指当事人在合同中约定免除或者限制其未来责任的合同条款。免责条款无效，是指没有法律约束力的免责条款。《合同法》第53条规定："合同中的下列免责条款无效：①造成对方人身伤害的；②因故意或者重大过失造成对方财产损失的。"

法律之所以规定上述两种情况的免责条款无效，原因有二：①这两种行为具有一定的社会危害性和法律的谴责性；②这两种行为都可能构成侵权行为，如果当事人约定这种侵权行为可以免责，等于以合同的方式剥夺了当事人的合同以外的合法权利。

（二）当事人请求人民法院或仲裁机构变更或撤销的合同

1. 当事人依法请求变更或撤销的合同的概念

当事人依法请求变更或撤销的合同，是指合同当事人订立的合同欠缺生效条件时，一方当事人可以依照自己的意思，请求人民法院或仲裁机构作出裁判，从而使合同的内容变更或者使合同的效力归于消灭的合同。

2. 可变更或可撤销的合同的法律规定

《合同法》第54条规定："下列合同，当事人一方有权请求人民法院或者仲裁机构变更或者撤销：①因重大误解订立的；②在订立合同时显失公平的。一方以欺诈、胁迫的手段或者乘人之危，使对方在违背真实意思的情况下订立的合同，受损害方有权请求人民法院或者仲裁机构变更或者撤销。当事人请求变更的，人民法院或者仲裁机构不得撤销。"

依据法律规定，可变更、可撤销合同，是指当事人所订立的合同欠缺一定的生效条件，但当事人一方可以依照自己的意思使合同的内容变更或者使合同的效力归于消灭的合同。在实践中，使合同的内容变更就是使违背当事人一方真实意思表示的那部分内容的效力消灭，也就是对合同部分内容的撤销，因此，可变更、可撤销合同也可统称为可撤销合同。

可撤销合同有以下特征：①是否使可撤销合同的效力消灭，取决于撤销权人的意思，撤销权人以外的人无权撤销合同；②可撤销合同在未被撤销以前属于有效合同。即使合同具有可撤销的因素，但撤销权人没有撤销行为的，合同仍然有效，当事人不得以合同具有可撤销因素为由而拒不履行合同义务；③撤销权一旦行使，可撤销的合同原则上溯及其成立之时而消灭。

重大误解，是指当事人一方因自己的过失导致对合同的内容等发生重大误解而订立合同的行为。

显失公平，是当事人一方处于紧迫或者缺乏经验的情况下而订立明显对自身有重大不利的合同的行为。

当事人一方因欺诈、胁迫的手段或者乘人之危，使对方在违背真实意思的情况下订立的合同，根据《合同法》第52条的规定应属于无效合同，但是，与违法合同以及损害国家、集体利益的合同不同，这种合同受害者只是受欺诈、受胁迫或被乘人之危的一方当事人，根据意思自治原则，受害方有选择合同效力的权利，即既可以撤销或者变更合同而使合同无效，也可以直接请求人民法院或者仲裁机构确认合同无效，还可以保持合同有效。

3. 撤销权消灭

（1）撤销权消灭的概念。撤销权消灭，是指依照法律的规定，当事人原来享有的撤销权因一定的法定事由的出现而丧失的法律事实。

（2）撤销权消灭的法律规定。《合同法》第55条规定："有下列情形之一的，撤销权消灭：①具有撤销权的当事人自知道或者应当知道撤销事由之日起1年内没有行使撤销权；②具有撤销权的当事人知道撤销事由后明确表示或者以自己的行为放弃撤销权。"

（3）撤销权的行使期间。合同当事人一方行使撤销权时，应当在其知道或者应当知道撤销事由的1年内行使。这1年的期间在法律上称作除斥期间。除斥期间是法律规定的当事人的某种权利的存续期间，期间届满后，权利归于消灭。除斥期间不能中止、中断或者延长。该项除斥期间的规定，一方面有利于保护撤销权人在法定的期间内及时地行使权利；另一方面也有利于社会经济秩序的稳定。如果撤销权人长期不行使撤销权利，必然导致合同的效力处于不确定状态，也有损另一方当事人的正当利益。

（4）撤销权的放弃。撤销权的放弃，是指享有撤销权的当事人以明示或者默示的方式放弃撤销权的行为。撤销权作为合同当事人一方基于法律之规定而享有的一项权利，对重大误解或显失公平等法律事实真相如实了解后，有权按照"意思自治"原则，作出"明确表示"或者"以自己的行为放弃撤销权"，最终达到维护自身根本利益的目的。

◀◎▶案例

李某本人酷爱收藏，并且具有相当的古玩鉴赏能力。其家中收藏有一商代酒杯，但由于年代太久远，李某无法评估其真实价值，而只能大略估计其价值在10万元以上。某日，李某将其酒杯带到一古董店，请古董店老板鉴赏，店老板十分喜欢该酒杯，并且知道其价值不下百万，于是提出向李某买下该酒杯，出价为50万元。李某对此高价内心十分满意，但仔细一想，心知该酒杯价值绝对超过50万，如果拍卖，超过百万也有可能。但苦于拍卖成本过高，自身也没有条件拍卖。于是，李某心生一计，同意将酒杯卖给古董店老板，待日后古董店老板高价卖出后再主张合同可撤销，要求变更合同。结果，古董店老板通过拍卖，酒杯被卖到1000万元。此后，李某向法院主张合同显失公平，要求古董店老板至少再补偿900万元。

问题：

（1）李某与古董店老板的合同是否成立？是否有效？

（2）李某的请求是否具有法律依据？为什么？

（3）法院应如何处理？

（三）无效的合同或被撤销的合同的法律效力

无效的合同或被撤销的合同的法律效力问题，是《合同法》中第三章"合同的效力"的重要内容，当事人订立的合同被确认无效或者被撤销后，并不表明当事人的权利和义务的全部结束。

1. 合同自始无效和部分无效

《合同法》第56条规定："无效的合同或者被撤销的合同自始没有法律约束力。合同部分无效，不影响其他部分效力的，其他部分仍然有效。"

（1）自始无效。自始无效，是指合同一旦被确认为无效或者被撤销，即将产生溯及力，使合同从订立时起即不具有法律约束力。

（2）合同部分无效。合同部分无效，是指合同的部分内容无效，即无效或者被撤销而宣告无效的只涉及合同的部分内容，那么，合同的其他部分仍然有效。

2. 合同无效、被撤销或者终止时，有关解决争议的条款的效力

《合同法》第57条规定："合同无效、被撤销或者终止的，不影响合同中独立存在的有关解决争议方法的条款的效力。"依照此项法条的规定，合同中关于解决争议的方法条款的效力具有相对的独立性，不受合同无效、变更或者终止的影响，也即合同无效、合同变更或者合同终止并不必然导致合同中解决争议方法的条款随之而无效、变更、终止。

第四节　合同的履行

一、合同履行的概念和原则

（一）合同履行的概念

合同履行，是指合同当事人双方依据合同条款的规定，实现各自享有的权利，并承担各自负有的义务。合同的履行，就其实质来说，是合同当事人

在合同生效后，全面地、适当地完成合同义务的行为。

合同的履行是《合同法》的核心内容，也是合同当事人订立合同的根本目的。当事人双方在履行合同时，必须全面、善始善终地履行各自承担的义务，使相对人的权利得以实现，从而为各社会组织及自然人之间的生产经营及其他交易活动的顺利进行创造条件。在一定意义上讲，合同的履行不仅仅是当事人双方的义务，也是当事人对国家和社会共同承担的义务。因为当事人双方履行各自的义务，从宏观上看也就是直接地或间接地促进我国社会主义市场经济的发展，保障国民经济发展计划的实现。

（二）合同履行的原则

《合同法》第60条规定："当事人应当按照约定全面履行自己的义务。当事人应当遵循诚实信用原则，根据合同的性质、目的和交易习惯履行通知、协助、保密等义务。"

依照《合同法》的规定，合同当事人履行合同时，应遵循以下原则：

1. 全面、适当履行的原则

全面、适当履行，是指合同当事人双方应当按照合同约定全面履行自己的义务，包括履行义务的主体、标的、数量、质量、价款或者报酬以及履行的方式、地点、期限等，都应当按照合同的约定全面履行。

2. 遵循诚实信用的原则

诚实信用原则是我国《民法通则》的基本原则，也是《合同法》的一项十分重要的原则，它贯穿于合同的订立、履行、变更、终止等全过程。因此，当事人在订立合同时，要讲诚实，要守信用，要善意，当事人双方要互相协作，合同才能圆满地履行。

诚实信用原则的基本内容，是指合同当事人善意的心理状况，它要求当事人在民事活动中不为欺诈行为，恪守信用、尊重交易习惯，不得回避法律和歪曲合同条款；要正当竞争，反对垄断，尊重社会公共利益，不得滥用权利；等等。

3. 公平合理，促进合同履行的原则

合同当事人双方自订立合同起，直到合同的履行、变更、转让以及发生争议时对纠纷的解决，都应当依据公平合理的原则，按照《合同法》的规定，根据合同的性质、目的和交易习惯善意地履行通知、协助、保密等附随义务。

4. 当事人一方不得擅自变更合同的原则

合同依法成立，即具有法律约束力，因此，合同当事人任何一方均不得擅自变更合同。

《合同法》在若干条款中，根据不同的情况对合同的变更分别作了专门的规定。这些规定更加完善了我国的合同法律制度，并有利于促进我国社会主义市场经济的发展和保护合同当事人的合法权益。

二、合同履行中条款空缺的法律适用

（一）合同条款空缺的概念

合同条款空缺，是指合同生效后，当事人对合同条款约定的缺陷依法采取完善或妥善处理的法律行为。

当事人订立合同时，对合同条款的约定应当明确、具体，以便于合同的履行。然而，有些当事人由于合同法律知识的欠缺，事实认识上的错误以及疏忽大意等原因，而出现欠缺某些条款或者条款约定不明确的情形，致使合同难以履行。为了维护合同当事人的正当权益，法律允许当事人之间约定，通过采取措施补救合同条款空缺的问题。

（二）协议补充、按照有关规定或者交易习惯

《合同法》第 61 条规定："合同生效后，当事人就质量、价款或者报酬、履行地点等内容没有约定或者约定不明确的，可以协议补充；不能达成补充协议的，按照合同有关条款或者交易习惯确定。"

1. 协议补充

协议补充，是指合同当事人对没能约定或者约定不明确的合同内容通过协商的办法订立补充协议，该协议是对原合同内容的补充，因而成为原合同的组成部分。

2. 按照合同有关规定或者交易习惯确定

合同当事人不能达成补充协议，按照合同有关条款或者交易习惯确定，是指在合同当事人就没有约定或者约定不明确的合同内容不能达成补充协议的情况下，可以依据合同的其他方面的内容确定，或者按照人们在同样的交易中通常采用的合同内容而确定。

（三）合同内容不明确，又不能达成补充协议时的法律适用

《合同法》第 62 条规定，当事人就有关合同内容约定不明确，依照本法

第 61 条的规定仍不能确定的，适用下列规定：

（1）质量要求不明确的，按照国家标准、行业标准履行；没有国家标准、行业标准的，按照通常标准或者符合合同目的的特定标准履行。

（2）价款或者报酬不明确的，按照订立合同时履行地市场价格履行；依法应当执行政府定价或者政府指导价的，按照规定履行。

（3）履行地点不明确，给付货币的，在接受货币一方所在地履行；交付不动产的，在不动产所在地履行；其他标的，在履行义务一方所在地履行。

（4）履行期限不明的，债务人可以随时履行，债权人也可以随时要求履行，但应当给对方必要的准备时间。

（5）履行方式不明确的，按照有利于实现合同目的的方式履行。

（6）履行费用的负担不明确的，由履行义务一方负担。

《合同法》中的上述 6 项规定，是从质量、价款或者报酬、履行地点、履行期限、履行费用等 6 个方面具体规定合同条款约定不明的补充性法律规定。补充性法律规定，是指对那些欠缺主要条款或者条款约定不明但并不影响其效力的合同，基于公平的原则，由法律直接作出的用以弥补当事人未作出或不明确作出意思表示的不足，使合同内容合理、确定并便于履行的规定。

三、合同中规定执行政府定价或政府指导价的法律规定

在发展社会主义市场经济过程中，政府对经济活动的宏观调控和价格管理是十分必要的。因此《合同法》第 63 条规定："执行政府定价或者政府指导价的，在合同约定的交付期限内政府价格调整时，按照交付时的价格计价。逾期交付标的物的，遇价格上涨时，按照原价格执行；价格下降时，按照新价格执行。逾期提取标的物或者逾期付款的，遇价格上涨时，按照新价格执行；价格下降时，按照原价格执行。"

《合同法》中关于执行政府定价或者政府指导价的法律规定与原《经济合同法》第 17 条第 3 项的规定基本一致。尽管该项规定具有行政行为的属性，但其具体规定是符合发展市场经济客观规律和贯彻公平合理原则，维护合同当事人的合法权益要求的。

四、合同履行中的债务履行变更

合同履行中，由于客观情况发生变化，有可能引起合同中债权人和债务

人之间关于债务履行的变更。法律规定债权人和债务人可以变更债务履行，并不会影响当事人的合法权益。在一定意义上讲，债权人或债务人依法约定变更债务履行，有利于债权人实现其债权和债务人履行其债务。

依据法律规定，合同履行中，当事人约定由债务人向第三人履行债务或者由第三人向债权人履行债务的，原债权人与债务人的债务法律关系并不因此而变更。

（一）由债务人向第三人履行债务

《合同法》第 64 条规定："当事人约定由债务人向第三人履行债务的，债务人未向第三人履行债务或者履行债务不符合约定，应当向债权人承担违约责任。"

《合同法》的上述法条对债务人向第三人履行债务的问题作了规定。向第三人履行债务，即债务人本应向债权人履行债务，而债权人与债务人通过约定由债务人向第三人履行债务，但原债权人的地位不变。向第三人履行债务的合同也被称作为第三人利益订立的合同。

向第三人履行债务有以下法律特征：①第三人不是订立合同的当事人。合同关系主体不变，仍然是原合同中的债权人和债务人，第三人只是作为接受债权的人而不是合同当事人。②合同的当事人应当协商同意由第三人接受债务履行。即债权人必须征得债务人的同意，债务人向第三人履行债务的约定才发生效力。③债务人必须向债权人指定的第三人履行债务，否则，不发生债务清偿的效力。④向第三人履行债务，原则上不能增加履行难度和增加履行费用等。

依据法律规定，债务人未向第三人履行债务或者履行债务不符合约定的，应向债权人承担违约责任。

（二）由第三人向债权人履行债务

《合同法》第 65 条规定："当事人约定由第三人向债权人履行债务，第三人不履行债务或者履行债务不符合约定，债务人应当向债权人承担违约责任。"

《合同法》的上述规定，确立了第三人代为履行债务的合法性问题。第三人代为履行债务，是指经当事人双方约定由第三人代替债务人履行债务，第三人并不因履行债务而成为合同的当事人。

第三人替代债务人履行债务，只要不违反法律规定和合同约定，且未给债权人造成损失或增加费用，此种履行在法律上是有效的。第三人代为履行债务必须符合一定条件：①与向第三人履行的情况相同，在第三人代为履行债务时，该第三人并没有成为合同的当事人，仅是债务履行的辅助人；②当事人约定由第三人向债权人履行债务时，必须经当事人协商一致，特别是征得债权人的同意；③第三人代为履行债务时，对债权人不得造成消极影响，即第三人代为履行不能损害债权人的权益。

依据法律规定，第三人不履行债务或履行债务不符合约定的，债务人应当向债权人承担违约责任。

五、合同履行中当事人的抗辩权

（一）抗辩权的概念

抗辩权，是指在双务合同中，当事人一方有依法对抗对方要求或否认对方权利主张的权利。《合同法》规定了同时履行抗辩权和异时履行抗辩权。

（二）同时履行抗辩权

《合同法》第66条规定："当事人互负债务，没有先后履行顺序的，应当同时履行。一方在对方履行之前有权拒绝其履行要求。一方在对方履行债务不符合约定时，有权拒绝其相应的履行要求。"其中，同时履行，是指合同订立后，在合同有效期限内，当事人双方不分先后地履行各自的义务的行为。同时履行抗辩权，是指在没有规定履行顺序的双务合同中，当事人一方在另一方未为对待给付以前，有权拒绝先为给付的权利。

适用同时履行抗辩权应当满足下列条件：①由同一双务合同产生互负的债务。只有在同一双务合同中才能产生同时履行抗辩权。②在合同中未约定履行顺序，即"没有先后履行顺序"。这种情况往往要求当事人同时履行，只有在当事人双方的债务同时到期时才可能产生同时履行抗辩权。③另一方当事人未履行债务。④对方的对待给付是可能履行的义务。倘若对方所负债务已经没有履行的可能性，即同时履行的目的已不可能实现时，则不发生同时履行抗辩问题，当事人可依照法律规定解除合同。

（三）异时履行抗辩权

《合同法》第67条规定："当事人互负债务，有先后履行顺序，先履行一方未履行的，后履行一方有权拒绝其履行要求。先履行一方履行债务不符合约定的，后履行一方有权拒绝其相应的履行要求。"

（1）后履行一方的抗辩权，是指在有履行顺序的双务合同中，后履行合同的一方有权要求应当先履行的一方履行其义务，如果应当先履行的一方未履行债务或者履行债务不符合约定，后履行的一方当事人有权拒绝应当先履行一方的履行请求。此时，后履行的一方当事人有权行使异时履行抗辩权。

（2）先履行一方的抗辩权——不安抗辩权。不安抗辩权是指在双务合同中，当事人互负债务，合同约定有先后履行顺序的，先履行债务的当事人一方应当先履行其债务。但是，在应当先履行债务的当事人一方有确切证据证明对方有丧失或者可能丧失履行债务能力的情况下，可以中止履行其债务。此时，先履行的一方当事人有权行使其异时履行抗辩权。

《合同法》第68条规定："应当先履行债务的当事人，有确切证据证明对方有下列情形之一的，可以中止履行：①经营状况严重恶化；②转移财产、抽逃资金，以逃避债务；③丧失商业信誉；④有丧失或者可能丧失履行债务能力的其他情形。当事人没有确切证据中止履行的，应当承担违约责任。"

适用不安抗辩权应满足以下几个条件：①适用于双务合同；②后履行债务的当事人一方的债务尚未届至履行期限；③后履行债务的一方当事人有丧失或者可能丧失履行债务能力的情况。

关于法定不安抗辩权的目的，《合同法》规定，当事人行使不安抗辩权的法律效果是中止履行。中止履行，是指行使不安抗辩权的当事人一方，有权暂时停止合同的履行或者延期履行合同；一旦中止履行的原因排除后，应当恢复履行合同，从而达到实现合同当事人权利的目的。因此，中止履行与终止合同不同，终止合同是指解除、消灭合同关系的法律行为。

关于行使不安抗辩权的当事人中止履行的义务和权利，《合同法》第69条规定："当事人依照本法第68条的规定中止履行的，应当及时通知对方。对方提供适当担保时，应当恢复履行。中止履行后，对方在合理期限内未恢复履行能力并且未提供适当担保的，中止履行的一方可以解除合同。"

根据上述规定，行使不安抗辩权的当事人应当承担下列义务：首先，通知义务，即行使不安抗辩权的当事人应当将中止履行的事实、理由以及恢复履行的条件及时通知对方；其次，当对方当事人提供担保时，应当恢复履行合同。

行使不安抗辩权的当事人享有的权利：行使不安抗辩权当事人在中止履行后，对方在合理期限内未恢复履行能力并且未提供适当担保的，有权通知对方解除合同。

六、债务提存和债务人提前履行债务、部分履行债务

（一）债务的提存

1. 提存的概念

提存，是指由于债权人一方的原因，使债务人不能依据合同的约定向其交付标的物的，法律规定，债务人有权将该标的物交给有关机关保存，从而完成履行债务，并终止合同关系的法律制度。

2. 提存的法律规定

《合同法》第70条规定："债权人分立、合并或者变更住所没有通知债务人，致使履行债务发生困难的，债务人可以中止履行或者将标的物提存。"此外，《合同法》第101～104条还作了专门规定。债务的提存，是债务人由于债权人的原因导致债务履行发生困难，采取的保护其自身利益的合法有效手段。我国的法定提存机关主要是公证机关。

（二）债务人提前履行债务与债务人部分履行债务

1. 债务人提前履行债务的概念

债务人提前履行债务，是指债务人在合同履行期限到来之前即开始履行合同中约定的债务。

2. 债务人提前履行债务的法律规定

《合同法》第71条规定："债权人可以拒绝债务人提前履行债务，但提前履行不损害债权人利益的除外。债务人提前履行债务给债权人增加的费用，由债务人负担。"

依据法律规定，债权人可以拒绝债务人提前履行债务，即在债权人享有期限利益的情况下，债权人为了保护其期限利益不受侵害，有权拒绝债务人提前履行债务；当债务人提前履行债务不损害债权人利益时，债权人不享有期限利益的保护，债务人有权提前履行其债务。

3. 债务人部分履行债务的概念

债务人部分履行债务，是指债务人没有按照合同的约定全部履行合同义务，而只是履行了合同中的部分义务。

4. 债务人部分履行债务的法律规定

《合同法》第72条规定："债权人可以拒绝债务人部分履行债务，但部分

履行不损害债权人利益的除外。债务人部分履行债务给债权人增加的费用，由债务人负担。"

依据法律规定，合同履行过程中，债权人有权要求债务人全面履行债务，对于债务人部分履行债务，债权人可以行使拒绝权，以保护自身的合法权益。如果债务人的部分履行不损害债权人的利益，那么，债权人应当接受对方的部分履行。

七、合同履行中债权人的代位权和撤销权

在合同履行过程中，为了保护债权人的合法权益，预防因债务人的财产不当减少而危害债权人的债权，法律允许债权人为保全其债权的实现而采取相应的法律保障措施。在法律上，这些保障措施包括代位权和撤销权。

（一）债权人的代位权

1. 债权人代位权的概念

债权人代位权，是指债权人为了保障其债权不受损害，而以自己的名义代替债务人行使债权的权利。

对于债权，债权人只能向债务人请求履行，原则上是不涉及第三人的。但是，当债务人与第三人的行为危害到债权人的利益时，法律允许债权人对债务人与第三人的行为行使一定权利，以排除对其债权的危害。

2. 债权人行使代位权的法律规定

《合同法》第73条规定："因债务人怠于行使其到期债权，对债权人造成损害的，债权人可以向人民法院请求以自己的名义代位行使债务人的债权，但该债权专属于债务人自身的除外。代位权的行使范围以债权人的债权为限。债权人行使代位权的必要费用，由债务人负担。"

法律规定了代位权的成立应具备的法定要件：一是债务人怠于行使其债权；二是债务人怠于行使权利的行为对债权人造成损害；三是债权人有保全债权的必要。

3. 债权人行使代位权的效力

代位权的行使对债权人和债务人都会产生一定的法律效力。对于债权人的代位权的效力表现在以下两个方面：

（1）行使代位权所产生的费用。债权人行使代位权的必要费用，有权要求债务人予以返还，也即该项费用应由债务人负担。

（2）原债务人拒绝受领。在债务链中，如果原债务人的债务人向原债务人履行债务，原债务人拒绝受领时，则债权人有权代原债务人受领。但在接受之后，应当将该财产交给原债务人，而不能直接独占该财产。然后，再由原债务人向债权人履行其债务。如原债务人不主动履行债务时，债权人可请求强制履行。

（二）债权人的撤销权

1. 债权人撤销权的概念

债权人撤销权，是指债权人对于债务人危害其债权实现的不当行为，有请求人民法院予以撤销的权利。

在合同履行过程中，当债权人发现债务人的行为将会危害自身的债权实现时，可以行使法定的撤销权，以保障合同中约定的合法权益。债权人行使撤销权应当具备以下要件：①客观要件。在客观方面，必须是债务人实施了一定的危害债权人债权的行为。②主观要件。在主观方面，债权人行使撤销权，一般要求债务人在实施危害债权的行为时其主观上具有恶意。

2. 债权人行使撤销权的法律规定

《合同法》第74条规定："因债务人放弃其到期债权或者无偿转让财产，对债权人造成损害的，债权人可以请求人民法院撤销债务人的行为。债务人以明显不合理的低价转让财产，对债权人造成损害，并且受让人知道该情形的，债权人也可以请求人民法院撤销债务人的行为。撤销权的行使范围以债权人的债权为限。债权人行使撤销权的必要费用，由债务人负担。"

3. 债权人撤销权的行使

债权人撤销权的行使必须由享有撤销权的债权人以自己的名义，向人民法院提出诉讼，请求法院撤销债务人危害其债权的行为。因行使撤销权而取得的财产价值应与债权人的债权价值相当。债权人行使撤销权发生的必要费用由债务人承担。

4. 债权人行使撤销的期限

《合同法》第75条规定："撤销权自债权人知道或者应当知道撤销事由之日起1年内行使。自债务人的行为发生之日起5年内没有行使撤销权的，该撤销权消灭。"

法律规定的债权人撤销权行使的期限为撤销权行使的除斥期间，也就是法律规定撤销权于存续期间届满当然消灭的期间。法律一方面赋予债权人一定的撤销权，以保护其债权不受侵害；另一方面又对其行使撤销权在时间上予以限制，即规定除斥期间，是为了维护交易的稳定状态和平衡各方当事人的利益。

八、合同生效后当事人姓名、名称变更或法定代表人、负责人、承办人变动

《合同法》第76条规定：“合同生效后，当事人不得因姓名、名称的变更或者法定代表人、负责人、承办人的变动而不履行合同义务。”此项法律规定明确了合同履行中当事人的姓名、名称的变更或者法定代表人、负责人、承办人的变动，不属于合同主体的变动，因此，合同的效力不受影响。从而排除了交易活动中，某些当事人以上述变更或变动为借口，企图达到不履行合同的目的。

第五节　合同的变更和转让

一、合同变更

（一）合同变更的概念

合同变更，是指合同依法成立后，在尚未履行或尚未完全履行时，当事人依法经过协商，对合同的内容进行修订或调整所达成的协议。

合同变更时，当事人应当通过协商对原合同的部分内容条款作出修改、补充或增加新的条款。例如，对原合同中规定的标的数量、质量、履行期限、地点和方式、违约责任、解决争议的方法等作出变更。当事人对合同内容变更取得一致意见时方为有效。

（二）合同变更的法律规定

《合同法》第77条规定：“当事人协商一致，可以变更合同。法律、行政法规规定变更合同应当办理批准、登记手续的，依照其规定。”

《合同法》第54条还规定，当事人因重大误解、显失公平、欺诈、胁迫或乘人之危而订立的合同，受损害一方有权请求人民法院或者仲裁机构变更或撤销。

（三）合同变更必须遵守法定的形式

《合同法》规定，法律、行政法规规定变更合同应当办理批准、登记等手续的，依照其规定。因此，当事人变更有关合同时，必须按照规定办理批准、登记手续，否则合同之变更不发生效力。此外，在法律未作专门规定的情况下，当事人之间变更合同的形式，可经双方协商议定，通常变更的合同应与原合同的形式一致。如原合同为书面形式，变更后合同的形式也应为书面形式；如原合同为口头形式，变更合同的形式可以采用口头形式，也可采用书面形式。在实践中，口头形式的合同欲变更时，采用书面形式更为妥当，因为采用书面形式变更的合同，有利于排除因合同变更而发生争议。

（四）合同变更内容约定不明确的法律规定

《合同法》第 78 条规定："当事人对合同变更的内容约定不明确的，推定为未变更。"《合同法》的此项规定，是指当事人对合同变更的内容约定含义不清，令人难以判断约定的新内容与原合同的内容的本质区别。

有效的合同变更，必须有明确的合同内容的变更。合同的变更，是指合同内容局部的、非实质性的变更，也即合同内容的变更并不会导致原合同关系的消灭和新的合同关系的产生。合同内容的变更，是在保持原合同效力的基础上所形成的新的合同关系，此种新的合同关系应当包括原合同的实质性条款的内容。

二、合同的转让

合同转让，是指合同成立后，当事人依法可以将合同中的全部权利、部分权利或者合同中的全部义务、部分义务转让或转移给第三人的法律行为。合同转让分为权利转让或义务转移，《合同法》还规定了当事人将权利和义务一并转让时适用的法律条款。

（一）债权人转让权利

1. 债权转让的概念

债权转让，是指合同债权人通过协议将其债权全部或者部分转让给第三人的行为。债权转让又称债权让与或合同权利的转让。

2. 债权转让的法律规定

《合同法》第 79 条规定："债权人可以将合同的权利全部或者部分转让给第三人，但有下列情形之一的除外：①根据合同性质不得转让；②按照当事人约定不得转让；③依照法律规定不得转让。"

据此规定，债权转让具有以下法律特征：①债权转让的主体是债权人和第三人；②债权转让的方式有全部权利转让和部分权利转让；③债权转让的对象是合同中可以转让的债权。

《合同法》专门列出了三种不得转让的债权：①根据合同性质不得转让；②按照当事人约定不得转让；③依照法律规定不得转让。当事人转让债权时，必须遵守上述规定，否则，转让行为无效。

《合同法》第 80 条规定："债权人转让权利的，应当通知债务人。未经通知，该转让对债务人不发生效力。债权人转让权利的通知不得撤销，但经受让人同意的除外。"《合同法》规定了债权转让对债务人发生效力的要件，即以债权人通知债务人为生效要件。债权转让通知，是指债权转让人向债务人作出转让债权的意思表示，该意思表示属于单方意思表示。通知的方式，可以是口头形式或者书面形式，但是以书面形式订立的合同债权转让应当采用书面形式。法律、行政法规有规定的，应按规定办理。

《合同法》第 81 条规定："债权人转让权利的，受让人取得与债权有关的从权利，但该从权利专属于债权人自身的除外。"据此规定，受让人取得与债权有关的从权利，是指债权人转让债权时，从属于主债权的从权利也随主权利转让给受让人而发生转让。

《合同法》第 82 条规定："债务人接到债权转让通知后，债务人对让与人的抗辩，可以向受让人主张。"据此规定，债权人转让债权后，债务人对让与人的抗辩权仍然可以对抗受让人。依据上述规定，为了保护债务人不因合同权利转让而处于不利地位，债务人得以对抗原债权人的抗辩权，亦得以对抗新的债权人，即受让人。

《合同法》第 83 条规定："债务人接到债权转让通知时，债务人对让与人享有债权，并且债务人的债权先于转让的债权到期或者同时到期的，债务人可以向受让人主张抵销。"据此规定，债务人对让与人的抵销权可以向受让人行使。既然受让人接受了让与人的债权，那么，为了保护债务人的利益不受侵害，受让人对于让与人基于同一债权而应该承担的义务也应承受，包括债务人的清偿抵销权。

（二）债务人转移债务

1. 债务转移的概念

债务转移，是指合同债务人与第三人之间达成协议，并经债权人同意，将其义务全部或部分转移给第三人的法律行为。债务转移又称债务承担或合同义务转让。

2. 债务转移的法律规定

《合同法》第84条规定："债务人将合同的义务全部或者部分转移给第三人的，应当经债权人同意。"据此规定，债务转移包括债务全部转移和债务部分转移。当债务全部转移时，债务人即脱离了原来的合同关系而由第三人取代原债务人承担原合同债务，原债务人不再承担原合同中的义务和责任；当债务部分转移时，原债务人并未完全脱离债的关系，而是由第三人加入原来的债的关系，并与债务人共同向同一债权人承担原合同中的义务和责任。

《合同法》第85条规定："债务人转移义务的，新债务人可以主张原债务人对债权人的抗辩。"据此规定，债务转移发生效力后，债务承担人将全部或部分地取代债务人的地位而成为合同当事人，即新债务人，这是债务承担的效力表现。债务承担使债务以承受时的状态转移于新债务人，因此，为了使新债务人的利益不受损害，基于原债务所产生的抗辩权对于新债务人具有法律效力。

《合同法》第86条规定："债务人转移义务的，新债务人应当承担与主债务有关的从债务，但该从债务专属于原债务人自身的除外。"据此规定，新债务人应当承担与主债务有关的从债务，即在当事人没有约定从债务由何人承担时，从债务应当由新债务人承担；如果经债权人同意，在主从债务可以分开的情况下，主债务由新债务人承担，从债务由原债务人承担也是可以允许的，因为这实际上是将债务分为主债务和从债务两部分，而由新债务人和原债务人共同承担，即并存的债务承担。

三、转让权利或转移义务的批准或登记

《合同法》第87条规定："法律、行政法规规定转让权利或者转移义务应当办理批准、登记等手续的，依照其规定。"若法律、行政法规规定了特定的合同的成立、生效要经过批准、登记，否则不得成立或者不能生效的，此类合同的权利转让或者义务转移也须经过批准、登记。因为，需要批准、登记

的合同都是具有特定性质的合同，在批准、登记时，合同主体——当事人是重要的审查内容，无论是合同债权转让还是合同债务转移，都会引起合同主体的变化，所以都必须进行批准、登记等手续。

四、合同当事人对合同中权利和义务的概括转让

（一）债权债务概括转让的概念

债权债务概括转让，是指合同当事人一方将其债权债务一并转移给第三人，由第三人概括地接受原当事人的债权和债务的法律行为。

（二）债权债务概括转让的法律规定

《合同法》第88条规定："当事人一方经对方同意，可以将自己在合同中的权利和义务一并转让给第三人。"债权债务的概括转让有两种方式：一为合同转让，即依据当事人之间的约定而发生的债权债务的移转；二为因企业的合并而发生的债权债务的转移。《合同法》第88条所作的规定是指合同转让。合同转让，又称合同承担，是指当事人一方与他人订立合同之后，又与第三人约定并经当事人另一方的同意，由第三人取代自己在合同关系中的法律地位，享有合同中的权利和承担合同中的义务。

《合同法》第89条规定："权利和义务一并转让的，适用本法第79条、第81～83条、第85～87条的规定。"该法条是关于债权债务概括转让时的有关规定，如可以转让的权利、从权利与从债务的转让、当事人的抗辩权的移转、概括转让中的批准登记等。

五、合同当事人合并、分立后的债权债务关系

（一）合同当事人合并、分立后债权债务的法律规定

《合同法》第90条规定："当事人订立合同后合并的，由合并后的法人或者其他组织行使合同权利，履行合同义务。当事人订立合同后分立的，除债权人和债务人另有约定的以外，由分立的法人或者其他组织对合同的权利和义务享有连带债权，承担连带债务。"

（二）合同当事人合并后的债权债务关系

法人、其他组织合并引起的债权债务概括转让，是指两个以上的法人、其他组织合并以后，其债权债务也随之合并，即"当事人订立合同后合并的，由合并后的法人或其他组织行使合同权利、履行合同义务"。

（三）合同当事人分立后的债权债务关系

法人、其他组织分立引起的债权债务概括转让，是指一个法人、其他组织分立以后，其债权债务由分立以后的法人或其他组织承担。合同当事人分立后的债权债务承担包括约定承担和法定承担。《合同法》规定，当事人订立合同后分立的，除债权人和债务人另有约定的以外，由分立的法人或者其他组织对合同的权利和义务享有连带债权，承担连带债务。此项规定是为了防止债务人采用分立的手段达到逃避债务的目的，从而保护债权人的合法权益。

第六节　合同的权利义务终止

一、合同终止的概念及法律规定

合同终止，是指合同当事人双方依法使相互间的权利义务关系终止，也即合同关系消灭。

《合同法》第 91 条规定："有下列情形之一的，合同的权利义务终止：①债务已经按照约定履行；②合同解除；③债务相互抵销；④债务人依法将标的物提存；⑤债权人免除债务；⑥债权债务同归于一人；⑦法律规定或者当事人约定终止的其他情形。"《合同法》规定合同终止的情形有 7 种，但在现实的交易活动中，合同终止的原因绝大多数是属于第一种情形，即"债务已经按照约定履行"。按照约定履行，是合同当事人订立合同的出发点，也是订立合同的归宿，是《合同法》调整的合同法律关系的最理想的效果。此外，合同解除、抵销、提存、免除、混同以及法律规定或者当事人约定终止的其他情形等，都是维护当事人合法权益的有效保障。

《合同法》第 92 条规定："合同的权利义务终止后，当事人应当遵循诚实信用原则，根据交易习惯履行通知、协助、保密等义务。"此项规定确立了合同当事人之间的后合同义务，即在合同终止后，当事人应根据诚实信用原则而应当履行的相关义务，其目的是维护给付效果或者妥善处理合同终止事宜。

二、合同解除的概念及法律规定

（一）合同解除的概念

合同解除，是指合同当事人依法行使解除权，或者双方协商决定提前解除合同效力的行为。合同解除包括约定解除和法定解除。

（二）合同解除的法律规定

1. 约定解除合同

《合同法》第93条规定，当事人协商一致，可以解除合同。当事人可以约定一方解除合同的条件。解除合同的条件成就时，解除权人可以解除合同。其中，"当事人协商一致，可以解除合同"是指合同当事人双方都同意解除合同，而不是单方行使解除权；"约定一方解除合同条件的解除"是指当事人在合同中约定解除合同的条件，当合同成立之后全部履行之前，由当事人一方在某种情形出现后享有解除权，从而终止合同关系。

2. 法定解除合同

《合同法》第94条规定："有下列情形之一的，当事人可以解除合同：①因不可抗力致使不能实现合同目的；②在履行期限届满之前，当事人一方明确表示或者以自己的行为表明不履行主要债务；③当事人一方迟延履行主要债务，经催告后在合理期限内仍未履行；④当事人一方迟延履行债务或者有其他违约行为致使不能实现合同目的；⑤法律规定的其他情形。"

上述法条中规定了5项法定解除合同的情形。所谓法定解除，是指解除条件由法律直接规定的合同解除。当事人在行使合同解除权时，应严格按照法律规定，从而达到保护自身合法权益的目的。

3. 解除权行使的期限和解除权行使的方式

（1）解除权行使的期限。《合同法》第95条规定："法律规定或者当事人约定解除权行使期限，期限届满当事人不行使的，该权利消灭。法律没有规定或者当事人没有约定解除权行使期限，经对方催告后在合理期限内不行使的，该权利消灭。"

法律规定解除权的行使期限，有利于稳定当事人的交易秩序。倘若当事人一方享有解除权而长期不行使，势必会影响当事人双方权利、义务关系的确定。

解除权的行使期限一般只存在于约定解除权的解除和法定解除中，而协商解除一般不会发生解除期限问题。

（2）解除权行使的方式。《合同法》第96条规定："当事人一方依照本法第93条第2款、第94条的规定主张解除合同的，应当通知对方。合同自通知到达对方时解除。对方有异议的，可以请求人民法院或者仲裁机构确认解除合同的效力。法律、行政法规规定解除合同应当办理批准、登记等手续的，依照其规定。"

依据上述法律规定，当事人未办理有关手续时，合同的解除则不一定发生解除效力。如果法律、行政法规规定以批准、登记等作为解除合同生效要件，不经批准、登记的解除是不生效的，则当事人要承担不生效的民事责任；如果法律、行政法规规定登记只作为备案之用，那么即使没有经批准或者登记，合同的解除仍然生效，但当事人可能要承担某些行政上的责任，如行政处罚。

4. 合同解除的法律后果

《合同法》第 97 条规定："合同解除后，尚未履行的，终止履行；已经履行的，根据履行情况和合同性质，当事人可以要求恢复原状、采取其他补救措施，并有权要求赔偿损失。"

上述法条规定了合同解除的法律后果，其后果表现为终止履行、恢复原状或者要求相对人赔偿损失。

合同解除具有使基于合同发生的债权债务关系消灭的效力。对于解除合同之前的债权债务关系，会涉及合同解除是否具有溯及力的问题。有的合同解除没有溯及力，对此应当根据当事人的约定和合同的性质而定。

5. 合同终止后的结算和清理

《合同法》第 98 条规定："合同的权利义务终止，不影响合同中结算和清理条款的效力。"依照此规定，合同终止是合同债权债务关系的消灭，此种债权债务关系的消灭不影响合同中当事人关于经济往来的结算以及合同终止后如何处理合同中遗留问题的效力。

合同终止并不是合同责任的终止，如果当事人一方严重违约，另一方要求解除合同的，合同因解除而终止时，违约方并不能因合同终止而不承担违约责任，当事人一方享有要求违约方承担损害赔偿责任的权利。

三、债务法定抵销和债务约定抵销

(一) 债务法定抵销

1. 法定抵销的概念

法定抵销，是指合同当事人双方互负到期债务，并且该债务的标的物种类、品质相同，任何一方当事人作出的使相互间数额相当的债务归于消灭的意思表示。

2. 法定抵销的法律规定

《合同法》第 99 条规定，当事人互负到期债务，该债务的标的物种类、品质相同的，任何一方可以将自己的债务与对方的债务抵销，但依照法律规定或者按照合同性质不得抵销的除外。当事人主张抵销的，应当通知对方。通知自到达对方时生效。抵销不得附条件或者附期限。

（二）债务约定抵销

1. 约定抵销的概念

约定抵销，是指当事人互负到期债务，在债的标的物种类、品质不相同的情形下，经双方自愿协商一致而发生的债务抵销。约定抵销的基本效力与法定抵销基本相同，即消灭当事人之间同等数额内的债务。由于约定抵销更多地体现了当事人的意思自治，因此，当事人还可以协商约定抵销的一些特别效力。

2. 约定抵销的法律规定

《合同法》第 100 条规定："当事人互负债务，标的物种类、品质不相同的，经双方协商一致，也可以抵销。"依照此规定，约定抵销在"当事人互负到期债务"和"互负的债务不是按照合同性质或者依照法律规定不得抵销"等两个方面与法定抵销相同；而约定抵销与法定抵销的区别在于约定抵销要求当事人对债务的抵销协商一致，而不论标的物是否同类、品质是否相同。

四、债务提存

《合同法》第 101～104 条对债务提存作了专门的规定。

五、债权人免除债务和债权债务混同

（一）债权人免除债务

1. 免除债务的概念

免除债务是指债权人以消灭债务人的债务为目的而抛弃债权的法律行为。

2. 免除债务的法律规定

《合同法》第 105 条规定："债权人免除债务人部分或者全部债务的，合同的权利义务部分或者全部终止。"

债务免除应具备以下条件：①免除的意思表示只能向债务人以合同方式、

交付免除证书或交还债权证书的方式作出；②免除作为法律行为，适用有关法律行为的规定，如可以附条件或者附期限等；③债权人必须有处分能力；④免除不得损害第三人的合法权益。

3. 免除的效力

免除的效力是指免除导致债权债务关系绝对消灭。免除部分债务的，部分债务消灭，免除全部债务的，全部债务消灭，与债务相对应的债权也消灭。债务消灭，债务的从债务（如利息债务、担保债务等）也同时归于消灭，但担保债务经免除后，主债务并不当然消灭。

（二）债权债务混同

1. 债权债务混同的概念

债权债务混同是指债权债务同归于一人而引起合同终止的法律行为。

2. 债权债务混同的法律规定

《合同法》第 106 条规定："债权和债务同归于一人的，合同的权利义务终止，但涉及第三人利益的除外。"

债权债务同归于一人在民法学理论上称为混同。合同关系须有债权人和债务人同时存在时方能成立，当债权人和债务人合为一人时，债权债务关系就当然消灭，合同随即终止。

3. 混同的效力

混同的效力是指混同导致债权债务绝对消灭，即混同的消灭效力。但是，在法律另有规定或者合同的标的涉及第三人利益时，则混同不发生债权债务消灭的效力。

第七节　违约责任

一、违约责任概述

（一）违约责任的概念

违约责任是指合同当事人因违反合同的规定及约定所应承担的继续履行、采取补救措施或者赔偿损失等民事责任。

（二）违约责任制度的重要意义

违约责任制度是保障债权实现及债务履行的重要措施，与合同债务有密切关系。合同债务是违约责任的前提，违约责任制度的设立又能督促债务人履行债务。没有违约责任制度，合同的法律约束力就会落空。因此，违约责任制度是保障合同当事人实现其权利和履行其义务的重要措施，有利于促进合同的履行和弥补违约造成的损失，对合同当事人和整个社会的交易活动的稳定发展具有重要意义。

二、违约责任的法律规定

（一）当事人违约及违约责任的形式

1. 当事人违约及违约责任的法律规定

《合同法》第107条规定："当事人一方不履行合同义务或者履行合同义务不符合约定的，应当承担继续履行、采取补救措施或者赔偿损失等违约责任。"

依照《合同法》的上述规定，当事人不履行合同义务或履行合同义务不符合约定时，就要承担违约责任。此项规定确立了对违约责任实行严格责任原则，只有不可抗力的原因方可免责。至于缔约过失、无效合同或可撤销合同，则采取过错责任原则，《合同法》分则中特别规定了过错责任的，实行过错责任原则。

2. 当事人违约行为形态

当事人违约行为形态，是指当事人不履行和不适当履行义务的违约形态。不履行合同义务，是指合同当事人不能履行或者拒绝履行合同义务；履行合同义务不符合约定，即不适当履行，是指不履行以外的一切违反合同义务的情形。

3. 当事人承担违约责任的方式

（1）继续履行合同。是指违反合同的当事人不论是否已经承担赔偿金或者违约金责任，都必须根据对方的要求，在自己能够履行的条件下，对原合同未履行的部分继续履行。

（2）采取补救措施。是指在违反合同的事实发生后，为防止损失发生或者扩大，由违反合同行为人采取修理、重作、更换等措施。

（3）赔偿损失。是指当事人一方违反合同造成对方损失时，应以其相应价值的财产予以赔偿。赔偿损失应以实际损失为依据。

（二）当事人以明示或行为表明不履行合同义务的法律责任

1. 当事人以明示或行为表明不履行合同义务的法律责任的规定

《合同法》第 108 条规定："当事人一方明确表示或者以自己的行为表明不履行合同义务的，对方可以在履行期限届满之前要求其承担违约责任。"

2. 当事人不履行合同义务的表现形式

当事人明确表示不履行合同的义务，也即当事人拒绝履行的意思表示；当事人以自己的行为表明不履行合同义务的，是指当事人一方通过自己的行为使对方有确切的证据预见到其在履行期限届满时将不履行或者不能履行合同的主要义务。

上述两种违约行为发生于履行期限届满之前，因此，另一方当事人可以在履行期限届满之前要求违约方承担违约责任。

（三）当事人未支付价款或者报酬的违约责任

1. 当事人未支付价款或者报酬承担违约责任的法律规定

《合同法》第 109 条规定："当事人一方未支付价款或者报酬的，对方可以要求其支付价款或者报酬。"

2. 当事人承担责任的具体方式

支付价款或报酬是以给付货币形式履行的债务，民法上称之为金钱债务。对于金钱债务的违约责任，一是债权人有权请求债务人履行债务，即继续履行；二是债权人可以要求债务人支付违约金或逾期利息。例如，工程承包合同中拖欠工程款支付和结算的违约责任。

（四）当事人履行非金钱债务的违约责任

1. 当事人履行非金钱债务违约责任的法律规定

《合同法》第 110 条规定："当事人一方不履行非金钱债务或者履行非金钱债务不符合约定的，对方可以要求履行，但有下列情形之一的除外：①法律上或者事实上不能履行；②债务的标的不适于强制履行或者履行费用过高；③债权人在合理期限内未要求履行。"

2. 非金钱债务的概念及违约的法律责任

非金钱债务，是指除了以金钱作为标的债务以外的债务，此类债务的标的包括金钱以外的物、行为和智力成果。

债权人要求履行，是指债权人要求未履行债务的债务人继续履行其债务。如果债务人仍不履行，债权人可以请求强制履行。

　　强制履行，也称强制执行，是指债权人请求人民法院运用国家强制力，迫使债务人履行债务，以实现保护债权人债权之目的司法行为。

　　（五）当事人违反质量约定的违约责任

　　1. 当事人违反质量约定违约责任的法律规定

　　《合同法》第111条规定："质量不符合约定的，应当按照当事人的约定承担违约责任。对违约责任没有约定或者约定不明确，依照本法第61条的规定仍不能确定的，受损害方根据标的的性质以及损失的大小，可以合理选择要求对方承担修理、更换、重作、退货、减少价款或者报酬等违约责任。"

　　2. 质量不符合约定的履行的概念、表现形式及违约责任承担方式

　　（1）质量不符合约定的履行，也称不当履行，是一种具体的违约行为，应承担违约责任。在法律上，此种违约行为的构成要件是：①债务人作出了履行，只是标的的质量不符合规定或者约定；②履行不当无正当理由。

　　（2）质量不符合约定的履行的表现形式。具体表现为：①履行有瑕疵；②不当履行形成加害给付，即因标的物存在缺陷造成人身、标的物以外的财产损失等。

　　（3）质量违约责任的承担方式。在合同中有约定的依照约定；合同中无约定的，依照法律规定承担违约责任，还包括赔偿损失的责任。

　　（六）当事人一方违约给对方造成其他损失的法律责任

　　1. 当事人一方违约给对方造成其他损失承担责任的法律规定

　　《合同法》第112条规定："当事人一方不履行合同义务或者履行合同义务不符合约定的，在履行义务或者采取补救措施后，对方还有其他损失的，应当赔偿损失。"

　　2. 对债权人因债务人违约造成其他损失的救济

　　上述法条规定，债务人不履行或不适当履行合同，在继续履行或者采取补救措施后，仍给债权人造成损失时，债务人仍应承担赔偿责任。

　　（七）当事人违约承担责任的赔偿额

　　1. 当事人违约承担责任的赔偿额的法律规定

　　《合同法》第113条规定："当事人一方不履行合同义务或者履行合同义务不符合约定，给对方造成损失的，损失赔偿额应当相当于因违约所造成的损失，包括合同履行后可以获得的利益，但不得超过违反合同一方订立合同时预见到或者应当预见到的因违反合同可能造成的损失。经营者对消费者提

供商品或者服务有欺诈行为的，依照《中华人民共和国消费者权益保护法》的规定承担损害赔偿责任。"

2. 损失赔偿额的确定及赔偿的最高限额

（1）损失赔偿额的确定。依照上述法条的规定，当事人一方在无约定情况下的损失，应当相当于因对方违约所造成的损失。通常是指债权人的实际财产损失，包括直接损失和间接损失。直接损失是指当事人原有财产的减少；间接损失是指当事人应当获得而未能实现的利益。

（2）赔偿额的最高限额。依照上述法条规定，损失赔偿偿额"不得超过违反合同一方订立合同时预见或者应当预见到的因违反合同可能造成的损失"。

3. 《中华人民共和国消费者权益保护法》的特别规定

依照该法第 55 条规定："经营者提供商品或者服务有欺诈行为的，应当按照消费者的要求增加赔偿其受到的损失，增加赔偿的金额为消费者购买商品的价款或者接受服务的费用的三倍；增加赔偿的金额不足五百元的，为五百元。法律另有规定的，依照其规定。"在消费活动中，因经营者违约给消费者造成损失的赔偿额，应适用此项专门规定。

（八）违约金及赔偿金

1. 违约金及损失赔偿的法律规定

《合同法》第 114 条规定："当事人可以约定一方违约时应当根据违约情况向对方支付一定数额的违约金，也可以约定因违约产生的损失赔偿额的计算方法。约定违约金低于造成的损失的，当事人可以请求人民法院或者仲裁机构予以增加……当事人就迟延履行约定违约金的，违约方支付违约金后，还应当履行债务。"

2. 违约金

违约金，是指当事人在合同中或合同订立后约定因一方违约而应当向另一方支付一定数额的金钱。违约金可分为约定违约金和法定违约金。

违约金的根本属性是其制裁性，此外还具有补偿性。

3. 赔偿金

赔偿金，即约定赔偿额，是指当事人在订立合同时，预先约定一方因违约给对方造成损失时，向对方支付一定数额的金钱或者约定损失赔偿的计算方法。

赔偿金的根本属性是以实际损失为前提的补偿性。

4. 继续履行

法律规定，违约人支付违约金后并不当然免除其继续履行的义务，权利人要求继续履行而违约人有继续履行能力的，必须继续履行其义务。

（九）定金担保和既约定违约金又约定定金的法律规定

1. 定金担保的法律规定

《合同法》第115条规定："当事人可以依照《中华人民共和国担保法》约定一方向对方给付定金作为债权的担保。债务人履行债务后，定金应当抵作价款或者收回。给付定金的一方不履行约定的债务的，无权要求返还定金；收受定金的一方不履行约定的债务的，应当双倍返还定金。"

定金是合同当事人一方预先支付给对方的款项，其目的在于担保合同债权的实现。

定金是债权担保的一种形式，定金之债是从债务，因此，合同当事人对定金的约定是一种从属于被担保债权所依附的合同的从合同。

2. 当事人既约定违约金又约定定金的法律规定

《合同法》第116条规定："当事人既约定违约金，又约定定金的，一方违约时，对方可以选择适用违约金或者定金条款。"本条规定了合同中违约金与定金条款的选用问题。如果合同中既有约定违约金又有约定定金的，当事人只能在违约金与定金条款中选择一种方式来保护其合法权益。

案例

甲公司与乙公司签订了一份买卖合同。合同约定：乙公司供给甲公司限量生产的 X 型号的手表 1000 块，每块单价 100 元，甲公司应交付定金 3 万元；如果一方违约，则应支付总价款的 20% 作为违约金。合同签订后，甲公司立即将 3 万元定金交付乙公司，并很快与丙公司就同一批货物签订了一份买卖合同，每块表单价 120 元。后乙公司没有按期履行合同，导致甲公司无法履行与丙公司之间的合同，为此，甲公司向丙公司支付违约金 2 万元。现甲公司要求乙公司双倍返还定金 6 万元、支付违约金 2 万元，乙公司则以定金条款无效为由主张合同无效。

问题：定金条款是否无效？

（十）不可抗力事件发生的免责规定

1. 不可抗力事件的免责规定

《合同法》第 117 条规定："因不可抗力不能履行合同的，根据不可抗力的影响，部分或者全部免除责任，但法律另有规定的除外。当事人迟延履行后发生不可抗力的，不能免除责任。本法所称不可抗力，是指不能预见、不能避免并不能克服的客观情况。"

"不可抗力事件"是指当事人在订立合同时不能预见、对其发生和后果不能避免且不能克服的事件。不可抗力事件具体表现为自然灾害事件、政府特定行为和社会异常事件等。

《合同法》在规定了发生不可抗力事件时的免责条款之外，还特别规定了因当事人迟延履行后发生不可抗力的，不能免除责任。

2. 不可抗力事件发生后当事人的通知义务

《合同法》第 118 条规定："当事人一方因不可抗力不能履行合同的，应当及时通知对方，以减轻可能给对方造成的损失，并应当在合理期限内提供证明。"依照上述法律规定，不可抗力事件发生后影响合同正常履行时，当事人一方有义务及时通知另一方当事人，其目的在于让对方及时采取措施以减少合同不能履行而造成的损失。

（十一）合同当事人一方违约后相对人的减损义务

1. 减损义务的法律规定

《合同法》第 119 条规定："当事人一方违约后，对方应当采取适当措施防止损失的扩大；没有采取适当措施致使损失扩大的，不得就扩大的损失要求赔偿。当事人因防止损失扩大而支出的合理费用，由违约方承担。"

2. 非违约方减损义务

非违约方减损义务，是指当事人一方违约后，另一方应当及时采取措施防止损失的扩大，否则就不享有就扩大的损失要求赔偿的权利。

法律还规定，非违约方因防止损失扩大而支出的合理费用，由违约方承担。此项规定是符合《合同法》规定的遵循公平合理的原则的。

（十二）当事人双方相互违约的责任承担

1. 当事人双方相互违约的责任承担的法律规定

《合同法》第 120 条规定："当事人双方都违反合同的，应当各自承担相应的责任。"

2. 双方违约责任的承担方式

当事人双方违约，是指当事人双方分别违反了自身的义务。依照法律规定，双方违约责任承担的方式是由违约方各自承担相应的违约责任，即由违约方向非违约方各自独立地承担自己的违约责任。

（十三）当事人因第三人原因而违约的责任承担

1. 当事人因第三人原因而违约的责任承担的法律规定

《合同法》第121条规定："当事人一方因第三人的原因造成违约的，应当向对方承担违约责任。当事人一方和第三人之间的纠纷，依照法律规定或者按照约定解决。"

2. 违约责任承担的相对性原则

依照上述法条的规定，因第三人的原因造成的违约事实，仍由合同当事人一方承担违约责任，这是由合同的相对性原则决定的。依据合同相对性，只有合同当事人才有权向相对人提出履行的请求，或者向相对人承担义务，其他任何第三人不承担任何合同中的义务，所以，第三人的行为不构成合同违约行为。

债务人与第三人之间的纠纷依照法律规定或者依据约定解决。债务人与第三人之间的关系属于另一独立的法律关系，应当依照有关法律规定另行解决。

（十四）违约损害赔偿责任中受损害方的权益保护选择权

1. 受损害方权益保护选择权的法律规定

《合同法》第122条规定："因当事人一方的违约行为，侵害对方人身、财产权益的，受损害方有权选择依照本法要求其承担违约责任或者依照其他法律要求其承担侵权责任。"

2. 违约损害赔偿责任的概念

违约损害赔偿责任，又称违约损害赔偿之债，是指违约方因违约行为侵害对方人身、财产权益时，应承担的损害赔偿责任。这种损害赔偿责任可以通过追究违约责任或者侵权责任而实现。

违约损害赔偿责任是一种因债务不履行或者没有按照约定履行所发生的债务，它与原合同债务的区别在于：原合同债务是因当事人之间的合意产生的，债权债务的内容是事先约定的；而损害赔偿之债是因为违约方的违约而发生的，是原债务的转化形态。

3. 违约行为与侵权行为竞合的责任承担

当违约人引起对方人身、财产权益受到侵害的违约行为同时也符合侵权行为的特征时，受害人既可以依据合同追究对方当事人的违约责任，也可以根据损害事实而直接追究当事人的侵权行为责任。

在侵权责任与违约责任出现竞合时，对某一权利的损害，一般只允许当事人选择一种请求权来实施权利的救济。但这并不是说对同一违约行为而引起的各种权利的损害，受害人只能在违约责任与侵权责任之间选择一种，实际上受害人可以同时行使追究违约责任和追究侵权责任这两种请求权。如果因违约行为导致物质损害和精神损害，对于物质损害，当事人可以要求违约方承担违约责任，而对于精神损害，当事人可以依法追究侵权方的侵权责任而使自己的精神得到抚慰。

侵权责任与违约责任都是民事责任，但二者在许多方面都有不同之处，其中最大的区别在于违约责任是基于合同而产生的违反合同的责任，而侵权责任是基于行为人没有履行法律上的规定或者认可的应尽的注意义务而产生的责任。

《合同法》第107～122条对合同当事人的违约责任作了专门的比较完善的规定。违约责任条款是对当事人订立和履行合同的保障。

合同依法成立，即在当事人之间形成特定的合同法律关系。如果合同当事人一方或者双方未履行或者未完全履行合同中约定的义务，而不追究其违约责任，势必会形成市场经济活动中的"多米诺效应"，以至波及各当事人之间的交易活动，既损害合同当事人的权益，又对社会经济活动产生危害。因此，合同当事人在订立和履行合同过程中，必须充分重视违约责任的法律规定。

第八节　其他规定

一、合同中普通法与特别法的关系

在发展社会主义市场经济活动中，交易关系的多样性和复杂性必然会产生十分广泛的合同关系，《合同法》作为调整民商法律关系的基本法律，处于法典的重要地位。但是，对于民事经济领域中已经形成的或者将要形成的各种合同关系，还不可能由一部《合同法》来完全承担其使命。因此，《合同法》第 123 条规定："其他法律对合同另有规定的，依照其规定。"该法条的规定，明确了作为普通法的《合同法》与其他特别法中关于合同关系的调整依据，在特别法对合同有不同于《合同法》的规定的，可依据特别法的规定，即遵循特别法优先原则。

二、列名合同与无名合同

（一）列名合同

列名合同，是指在《合同法》分则中明确规定的有名合同。《合同法》规定了 15 种有名合同：买卖合同；供用电、水、气、热力合同；赠与合同；借款合同；租赁合同；融资租赁合同；承揽合同；建设工程合同；运输合同；技术合同；保管合同；仓储合同；委托合同；行纪合同；居间合同。

（二）无名合同

在市场交易和广泛的民事活动中，合同的种类日趋繁多，《合同法》不可能将所有的合同类型一一列出，而只能就最通用的合同作出规定。对于未作出规定的合同，即无名合同。《合同法》第 124 条规定："本法分则或者其他法律没有明文规定的合同，适用本法总则的规定，并可以参照本法分则或者其他法律最相类似的规定。"

三、关于当事人对合同条款有争议的解释

合同解释是指法律规定对合同当事人意思表示的解释。由于当事人自身能力及合同字意等主客观原因，导致其因对合同文本的理解不同而发生争议，因此，应由裁判者依法对合同进行解释。

《合同法》第 125 条规定："当事人对合同条款的理解有争议的，应当按照合同所使用的词句、合同的有关条款、合同的目的、交易习惯以及诚实信用原则，确定该条款的真实意思。合同文本采用两种以上文字订立并约定具有同等效力的，对各文本使用的词句推定具有相同含义。各文本使用的词句不一致的，应当根据合同的目的予以解释。"

四、关于涉外合同适用法律问题

涉外合同的当事人可以选择合同适用的法律，这是当事人意思自治原则

的体现。

《合同法》第 126 条规定："涉外合同的当事人可以选择处理合同争议所适用的法律，但法律另有规定的除外。涉外合同的当事人没有选择的，适用与合同有最密切联系的国家的法律。在中华人民共和国境内履行的中外合资经营企业合同、中外合作经营企业合同、中外合作勘探开发自然资源合同，适用中华人民共和国法律。"

在司法实践中，还应当注意：①我国缔结或者参加的国际条约同我国的民事法律有不同规定的，适用国际条约的规定，但我国声明保留的条款除外；②我国法律和我国缔结或参加的国际条约没有规定的，可以适用国际惯例；③涉外合同当事人可以选择处理合同争议所适用的法律，但是法律另有规定的除外。

五、工商行政管理及有关行政部门实施合同监督

县级以上各级人民政府工商行政管理部门和其他有关主管部门在其各自职权范围内，依据法律、行政法规的规定，有对合同实施监督的行政权力。

《合同法》第 127 条规定："工商行政管理部门和其他有关行政主管部门在各自的职权范围内，依照法律、行政法规的规定，对利用合同危害国家利益、社会公共利益的违法行为，负责监督处理；构成犯罪的，依法追究刑事责任。"

六、解决合同争议的方式

合同当事人之间发生争议，有时是难免的。如果争议发生了，当事人之间应当依据公平合理和诚实信用的原则，本着互谅互让的精神，自愿协商解决争议，或者通过调解解决纠纷。如果当事人不愿和解、调解或者和解、调解不成的，可以依据"或裁或审"的规定，请求仲裁机构仲裁，或者向人民法院起诉，请求裁判彼此之间的纠纷。

《合同法》第 128 条规定："当事人可以通过和解或者调解解决合同争议。当事人不愿和解、调解或者和解、调解不成的，可以根据仲裁协议向仲裁机构申请仲裁。涉外合同的当事人可以根据仲裁协议向中国仲裁机构或者其他仲裁机构申请仲裁。当事人没有订立仲裁协议或者仲裁协议无效的，可以向人民法院起诉。当事人应当履行发生法律效力的判决、仲裁裁决、调解书；

拒不履行的，对方可以请求人民法院执行。"

七、国际货物买卖合同和技术进出口合同争议的诉讼或仲裁时效制度

《合同法》第 129 条规定："因国际货物买卖合同和技术进出口合同争议提起诉讼或者申请仲裁的期限为 4 年，自当事人知道或者应当知道其权利受到侵害之日起计算。因其他合同争议提起诉讼或者申请仲裁的期限，依照有关法律的规定。"

时效制度，是我国《民法通则》中的一项重要法律制度。合同当事人应当学会运用时效制度维护自身的合法权益。《合同法》上述法条将因国际货物买卖合同和技术进出口合同争议提起诉讼或者申请仲裁的期限定为 4 年，比《民法通则》规定的一般时效（2 年）的期限长 2 年。此项规定依据合同的特点较为有力地保护上述两种涉外合同当事人的合法权益，但是，有关当事人切莫因时效期限较长而掉以轻心，造成合法权益丧失的后果。

第一节　知识产权法概述

一、知识产权的概念及特征

知识产权，又称精神产权，是指人们对自己的创造性智力劳动成果所享有的专有权。在我国，法学界长期采用"智力成果权"的称谓，1986 年《中华人民共和国民法通则》颁布后，开始正式通行"知识产权"的称谓。知识产权具有如下特征：

（一）知识产权的无形性

知识产权是一种有别于财产所有权的无形财产权。知识产权的客体（即知识产品）具有非物质性的特征，它不占有一定空间，也不能直接用金钱来计算。发明创造、作品、商标等表现形式只是智力成果的物质载体，知识产权保护的目的在于保护智力成果所产生的知识收益。

（二）知识产权的专有性

知识产权是一种专有性的权利，取得知识产权后，权利人依法享有独占使用或专有的权利。这种专有性表现为两个方面：①知识产权为权利人所独占，权利人的垄断专有权受到严格保护；②对同一智力成果，不允许有两个或两个以上同一属性的知识产权存在。

（三）知识产权的地域性

知识产权的效力只限于授予国境内，只能在授予国境内得到保护，除签订有国际公约或双边互惠协定外，其他国家没有必须给予法律保护的义务。

（四）知识产权的时间性

智力成果的使用没有有形损耗，可以永续存在。为了促进科学文化发展，鼓励创新，淘汰落后，法律对智力成果的专有权规定了一定的期限，一旦超过法律规定的有效期限，这一权利就自行消灭，智力成果即成为整个社会的公有财富。

二、知识产权法

知识产权法是调整公民、法人及其他社会组织在确认、保护和行使创造性智力成果的知识产权过程中产生的社会关系的法律规范的总称。

自20世纪80年代以后，我国先后颁布了《商标法》《专利法》《著作权法》和《反不正当竞争法》，并制定了这些法律的细则、条例等配套实施法规。在国际条约方面，我国于1985年参加了《保护工业产权巴黎公约》，1992年参加了《保护文学艺术作品伯尔尼公约》，另外，我国还先后参加了一些保护著作权、著作邻接权、专利权、商标权等的专门公约。

第二节 著作权法

一、著作权概述

著作权是作者对作品的权利，即作者及其他著作权人对文学、艺术、科学作品所享有的人身权利和财产权利的总称。广义的著作权还包括邻接权，即作品传播者享有的权利。作者对作品的权利构成了著作权法律关系的核心，它包括三个要素：主体是作者，客体是作品，内容是权利人和其他人之间的权利义务关系。

著作权是基于作品的人格权和财产权两位一体的权利，同时也具支配权和绝对权。著作权基于作品的创作完成而自动产生，无需国家行政主管机关进行确认和登记，因此著作权法的规范都是实体性的，没有程序性的规定。我国著作权法的发展经历了20余年的时间。

1986年4月12日，第六届全国人大常委会第四次会议通过的《民法通则》第94条规定："公民、法人享有著作权（版权），依法有署名、发表、出版、获得报酬等权利。"1990年9月7日，第七届全国人大常委会第十五次会议通过了《著作权法》，这是我国著作权法制建设的里程碑，2001年10月27日第九届全国人大常委会第二十四次会议、2010年2月26日第十一届全国人大常委会第十三次会议先后两次对该法作了修正。

二、著作权的客体——作品

（一）作品的概念

根据 2013 年 1 月 30 日修订的《著作权法实施条例》第 2 条的规定，作品是指"文学、艺术和科学领域内具有独创性并能以某种有形形式复制的智力成果"。

（二）作品的特征

作品要成为著作权的客体，一般应具备以下条件：

（1）具有独创性，即作品的内容或表现形式由作者独立构思而成，完全或基本与他人已经发表的作品不同。

（2）具有一定的表现形式并可复制，即作品应当以法律所允许的客观形式表现出来，为人们所感知，并能以特定的形式复制，包括印刷、绘画、录音、录像等。

（三）作品的范围

《著作权法》列举了下列九种受保护的作品：文学作品，口述作品，音乐、戏剧、曲艺、舞蹈作品，美术、建筑作品，摄影作品，电影和以类似摄制电影的方法创作的作品、电视、录像作品，工程设计、产品设计图纸及其说明，地图、示意图等图形作品，计算机软件，民间文学艺术作品，等等。可见我国著作权法的保护对象是十分广泛的。同时，《著作权法》第 5 条还分别列举了不受法律保护的作品：①官方文件，即法律、法规、国家机关的决议、决定、命令和其他具有立法、行政、司法性质的文件及其官方正式译本；②时事新闻，是指通过报纸、期刊、广播电台、电视台等媒体报道的单纯事实消息；③历法、数表、通用表格和公式。

三、著作权的主体——作品的所有人

著作权的主体即著作权人，是对作品享有著作权的人，包括作者和作者以外的人。根据不同的标准，著作权主体可分为如下几类：

（一）原始主体和继受主体

前者是指作品创作完成后直接根据法律或合同约定对作品享有著作权的人，后者是指通过受让、继承、受赠等方式取得著作权的人。

（二）完整的著作权主体和部分的著作权主体

这是根据著作权主体所享有的著作权的完整程度不同而划分的。一般情况下，作者都是完整的著作权主体，如果作者将自己享有的著作财产权的一部分或全部转让给第三人，就出现了部分的著作权主体，即作者部分保留著作人身权，第三人享有著作财产权。

（三）普通著作权主体和特殊著作权主体

前者指享有真正著作权的人。后者是指享有某种类似于著作权或者同著作权联系非常密切的权利的人，一般指的是邻接权主体，如表演者、书刊出版者、录音录像制作者、电视台等，他们对自己在传播作品的过程中所付出的创造性劳动享有相应的权利。

一般情况下，直接从事创作作品的人可以成为著作权主体，但在商品社会，由于作品的从属关系不同，其他人也可以成为著作权主体，如单位、继受人和符合条件的外国人、无国籍人。《著作权法》第11条3款规定，由法人或其他组织主持，代表法人或其他组织意志创作，并由法人或者其他组织承担责任的作品，法人或者其他组织视为作者。继受著作权人包括继承人、受赠人、受遗赠人、受让人、作品原件的合法持有人和国家，但继受著作权人只能成为著作财产权的继受主体，而不能成为著作人身权的继受主体，因为著作人身权具有不可转让性。我国《著作权法》第二章对著作权的归属作了明确规定。

◁《案例

两年前，甲作曲、乙填词，共同创作抒情歌曲《初恋》。后来甲无意间在同事家听到一首名为《热恋》的低格调的歌曲，与他所创作的《初恋》曲调完全一样。一看盒带上署名为甲作曲、乙填词。甲又气又急，去谴责乙，声称乙侵犯了自己的著作权，要求停止侵害，并赔偿损失。乙辩称，原歌系合作，自己只改了填了自己歌词的部分，这是法律所允许的，拒绝了甲的上述要求。甲无奈，诉诸法院。

问题： 乙这一行为是否侵权？本案应如何处理？

四、著作权的内容

我国《著作权法》第10条规定，著作权包括著作人身权和著作财产权两方面。

（一）著作人身权

著作人身权，又称著作精神权利，指作者对其作品所享有的各种与其人身相联系或者密不可分而又无直接财产内容的权利，具体包括发表权、署名权、修改权和保护作品完整权等4项权能。

1. 发表权

即作者依法决定作品是否公之于众和以何种方式公之于众的权利。发表权是著作权中的首要权利，包括发表作品的权利和不发表作品的权利两方面的内容。作品发表一般有两种形式：①出版并发行，使第三人得到作品的复制本；②公开展示和表演。

2. 署名权

指作者为表明其作者身份，在作品上注明其姓名或者名称的权利，包括作者在自己的作品上署名和不署名两方面权利。作者可以在其作品上署真名、笔名、艺名、别名、化名或不署名；在作品上署名的可以是公民、法人或非法人单位；独立作品的作者有权独自署名，合作作品的作者有权在作品上共同署名。

3. 修改权

即作者修改或者授权他人修改作品的权利，包括作者有权自己修改作品和授权他人修改作品。

4. 保护作品完整权

指保护作品不受歪曲、篡改的权利，它是修改权的延伸。作者有权保护其作品不被他人丑化；未经作者许可，他人不得擅自删除、变更作品的内容，或者对作品的内容、表现形式和艺术效果进行变动。

◁📢 案例

2004年10月，《敖包相会》的曲作者通福的女儿色日玛发现歌曲《月亮之上》有6个小节和《敖包相会》相同，涉嫌抄袭《敖包相会》，就将此事反映给了中国音乐著作权协会。中国音乐著作权协会先后两次给《月亮之上》的曲作者何沐阳下发停止侵权通知函，但一直没有结果。

2006年10月，何沐阳主动联系色日玛，称《月亮之上》是改编自民歌《韩秀英》，没有抄袭《敖包相会》。

2007 年 7 月 1 日，色日玛一纸诉状将何沐阳等相关责任人告上法庭。

2007 年 11 月 26 日，北京市海淀区人民法院审结了此案。一审法院在判决中认定：因为《敖包相会》前 6 小节原改编自《韩秀英》，而《月亮之上》中的间奏部分与《韩秀英》并不十分相同，是由《月亮之上》曲作者改编创作，不构成侵权，色日玛一审败诉。

"一审的判决，从另一个层面可以理解为：我父亲是在抄袭《韩秀英》，但《敖包相会》是我父亲的原创，他不是抄袭者！"色日玛不服判决提起上诉。

后来，北京市一中院以文件形式撤销一审判决，改判《月亮之上》构成侵权，判决被告方赔偿《敖包相会》的著作权人经济损失 2 万元。

问题：《月亮之上》曲作者何沐阳侵犯《敖包相会》曲作者通福的何种权利？

（二）著作财产权

著作财产权，又称著作经济权利，指作者及其传播者通过某种形式使用作品，从而依法获得经济报酬的权利。根据《著作权法》的规定，著作财产权包括使用权和获得报酬权两个方面，具体包括复制权、发行权、展览权、表演权、播放权、制片权、演绎权等 7 项权能。

（1）复制权。指以印刷、复印、临摹、拓印、录音、录像、翻录、翻拍等方式将作品制成一份或多份的权利。它是著作财产权中最基本的权能。复制权是著作权人的专有权利，非经著作权人许可或法律允许，他人不得擅自复制作品，因合理使用而复制他人已发表的作品是法律允许的，但必须严格依法使用，不得超出合理使用的范围。

（2）发行权。即向公众提供作品或其复制品的权利。发行与复制共同构成出版行为。发行的对象只能是社会公众，即不特定的多数人，其目的是为了实现一定的经济利益。发行权意味着著作权人有权确定作品发行的方式、范围，有权选择发行者。

（3）出租权。即有偿许可他人临时使用电影作品和以类似摄制电影的方法创作的作品、计算机软件的权利，计算机软件不是出租的主要标的的除外。

（4）展览权。指将作品原件或复制件公开陈列的权利。所谓展览，是指公开陈列美术作品、摄影作品以及其他作品的原件或复制件。

（5）表演权。指自己或授权他人向不特定的多数人以声音、表情、动作等创造性地公开表现作品的权利。

（6）放映权。即通过放映机、幻灯机等技术设备公开再现美术、摄影、电影和以类似摄制电影的方法创作的作品等的权利。

（7）广播权。即以无线方式公开广播或传播作品，以有线传播或者转播的方式向公众传播广播的作品，以及通过扩音器或者其他传送符号、声音、图像的类似工具向公众传播广播的作品的权利。

（8）信息网络传播权。即以有线或者无线方式向公众提供作品，使公众可以在其个人选定的时间和地点获得作品的权利。

（9）摄制权。即以摄制电影或者以类似摄制电影的方法将作品固定在载体上的权利。

（10）改编权。即改编作品，创作出具有独创性的新作品的权利。

（11）翻译权。即将作品从一种语言文字转换成另一种语言文字的权利。

（12）汇编权。即将作品或者作品的片段通过选择或者编排，汇集成新作品的权利。

（13）应当由著作权人享有的其他权利。

◁❮ 案例

1999年，陈佩斯和朱时茂以中国国际电视总公司（注：央视全额投资）在未经著作权人许可的情况下，在出版发行的VCD光盘中使用了陈佩斯和朱时茂在历届春节晚会上表演的《吃面条》《拍电影》《警察与小偷》等8个小品为由向北京市第一中级人民法院提起诉讼。陈佩斯和朱时茂要求赔礼道歉，并赔偿166万余元。2000年12月6日，北京市第一中级人民法院依法判决中国国际电视总公司的行为构成侵权，判决被告立即停止侵权，登报道歉，并赔偿二人经济损失333 293元。

问题：中国国际电视总公司侵犯了陈佩斯和朱时茂的哪些权利？

五、著作权的限制

著作权的限制是平衡著作权与公众利益、保障作品的利用和传播的一项重要制度。当今世界各国的立法无不对著作权予以一定的限制，并且这种限制主要是针对著作财产权的。

（一）合理使用

合理使用是指在特定条件下，法律允许未经著作权人许可而无偿使用其作品，但不得侵害著作权人其他权利的制度。合理使用必须约束在一定的范围内：

（1）使用的作品已经发表，未发表的作品不属于合理使用的范围。

（2）使用的目的仅限于为个人学习、研究或欣赏，或者为了教学、科学研究、宗教或慈善事业以及公共文化利益的需要。

（3）使用他人作品时，不得侵犯著作权人的其他权利，应注明作者的姓名、作品名称，不得影响作品的正常使用。

我国《著作权法》第 22 条列举了 12 种合理使用的行为。符合合理使用法律要件者，可以不经著作权人许可，直接无偿取得在法律规定的方式和范围内使用作品的权利。

（二）法定许可使用

法定许可使用是指在特定条件下，法律允许他人未经著作权人许可而使用其作品，但应向其支付报酬，并尊重著作权人其他权利的制度。法定许可使用包括以下四种情形：

（1）作品在刊登后，除著作权人声明不得转载、摘编的以外，其他报刊可以转载，或作为文摘资料刊登，但应当按规定向著作权人支付报酬。

（2）广播电台、电视台使用他人已发表的作品制作广播电视节目，可以不经著作权人许可，但应向其支付报酬。

（3）录音制作者使用他人已经发表的作品制作录音制品，可以不经著作权人许可，但应向其支付报酬。

（4）为实施九年制义务教育和国家教育规划而编写出版教科书，除作者事先声明不许使用之外，可以不经著作权人许可，在教科书中汇编已经发表过的作品片断或者短小的文字作品、音乐作品或者单幅的美术作品、摄影作品，但应当按照规定支付报酬，指明作者姓名、作品名称，并且不得侵犯著作权人享有的其他权利。

（三）强制许可使用

强制许可使用是指在法律规定的条件下，经政府主管部门批准而有偿取得已出版作品的翻译权和出版权的著作财产权限制制度。我国《著作权法》

无强制许可制度，但由于我国已加入《尼泊尔公约》和《世界版权公约》，故公约关于强制许可的规定也可以适用。根据上述公约的规定，为发展中国家的教学、学术活动和科学研究方面的便利，缔约国主管部门享有颁发翻译权与复制权的强制许可证的权力。

六、邻接权

邻接权是指作品传播者在对作品传播过程中产生的劳动成果依法享有的专有权利，又称为作品传播者权或与著作权有关的权益。广义的著作权包括邻接权。邻接权具体包括以下几类：

（一）出版者的权利

1. 出版者的权利内容

出版者的权利包括版式设计专有权和专有出版权。

版式设计是出版者的创造性智力成果，出版者依法享有专有使用权，即有权许可或禁止他人使用其出版的图书、期刊的版式设计。

图书出版者对作者交付出版的作品，按双方约定享有专有出版权，其他出版者未经许可不得出版同一作品，著作权人也不得将出版者享有出版专有权的作品一稿多投。

著作权人向报社、期刊社投稿的，自稿件发出之日起 15 日内未收到报社通知决定刊登的，或者自稿件发出之日起 30 日内未收到期刊社通知决定刊登的，可以将同一作品向其他报社、期刊社投稿。双方另有约定的除外。

2. 出版者的义务

出版者的义务包括：向著作权人按合同约定或国家规定支付报酬；按照合同约定的出版质量、期限出版；重印、再版作品的，应当通知著作权人，并支付报酬；出版改编、翻译、注释、整理、汇编已有作品而产生的作品，应当取得改编、翻译、注释、整理、汇编作品的著作权人和原作品的著作权人许可，并支付报酬；对出版行为的授权、稿件来源的署名、所编辑出版物的内容等应尽合理的注意义务，避免出版行为侵犯他人的著作权等民事权利。

（二）表演者的权利

表演者包括演员、演出单位或者其他表演文学、艺术作品的人。表演者对其表演享有以下权利：表明表演者身份；保护表演形象不受歪曲；许可他人从现场直播和公开传送其现场表演，并获得报酬；许可他人录音录像，并获得报酬；许可他人复制、发行录有其表演的录音录像制品，并获得报酬；许可他人通过信息网络向公众传播其表演，并获得报酬。

表演者同时也应履行相应的义务：使用他人作品演出，应当取得著作权人许可，并支付报酬；演出组织者组织演出，由该组织者取得著作权人许可，并支付报酬；使用改编、翻译、注释、整理已有作品而产生的作品进行演出，应当取得改编、翻译、注释、整理作品的著作权人和原作品的著作权人许可，并支付报酬。

（三）录制者的权利

录音录像制作者对其制作的录音录像制品享有许可他人复制、发行、出租、通过信息网络向公众传播并获得报酬的权利。

录音录像制作者使用他人作品制作录音录像制品，应当取得著作权人许可，并支付报酬；使用改编、翻译、注释、整理已有作品而产生的作品，应当取得改编、翻译、注释、整理作品的著作权人和原作品著作权人许可，并支付报酬；制作录音录像制品，应当同表演者订立合同，并支付报酬。

（四）播放者的权利

播放者包括广播电台和电视台。播放者有权禁止未经其许可的下列行为：将其播放的广播、电视转播；将其播放的广播、电视录制在音像载体上以及复制音像载体。

播放者同时还应履行下列义务：播放他人未发表的作品，应当取得著作权人许可，并支付报酬；播放他人已发表的作品，可以不经著作权人许可，但应当支付报酬。

七、著作权的期限

著作权的期限是指著作权保护的有限期。根据著作权主体和作品性质的不同，其保护期限有所区别：

（一）著作财产权

（1）作品的作者为公民的，其著作财产权的保护期为作者有生之年及作者死亡后50年，即不论作品是否发表，在何时发表，在作者有生之年均享有著作财产权。作者死亡后，其保护期以作者死亡后次年的1月1日开始计算，至第50年的12月31日保护期届满。

（2）法人、非法人组织的作品，著作权（署名权除外）由法人或非法人单位享有的职务作品，其使用权和获得报酬权的保护期为 50 年，自作品首次发表时起算，截至作品首次发表后第 50 年的 12 月 31 日，但作品自创作后 50 年内未发表的，不再受保护。

（3）电影、电视、录像作品和摄影作品使用权和获得报酬权的保护期为 50 年，截至作品首次发表后第 50 年的 12 月 31 日，但作品自创作后 50 年内未发表的，不再受保护。

（二）著作人身权

署名权、修改权和保护作品完整权永久受到法律保护，但发表权的保护期与著作财产权的保护期限相同。作为作者的公民死亡，或法人或非法人单位变更、终止后，其署名权、修改权和保护作品完整权仍受著作权法保护。

八、著作权的保护

我国《著作权法》第 48 条规定了侵犯著作权的民事责任、行政责任及刑事责任。

（一）侵犯著作权的行为方式

《著作权法》第 47 条列举了应承担民事责任的 11 种侵权行为：

（1）未经著作权人许可，发表其作品的；

（2）未经合作作者许可，将与他人合作创作的作品当作自己单独创作的作品发表的；

（3）未参加创作，为谋取个人名利而在他人作品上署名的；

（4）歪曲、篡改他人作品的；

（5）剽窃他人作品的；

（6）未经著作权人许可，以展览、摄制电影和以类似摄制电影的方法使用作品，或者以改编、翻译、注释等方式使用作品的；

（7）使用他人作品，应当支付报酬而未支付的；

（8）未经电影作品和以类似摄制电影的方法创作的作品、计算机软件、录音录像制品的著作权人或者与著作权有关的权利人许可，出租其作品或者录音录像制品的；

（9）未经出版者许可，使用其出版的图书、期刊的版式设计的；

（10）未经表演者许可，从现场直播或者公开传送其现场表演或者录制其表演的；

（11）其他侵犯著作权以及与著作权有关的权益的行为。

（二）侵犯著作权应承担的法律责任

（1）侵犯著作权承担民事责任的方式包括：①停止侵害，即责令侵权人立即停止正在实施的侵犯他人著作权的行为，旨在防止侵害的扩大；②消除影响与赔礼道歉，主要适用于侵害著作人身权的侵权行为；③赔偿损失，即由侵权行为人以自己的财产补偿因其侵权行为给他人著作权造成的经济损失。以上几种民事责任方式，可以单处或并处。

（2）侵犯著作权同时损害公共利益的，要承担相应的行政责任，主要有：责令停止侵权行为、没收违法所得、罚款等。这些方式，可以单处或并处。

（3）侵犯著作权，情节严重，构成犯罪的，依法要追究刑事责任。

第三节　专利权法

一、专利权概述

专利是指经国家专利主管机关依照法定程序审查批准，受我国专利法保护的发明创造。

所谓专利权，是指专利主管机关依照《专利法》授予专利的所有人或持有人或者他们的继受人在一定期限内依法享有的对该项专利制造、使用或者销售的专有权利。我国《专利法》规定了三种专利：发明专利、实用新型专利和外观设计专利。

专利权具有不同于著作权、商标权的特征：

1. 专利权具有鲜明的独占性

在同一国家或者地区，相同的发明创造只能被授予一项专利权；任何他人的发明创造若与某专利相同，就不允许被再次批准为专利，即使因专利主管机关疏忽而被批准了，也会被撤销或宣告无效。而著作权独占性的局限在于著作权人不能禁止他人就其独立创作的相同作品取得著作权；商标权独占性的局限在于商标权人不能禁止他人在非类似商品或者服务上使用与其注册相同或者近似的商标（驰名商标除外）。

2. 专利权具有较短的保护期限

为了促进科技的进步，专利权的时间性较短，著作权的时间性较长，而商标权由于可以续期，实质上是无期限的。

3. 专利权必须经过审批

由于专利具有独占性和公开性，因此在专利授予制度上，法律规定，发明创造只有经过国家专利主管机关审批，才能取得专利权。而著作权虽然也是法定的权利，但不必经国家机关审批就能自动取得。

二、专利权的客体

我国《专利法》第 2 条第 1 款明确规定："本法所称的发明创造是指发明、实用新型和外观设计。"该法所规定的保护对象与《保护工业产权巴黎公约》要求的保护对象一致。

（一）发明

发明是《专利法》的主要保护对象。发明，是指对产品、方法或者其改进所提出的新的技术方案。我国《专利法》意义上的发明有产品发明、方法发明和改进发明。产品发明是人们通过研究开发出来的关于各种新产品、新材料、新物质等的技术方案；方法发明是人们为制造产品或者解决某个技术课题而研究开发出来的操作方法、制造方法以及工艺流程等技术方案；改进发明是对已有的产品发明或方法发明所作出的实质性革新的技术方案。

（二）实用新型

实用新型专利，又称"小发明"或"小专利"，是《专利法》保护的对象，是指对产品的形状、构造或者其结合所提出的适于实用的新的技术方案。

实用新型只针对产品而存在，任何方法不管是否新颖实用都不属于实用新型的范围。作为实用新型的产品必须具有固定的立体形状或构造，不能是没有固定立体形状的气态产品、液态产品，也不能是粉末状、糊状、颗粒状的固态产品。同时该产品必须具有实用性和可移动性，它能够在工业上应用，并且可以自由移动。

◁ 案例

甲厂 2006 年研制出一种 N 型高压开关，于 2007 年 1 月向中国专利局提出专利申请，2008 年 5 月获得实用新型专利权。乙厂也于 2006 年 7 月自行研制出这种 N 型高压开关。乙厂在 2006 年底前已生产了 80 台 N 型高压开关，2007 年 3 月开始在市场销售。2007 年乙厂又生产了 70 台 N 型高压开关。

2008 年初，甲厂发现乙厂销售行为后，遂与乙厂交涉，但乙厂认为自己的行为不构成侵权。

问题： 乙厂是否侵犯了甲的专利权？为什么？

（三）外观设计

外观设计，也称工业品外观设计或者简称为工业设计，它是指对产品的形状、图案或者其结合以及色彩与形状、图案的结合所作出的富有美感并适于工业应用的新设计。

外观设计必须以产品为依托，离开了具体的产品就无所谓外观设计了。外观设计以产品的形状、图案和色彩等为要素，以美感为核心，而不去追求实用；同时外观设计必须适合于工业应用，也就是该设计必须能够通过工业手段大量复制。

（四）不授予专利权的对象

对不属于《专利法》规定的保护对象或者不符合《专利法》规定条件的对象，我国《专利法》作了具体的规定，包括以下对象：

（1）违反法律、社会公德或妨害公共利益的发明创造；

（2）科学发现；

（3）智力活动的规则和方法；

（4）疾病的诊断和治疗方法；

（5）动物和植物品种；

（6）用原子核变换方法获得的物质；

（7）对平面印刷品的图案、色彩或者二者的结合作出的主要起标识作用的设计。

三、专利权的主体

专利权的主体即专利权人，但在专利权及发明创造产生的整个过程中还出现了发明人、专利申请人、先申请人、先发明人等主体。

（一）发明人

发明人即完成发明创造的人。我国《专利法》将实用新型和外观设计的完成人称为设计人。为叙述简便，除特别说明外，我们将发明人和设计人笼统称为发明人。

《专利法》上的发明人必须满足如下条件：①发明人必须是直接参加发明创造活动的人；②发明人必须是对发明创造的实质性特点有创造性贡献的人。无论专利权如何转移，发明人的资格均不发生变更。当一项发明创造为两人或两人以上共同完成时，这些完成发明创造的人即是合作发明人。

（二）专利申请人

它是指就一项发明创造向专利主管机关申请专利的人。通常情况下，发明人有权对其完成的发明创造申请专利，发明人与申请人是同一人。但现实中也存在发明人与申请人不是同一人的情况，比如发明人以外有其他人通过合同从发明人处取得专利申请权，或者发明人的继承人通过继承取得专利申请权。

另外，法律还直接将专利申请权赋予发明人以外的其他人，这种情况主要发生在职务发明创造中。《专利法》第6条第1款规定："执行本单位的任务或者主要是利用本单位的物质技术条件所完成的发明创造为职务发明创造。……"实践中，只要符合下列条件之一的，均属于职务发明：①在本职工作中做出的发明创造；②履行本单位交付的任务所做出的发明创造；③退职、退休或者调动工作后1年内做出的，与其原单位承担的本职工作或者分配的任务有关的发明创造；④主要利用本单位的物质条件所完成的发明创造。如无特别约定，职务发明的专利申请权、实施权属于发明人或者设计人的单位。

（三）专利权人

专利权人即享有专利权的人。专利权人不同于专利申请人，一项技术申请专利后未必都能获得批准而成为专利技术，相应的专利申请人也就未必能够成为专利权人；反之，专利权人也未必是专利申请人，因为专利可以通过转让或继承获得。在我国，专利权人分为专利权所有人和专利权持有人，对于全民所有制单位以外的普通专利权人或者专利申请人，专利权或专利申请权归这些人所有；对于全民所有制单位，专利权或专利申请权只能说归这些单位持有。

案例

a公司在2007年8月20日向国家专利局提交某种新型拖把的产品发明专利申请，2009年2月4日被国家专利局公开，于2010年1月20日被授权公告为发明专利。a公司与b公司于2009年4月签订许可协议，允许b公司在大陆地区生产和销售其产品，时间为 10 年。2010 年 3 月 a 公司与 c 公司签订的《大陆地区专利、商标实施许可授权书》表明，c 公司作为独占实施的被许可方，可以在中国大陆地区独占实施该专利，并有权以自己的名义维护上述专利权不被侵犯，授权期限为专利权的有效保护期间。2011 年 b 公司在昆明市沃尔玛超市里发现由 c 公司生产的该专利产品。b 公司起诉 c 公司和沃尔玛超市侵犯其专利权，要求 c 公司停止生产该专利产品，并赔偿因其生产该产品导致其市场销售额减少造成的损失 200 万元；要求沃尔玛超市停止销售并承担共同赔偿损失的责任。

问题： 你认为 c 公司、沃尔玛超市的行为是否侵犯 b 公司的权利？

（四）先发明人与先申请人

授予专利权时必须遵守同样的发明创造只能授予一项专利权，即"一发明一申请"的原则。但是在现实中可能会发生两个不同的人分别独立完成了相同的发明创造，并且都向专利主管机关递交专利申请的情况。为解决这一抵触，我国采用了"先申请原则"，即当两个以上的申请人分别就同样的发明创造申请专利的，专利权授予最先申请的人。

四、专利权的内容

专利权的内容即专利权人的权利与义务。专利权仅是一种具有财产权属性的权利，不包括具有人身权属性的权利。

1. 专利权人的权利

（1）专有实施权，又称独占实施权。指专利权人对其专利产品或者专利方法依法享有的进行制造、销售或者使用的专有权利。

（2）转让权。专利权只能作为一个整体转让，不能将其专利权分割转让。

（3）放弃权。专利权人以书面形式声明放弃其专利权的，专利权在期限届满前终止，该发明创造成为公有技术。

（4）标记权。发明人或者设计人有权在专利文件中写明自己是发明人或者设计人。专利权人有权在其专利产品或者该产品的包装上标明专利标识。比如标上"中国专利""专利"等字样或者"P"符号。

（5）进口权。专利权人享有禁止他人未经许可或授权，以经营为目的进口专利产品的权利。获得了知识产权海关保护的专利权人，发现涉嫌侵权货物即将进出境的，可以向货物进出境海关提出采取知识产权保护措施的申请。

2. 专利权人的义务

（1）缴纳专利年费的义务。我国《专利法》第43条规定，专利权人应当自被授予专利权的当年开始缴纳年费。

（2）不得滥用专利权的义务，即专利权人有在法律划定的范围内依诚信原则行使专利权的义务。例如，不得向专利受让人提出限制技术竞争和技术发展的交易条件；不得擅自向国外申请专利，泄露国家重要机密等。

五、专利权的限制

专利权是一种垄断权，除法律另有规定外，任何人未经专利权人许可，都不得以营利为目的实施其专利。此处所指的"法律另有规定"，即是法律对专利权的限制，具体包括以下三种情形：

1. 不视为侵犯专利权的实施专利行为

（1）专利产品或者依照专利方法直接获得的产品，由专利权人或者经其许可的单位、个人售出后，使用、许诺销售、销售、进口该产品的；

（2）在专利申请日前已经制造相同产品、使用相同方法或者已经作好制造、使用的必要准备，并且仅在原有范围内继续制造、使用的；

（3）临时通过中国领陆、领水、领空的外国运输工具，依照其所属国同中国签订的协议或者共同参加的国际条约，或者依照互惠原则，为运输工具自身需要而在其装置和设备中使用有关专利的；

（4）专为科学研究和实验而使用有关专利的；

（5）为提供行政审批所需要的信息，制造、使用、进口专利药品或者专利医疗器械的，以及专门为其制造、进口专利药品或者专利医疗器械的。

2. 强制许可

国家专利主管机关有权在特定情况下，不经专利权人同意，经强制许可程序而许可非专利权人实施发明或实用新型专利。经强制许可程序获得的只是专利实施权，并且应当向专利权人支付合理的使用费。

我国《专利法》规定的实施强制许可的情况有：

（1）《专利法》第48条规定，有下列情形之一的，国务院专利行政部门根据具备实施条件的单位或者个人的申请，可以给予实施发明专利或者实用新型专利的强制许可：①专利权人自专利权被授予之日起满3年，且自提出专利申请之日起满 4 年，无正当理由未实施或者未充分实施其专利的；②专利权人行使专利权的行为被依法认定为垄断行为，为消除或者减少该行为对竞争产生的不利影响的。

（2）《专利法》第 51 条规定，一项取得专利权的发明或者实用新型比前已经取得专利权的发明或者实用新型具有显著经济意义的重大技术进步，其实施又有赖于前一发明或者实用新型的实施的，国务院专利行政部门根据后一专利权人的申请，可以给予实施前一发明或者实用新型的强制许可。

在依照前款规定给予实施强制许可的情形下，国务院专利行政部门根据前一专利权人的申请，也可以给予实施后一发明或者实用新型的强制许可。

（3）《专利法》第 49 条规定，在国家出现紧急状态或者非常情况时，或者为了公共利益的目的，国务院专利行政部门可以给予实施发明专利或者实用新型专利的强制许可。

（4）《专利法》第 50 条规定，为了公共健康目的，对取得专利权的药品，国务院专利行政部门可以给予制造并将其出口到符合中华人民共和国参加的有关国际条约规定的国家或者地区的强制许可。

（5）《专利法》第 52 条规定，强制许可涉及的发明创造为半导体技术的，其实施限于公共利益的目的和《专利法》第 48 条第 2 项规定的情形。

除依照本法第 48 条第 2 项、第 50 条规定给予的强制许可外，强制许可的实施应当主要为了供应国内市场。取得实施强制许可的单位或者个人不享有独占的实施权，并且无权允许他人实施。取得实施强制许可的单位或者个人应当付给专利权人合理的使用费，或者依照中华人民共和国参加的有关国际条约的规定处理使用费问题。付给使用费的，其数额由双方协商；双方不能达成协议的，由国务院专利行政部门裁决。

六、专利权的取得

（一）取得专利权的实质条件

1. 发明、实用新型取得专利的实质条件

（1）新颖性。指在申请日以前没有同样的发明或实用新型在国内外出版物上公开发表过、在国内公开使用过或者以其他方式为公众所知，也没有同样的发明或实用新型由他人向国务院专利行政部门提出过申请并且记载在申请日以后公布的专利申请文件中。

（2）创造性。指同申请日以前已有的技术相比，该发明有突出的实质性特点和显著的进步，该实用新型有实质性特点和进步。

（3）实用性。指发明或实用新型能够制造或者使用，并且产生积极效果。

2. 外观设计专利的实质条件

根据《专利法》及《专利实施细则》的要求，授予专利权的外观设计，应当具备新颖性，富有美感并适于工业应用。

（二）取得专利权的程序

（1）申请。申请人根据《专利法》规定的手续，向国务院专利行政部门提交必要的申请文件。

（2）初步审查及早期公布。国务院专利行政部门收到发明专利申请后，经初步审查认为符合本法要求的，自申请日起满 18 个月，即行公布。国务院专利行政部门可以根据申请人的请求早日公布其申请。

（3）实质审查。发明专利申请自申请日起 3 年内，国务院专利行政部门可以根据申请人随时提出的请求，对其申请进行实质审查。

（4）授予专利权，发给发明专利证书。

（5）申请宣告无效。自国务院专利行政部门公告授予专利权之日起，任何单位或者个人认为该专利权的授予不符合《专利法》有关规定的，可以请求专利复审委员会宣告该专利权无效。

七、专利权的法律保护

（一）专利权的保护范围

专利权的保护范围，指专利权的法律效力所及的发明创造的技术范围，其中发明或实用新型专利权的保护范围以权利要求书的内容为准，说明书及其附图可以用于解释权利要求；外观设计专利权的保护范围以表示在图片或照片中的外观设计专利产品为准。

（二）专利权的保护期

我国现行《专利法》对于发明专利权的保护期为 20 年，自专利申请之日起计算；对实用新型和外观设计专利的保护期为 10 年，自专利申请之日起计算。

（三）侵害专利权的行为

侵害专利权的行为，指在专利权的有效期限内，未经专利权人许可，也没有其他法定事由，擅自以营利为目的实施专利的行为。包括以下几类行为：①擅自制造专利产品或假冒他人专利；②明知该产品侵犯了发明或实用新型专利权，而故意使用或销售该产品；③使用专利方法以及使用、销售依照专利方法直接获得的产品；④进口专利产品或进口依照专利方法直接获得的产品。

（四）侵权的法律责任

1. 民事责任

专利权的民事保护是最基本、最普遍适用的保护措施，侵权行为人承担民事责任的方式主要有停止侵权、赔偿损失、消除影响。

2. 行政责任

专利管理机关有权责令侵权行为人停止侵权、消除影响、罚款、赔偿损失。

3. 刑事责任

假冒他人专利，情节严重的，依据《刑法》的规定，对直接责任人员追究刑事责任。

第四节　商标法

一、概述

（一）商标的概念及种类

商标是附置于特定商品或服务之上的，由文字、图形、字母、数字、三维标记、颜色组合和声音，或由上述要素组合构成，具有显著特征，便于将商品或服务区别出来的标记。

商标在促进生产、销售以及服务于企业竞争方面承担着重要职能，一般来说，商标具有识别、品质保证、宣传的功能。经商标局核准注册的商标为注册商标，包括商品商标、服务商标和集体商标、证明商标；商标注册人享有商标专用权，受法律保护。

集体商标，是指以团体、协会或者其他组织名义注册，供该组织成员在商事活动中使用，以表明使用者在该组织中的成员资格的标志。

证明商标，是指由对某种商品或者服务具有监督能力的组织所控制，而由该组织以外的单位或者个人使用于其商品或者服务，用以证明该商品或者服务的原产地、原料、制造方法、质量或者其他特定品质的标志。

（二）商标权的概念及内容

商标权，又称商标专用权，是指注册商标所有人在法律规定的有效期内，对其经商标主管机关核准注册的商标所享有的独占、排他的使用和处分的权利。

商标权包括使用权和禁止权两方面。使用权是商标权人对其注册商标享有充分支配和完全使用的权利，商标权人可以许可他人使用该商标，放弃或转让该注册商标；禁止权是商标权人禁止他人未经其许可擅自使用其注册商标的权利，具体表现为禁止他人非法使用、印制注册商标及实施其他侵权行为。

二、商标注册

商标注册是指商标使用人为取得商标权，按照法律规定的注册条件、原则和程序将其使用的商标向商标局提出注册申请，经商标局核准予以注册的法律制度。

（一）商标注册的条件

（1）申请人必须是中国自然人、法人或其他组织，或者其所属国和我国签订有相关协议或同为相关国际公约成员国的外国人或外国企业，并且上述申请人须为商品的生产者或服务的提供者。

（2）拟申请注册的商标必须具备商标的构成要素，具有显著特征，便于识别，并不得与他人在先取得的合法权利相冲突，同时不属于《商标法》禁止作为商标使用的标记。

下列标志不得作为商标使用：

①同中华人民共和国的国家名称、国旗、国徽、国歌、军旗、军徽、军歌、勋章等相同或者近似的，以及同中央国家机关的名称、标志、所在地特定地点的名称或者标志性建筑物的名称、图形相同的；②同外国的国家名称、国旗、国徽、军旗等相同或者近似的，但经该国政府同意的除外；③同政府间国际组织的名称、旗帜、徽记等相同或者近似的，但经该组织同意或者不易误导公众的除外；④与表明实施控制、予以保证的官方标志、检验印记相同或者近似的，但经授权的除外；⑤同"红十字""红新月"的名称、标志相同或者近似的；⑥带有民族歧视性的；⑦带有欺骗性，容易使公众对商品

的质量等特点或者产地产生误认的；⑧有害于社会主义道德风尚或者有其他不良影响的。

县级以上行政区划的地名或者公众知晓的外国地名，不得作为商标。但是，地名具有其他含义或者作为集体商标、证明商标组成部分的除外；已经注册的使用地名的商标继续有效。

下列标志不得作为商标注册：

①仅有本商品的通用名称、图形、型号的；②仅直接表示商品的质量、主要原料、功能、用途、重量、数量及其他特点；③其他缺乏显著特征的。

（二）商标注册的原则

（1）除烟草制品和人用药品实行强制注册外，其他实行自愿注册原则。

（2）对于两个或两个以上的商标注册申请人，在同一种商品或类似商品上，使用相同或近似的商标申请注册的，实行先申请者先注册原则。在同一天申请注册的，按照使用在先原则。同日使用或者均未使用的，各申请人可以自行协商，并将书面协议报送商标局；不愿协商或者协商不成的，商标局通知各申请人以抽签的方式确定一个申请人，驳回其他人的注册申请。

（3）商标注册申请人可以通过一份申请就多个类别的商品申请注册统一商标。

（4）注册申请人自其商标在国外第一次提出申请之日起 6 个月内，又在中国就相同商品以同一商标提出申请的，依照该国同中国签订的协议或者共同参加的国际条约，或按照对等原则享有优先权。

（5）商标在中国政府主办的或者承认的国际展览会展出的商品上首次使用的，自该商品展出之日起 6 个月内，该商标的注册申请人按照优先权的原则可以先注册。

（6）申请注册和使用商标，应当遵循诚实信用原则。

（三）商标注册的程序

（1）申请。它是指申请人按规定格式填写申请书，向商标局作出请求注册商标的意思表示。商标注册申请人应当按规定的商品分类表填报使用商标的商品类别和商品名称，提出注册申请。商标注册申请等有关文件，可以以书面方式或者数据电文方式提出。为申请商标注册所申报的事项和所提供的材料应当真实、准确、完整。

申请商标注册不得损害他人现有的在先权利，也不得以不正当手段抢先注册他人已经使用并有一定影响的商标。

（2）审查。商标局自收到商标注册申请文件之日起9个月内先对商标注册申请的手续等形式要件进行审查，按照商标的条件进行实质审查后，符合形式条件及实质条件的则进行初步审定并公告。

（3）异议。对初步审定公告的商标提出异议的，商标局应当听取异议人和被异议人陈述事实和理由，经调查核实后，自公告期满之日起12个月内做出是否准予注册的决定，并书面通知异议人和被异议人。有特殊情况需要延长的，经国务院工商行政管理部门批准，可以延长6个月。

（4）核准。在公告期满后，未出现针对该申请的异议或者异议经审查不成立，则给予核准注册。商标局做出准予注册决定的，发给商标注册证，并予公告。

三、商标权的利用

（一）注册商标使用许可

注册商标使用许可，是指商标权人通过订立许可使用合同，许可他人使用其注册商标的法律行为。许可他人使用注册商标是商标权利用的主要内容。

商标权人为许可人。许可人承担着保持注册商标有效性、维护被许可人合法使用权、监督被许可人使用其注册商标的商品质量的义务。

获得注册商标使用权的人为被许可人。被许可人承担保证使用许可人注册商标的商品质量的义务；经许可使用他人注册商标的，必须在使用该注册商标的商品上标明被许可人的名称和商品产地。未经许可人书面授权，被许可人不得将商标权转移给第三人；许可他人使用其注册商标的，许可人应当将其商标使用许可报商标局备案，由商标局公告。商标使用许可未经备案不得对抗善意第三人。如被许可使用的商标被他人侵犯，被许可人应协助许可人查明事实。

（二）注册商标转让

注册商标转让，是指商标权人将其所有的商标权，依照法定程序移转给他人的法律行为。注册商标转让是商标权人行使处分权，对商标权进行利用的行为。

注册商标转让必须遵循以下程序：①签订协议及提出申请，即转让当事人之间应当签订转让协议，并共同向商标局提出申请；②公告，即转让协议经商标局核准后，将转让事实予以公告。

四、商标权的续展及消灭

（一）商标权续展

商标权续展，是指注册商标所有人在商标注册有效期届满前后的一定时间内，通过申请，延长其注册商标有效期的制度。

注册商标有效期满，需要继续使用的，商标注册人应当在期满前 12 个月内按照规定办理续展手续；在此期间未能办理的，可以给予 6 个月的宽展期。每次续展注册的有效期为 10 年，自该商标上一届有效期满次日起计算。期满未办理续展手续的，注销其注册商标。

（二）商标权消灭

注册商标撤销和注册商标无效是商标权消灭的两个事由。

1. 注册商标撤销

注册商标撤销是指商标注册人因违反《商标法》的规定而被商标局撤销其注册商标的制度。一般认为撤销效力的起始时间自撤销的法定事由形成之日或自撤销决定作出之日开始。

根据我国《商标法》规定，注册人具有以下行为的，由商标局撤销其注册商标：①自行改变注册商标的；②自行改变注册商标的注册人名字、地址或其他注册事项的；③自行转让注册商标的；④无正当理由连续 3 年停止使用注册商标的；⑤使用注册商标的商品粗制滥造、以次充好，欺骗消费者的。

商标局应当自收到申请之日起 9 个月内做出决定。有特殊情况需要延长的，经国务院工商行政管理部门批准，可以延长 3 个月。

2. 注册商标无效

注册商标无效是指商标经注册后，发现其自始不具备法定注册条件而被裁定无效的制度。

根据我国《商标法》规定，发现以下情形的，任何人均可请求商标评审委员会裁定该注册商标无效并予以注销：①违反商标禁止要件，属于《商标法》禁止作为商标使用的标记的；②商标注册人以欺骗手段或其他不正当手段取得注册的；③就相同或者类似商品申请注册的商标是复制、模仿或者翻译他人未在中国注册的驰名商标，容易导致混淆的；④就不相同或者不相类似商品申请注册的商标是复制、模仿或者翻译他人已经在中国注册的驰名商标，误导公众，致使该驰名商标注册人利益可能受损的；⑤申请注册商标损害他人现有的在先权利，或者以不正当手段抢先注册他人已经使用并有一定影响的商标的。

五、商标权的法律保护

（一）商标权的保护范围

我国《商标法》以注册商标的专用权为保护对象，注册商标的专用权以核准注册的商标和核定使用的商品为限。

（二）商标权的保护期限

商标权的保护期限一般指的是注册商标所有人享有的商标专用权的有效期限。我国《商标法》规定的注册商标的有效期限为 10 年，自核准注册之日起算。

（三）侵犯商标权的行为

商标侵权行为是指侵犯他人注册商标专用权的行为。主要表现为以下几种形式：①未经注册商标所有人许可，在同一种商品或者类似商品上使用与其注册商标相同或者近似的商标；②销售明知是假冒注册商标的商品；③伪造、擅自制造他人注册商标标识或者销售伪造、擅自制造的注册商标标识；④给他人的注册商标专用权造成其他损害的行为。比如在同一种商品或者类似商品上，将与他人注册商标相同或者近似的文字、图形作为商品名称或者商品装潢使用，并足以造成误认的。

（四）侵犯商标权的法律责任

1. 处理机关

我国处理商标侵权案件的机关是工商行政管理部门和人民法院。在注册商标专用权受到侵犯时，被侵权人乃至任何人都可以向侵权人所在地或者侵权行为发生地县级以上工商行政管理部门控告或者检举；被侵权人也可以直接向人民法院起诉，要求追究侵权人的法律责任。

2. 侵犯商标权的民事责任及行政责任

对于侵犯注册商标专用权的行为，被侵权人可以要求侵权人承担一定的民事赔偿责任，或者工商行政管理部门有权依照职权要求侵权人承担一定的行政责任：

（1）责令立即停止销售；

（2）收缴并销毁侵权商标标识；

（3）消除现存商品上的侵权商标；

（4）罚款；

（5）责令赔偿被侵权人经济损失。

3. 侵犯商标权的刑事责任

根据我国《商标法》和《刑法》的规定，对于严重侵犯他人注册商标专用权的行为，应当承担刑事责任。目前我国《刑法》规定了以下几类侵犯注册商标专用权的犯罪：

（1）假冒注册商标罪；

（2）销售假冒注册商标商品罪；

（3）非法制造、销售非法制造的注册商标标识罪。

第九章
商法与经济法

第一节 公司法

一、公司法概述

（一）公司的概念

公司是指依照公司法设立的以营利为目的的企业法人。

公司是股权式企业，是由投资者按股出资、按股享受权利和承担责任与风险的企业法人。公司实行有限责任，公司的股东以其出资额或其所持股份为限对公司承担责任，公司以其全部资产为限对公司债务承担责任。

（二）公司法的概念和特征

公司法是规定公司的设立、组织、活动、终止以及其他对内对外关系的法律规范的总称。我国《公司法》是 1993 年 12 月 29 日第八届全国人民代表大会常务委员会第五次会议通过的，1999 年 12 月、2004 年 8 月、2005 年 10 月和 2013 年 12 月分别进行了四次修改。

公司法具有以下特征：①公司法是一种组织法；②公司法是一种行为法；③公司法是一种强制性规范较多的法律。除《公司法》外，其他有关的法律法规、行政规章，最高人民法院司法解释，我国参加和承认的国际条约，地方性法规等关于公司法律制度的规定，都属于公司法范畴。

（三）公司的一般法律制度

1. 公司设立的原则

公司设立的原则主要有：①自由设立，即放任主义，国家不干预；②特许设立，即特许主义，指公司必须经特殊批准或依特别法令规定而设立；③核准设立，又称许可主义，指公司设立必须依法定条件并经有权审批机关批准；④准则设立，又称准则主义，指公司设立只要符合法定条件，经专门登记机关登记即可成立。我国《公司法》规定公司的设立采用准则设立方式。

2. 公司的合并和分立

公司的合并是指两个或者两个以上的公司通过订立合并协议，依法合并为一个公司的法律行为。公司的合并有吸收合并和新设合并两种形式。吸收合并是指两个或者两个以上的公司合并时，其中一个或者一个以上的公司并入另一个公司的法律行为。新设合并是指两个或者两个以上的公司合并设立一个新的公司的行为。

公司的分立是指一个公司分为两个或者两个以上的公司的法律行为。公司的分立分为新设分立和派生分立。新设分立是指将原来的一个公司分立为两个或者两个以上具有法人资格的公司的行为。派生分立是指将原来的一个公司的一部分分出去成立一个新公司的行为。

3. 公司的解散和清算

公司的解散是指已成立的公司因其章程的规定或者法定的事由而停止公司的经营活动，并清算公司未了结的事务，从而使公司的法人资格消灭的行为。公司有下列情形之一的应该解散：①公司章程规定的营业期限届满或规定的其他解散事由出现；②股东会决议解散；③公司因合并或分立需解散；④公司因违法而被责令关闭的。

公司解散时，必须成立清算组对公司的财产进行清算，在扣除清算费用后，将公司剩余的财产按职工工资保险费用、税款、债务顺序分配后，余额才按股东出资比例分配。

二、有限责任公司

（一）有限责任公司的概念和特征

有限责任公司，亦称有限公司，是指由 50 个以下的股东共同出资，每个股东以其认缴的出资额为限对公司承担责任，公司以其全部资产对其债务承担责任的企业法人。

有限责任公司具有以下几个特征：①人合资合兼具。股东以出资为限来享受权利和承担责任，具有资合性。另外，主要股东为公司责任人，具有人合性。②股东数额限制。《公司法》规定为 50 人以下。③募股集资封闭。有限公司不得向社会公开招股集资，只能在出资人范围内募资。公司为出资人所发出的出资证明不得流通转让。④股份无须等额。股东出资不必等额，公司全部资产不必分为等额股份。⑤转让严格控制。股东的出资转让须经全体股东过半数同意，在同等条件下，其他股东有优先购买权。⑥组织结构简单。有限责任公司不如股份有限公司那么复杂、严格。

（二）有限责任公司的设立

我国《公司法》规定，设立有限责任公司必须符合以下条件：①股东符合法定人数，即 50 人以下。②有符合公司章程规定的全体股东认缴的出资额。③有股东共同制定的公司章程。④有公司名称，建立符合有限责任公司要求的组织机构。⑤有公司的住所。

设立公司除了必须符合法定的条件外，还必须按照法定的程序，即股东认足公司章程规定的出资后，由全体股东指定的代表或者共同委托的代理人向公司登记机关报送公司登记申请书、公司章程等文件，申请设立登记，经公司登记机关审核予以登记注册，并发给公司营业执照，公司即成立。

（三）有限责任公司的组织机构

根据我国《公司法》的规定，有限责任公司的组织机构主要包括股东会、董事会或者执行董事、监事会或者监事。

1. 股东会

有限责任公司股东会由全体股东组成，是公司的权力机构，是公司的最高决策机关，股东会只对公司的重大问题进行决策。

有限责任公司股东会会议分为定期会议和临时会议。定期会议按照公司章程的规定按时召开，临时会议是在公司章程规定的会议时间以外召开的会议，代表 1/10 以上表决权的股东，1/3 以上的董事，监事会或者不设监事会的公司的监事可提议召开临时会议。

股东会由董事会召集，董事长主持。首次股东会会议由出资最多的股东召集和主持。根据《公司法》的规定，股东会对公司的重大问题作出决议，由股东按照认缴出资比例行使表决权，一般按简单多数原则决定。对某些涉及股东根本利益的事项的表决，《公司法》作了特别规定，即股东会对公司增加或者减少注册资本、分立、合并、解散、变更公司形式或者修改公司章程作出决议时，必须经代表 2/3 以上表决权的股东通过。

2. 董事会

有限责任公司的董事会是公司股东会的执行机构，向股东会负责。董事会由 3 人 ~ 13 人组成。董事长、副董事长的产生办法由公司章程规定。董事长为公司的法定代表人。

董事会会议由董事长召集和主持。董事长因特殊原因不能履行职务时，由董事长指定的副董事长或者其他董事召集和主持。副董事长不能履行职务或者不履行职务的，由半数以上董事共同推举一名董事召集和主持。董事会的议事方式和表决程序，除《公司法》有规定外，由公司章程规定。

3. 经理

经理是指在董事会领导下负责公司日常经营管理的执行机关，是董事会的执行机构。有限责任公司设经理，由董事会聘任或者解聘。经理负责公司日常经营管理工作，对董事会负责。

4. 监事会

有限责任公司监事会是公司的内部监督机构。《公司法》规定，经营规模较大的有限责任公司设立监事会，监事会成员不得少于 3 人，其职责是监督公司的董事、经理及其高级管理人员是否履行义务和遵守法律法规。监事会应当包括股东代表和适当比例的公司职工代表，其中职工代表的比例不得低于 1/3，具体比例由公司章程规定。监事会中的职工代表由公司职工通过职工代表大会、职工大会或者其他形式民主选举产生。监事的任期每届为 3 年，可以连选连任。

三、一人有限责任公司的特别规定

（一）概念

一人有限责任公司，是指只有一个自然人股东或者一个法人股东的有限责任公司。

（二）特殊规定

（1）一个自然人只能投资设立一个一人有限责任公司。该一人有限责任公司不能投资设立新的一人有限责任公司。

（2）一人有限责任公司应当在公司登记中注明自然人独资或者法人独资，并在公司营业执照中载明。

（3）一人有限责任公司章程由股东制定。

（4）一人有限责任公司不设股东会。股东作出《公司法》第 37 条第 1 款所列决定时，应当采用书面形式，并由股东签名后置备于公司。

（5）一人有限责任公司应当在每一会计年度终了时编制财务会计报告，并经会计师事务所审计。

（6）一人有限责任公司的股东不能证明公司财产独立于股东自己的财产的，应当对公司债务承担连带责任。

四、股份有限公司

（一）股份有限公司的概念和特征

股份有限公司是指全部资本由等额股份构成并通过发行股票筹集，股东以其所认购的股份对公司承担责任，公司以其全部资产对公司债务承担责任的企业法人。

股份有限公司的资本划分为等额股份，每股金额与股份数的乘积即是资本总额。股份有限公司具有以下几个特征：①募股集资公开。股份有限公司募集资本必须向社会公开或在一定范围内公开。②股东数额有底线。即只规定股东最低法定人数，上限不作规定。③全部股份等额。即股份必须化作等额股份。④股份自由转让。⑤典型的资合公司。其本身的组成和信用基础是公司的资本，与股东人身性无联系。⑥设立要求严格。法律规定了公司设立一系列的必备条件和严格程序。在我国，股份有限公司设立须经有关部门批准。

（二）股份有限公司的设立

股份有限公司的设立必须符合法律规定的条件：①发起人应符合法定人数。发起人最低限额为2人，其中过半数要在中国境内有住所。②有符合公司章程规定的全体发起人认购的股本总额或者募集的实收股本总额。③股份发行、筹办事项符合法律规定。④发起人制订公司章程，并经创立大会通过。⑤有公司名称，建立符合公司要求的组织机构。⑥有公司住所。

股份有限公司的设立，可以采取发起设立或者募集设立的方式。发起设立，是指由发起人认购公司应发行的全部股份而设立公司。募集设立，是指由发起人认购公司应发行股份的一部分，其余股份向社会公开募集或者向特定对象募集而设立公司。

公司登记机关自接到股份有限公司设立登记申请之日起30日内作出是否予以登记的决定。对符合《公司法》规定条件的，予以登记，发给公司营业执照；对不符合《公司法》规定条件的，不予登记。

🔊案例

国有企业火炬化工厂与另外一国有企业火星化工原料厂决定共同发起一个股份有限公司。股份有限公司章程规定公司注册资本为人民币 5000 万元。火炬化工厂以厂房、机器设备和土地使用权出资，经评估作价 400 万元；火星化工原料厂以原料及厂房出资，经评估作价 200 万元；另外，火炬化工厂还以本厂的商标及专利技术出资，经评估作价 1100 万元，该专利技术并非高新技术。公司将以募集方式设立，除了发起人按规定认购的股份以外，其余股份准备向社会公开募集。

问题：

（1）发起人是否符合法定人数？

（2）公司注册资本是否符合法定最低限额？

（三）股份有限公司的组织机构

股份有限公司的组织机构包括股东大会、董事会、经理和监事会。

1. 股东大会

股份有限公司股东大会是由公司全体股东共同组成的权力机构，是对公司重大事项行使最终决策权的机构。

股份有限公司股东大会行使的职权，与有限责任公司股东会的职权相比，除有限责任公司的股东向股东以外的人转让出资需股东会作出决议外，其他职权基本一致。

股份有限公司股东大会的形式分为年会和临时会议两种。我国《公司法》规定，有下列情形之一的，应当在 2 个月内召开临时股东大会：①董事人数不足《公司法》规定的人数或者公司章程所定人数的 2/3 时；②公司未弥补的亏损达股本总额 1/3 时；③持有公司股份 10% 以上的股东请求时；④董事会认为必要时；⑤监事会提议召开时。

股份有限公司股东大会的决议分为特别决议和一般决议。特别决议是指对公司合并、分立或者解散和修改公司章程所作的决议，其余的决议为一般决议。特别决议必须经出席会议的股东所持表决权的 2/3 以上通过。

2. 董事会

股份有限公司的董事会是公司股东大会的执行机构，对公司股东大会负责。董事会由 5 人 ~19 人组成。董事会设董事长 1 人，副董事长 1 人 ~2 人。

董事会成员中可以有公司职工代表。股份有限公司董事会行使的法定职权，与有限责任公司董事会行使的职权基本相同。股份有限公司的董事由股东大会按照法律和公司章程规定的决议程序选举产生。董事的任期和有限公司相同。

根据《公司法》的规定，股份有限公司的董事会每年度至少要召开两次会议。除这两次法定应召开的会议外，董事会可以根据需要随时决定召开董事会会议。代表 1/10 以上表决权的股东、1/3 以上董事或者监事会，可以提议召开董事会临时会议。《公司法》规定，股份有限公司董事会会议应由 1/2 以上的董事出席方可举行。董事会决议必须经全体董事的过半数通过。董事应当对董事会的决议承担责任。

3. 经理

股份有限公司的经理由董事会聘任或者解聘。经理依据法律和公司章程的规定行使职权，负责公司的日常经营管理工作，对董事会负责。股份有限公司经理与有限责任公司经理行使的职权基本相同。

4. 监事会

监事会是股份有限公司必设的监督机构。监事会对股东大会负责，向股东大会报告工作。根据《公司法》的规定，监事会成员不得少于 3 人。监事会应在其组成人员中推选出 1 名召集人。监事会由股东代表和适当比例的职工代表组成，具体比例由公司章程规定。

监事会中的职工代表由公司职工民主选举产生。董事、高级管理人员不得兼任监事。监事的任期每届为 3 年。股份有限公司监事会与有限责任公司监事会或监事行使的职权基本相同。

（四）股份发行、转让和上市公司

1. 股份

股份是指按相等金额或者相同比例，平均划分公司资本的基本计量单位，它是股份有限公司资本的构成单位，是股东权利与义务的产生依据。股份在形式上表现为股票。

股份具有以下基本特征：①股份所代表的资本额一律平等；②股份不可分割；③除法律有特别规定外，股份可以自由转让；④股份表现为有价证券，具有流通性。

股票是股份的表现形式，是股份有限公司签发的证明股东权利与义务的要式有价证券。股票与股份有密切联系，股份是股票的价值内容，股票是股份的存在形式。

2. 股份的发行和转让

股份发行是指股份有限公司为设立公司筹集资本或增加资本，通过法定方式分配或发售公司股份的行为。股份发行可分为：①设立发行，即原始发行，指公司设立时的股份发行，目的是为了募足公司得以成立的资本。②新股发行，即增资发行，指股份有限公司成立后，依照法律法规 1 年内不得转让。③公司公开发行股份前已发行的股份，自公司股票在证券交易所上市交易之日起 1 年内不得转让。④公司董事、监事、高级管理人员应当向公司申报所持有的本公司的股份及其变动情况，在任职期间每年转让的股份不得超过其所持有本公司股份总数的 25%；所持本公司股份自公司股票上市交易之日起 1 年内不得转让。上述人员离职后半年内，不得转让其所持有的本公司股份。⑤公司不得收购本公司股份，公司不得接受本公司的股票作为质押权的标的。

　案例

某股份有限公司，1999 年 3 月 10 日成立，股本总额为人民币 3000 万元，其中 2200 万元是向社会公开募集的。2000 年 1 月 8 日，该公司为进行技术改造项目又增发了股份 1000 万元。2002 年，为增加实力，又与另一个股份有限公司合并，两公司于 3 月 10 日作出合并决议，4 月 1 日通知债权人。5 月 6 日开始在报纸上刊登公告 2 次，8 月 1 日正式合并，并进行了工商登记。

问题：该公司上述活动中有无与《公司法》规定不相符的？

3. 上市公司

上市公司是指该公司所发行的股票经国务院或国务院授权的证券管理部门批准在证券交易所上市交易的股份有限公司。

第二节　证券法

一、证券与证券法

（一）证券的概念

证券是指记载并代表一定权利的各类法律凭证的总称，它是用来证明和设定证券持有人有权依照证券所载内容，享有相应的权益的文书。例如，股票、债券、票据、提单、存款单、车票、入场券等都是证券。我国《证券法》所指的证券仅仅是有价证券。有价证券的法律特征有：

1. 是表明持券人享有某种财产权利的凭证

证券作为表示财产权利的证书，体现出权利人财产权利的内容。持券人虽然并不实际占有证券上记载的财产内容，但凭借对证券的持有，即可在法律上享有相关的财产权益。

2. 是具有营利属性的凭证

由于我国《证券法》所规定的证券都属于资本证券，就持券人而言，将其对证券的投入或回收的资金视为投资资本。因此，资本证券体现了资本的增值与风险并存的属性。

3. 是可以自由流通的凭证

证券的流通性源于其权利内容的财产性。由于证券记载了持券人享有的所有权或债权，并由此获得股息、红利、利息等收益，所以证券具有流通性，可以自由转让。通过流通，实物资本的虚拟化得以实现。

（二）证券法调整范围

证券法是调整证券的发行、交易、服务、证券市场监管以及其他相关活动而产生的社会关系的法律规范的总称。证券法有广义和狭义之分。广义的证券法指一切与证券相关的法律规范的总称，而狭义的证券法则单指现行的《证券法》。我国《证券法》是1998年12月29日第九届全国人民代表大会常务委员会第六次会议通过，2004年8月、2005年10月、2013年6月、2014年8月先后四次进行修改。我国《证券法》调整的证券种类包括：①股票，是指公司签发的证明股东所持股份的凭证。②公司债券，是指具有发行公司债券资格的公司，为了筹集生产经营资金，依照法定程序发行的，约定一定期限还本付息的有价证券。③国务院依法认定的其他证券。

（三）证券法的基本原则

证券法的基本原则，是指证券法所特有的，反映证券市场客观发展规律并对所调整的证券关系具有普遍指导意义的行为准则。主要包括以下三项原则：

（1）证券的发行、交易活动，必须实行公开、公平、公正的原则。

（2）证券发行、交易活动的当事人具有平等的法律地位，应当遵守自愿、有偿、诚实信用的原则。

（3）证券的发行、交易活动，必须遵守法律、行政法规；禁止欺诈、内幕交易和操纵证券市场的行为。

二、证券发行与承销

（一）证券发行概述

证券发行是指发行人或承销机构对非特定人以同一条件进行证券要约和销售的行为。《证券法》未对证券发行作直接定义，但根据法律可以归纳出证券发行的法律特征：

1. 证券发行的主体是符合法定条件的组织

《证券法》第10条第1款规定："公开发行证券，必须符合法律、行政法规规定的条件……"这里的"条件"包括了发行主体应当符合的条件。一般来说，发行主体主要包括股份公司、企业、金融机构、证券投资基金发行人4类。

2. 证券发行的客体是有价证券

《证券法》规定的证券即有价证券，具体包括股票、公司债券及国务院依法认定的其他证券。有价证券是一种虚拟资本，它不直接对应公司的特定财产，证券权利以投资收益请求权为核心，其相关权利则较为广泛，如股票所包括的共益权和自益权、债券所包括的清偿请求权等。

3. 证券发行的目的在于筹集资金或调整股权结构

证券发行的对象是不特定的多数人，通过向广大社会投资者发行股票或债券的方式吸收社会资金来解决企业资金不足的问题。此外，股份公司为调整公司资本结构，也可以通过发行股票的方式来进行。

4. 证券发行的程序由法律规定，具有较强的技术性

由于证券发行的对象大都是社会投资者，其行为牵涉面大、影响广，蕴涵着巨大的信用和投资风险，因此各国法律均规定了证券发行程序法定原则，保证其公开性和公平性。证券发行的法定程序通常包括证券发行的准备、审批、核准或登记注册、信息公开等，这些环节均需要较高的技术含量。

（二）我国证券发行的审核制度

1. 我国股票发行的核准制

我国股票发行采用核准制，《证券法》第10条第1款规定："公开发行证券，必须符合法律、行政法规规定的条件，并依法报经国务院证券监督管理

机构或者国务院授权的部门核准；未经依法核准，任何单位和个人不得公开发行证券。"

2. 我国公司债券发行的审批制

根据现行法律法规，我国公司债券发行的审核为审批制。《企业债券管理条例》第11条第1款规定："企业发行企业债券必须按照本条例的规定进行审批；未经批准的，不得擅自发行和变相发行企业债券。"发行审批制的主要内容如下：

（1）额度管理制度。我国对公司债券发行，采取发行额度管理制度。《企业债券管理条例》第10条第1款规定："国家计划委员会会同中国人民银行、财政部、国务院证券委员会拟订全国企业债券发行的年度规模和规模内的各项指标，报国务院批准后，下达各省、自治区、直辖市、计划单列市人民政府和国务院有关部门执行。"

（2）国务院授权的审批部门。按照《企业债券管理条例》第11条的规定，地方企业发行企业债券，由中国人民银行省、自治区、直辖市、计划单列市分行会同同级计划主管部门审批。依照《可转换公司债券管理暂行办法》的规定，可转换公司债券的发行审批机关是中国证监会。

（三）证券承销

1. 证券承销的概念

证券承销是指证券公司根据承销协议，依法协助证券发行人推销其所发行的证券的行为。对此，《公司法》《证券法》《证券发行与承销管理办法》中皆有明确的规定。如《公司法》第87条规定："发起人向社会公开募集股份，应当由依法设立的证券公司承销，签订承销协议。"《证券法》第28条第1款规定："发行人向不特定对象发行的证券，法律、行政法规规定应当由证券公司承销的，发行人应当同证券公司签订承销协议。证券承销业务采取代销或者包销方式。"可见，我国法律规定，向社会公开发行证券，一般由证券公司承销。

证券代销是指证券公司代发行人发售证券，在承销期结束时，将未售出的证券全部退还给发行人的承销方式。证券包销是指证券公司将发行人的证券按照协议全部购入或者在承销期结束时将售后剩余证券全部自行购入的承销方式。证券的代销、包销期限最长不得超过90日。

2. 证券承销的法律特征

（1）证券承销的主体必须是具有合法资格的证券公司。非证券公司的任何组织、个人均不得承销证券发行，即使是证券公司也必须具有合法有效的承销资格。

（2）证券承销内容具有法定性。我国《证券法》及相关法规对承销方式、期限、协议、责任、承销团的组成、承销情况备案、承销商的禁止行为等均作出了规定，承销商承销证券时必须严格按照法律规定的条件和程序完成相应事项。

三、证券上市与证券交易

（一）证券上市制度

1. 证券上市的含义

证券上市是指发行公司与证券交易所之间订立上市契约，使发行公司能将其发行的有价证券在证券交易所的集中交易市场买卖，而证券交易所得向发行公司收取上市费用的法律行为。凡在证券交易所内交易的有价证券统称为上市证券，主要包括股票、债券、证券投资基金券等。对于上市的股票或公司债券来说，其对应的发行人被称为上市公司。

2. 证券上市的条件

在我国，证券上市的条件是由法律、法规以及上海证券交易所、深圳证券交易所的上市规则来共同确定的。

（1）股票上市的条件。根据《证券法》第 50 条的规定，股份有限公司申请股票上市，必须符合下列条件：①股票经国务院证券监督管理机构核准已公开发行；②公司股本总额不少于人民币 3 千万元；③公开发行的股份达到公司股份总数的 25% 以上；公司股本总额超过人民币 4 亿的，公开发行的比例为 10% 以上；④股票发行人在最近 3 年内无重大违法行为，财务会计报告无虚假记载。

（2）债券上市的条件。依照上市程序不同，债券上市可分为授权上市和认可上市两种。授权上市是指上市发行的股份有限公司提出申请，并经证券交易所依照规定程序而批准的债券上市。授权上市的条件和程序较为严格，证券交易所要对申请债券上市的公司进行严格的资格审查，并有权否决不符合本证券交易所上市条件的上市申请，也有权在公司债券上市后终止其继续在本交易所上市。《证券法》、上海证券交易所《交易市场业务试行规则》和深圳证券交易所《业务规则》等对公司债券的上市条件作了详细的规定：①公司债券的期限为 1 年以上；②债券实际发行额不少于人民币 5000 万元；③公司申请其债券上市时仍符合法定的公司债券发行条件。

（二）证券交易制度

1. 证券交易的标的

证券交易的标的必须是依法发行并交付的证券。未经法定程序，擅自发行的证券不能进场交易。尚未交付的证券不能进场交易。另外，《证券法》规定，为股票发行出具审计报告、资产评估报告或法律意见书等文件的证券服务机构和人员，在该股票承销期间和期满后 6 个月内，不得买卖该股票。

2. 证券交易的种类

在我国，证券交易主要以证券现货交易为主，也就是交易双方在成交后立即进行清算交付票据。除此之外，还有国务院规定的其他方式，主要有证券期货交易、证券期权交易和证券信用交易等。

（1）现货交易，又称现金现货交易，指证券交易双方进行买卖行为时，双方当事人以证券经营机构（证券经纪商）作为中介，相互交换标的物（证券与等值货币），并依法办理交割清算手续的交易方式。其主要特点表现在现金与实物的等价交易，可以真实反映市场供求状况和规范交易行为。

（2）期货交易，指证券交易双方在签订的证券期货合约中约定，在该契约规定的日期以约定的证券价格进行清算交割的交易方式。证券期货交易的主要特点是买卖双方成交后不立即进行钱券的清算交割，而是以期货交易合约中确定的日期作为清算交割日。其优点在于可以刺激市场交易行为，增加证券交易量。

（3）期权交易，又称选择权交易，是指在一定期限内证券买卖权的交易。期权交易中的买受人可在与出卖人约定的期限内以协议约定的价格行使证券买卖的权利。期权交易中依照交易行为的方向不同，可以分为看涨期权和看跌期权两种形式。

（4）信用交易，又称保证金交易，指证券交易双方通过向证券经纪人融资或融券形式进行的交易方式。它是现货交易与期货交易的结合形式。由于我国的证券市场尚未成熟，采用信用交易的方式存在极大的风险，因此现行《证券法》及证券交易所的业务规则对其予以禁止。

3. 证券交易的场所

（1）证券交易所，又称场内交易市场，是指由证券交易所组织的集中交易市场，其基本特点是：交易成员的特定性；交易品种的有限性；交易方式的规范性；交易行为监管的可操作性。我国目前仅在深圳和上海设有证券交易所，这两个交易所均为会员制，是提供证券集中竞价交易场所的不以营利为目的的法人。

（2）场外交易场所，又称场外交易市场。场外交易市场是指证券交易不通过证券交易所进行的市场，主要包括店头市场、第三市场和第四市场。其中，店头市场是指证券交易不通过证券交易所，而只是在证券商处即可成交的市场，又称"柜台交易市场"。

四、上市公司的收购

（一）上市公司收购的概述

从法律意义上说，上市公司收购指收购人通过在证券交易所的股份转让活动持有一个上市公司的股份达到一定比例，或者通过证券交易所股份转让活动以外的其他合法途径控制一个上市公司的股份达到一定程度，导致其获得或者可能获得对该公司的实际控制权的行为。在证券法上，上市公司收购主要通过要约收购、协议收购及其他合法方式收购。

（二）我国证券法上的上市公司收购

1. 要约收购

要约收购是上市公司收购的一种最常见、最典型的方式。《证券法》第88 条第 1 款规定："通过证券交易所的证券交易，投资者持有或者通过协议、其他安排与他人共同持有一个上市公司已发行的股份达到30％时，继续进行收购的，应当依法向该上市公司所有股东发出收购上市公司全部或者部分股份的要约。"采取要约收购方式的，收购人在收购期限内，不得卖出被收购公司的股票，也不得采取要约规定以外的形式和超出要约的条件买入被收购公司的股票。

2. 协议收购

协议收购是收购人与目标公司的股东通过达成书面转让股权协议进行收购的方式。协议收购一定属于善意收购，且不在证券交易所内进行，不必交纳任何佣金或费用，因此可大大降低收购成本。目前，在我国上市公司特殊的股权结构以及由此形成的市场分割背景下，协议收购已成为我国证券市场上市公司收购的主要形式。

第三节　保险法

一、保险法概述

（一）保险的概念

保险，是指投保人根据合同的约定，向保险人支付保险费，保险人对于合同约定的可能发生的事故因其发生所造成的财产损失承担赔偿保险金的责任，或者当被保险人死亡、伤残、疾病或者达到合同约定的年龄、期限时承担给付保险金责任的商业保险行为。

（二）保险的分类

（1）根据保险标的不同，可以把保险分成财产保险和人身保险。保险的标的不仅包括有形的财产和人身，还包括无形资产和责任。但由于无形资产和责任总是与财产和人身联系在一起，因此可以把保险分成财产保险和人身保险。

（2）根据保险实施的形式不同，可以把保险分成强制保险和自愿保险。强制保险又叫法定保险，这种保险是基于国家政策的需要而产生的，是否保险与当事人的意志无关。

自愿保险是指保险双方当事人在平等互利、协商一致的基础上自愿订立保险合同，被保险人自由决定投保与否，保险人也有权决定承保与否的保险。

（3）根据承担责任的次序和方式不同，可以把保险分成原保险和再保险。原保险也称为第一次保险，是指保险人对被保险人所受到的保险事故损失直接承担风险责任。

再保险又叫分保险或第二次保险，是指原保险人将其承担的保险责任的一部分或全部再进行投保。

二、保险法的基本原则

（一）自愿原则

这是指保险法律关系的当事人即投保人、保险人以及被保险人、受益人，有权根据自己的意愿设立、变更或终止保险法律关系，不受他人干预；投保人有权选择保险人和保险的种类、保险的范围、责任等。

（二）最大诚实信用原则

由于保险活动的特殊性，保险的危险具有不确定性，且投保的人数特别多，保险人主要依据投保人对保险标的的告知和保证来决定是否承保和收取保费，因此法律对诚实信用的要求程度远远高于其他民事活动，保险合同被称为是最大的诚信合同。

案例

高女士为自己向保险公司投保了重大疾病险，保险公司予以承保。高在保险期限内患病，经三家医院诊断，一致认为其患有急性心肌梗死。高女士心想自己刚好有保险，算是不幸中的万幸，随即向保险公司提出理赔，要求保险公司给付保险金。保险公司明确答复：拒绝给付。保险公司认为高虽患心肌梗死，但其病不符合其保险条款中关于"心肌梗死应同时具备 3 项医学指标"的要求，故根据合同规定，如不能同时具备上述 3 项医学指标，保险公司应当免除赔付的责任。通过法医鉴定，得出了不利于高的结论：她所患的心肌梗死确有一项不符合保险条款规定的指标。高却认为，在订立合同时保险公司并未对"心肌梗死应同时具备 3 项医学指标给予保险赔付"规定作出说明，自己并不知道 3 项指标的医学含义；特别是该份保险单在字面上没有对保险公司的免责条款作出着重说明，保险公司也未做清楚的交代。保险公司辩解说，订立合同时，本公司已将免责条款对投保人进行了口头说明，该免责条款是有效的。

问题：保险公司应否承担赔偿责任？

（三）保险利益原则

保险利益又叫可保利益，是指投保人对保险标的具有的法律上承认的利益。保险利益主要有两方面的含义：①对保险标的有保险利益的人才具有投保资格。②保险利益是认定保险合同有效的依据。保险利益强调保险人承保的保险标的一定要与投保人有利益关系。

我国《保险法》规定投保人对于保险标的应当有保险利益，投保人对于保险标的不具有保险利益的，保险合同无效。因此保险利益原则是各国保险法的重要原则之一。

◁案例

张某有配偶李某和儿子张甲，2004 年 1 月，张甲经与张某协商取得其书面同意，为张某办理了人寿保险，期限为 3 年，张某指定受益人为其妻李某。保险合同约定张某死亡后保险公司一次性向李某支付保险金 2 万元。2004 年 4 月，张某突感身体不适，经查为肝癌晚期，6 月 5 日，张某死亡。

问题：张甲与保险公司所订立的保险合同效力如何？为什么？

（四）近因原则

近因原则是指只有在损坏结果的形成与危险事故的发生有直接的因果关系时，保险人才负损坏赔偿的责任。因此近因原则又被称为因果关系原则。保险事故与损坏结果之间必须有直接的因果关系，否则保险人不予承担保险责任，这种因果关系是指有支配力或者有效力的因果关系。近因原则强调在保险合同中保险人仅赔偿由保险人承保的保险责任范围内的保险标的的损失，其目的是为了保障保险人的利益。

三、保险合同通则

（一）保险合同的概念与特点

1. 保险合同的概念

《保险法》第 10 条规定，保险合同是投保人与保险人约定保险权利义务关系的协议。所以，保险合同的定义可以表述为：保险合同是指投保人向保险人支付保费，保险人对于承保的在保险责任期间所保险事故所造成的损失承担补偿责任，或者在合同约定的期限届满时，承担给付保险金的责任的协议。

2. 保险合同的特点

保险合同除具有一般合同的特点外，还具有自己的特点，保险合同的特点有以下几方面：

（1）保险合同是特殊的双务合同。保险合同中投保人的主要义务是向保险人支付约定的保险费。保险人的主要义务是当发生了合同中约定的保险事故时向被保险人支付保险金或进行赔偿，而这一义务并不一定会必然发生。

（2）保险合同是最大的诚信合同。诚信原则是民事活动的基本要求，任何合同的订立和履行都必须建立在诚信的基础之上，保险合同也不例外。但由于保险的特殊性，对保险合同当事人的诚信要求比一般合同要高。这是保险法中的基本要求，当然也是保险合同的要求。

（3）保险合同是射幸合同。射幸合同是指合同当事人义务的履行有赖于偶然事件的发生的这种特殊的机会性合同。对于投保人而言，通过向保险人支付保费获得了将来可能得到补偿的机会。

（4）保险合同是附合合同。附合合同是指合同的一方当事人只限于接受或者拒绝另一方提出的条件，合同不是经过双方当事人充分协商而订立的。保险合同就具有这样的特点。由于保险的发展，使保险手续快速简洁成为一种客观需要，保险合同出现了合同的技术化、定型化和标准化的趋势。即由保险人事先拟订保险合同的基本条款，投保人只能接受或者拒绝，而不能像一般合同的订立那样经过反复协商的过程。

（二）保险合同的当事人与关系人

1. 保险合同的当事人

保险合同的当事人是指订立合同并在保险合同中承担保险权利义务的主体。它包括保险人和投保人。

（1）保险人。指依法经营保险业务，与投保人订立保险合同并向投保人收取保费，建立保险基金，当保险事故发生时或者保险期限届满时向被保险人承担赔偿责任或者给付保险金的主体。我国《保险法》第10条第3款对保险人作了明确的规定："保险人是指与投保人订立保险合同，并按照合同约定承担赔偿或者给付保险金责任的保险公司。"

（2）投保人。投保人是指与保险人订立保险合同，并按照合同约定负有支付保险费义务的人。投保人既可以是法人，也可以是自然人。我国《保险法》第12条规定，人身保险的投保人在保险合同订立时，对被保险人应当具有保险利益。财产保险的被保险人在保险事故发生时，对保险标的应当具有保险利益。

2. 保险合同的关系人

保险合同的关系人包括被保险人和受益人。

（1）被保险人。也称为"保户"，指其财产或者人身受保险合同保障，享有保险金请求权的主体。无论在财产保险中还是在人身保险中，投保人和被保险人既可以是同一人，也可以是不同的主体。

被保险人必须是在保险事故发生时其财产或生命、身体直接受到损害的人。无论在财产保险中还是在人身保险中，被保险人都是保险标的的权利主体，对保险标的具有保险利益。

当保险事故发生时，被保险人的财产、生命和身体将受到损失或者损害，其保险利益应受到保险合同的保障。

（2）受益人。指在人身保险中由投保人或者被保险人指定的享有保险金请求权的人。受益人必须在保险合同中载明，或者由投保人向保险人申明更换。当投保人与受益人是不同主体时，投保人变更受益人必须经过被保险人的同意。

◀ 案例

甲于 2003 年 5 月 20 日经其婆婆乙同意后为乙购买了一份简易人身保险，指定受益人为乙之孙、甲之子丙，丙当时 10 岁。保险费从甲的工资中扣交。交费 2 年后，甲与乙之子丁离婚，法院判决丁享有对丙的抚养权。离婚后甲仍按照合同约定履行交纳保险费的义务。2005 年 12 月 10 日乙病故，2006 年 1 月甲得知后向保险公司申请给付保险金，甲主张：自己是投保人，一直交纳保险费，而且是受益人丙的母亲；与此同时，丁提出：被保险人是自己的母亲，本保险合同的受益人是丙，自己作为丙的监护人，这笔保险金应由他领取；保险公司则以甲因离婚而对乙无保险利益为由拒绝给付保险金。

问题： 甲要求给付保险金的请求是否合理？为什么？

（三）保险合同的订立与生效

1. 保险合同的订立形式

我国《保险法》第 13 条第 1、2 款规定："投保人提出保险要求，经保险人同意承保，保险合同成立。保险人应当及时向投保人签发保险单或者其他保险凭证。保险单或者其他保险凭证应当载明当事人双方约定的合同内容。当事人也可以约定采用其他书面形式载明合同内容。"因此，我国保险合同的形式为书面形式。其具体形式主要有投保单、保险单、暂保单和保险凭证。

（1）投保单。投保单是指投保人向保险人申请订立保险合同的书面要约。投保单通常由保险人制成统一格式，投保人依照要求逐一据实填写并交付保险人即完成投保。在填写投保单时，投保人必须如实填写，否则可能会影响保险合同的效力。投保单本身不是保险合同，但是一经保险人接受之后，即成为保险合同的组成部分。

（2）暂保单。暂保单又叫临时保单，它是保险人或者其代理人在正式保单出具给被保险人之前签发给被保险人的保险凭证，它表明保险人已经接受了投保人的投保。暂保单的内容比较简单，只载明被保险人的姓名、险种、保险的标的等重要事项，未列明的事项，均以正式保单上的内容为准。暂保单的效力与正式保单的效力相同，但有效期较短，一般为30天。正式保单签发之后，暂保单失效。

（3）保险单。保险单简称保单，它是保险人与投保人之间订立的保险合同的正式书面形式，由保险人制作签章后交付投保人。保险单应将保险合同的全部内容包括在内。发生保险事故时，保险单是被保险人向保险人索赔的主要凭证，也是保险人向被保险人赔偿的最主要依据。

（4）保险凭证。保险凭证又被称为小保单，是一种简化的保险单，它是保险人出具的证明保险合同已有效成立的另一种法律文件，与保险单具有相同的效力。凡保险凭证上未载明的情况以正式保险单为准。

2. 保险合同生效的条件

（1）保险合同的主体合法。订立保险合同的投保人必须是合法且具有完整的民事行为能力的主体。

（2）投保人对保险标的具有保险利益。按照保险利益原则的要求，投保人必须对保险标的具有保险利益，无保险利益则无权订立保险合同，即使订立了保险合同，其保险合同也无效。

（3）当事人意思表示一致。当事人意思表示一致是指合同应当反映当事人的真实意思，如果在订立合同的过程中一方采取欺诈、胁迫、乘人之危导致合同的订立违背当事人的真实意思表示，则合同可撤销或无效。

（4）保险合同的内容合法。保险合同内容的合法性是指保险合同的内容不得违反法律的禁止性规定，不得违反社会公共利益和社会公共道德。

（5）投保人缴纳了保险费。缴纳保险费是投保人应当履行的最主要的义务。在财产保险中保险费一般是一次付清，通常要求投保人在投保后的15天之内一次付清保险费；在人身保险中，保险费一般是分期支付的。依照保险的惯例，人身保险合同成立之后，其效力并不立即发生，只有投保人缴纳了第一期保险费时保险合同才生效。

（四）保险合同的履行

保险合同是一种双务合同，合同成立后双方当事人应承担相应的义务。

1. 投保人的义务

（1）缴纳保费的义务。向保险人缴纳保费是投保人最主要的义务。在财产保险中，保险费的缴纳一般是采用一次缴纳的方式；在人身保险中，保险费的缴纳一般采用分期缴纳的方式，当投保人向保险人支付了第一期保险费时保险合同才生效，以后各期的保险费投保人应当按期缴纳。

（2）危险增加的通知义务。指在保险合同的有效期内，保险标的的危险程度增加，投保人或被保险人应按照保险合同的规定及时通知保险人，保险人有权要求增加保险费或解除保险合同。若未履行危险增加的通知义务，则对于保险标的因危险增加而发生的保险事故造成的损失，保险人不承担赔偿责任。

（3）出险通知义务。出险通知义务是指保险事故发生时投保人、被保险人或受益人在知道保险事故发生后及时通知保险人。出险义务的规定在于能使保险人迅速调查取证，采取适当的方法防止损失进一步扩大，并为赔偿和给付做好准备。

（4）出险施救义务。出险施救义务是指保险事故发生时，投保人或者被保险人有责任尽力采取必要的措施防止和减少损失。保险事故发生后被保险人和投保人为防止或减少损失所支付的必要的费用由保险人承担，保险人所承担的数额在保险标的的损失赔偿金外另行计算，最高不超过保险金额的数额。

2. 保险人的义务

（1）赔偿或者给付保险金的义务。赔偿或给付保险金是保险人最主要的义务。它是指在保险事故发生后或在约定的给付保险金的条件具备时，由保险人按照约定向被保险人或者受益人支付保险金。

（2）及时签单的义务。保险合同成立后，保险人应及时向投保人签发保险单或其他保险凭证。及时向投保人或者被保险人签发保险单，是保险合同成立后保险人的法定义务。

（3）保密义务。保险合同是最大诚信合同，在保险合同的订立中，投保人应对保险人的询问忠实告知。为了保护投保人及被保险人的合法权益，要求保险人对在办理保险业务过程中知道的投保人、被保险人的业务和财务情况及其他秘密负有保密的义务。

第四节　反不正当竞争法

一、竞争的概念及其原则

（一）竞争的概念

所谓竞争，是指商品生产者和经营者为了获取某种利益而实施的经济行为。具体而言，就是商品生产者和经营者为了取得有利的产销条件、在市场上占有更大销售额以追求最多经济效益而进行的活动。

竞争是市场经济的一个基本特征和固有规律，竞争一方面可以调动生产经营者的积极性，促进全社会的技术进步和生产力的提高，使整个经济充满生机和活力，推动市场经济向前发展；另一方面，由于其优胜劣汰的残酷性，可能诱发某些消极因素的增长，冲击正常的经济运行秩序。因此，市场经济要发展，唯一的选择就是开展正常的、有规则的市场竞争，制定规范市场竞争的法律，这既是规范市场交易行为，保护公平竞争，维护市场秩序的需要，也是为了对不正当竞争行为、限制竞争行为和垄断行为作出界定，明确正当竞争与不正当竞争、竞争与限制竞争的界限，对经营者的行为设定标准，对合法行为给予保护和鼓励，对违反竞争规则的行为加以制止和惩罚，对受害者给予法律上的救济，从而建立起以公平竞争为核心的市场经济秩序，这是经济立法的重要内容。

（二）竞争的原则

竞争的原则是指商品生产者和经营者在市场竞争和交易中必须遵守的基本准则，主要有以下几个方面：

1. 自愿平等原则

在竞争和市场交易活动中，当事人的法律地位是平等的。平等是指市场主体能够按照统一的市场价格取得生产要素，能够机会均等地进入市场和进行商品交换，不能采取行政干预、地方封锁和分割、欺骗、"走后门"等不正当手段。在市场交易中，任何商品交换都是双方的活动，应该尊重当事人的自主自愿。

2. 合法竞争原则

合法竞争是指经法律确认的市场主体在国家法律、法规、政策和计划允许的范围内进行竞争。其含义包括：一是指主体必须是依法成立的经济组织或有合法经营资格的个体生产、经营者；二是指竞争的内容合法；三是竞争手段合法。

3. 诚实信用原则

生产者和经营者在竞争中真诚相待、讲究信用、依法经营、文明经商、不弄虚作假、遵守合同、以正当手段获取合法利润等，就是诚实信用原则的要求。

二、不正当竞争和反不正当竞争法

（一）不正当竞争概述

1. 不正当竞争的含义

不正当竞争有广义和狭义之分。广义上讲，不正当竞争泛指一切违反商业道德和善良风俗，违反有关法律法规而从事商品生产和经营的行为。其中包括垄断、限制竞争和以不正当的手段从事竞争三大类。狭义上讲，所谓不正当竞争，是指经营者违反法律、法规和商业道德，损害其他经营者的合法权益，扰乱社会经济秩序的行为。我们这里使用的概念指狭义的概念。

不正当竞争，从模糊概念上看，似乎不难理解，但若要对其进行明确的法律界定却并不容易。我国《反不正当竞争法》规定："本法所称的不正当竞争，是指经营者违反本法规定、损害其他经营者合法权益、扰乱社会经济秩序的行为。"这个定义包含了三层含义：

（1）不正当竞争的主体是经营者，即指从事商品经营和营利性服务的法人、其他经济组织和个人；

（2）行为具有违法性，违反公平合理、诚实信用的原则；

（3）行为具有损害他人合法权益、扰乱社会秩序的危害性。

在执法实践中，应从上述几个方面来把握不正当竞争行为。

2. 不正当竞争的特征

依照法学原理对不正当竞争行为的构成要件进行分析，有利于准确把握界限，正确适用法律。从上述不正当竞争的含义来看，不正当竞争行为主要有以下特征：

（1）不正当竞争行为的主体是特定主体。我国《反不正当竞争法》第2条第3款规定："本法所称的经营者，是指从事商品经营或者营利性服务（以下所称商品包括服务）的法人、其他经济组织和个人。"根据该条规定，我国不正当竞争的主体，应是在商品流通领域中，从事商品购销、保管、运输活动，饮食服务，日用消费品修理等劳务活动，以及处于成品售卖阶段的商品经营活动的企业、其他经济组织和个体工商户。因为任何产品只有通过流通（交换和服务）过程，才能从生产领域转移到消费领域。不正当竞争行为的主体，就是从生产领域转移到消费领域的竞争实施者。其主要有两种情况：一种是主体本身合法，即经工商行政管理机关依法核准登记的企业、经济组织和个体工商户，在商品经济竞争中实施了不正当竞争行为；另一种是主体本身不合法，即未经工商行政管理机关依法核准登记的企业、经济组织和个体工商户，在商品经济竞争中实施了不正当竞争行为。

依照我国《民法通则》的规定，企业法人是指具有民事权利能力和民事行为能力，依法独立享有民事权利和承担民事义务的营利性经济组织。在不正当经济行为主体中，法人是一种最为常见的主体。因为企事业法人组建的目的在于进行经济行为和公用事业，势必与其他主体发生竞争意义上的权利义务纠纷。这种纠纷一旦被反不正当竞争法律规范调整，就会形成不正当竞争法律关系，这种法人自然也就成了不正当竞争行为主体。目前，这类法人在我国主要有国有企业、集体企业、私人企业、中外合资经营企业、中外合作经营企业、外资企业和联营企业等。

其他经济组织是指不具备独立法人资格的从事经济活动的组织。依照我国《民法通则》的规定，主要有非法人联营组织、个人合伙、其他事业机构等。我国目前的联营主要有三种形式：①法人型联营，即联营之后成为取得法人资格的新的经济实体，这种联营的法律地位和法人相同。②合伙型联营，即联营之后并不取得新的法人资格，而是作为一种合伙组织，以合伙字号进行登记，并作为当事人，由各联营实体的主要负责人为主体负责人。③协作型联营，也称松散型联营，即联营各方以合同形式组成一种松散的联合，分别以各自的名义对外承担法律责任。这些经济组织在参与生产经营活动中，如果从事了不正当竞争行为而被法律规范调整，也会成为不正当竞争行为主体。

个体工商户和农村承包经营户也可以成为不正当竞争行为的主体。个体工商户是依法经工商核准登记从事工商业经营的个体户；农村承包经营户是按照承包合同规定从事商品经营的农村个体户。个体工商户和农村承包经营户在从事经营活动中，经常会发生不正当竞争行为。对于个体工商户，以营业执照上登记的业主为主体当事人；农村承包经营户，若是个人承包，以个人为主体当事人；若是家庭承包，户主为主体当事人。

（2）不正当竞争行为存在于特定的商品经济领域中。不正当竞争行为存在于商品经济活动中，即商品的流通领域内或商品的交换、服务过程中。从国外立法来看，前南斯拉夫从立法上确定不正当竞争存在的区域，即反不正当竞争法作用的区域是统一市场内商品交换和服务或其他经济活动；美国也从立法上将不正当竞争产生和存在的领域限定在商业领域内。我国《反不正当竞争法》将不正当竞争产生和存在的领域限定在商品经济活动中，既解决了反不正当竞争法律规范的适用领域，也确立了不正当竞争的特定指向——区别于政治、体育和生活中的不正当竞争行为。

（3）不正当竞争行为主体的违法行为在主观上必须是故意的。不正当竞争行为是行为人的直接故意。即经营者知其行为不正当，并且会给竞争对手造成损害，还实施该行为并希望损害结果的发生。因为竞争对手所遭受的损害和所失去的利益正是不正当竞争行为人所企图达到的目的。这种故意是推定意义上的，即一般智力状态下公认应知的，行为人不得借口不知而免除责任。关于这一点，我国《反不正当竞争法》本身并未明确规定，但从列举的具体行为中可以得出不正当竞争行为均系主观上的故意行为。

（4）不正当竞争行为造成的损害结果具有二元性。我国《反不正当竞争法》重视行为的违法性，即使损害后果尚未发生，仍可构成违法。如制造假冒商标标识行为，不一定已经出售，只要实施了仿冒制造行为，即构成违法。不正当竞争行为实施的结果是已经发生的或可能带来的经济损害，包括对其他竞争者、消费者及市场经济秩序的损害等方面的内容。

给其他竞争者的合法权益造成的损害泛指经营权实现的障碍、经济利益的损失和经济效益的下降。这里所指竞争者，一是针对特定具体的或者潜在的竞争者而进行的；二是针对其他一般的非特定的竞争者或潜在竞争者进行的。可见，不正当竞争行为的存在，并不要求有竞争关系的存在。反不正当竞争法的首要任务就是要保护市场其他竞争者的利益免遭妨碍公平正当竞争的行为的侵害。

对消费者利益的侵害中的"消费者"是一个普遍化的概念，通常是指受竞争行为影响的有利害关系的人，包括最终消费者和商业客户。消费者利益的保护在具体的不正当竞争行为案件中，往往表现为对少数或者部分消费者的利益的直接保护和对整体消费者共同利益的间接保护。

对市场经济秩序的损害，主要适用客观判别法则，只要经营者实施了不正当竞争行为，就应该受到惩罚，至于损害的大小和影响的范围，仅是处罚时予以考虑的情节与后果问题。如以制售假冒伪劣商品、侵犯他人商业秘密等不正当竞争手段参与市场竞争的，直接扰乱了社会经济秩序，阻碍正当竞争所具有的引导生产、消费等作用的发挥，抑制市场经济应有的活力，严重妨碍技术进步和社会生产力的发展。

（5）不正当竞争行为与损害结果之间具有因果关系。任何违法犯罪的构成要件，都必须强调行为与结果之间的因果关系，否则就可能导致客观归罪和执法混淆。不正当竞争行为也必须重视这种因果关系——即使后果尚未发生。

◀▶ 案例

2003 年 10 月 20 日，王某到南京市金鹰国际购物中心"范怡文"专柜为女友买了一件标价 3980 元的羽绒服。两天后，王某以女友穿这件衣服太大为由要求退货。售货员办理了退货。但没过多久，"范怡文"专柜负责人在金鹰购物中心对面的一条巷子里发现了一家名为"羽绒服名衣工作室"的小裁缝店，门口的模特身上穿的一件黑色羽绒服和专柜卖过的那件一模一样，开价是 980 元，经讨价还价，降到 700 块钱。裁缝店的老板就是几天前来买衣服又退货的王某。经证实，该款式服装是"范怡文"专柜花了 5 万元设计费请专业人士设计的新式样。

王某认为，自己仿制的服装并没有贴上"范怡文"的品牌，自己这么做并没有什么不对，只是参照而已。做服装，书上所有的东西都可以参照，商店所有的东西都可以参照。

问题：王某的说法对吗？

（二）反不正当竞争法的概念及调整对象

1. 反不正当竞争法的概念

反不正当竞争法的概念有广义和狭义两种理解。广义的反不正当竞争法，是指调整发生在市场竞争中的不正当竞争行为的法律规范的总称。狭义的反不正当竞争法专指《中华人民共和国反不正当竞争法》（以下简称《反不正当竞争法》），该法于 1993 年 9 月 2 日第八届全国人民代表大会常务委员会第三次会议通过，自 1993 年 12 月 1 日起施行。

2. 反不正当竞争法的调整对象

我国《反不正当竞争法》在借鉴各国立法经验的同时，主要从我国市场经济发展的现有水平和实际需要出发，对现实生活中表现得比较典型的或随着经济发展会日益突出的那些破坏竞争秩序的不正当竞争行为以及部分限制竞争行为进行规范。其调整范围有：

（1）狭义上的不正当竞争行为。由于我国处于从计划经济向市场经济的过渡时期，市场经济尚未完全发育，典型的经济垄断和限制竞争行为在经济生活中并不突出；而以欺诈利诱为特征的各种不正当竞争行为开始大量出现，尤其是制售假冒伪劣商品、制作发布虚假广告、抽奖式有奖销售、商业贿赂行为等最为突出。这些行为涉及面广，发案数量多，持续时间长，已在相当程度上破坏了正常的商品交易秩序，妨碍了市场经济的健康发展，对其进行规制和予以制裁实属当务之急。

根据我国《反不正当竞争法》的规定，这类不正当竞争行为主要有：采用假冒或混淆手段从事市场交易的行为；侵犯他人商业秘密的行为；利用贿赂性销售进行竞争的行为；损害竞争对手的商业信誉、商品声誉的行为；进行虚假的广告宣传，损害经营者或消费者的利益，破坏市场秩序的行为；违反本法规定的有奖销售行为。

（2）行政性垄断及限制竞争行为。针对我国目前存在的严重部门垄断和地区封锁以及其他限制竞争行为，我国《反不正当竞争法》亦作了相应的禁止和制裁的规定。《反不正当竞争法》规定的政府垄断及限制竞争行为主要包括：政府利用行政权力限制商品流通，限制正当竞争的行为；公用企业或其他具有独占地位的经营者限定他人购买指定商品，排挤其他竞争对手的行为；以排挤竞争对手为目的，以低于成本的价格销售商品的行为；搭售商品或附加其他不合理条件的行为；串通投标的行为等。

（三）反不正当竞争法的特征及基本原则

1. 反不正当竞争法的特征

我国《反不正当竞争法》最显著的特征是调整对象的特殊性，即调整发生在市场竞争中的不正当竞争行为。法律明确规定经营者的哪些行为是不正当竞争行为，应予以制止。对行为主体而言，法律不是直接规定其享有哪些权利，而是规定其负有哪些不作为的义务。反不正当竞争法通过制止不正当竞争行为、制裁违法行为来保护自由公平合理竞争，保护其他经营者的合法权益，维护社会经济秩序。

2. 反不正当竞争法的基本原则

《反不正当竞争法》的基本原则是指市场竞争者在市场交易行为中必须遵循的基本准则。凡是参与市场交易的交易主体所实施的交易行为都适用于这些基本准则。根据我国《反不正当竞争法》的规定，经营者在市场交易中，应当遵循自愿平等、公平、诚实信用的原则，遵守公认的商业道德，这与民法的平等、公平、自愿、诚实信用的原则精神一致。这些基本原则反映了商品经济社会对经营者的必然要求，是衡量一切交易行为的道德标准，也是带有法律强制性的法律准则。

（1）自愿原则。自愿原则，是指经营者能够根据自己内心的真实意愿来参与特定的市场交易活动，设立、变更和终止特定的法律关系。自愿原则之所以被《反不正当竞争法》作为基本原则规定下来，在于自愿原则是包括市场交易在内的一切民事活动的主要前提。市场交易是在不同的经营者之间进行的，经营者为了达到最佳决策，必须选择最有利的交易条件与他人进行商品交换以实现最大的经济利益。只有在排除了对经营者的意志自由限制的情况下，这一选择和交换才能合理达成。自愿交易意味着市场竞争中的优胜劣汰，违背自愿原则而限制经营者的交易自由，必然导致保护落后、限制公平竞争、扭曲交易关系等结果。

自愿原则包括了三层含义：一是经营者可以自主决定是否参与某一市场交易活动，这是经营者的权利和自由，他人无权干预；二是经营者可以根据自己的意愿自主地选择交易对象、交易内容和交易条件以及终止或变更交易的条件；三是经营者之间的交易关系反映了双方真实的意思表示。因此，以胁迫、强制手段进行交易，或者利用自己的优势地位强迫对方接受不合理的条件，都违背了自愿原则。例如铁路部门卖火车票时强行要求旅客购买旅游券、电信部门安装电话时指令用户购买电话机，都属于这类不正当的行为，都违背了消费者的真实意愿。对此，我国《反不正当竞争法》在许多条款里都作了具体规定。

（2）平等原则。平等原则是指任何参与市场交易活动的经营者的法律地位平等，享有平等的权利能力，在平等的基础上平等协商，任何一方都不得将自己的意志强加给对方。《反不正当竞争法》中对平等原则的规定，与我国《民法通则》相一致。

平等原则与自愿原则一样，都是经营者主体性的体现，只有平等才有真正的自愿，而自愿往往是主体平等的表现。经营者一旦进入市场，不论其规模大小、所有制形式如何，在法律上都应该是平等的。基于这一原则，那些在市场交易中滥用经济优势或依法具有的独占经济地位排挤其他竞争者的行为，某些地方政府或所属部门运用行政权力进行市场分割和封锁来限制商品流通的做法，都是与平等原则相背离的。《反不正当竞争法》除原则性的规定外，第3、6、7、12条规定的内容是平等原则的具体表现。

（3）公平原则。公平原则一般是指在市场交易中应当公平合理、权利义务相一致。一般来讲，公平、公正等属于社会道德观念，在实践中人们常用它来对某种法律没有明确规定的行为进行评价和判断。而且，对公平的内涵会随着时间的推移而不断地变化和充实。在市场竞争中，公平原则与平等原则常常联系在一起。只有在平等的基础上开展的竞争才有可能谈得上是平等的竞争。

《反不正当竞争法》的公平原则主要有两个方面的含义：①交易条件的公平。交易条件应该是真实的，并且交易机会是平等的，反对任何采取非法的或不道德的手段获取竞争优势的行为。②交易结果的公平。交易双方交易以后对权利和义务的设定大致相当，不能显失公平，更不能一方只享有权利，另一方只承担义务。形成这种不公平的结果，往往是由于无自愿可谈，至多也只是形式上的自愿，所以就没有公平。

（4）诚实信用原则。诚实信用原则可以简称为"诚信原则"。诚实信用原则既是现代市场经济中公认的商业道德，同时也是道德规范在法律上的表现。我国《反不正当竞争法》把它确立为基本原则，还在具体的条款中作了规定。

在市场交易活动中，诚实信用原则要求经营者应以善意、诚实的态度与他人进行交易，并恪守信用，不践踏诺言，反对任何欺诈性的交易行为，如假冒他人注册商标，擅自使用知名企业的名称、字号，秘密窃取商业秘密或违反保密义务故意泄露他人的商业秘密，以及对商品的各项要素作虚假宣传或说明等。这些行为不仅违背了诚实信用的商业道德，也违反了我国《反不正当竞争法》的规定，采取欺诈或引人误解的各种手段，不劳而获，或者不正当地谋取竞争优势。不论是哪种行为，都会使公平公正的市场交易蒙上阴影。

（5）遵守公认的商业道德。公认的商业道德是指在长期的市场交易活动中形成的、为社会所普遍承认和遵守的商业行为准则。公平和诚实信用是市场交易最基本的道德要求，"公认的商业道德"则是以公平和诚实信用等观念为基础而发展起来的具体商业惯例。立法吸收了一些重要的商业惯例，使之成为法律规范。但是，有限的法律条文不可能涵盖商业道德的全部内容。社会生活随着时间的变迁而变化无穷，公认的商业道德也在不断被"公认"而确立。因此，确立"遵守公认的商业道德"这一原则，对于发挥市场自身的调节功能，弥补制定法的不足，具有重要意义。

三、我国法律禁止的不正当竞争行为

《反不正当竞争法》列举了普遍予以禁止的典型的不正当竞争行为和我国现实经济生活中表现突出、危害严重、迫切需要制止的不正当竞争行为。我国法律关于禁止的不正当竞争行为的规定如下所述。

（一）假冒、仿冒行为（商品混同行为）

假冒、仿冒行为是一种欺骗性不正当竞争行为，指经营者采用商标混同、名称混同或商品混同手段，非法利用其他经营者的商业信誉、商品信誉，取得竞争优势的不正当竞争行为。

经营者不得采用下列不正当手段从事市场交易，损害竞争对手：

1. 假冒他人的注册商标

商标注册人对已经注册的商标享有受法律保护的专用权，未经其许可，任何人都不得在同一种商品、同一种服务或类似商品、类似服务上使用与其注册商标相同或相近似的商标。假冒注册商标，从商标法来看是一种侵犯注册商标专用权的行为，但从市场竞争的角度看，由于假冒了注册商标所有人的商标，使人误认为假冒者的商品是注册商标所有人的商品而购买，这势必影响商标所有人的商品销售，构成不正当竞争行为。所以说，假冒注册商标行为同时为商标法和反不正当竞争法所调整。假冒注册商标不正当竞争行为的表现形式在《反不正当竞争法》中没有具体规定，但实际上就是商标侵权行为的表现形式。

2. 擅自使用知名商品特有的名称、包装装潢，或者使用与知名商品近似的名称、包装装潢，造成和他人的知名商品相混淆，使购买者误认为是该知名商品

这一不正当竞争行为的构成要件有：

（1）名称、包装、装潢须为知名商品所特有。其涵义是：被擅自使用的名称、包装、装潢既不是普通商品的，也不是知名商品非特有的。使用普通商品的名称、包装、装潢以及知名商品非特有的名称、包装、装潢不构成不正当竞争行为。所谓知名商品是指在相关大众中有一定知名度的商品。一般来讲，如果某一商品能够得以较长时期并广泛地销售、使用，在其相关领域广为人知并有较好的信誉，则可以认定其为知名商品。所谓特有的名称、包装、装潢，是指经营者自己的商品与其他商品相区别的标志。只有这样，才能成为知名商品的象征，对它的擅自使用才能构成不正当竞争行为。如小瓶可口可乐的裙身玻璃瓶即为其特有包装。

（2）不正当竞争行为在客观上表现为两种基本形式：一种是使用与他人知名商品相同的名称、包装、装潢，即作相同使用；另一种是使用与知名商品近似的名称、包装、装潢，即作相近似的使用。

3. 擅自使用他人的企业名称或者姓名，引人误认为是他人的商品

这里的企业名称或姓名是一个广义的概念，指的是参与市场交易的经营者的名称，包括各种所有制形式的企业的名称、各种组织形式的企业名称，以及个体工商户和从事生产经营活动的事业单位的名称。姓名包括了无名称、字号的个体工商户、个人合伙的投资者在市场交易中使用的自己的姓名。

案例

1992 年美国鸿利公司来华投资，经营餐饮业，并将其经营的餐厅一直冠以"美国加州牛肉面大王"名称，至今在北京已先后设有二十余家"美国加州牛肉面大王"连锁店。美国鸿利公司的"红蓝白"装饰牌匾，于 2005 年 11 月 3 日在我国获得外观设计专利。2005 年 9 月 30 日，美国鸿利公司向我国国家工商行政管理局申请将自用的"美国加州牛肉面大王"注册为服务商标，至 2006 年 5 月仍未获批准。2005 年 4 月 1 日，北京馨燕快餐厅开业。自开业始，该餐厅的横幅牌匾即打出"美国加州牛肉面大王"名称，牌匾的颜色依次为红白蓝三色，霓虹灯招牌上亦标有"美国加州牛肉面大王"字样。2005

年 6 月 7 日，经美国鸿利公司请求，北京市西城区展览路工商所责令北京馨燕快餐厅将其横幅牌匾上的"美国加州牛肉面大王"以及霓虹灯上的"国""州"两字除去。北京馨燕快餐厅仅将横幅牌及霓虹灯上的"国""州"两字除去，将横幅牌匾及霓虹灯上的字样改为"美加牛肉面大王"，"国""州"两字在横幅牌匾及霓虹灯上的空缺处仍在。为此，美国鸿利公司遂于 2005 年 5 月 12 日向北京市第一中级人民法院起诉。

问题：被告的行为属于不正当竞争行为吗？

4. 在商品上伪造或者冒用认证标志、名优标志等质量标志，伪造产地，对商品质量作引人误解的虚假表示

认证标志是质量认证机构准许经其认证产品质量合格的企业在产品或包装上使用的质量标志。名优标志是经国际或国内有关机构或社会组织评定为名优产品而发给经营者的一种质量荣誉标志。商品的产地是指商品的制造、加工地或者商品生产者的所在地。对商品质量作引人误解的虚假表示，是指经营者在商品上对反映商品质量的各种内容，如品质、制作成分、性能、用途、生产日期、有效期限等作不真实的或令人误解的标注，使消费者和用户无法或难以了解商品的真实情况，从而发生误认、误购的行为。

（二）限制竞争行为

滥用权力和经济优势是一种垄断性行为，包括两方面：①公用企业或者其他依法具有独占地位的经营者，不得限定他人购买其指定的经营者的商品，以排挤其他经营者的公平竞争。②政府及其所属部门不得滥用行政权力，限定他人购买其指定的经营者的商品，限制其他经营者正当的经营活动，或者限制外地商品进入本地市场及本地商品流向外地市场。

（三）商业贿赂行为

经营者不得采用财物或者其他手段进行贿赂以销售或者购买商品，在账外暗中给予对方单位或者个人回扣的，以行贿论处；对方单位或者个人在账外暗中收受回扣的，以受贿论处。经营者销售或者购买商品，可以以明示方式给对方折扣，可以给中间人佣金。经营者给对方折扣，给中间人佣金的，必须如实入账。接受折扣、佣金的经营者必须如实入账。

（四）虚假宣传行为

经营者不得利用广告或其他方法，对商品的质量、制作成分、性能、用

途、生产者、有效期限、产地等作引人误解的虚假宣传。广告的经营者不得在明知或者应知的情况下，代理、设计、制作、发布虚假广告。

（五）侵犯商业秘密的行为

商业秘密是指不为公众所知悉、能为权利人带来经济利益、具有实用性并经权利人采取保密措施的技术信息和经营信息。商业秘密不仅包括那些凭技能或经验产生的，在实际中尤其是工业中适用的技术信息，如工艺流程、技术秘诀、设计图纸、化学配方等，而且包括那些具有秘密性质的经营管理方法以及与经营管理方法密切相关的经营信息，如管理方法、产销策略、货源情报、客户名单等。

经营者不得采用下列手段侵犯商业秘密：①以盗窃、利诱、胁迫或者其他不正当手段获取权利人的商业秘密；②披露、使用或者允许他人使用以上述手段获取的权利人的商业秘密；③违反约定或者违反权利人有关保守商业秘密的要求，披露、使用或者允许他人使用其所掌握的商业秘密。

第三人明知或者应知上述所列违法行为，仍获取、使用或者披露他人的商业秘密，视为侵犯商业秘密。

（六）搭售商品和附加不合理条件的行为

经营者销售商品，不得违背购买者的意愿搭售商品或者附加其他不合理的条件。搭销是通过搭配销售，推销其他滞销商品，或优质商品搭配劣、次商品。附加不合理条件，法律未规定具体范围，一般认为凡违背购买者意愿、显失公正的附加条件都是不正当的或不合理的附加条件。

（七）欺骗性有奖销售行为

有奖销售是通过奖钱奖物，诱导消费者的购买心理和侥幸心理，推销其商品。

在不违背诚实信用的原则下正确运用有奖销售是允许的。但以欺骗手段搞的有奖销售就是不正当竞争行为。其方式有：采用谎称有奖或者故意让内定人员中奖的欺骗方式进行有奖销售；利用有奖销售的手段推销质次价高的商品；抽奖式的有奖销售，最高奖的金额超过5000元。

（八）诋毁竞争对手商业信誉的行为

诋毁竞争对手商业信誉行为是指从事生产、经营活动的市场经营主体，为了竞争的目的，故意制造和散布有损同行的商业信誉与商业声誉的虚假信息，诋毁其法人人格，使其无法参与正常市场交易活动，削弱其市场竞争能力，从而使自己在市场竞争中取得优势的行为。《反不正当竞争法》第 14 条规定："经营者不得捏造、散布虚假事实，损害竞争对手的商业信誉、商品声誉。"

商业信誉、商品声誉是从商业角度对经营者的能力和品德、对其商品品质的积极的社会评价，是通过经营者参与市场竞争的连续性活动逐渐形成的。商业信誉主要体现在商业道德、服务质量、厂商资信情况等方面，商品声誉则主要体现在商品的价格与质量上。商业信誉和商品声誉都是经营者名誉权的一部分，经营者要树立良好的商业信誉和商品声誉，大都需要经过大量的市场研究、技术开发、广告宣传、公关活动和优秀服务等一系列活动才能形成。商业信誉和商品声誉是经营者在市场竞争中赢得优势地位的资本和支柱。损害竞争对手的商业信誉、商品声誉，会给竞争对手的正常经营活动造成不利影响，损害其应有的市场竞争优势地位，甚至导致严重的经济损失。

诋毁竞争对手的手法往往是故意制造和歪曲事实，通过广告、影视、图书、信件、传单等手段，公开以言论、文字、图形等形式，散布关于同业竞争者的生产、经营、服务及产品质量等方面的虚假信息，诋毁他人法人人格及商业信誉、声誉。其行为的表现形式主要有：

（1）利用散布公开信、召开新闻发布会、刊登对比性广告等形式，制造、散布贬损竞争对手商业信誉、商品声誉的虚假事实。如珠海巨人集团生产了一种儿童营养液"巨人吃饭香"投放市场。为促销，巨人集团在印制的宣传册上称"据说娃哈哈有激素，造成小孩早熟，产生许多现代儿童疾病"，给娃哈哈造成不良影响。而实际上娃哈哈经权威医药检测部门的检测确认并不含有对人体有害的激素，对儿童成长、发育无不良影响。巨人集团的这一行为就是典型的通过广告的形式捏造事实，严重损害了竞争对手的利益。

（2）贬损有知名度的产品，从而抬高自己产品的地位。曾有一家外国公司借助桑塔纳汽车的知名度，公开打出广告口号："桑塔纳的价格，豪华车的享受。"再如东北某汽车公司赴沪展销，指名道姓地称："桑塔纳毕竟是 70 年代落后车型，改进后的 2000 型在技术上也无更多优势。"这是贬低他人产品抬高自己的比较广告，属于不正当竞争行为。

（3）组织人员，以消费者的名义，向有关经济监督管理组织部门作关于竞争对手产品质量低劣、服务质量差、侵害消费者利益等情况的虚假投诉，以增加对竞争对手的社会投诉量，从而达到贬损其商业信誉的目的。

（4）在对外经营过程中，向业务客户及消费者传播、散布竞争对手所售的商品质量有问题，使公众对该商品失去信赖，以使自己的同类产品取而代之。

总之，不论形式如何，不正当竞争往往以损人利己为目的。

（九）以排挤竞争对手为目的以低于成本的价格销售商品

低价倾销是指经营者出于长期占领市场的目的，阶段性地以低于商品成本的价格进行销售，从而挤垮同行竞争对手，操纵市场，造成自己独营局面的行为。《反不正当竞争法》第11条规定，经营者不得以排挤竞争对手为目的，以低于成本的价格销售商品。但有下列情形之一的不属于不正当竞争行为：销售鲜活商品；处理有效期限即将到期的商品或者其他积压的商品；季节性降价；因清偿债务、转产、歇业降价销售商品。

这种不正当竞争行为的主要特征是：①行为的主体是在市场交易中处于销售者地位的经营者。②经营者实施该行为在主观上是故意的，其目的是为了排挤竞争对手。③经营者实施了以低于成本的价格销售商品的行为。成本是指企业在产品生产、产品销售或提供劳务中发生的费用的总和。对不同类型的企业的成本核算，应依据有关规定进行。

（十）非法投标行为

在投标的项目中，投标者不得串通投标、抬高标价或者压低标价。投标者和招标者不得相互勾结，以排挤竞争对手的公平竞争。

投标者串通投标、抬高标价或压价标价的行为主要表现形式有：①投标者之间相互串通，一致抬高标价；②投标者相互串通，一致压低标价；③投标者相互串通，轮流以高价位或低价位中标；④投标者相互间就标价以外的其他事项串通。

投标者和招标者之间相互勾结行为的表现形式有：①招标者在开标前，私下开启投标者的投标文件，并泄密给内定投标者；②招标者在审查评选标书时，对不同的投标者实施差别对待；③投标者和招标者相互勾结，投标者在公开投标中压低标价，中标后再给招标者以额外补偿；④招标者向特定的投标者泄露其标底；等等。

◁◀ 案例

清源百货大楼股份有限公司和恒兴百货公司作为竞争对手，具有共同的经营范围。2006年3月7日，为了吸引顾客，争夺市场，恒兴百货公司决定以有奖销售的方式促销。其有奖销售方式一推出，就吸引了大批顾客，其中还包括一部分原本属于清源公司的顾客。作为应对措施，清源公司董事长肖某于2006年3月24日召开紧急董事会，并决定开展有奖销售活动，具体办法及奖项如下：凡一日内在本公司购物满80元者，皆可获赠奖券一张，本次有奖销售设特等奖1名，奖价值48 000元小汽车一辆；一等奖3名，奖价值4000元彩电一台；二等奖10名，奖价值1000元洗衣机一台；另外还有三、四、五、六等奖。与此同时，公司还展开了强大的宣传攻势，在清源公司的对外广播中，公司称：本公司所设奖项皆由消费者公平竞争，而不像本市有的公司，虽然设奖，但公司内部职工知道一、二等奖的设置，实际上一、二等奖已由公司自己人摸去，如此欺骗、坑害消费者的行为实该谴责，务请广大消费者今后不要上当。许多消费者据此认定广播中所称的公司为恒兴公司。恒兴公司遂以清源公司为被告向人民法院提起诉讼。法院经调查后确认，在清源公司进行有奖销售之前，只有恒兴公司一家进行过有奖销售，且两公司相距甚近，更易使消费者相信"欺骗、坑害消费者"的公司为恒兴公司，恒兴公司的一、二等奖由普通消费者所中。由于清源公司的虚假宣传，已使恒兴公司的商业信誉受到了影响。人民法院在审理此案的过程中，又有消费者反映清源公司的自行车不能骑，质量有严重问题，且特等奖被公司职工赵某买下的4张奖券所买中。法院判令清源公司立即停止侵权行为，赔偿原告经济损失5万元，诉讼费用862元由被告承担，并将有奖销售的其他问题交由市工商局处理。工商局经调查发现，公司职工赵某实为代公司买下了一等奖，而公司所设四等奖中的自行车实为伪劣产品，严重损害了消费者的利益。工商局责令清源公司立即停止进行有奖销售，并罚款3万元。

问题：本案中存在哪些不正当竞争行为？

四、违反反不正当竞争法的法律责任

（一）对不正当竞争行为的监督检查

我国监督《反不正当竞争法》实施的途径，包括行政监督检查和司法审判。

1. 行政监督检查

《反不正当竞争法》第 3 条规定："各级人民政府应当采取措施，制止不正当竞争行为，为公平竞争创造良好的环境和条件。县级以上人民政府工商行政管理部门对不正当竞争行为进行监督检查；法律、行政法规规定由其他部门监督检查的，依照其规定。"可见，各级人民政府和县级以上工商行政管理部门是行政监督机关。

监督检查部门在监督检查不正当竞争行为时，有权行使下列职权：

（1）按照规定程序询问被检查的经营者、利害关系人、证明人，并要求提供证明材料或者与不正当竞争行为有关的其他资料；

（2）查询、复制与不正当竞争行为有关的协议、账册、单据、文件、记录、业务函电和其他资料；

（3）检查与《反不正当竞争法》第 5 条规定的不正当竞争行为有关的财物，必要时可以责令被检查的经营者说明该商品的来源和数量，暂停销售，听候检查，不得转移、隐匿、销毁该财物。监督检查部门有权依法作出行政处罚决定。

2. 司法审判

人民法院行使司法审判权，以保证反不正当竞争法的实施。由人民法院主管的不正当竞争案件有三种类型：

（1）被侵害的经营者的合法权益受到不正当竞争行为损害的，可以直接向人民法院起诉；

（2）当事人对监督检查部门作出的处罚决定不服的，或者对行政复议决定不服的，在法定期限内可以向人民法院提起诉讼；

（3）不正当竞争行为情节严重，构成犯罪，依法应追究刑事责任的，由人民法院受理。

（二）法律责任

从事不正当竞争行为就要承担法律责任。法律责任的主要形式有：

1. 民事责任

民事责任是指经营者违反法律规定给被侵害的经营者造成损害的，应当承担赔偿责任。被侵害的经营者的损失难以计算的，赔偿额为侵权人在侵权期间因侵权所获所得的利润；并应当承担被侵害的经营者因调查该经营者侵害其合法权益的不正当竞争行为所支付的合理费用。

2. 行政责任

行政责任是指监督检查部门对不正当竞争行为进行监督检查的处理。

行政责任的方式主要有：①责令停止违法行为。②没收违法所得。③罚款。对罚款金额，根据情节规定可有两种情况：一种是对于假冒仿冒行为处以违法所得 1 倍以上 3 倍以下的罚款，另一种是处以 1 万元以上 20 万元以下罚款，对滥用权利和经济优势的行为处以 5 万元以上 20 万元以下的罚款。④吊销营业执照。

3. 刑事责任

刑事责任是指行为人给经营者和消费者的合法权益、给社会公共利益造成严重损害，触犯刑法的，依刑法给予的制裁。

第一节　消费者权益保护法概述

消费者保护法中的消费是指生活消费，它不同于生产消费、经营消费、工作消费的一个根本特征，在于其目的是为了满足人们的生活需要。由于每一个人都是生活消费的主体，因而，任何一个人，上自国家政要，下至黎民百姓，可以不是生产者，不是经营者，但却不能不是消费者。

消费者保护法起源于现代工业社会。在现代工业社会中，生产者、经营者与消费者的界线日益明朗，双方之间的斗争也日益尖锐。然而，在双方的利益冲突中，消费者始终处于弱者的地位———一是因为经济实力的悬殊，二是因为信息的不对称。

最早保护消费者的立法，可以追溯到 1890 年美国的《谢尔曼反托拉斯法》（全称为《保护贸易和商业不受非法限制和垄断之害法》），该法通过反垄断和反不正当竞争保护消费者的利益。之后消费者保护法风靡西方发达市场经济国家。我国消费者保护法形成较晚，直到 1993 年 10 月我国才正式颁布《消费者权益保护法》。

一、消费者权益保护法的概念

消费者权益保护法是调整在保护公民消费权益过程中所产生的社会关系的法律规范的总称。一般情况下，我们所说的消费者权益保护法是指 1993 年 10 月 31 日颁布、1994 年 1 月 1 日起施行的《中华人民共和国消费者权益保护法》；2009 年 8 月、2013 年 10 月分别进行了两次修改。该法的颁布实施，是我国第一次以立法的形式全面确认消费者的权利。此举对保护消费者的权益，规范经营者的行为，维护社会经济秩序，促进社会主义市场经济健康发展具有十分重要的意义。

二、消费者权益保护法的特点

（1）以专章规定消费者的权利，表明该法以保护消费者权益为宗旨。该法列举的消费者权利有 9 项之多，体现出较高的保护水平。

（2）特别强调经营者的义务。首先，规定经营者与消费者进行交易时应当遵循自愿、平等、公平、诚实信用的原则。其次，以专章规定了经营者对特定消费者以及社会公众的义务。

（3）鼓励、动员全社会为保护消费者合法权益共同承担责任，对损害消费者权益的不法行为进行全方位监督。

（4）重视对消费者的群体性保护，以专章规定了消费者组织的法律地位。

（5）国家倡导文明、健康、节约资源和保护环境的消费方式，反对浪费。

三、消费者权益保护法的适用对象

根据《消费者权益保护法》第 2、3、62 条的规定，该法的适用对象可以从以下三个方面理解：

1. 消费者为生活消费需要购买、使用商品或者接受服务的，适用《消费者权益保护法》

所谓消费者，是指为个人生活消费需要购买、使用商品和接受服务的自然人。这与国际上的通说是一致的。国际标准化组织消费者政策委员会将消费者定义为"为了个人目的购买或者使用商品和接受服务的个体社会成员"。因为分散的、单个的自然人在市场中处于弱者地位，需要法律的特殊保护，所以从事消费活动的社会组织、企事业单位不属于消费者保护法意义上的"消费者"。

2. 农民购买、使用直接用于农业生产的生产资料时，参照《消费者权益保护法》执行

《消费者权益保护法》的宗旨在于保护作为经营者对立面的特殊群体——消费者的合法权益。农民购买直接用于农业生产的生产资料，虽然不是为个人生活消费，但是作为经营者的相对方，其弱者地位是不言而喻的。所以，《消费者权益保护法》第 62 条将农民购买、使用直接用于农业生产的生产资料行为纳入该法的保护范围。

3. 经营者为消费者提供其生产、销售的商品或者提供服务，适用《消费者权益保护法》

《消费者权益保护法》以保护消费者利益为核心，在处理经营者与消费者的关系时，经营者首先应当遵守该法的有关规定；该法未作规定的，应当遵守其他有关法律、行政法规的规定。

◀⾯案例

某市人民医院是依法设立登记的医疗机构。2006 年 3 月 24 日，谢某因冠心病到某市人民医院住院治疗，于 2006 年 4 月 4 日出院。其间，为解决其心脏冠状动脉窄的问题，某市人民医院拟在原告心脏两支狭窄处各植入一个从美国进口的带药物涂层的支架。后该医院未经谢某及其家属同意，把一个从荷兰进口的不带药物涂层的支架植入原告左冠状动脉前降支远端，而这种不带药物涂层的支架植入原告血管后，血管的再狭窄率为带有药物涂层支架的 10 倍。谢某认为该医院侵害其知情权和选择权，且在其心脏埋下严重病情隐患。后谢某以某市人民医院对他提供药品、医用材料和医疗服务有欺诈行为，应承担双倍的损害赔偿责任为由提起诉讼。审判过程中，围绕谢某与医院形成的医疗服务合同的性质认定及是否支持双倍赔偿的问题，形成了两种意见。第一种意见认为该医疗服务合同属于商业合同，谢某是当然的消费者，因此应当支持谢某双倍赔偿的要求。第二种意见认为医疗服务合同不属于商业合同，也就不存在欺诈的问题，谢某的双倍赔偿请求于法无据。

问题：哪种意见是正确的？

第二节　消费者的权利与经营者的义务

一、消费者的权利

1. 安全保障权（与特定行业的本旨相关联）

安全保障权是指消费者在购买使用商品和接受服务时享有人身、财产安全不受侵害的权利。《消费者权益保护法》第 7 条规定，消费者在购买、使用商品和接受服务时享有人身、财产安全不受损害的权利。消费者有权要求经营者提供的商品和服务符合保障人身、财产安全的要求。第18条规定，经营者应当保证其提供的商品或者服务符合保障人身、财产安全的要求。对可能危及人身、财产安全的商品和服务，应当向消费者作出真实的说明和明确的警示，并说明和标明正确的使用商品或接受服务的方法，以及防止危害发生的方法。宾馆、商场、餐馆、银行、机场、车站、港口、影剧院等经营场所的经营者，应当对消费者尽到安全保障义务。

2. 知悉真情权

知悉真情权又叫了解权、知情权，是指消费者有知悉其购买、使用的商品或者接受的服务的真实情况的权利。对消费者来说，知情是消费活动中必不可少的，它是消费者决定购买某种商品，接受某项服务的前提。消费者有权对商品和服务的有关真实情况进行全面和充分的了解，有权要求经营者提供商品的价格、产地、生产者、用途、性能、规格、等级、主要成分、生产日期、有效期限、检验合格证明、使用方法说明书、售后服务或服务内容、规格、费用等有关情况。《消费者权益保护法》第8条明确规定："消费者享有知悉其购买、使用的商品或者接受的服务的真实情况的权利。消费者有权根据商品或者服务的不同情况，要求经营者提供商品的价格、产地、生产者、用途、性能、规格、等级、主要成分、生产日期、有效期限、检验合格证明、使用方法说明书、售后服务，或者服务的内容、规格、费用等有关情况。"《消费者权益保护法》中的"知悉"包含两层含义：一是消费者在不明了的情况下有权主动询问，了解其所购买、使用商品的真实情况；二是向消费者提供的商品或者服务，应当真实地记载或说明商品或者服务的情况，不经消费者询问，即可使消费者一目了然。所谓"真实"，也同样包含两层含义：一是全面、正确介绍有关某商品或者服务的情况，既不避实就虚，也不编造谎言；二是诚实可信，不带有任何欺诈的情节。

案例

退休工人赵某准备为读大学的儿子买一双真皮旅游鞋。来到一家百货商店的售鞋柜台前，仔细观看了很久，选中了一双标价125元的高帮白色旅游鞋，然后问服务员这是不是真皮的，此时服务员正忙着与另一服务员交谈，无暇顾及，要赵某自己看商品标签，赵某不识字，便再向服务员询问。服务员没好气地说："什么真皮不真皮，要买就付钱。"赵某见问不出名堂，私下猜测这鞋这么贵，应该是真皮的，便付钱买下。回家后，儿子一见便说这鞋不是真皮的，再找几个人看了鞋子，也都说不是真皮的。第二天赵某提着鞋子到百货商店去退货。商店服务员也承认这鞋不是真皮的，但认为该鞋明码标价，是赵某自己挑选的，而且货款两清，不同意退货，双方遂吵了起来。值班经理闻讯赶来，问明情况，也认为错在赵某，不同意退货。赵某一气之下告到法院，要求百货商店退货并赔偿往返损失。受诉法院审理后认为商店服务员对赵某的询问不作真实明确的答复，违反了《消费者权益保护法》的有关规定，商店应对此承担民事责任。经调解，百货商店同意退货，并赔偿赵某往返损失人民币30元。

问题：商店侵犯了赵某的什么权利？

3. 自主选择权

自主选择权是指消费者可以根据自己的消费需求，自主选择自己满意的商品或服务，决定是否购买或接受的权利。这是消费者的一项权利。

自主选择权包括：①自主选择提供商品和服务的经营者。②自主选择商品品种和服务方式。③自主决定购买或者不购买任何一种商品，接受或者不接受任何一项服务。④在自主选择商品或服务时，有权进行比较、鉴别和挑选。

《消费者权益保护法》第9条规定，消费者享有自主选择商品或者服务的权利，简称为自主选择权。也就是说，消费者有权根据自己的需求、意向和兴趣，自主选择自己满意的商品或服务。

此外，《反不正当竞争法》规定，经营者销售商品，不得违背购买者的意愿搭售商品或其他不合理的条件，不得进行欺骗性的有奖销售或以有奖销售为手段推销质次价高的商品或进行巨奖销售；政府及其部门不得滥用权力限定他人购买其指定的经营者的商品，限制外地商品进入本地或本地产品流向外地，这也是对消费者选择权的有力保护。

在消费者行使其自主选择权时，有两个问题应予注意：①必须合法行使，不得滥用自主选择权，即其选择权的行使必须符合法律的规定，尊重社会公德，不侵害国家、集体和他人的利益。②消费者的自主选择权并不排除经营者向消费者进行商品、服务的介绍和推荐。

4. 公平交易权

公平交易是指经营者与消费者之间的交易应在平等的基础上达到公正的结果。公平交易权是消费者在购买商品或者接受服务时所享有的获得质量保障和价格合理、计量正确等公平交易条件的权利。公平交易权体现在两个方面：①交易条件公平，即消费者在购买商品或接受服务时，有权获得质量保证、价格合理、计量正确等公平交易条件。②不得强制交易。消费者有权按照其真实意愿从事交易活动，对经营者的强制交易行为有权拒绝。

消费者从经营者那里购买商品或接受服务，是一种市场交易行为。交易的双方——经营者和消费者都应当遵守市场交易的基本原则，即平等自愿原则、等价有偿原则、公平原则和诚实信用原则，确立这些原则是为了保证经营者和消费者之间实现公平交易，使经营者与经营者之间进行公平竞争。全面地讲，消费者和经营者在市场活动中都享有公平交易的权利，但是，从消费活动的全过程看，消费者往往处于弱者地位，更需要从法律上给予保护。因此，《消费者权益保护法》第 10 条第 1 款规定："消费者享有公平交易的权利。"

公平交易权的内容是很广泛的，其具体表现又与消费者的其他权利有交叉，因此在国外的立法中，明确赋予消费者以公平交易权的并不多。我国《消费者权益保护法》考虑到现实生活中消费者这方面权利经常受侵害的实际情况，突出强调了消费者的这项权利，并且根据现实生活中经常出现的几种情况，规定了这一权利的主要内容："消费者在购买商品或者接受服务时，有权获得质量保障、价格合理、计量正确等公平交易条件，有权拒绝经营者的强制交易行为。"

（1）公平交易权中的质量保障。质量是指商品或服务的优劣程度，它反映了商品或者服务的使用价值。消费者花钱买东西或者接受服务，当然要获得与价格相符的使用价值，否则就是不公平的交易。商品或服务的质量得不到保障，轻则使消费者财产受损失，严重的可使消费者健康和生命受到危害。近年来产品质量问题已成为人们关注的重大社会问题。例如，某市厉某买了两双皮鞋，其中一双穿上只走了 100 米左右，皮面就变了形，另一双穿上第三天，皮面就起了皱。各地消协接待最多的恐怕就是拿着"短命鞋"前来投诉的消费者。武汉有关部门曾对该市第二中学 135 名学生所戴的眼镜进行检测，不合格率竟达 93%，最大的误差竟达 427 度，学生们的视力受到严重损伤。河南某地农民盖房时，因预制板质量不合格，造成墙倒梁断，出了人命。北京游乐园因服务管理差，造成缆车空中起火，将 3 名初中生活活烧死……质量问题关系着千家万户的安危与幸福。连续两次全国范围的"质量万里行"活动所受到的热烈欢迎，也说明了危及广大消费者的产品质量问题的严重性。消费者有权获得质量保障，有权要求商品和服务符合国家规定的标准。

（2）公平交易权中的价格合理。价格是商品或服务价值的货币表现，它应该是等价交换、质价相符、货值其价的尺度。价格合理要求商品或者服务的价格与其价值相符。国家定价的商品和服务，必须严格按照国家定价执行；国家没有定价的，应由经营者与消费者按照价值规律合理确定。近年来，随着国家对价格的陆续放开，有些地方出现了乱涨价之风，如公用电话、火车上的各种服务费、旅游景点的门票等无视国家三令五申，依然我行我素。如某消费者乘"一日五游"车竟先后被索收 1200 元……这都是对消费者权益的侵害，是法律不允许的。

（3）公平交易权中的计量正确。计量正确包括两层含义：一是计量器具的使用要符合法律、法规的规定。使用何种计量器具，应当按照有关计量法规的规定执行。在北京市，随着废止杆秤的规定的施行，北京已告别使用了数千年的杆秤时代，而代之以标准的计量器具。不合格的计量器具的使用，必定造成对消费者权益的侵犯。如有的杆秤是 16 两秤，即 1 市斤分为 16 两，但在与消费者进行交易时，却以 10 两 1 市斤计算；有的经营者还使用与杆秤不相符的小秤砣，缺斤短两自成必然。消费者这项权益的实现，即是针对国家的职责，也是针对生产经营者的义务。它要求质量技术监督部门按照计量法规，加强对计量器具的监督检查，并做好交易场所计量器具的检定工作，禁止使用未按要求检定或者检定不合格的计量器具。对于未列入强制检定目录的贸易结算用的计量器具，应加强日常巡回检查工作，及时纠正和处罚违法行为。生产经营者更应自觉守法，遵守职业道德，不得在计量器具的使用上弄虚作假，对于工厂包装的产品，消费者有权要求其注明净重量或者容量，并应当与实际相符；在交易时计量的商品，消费者有权查明度量衡量是否准确，有权看秤、复秤，对不足分量、缺斤少两的，有权要求补足或退回多收的价款。二是计量准确、数量充足。这要求经营者在提供商品或者服务时，计量应当准确无误。

（4）向强制交易行为说不。强制交易行为的特征是违背消费者的意愿。

其表现是多种多样的，如饭馆强行拉客人进餐；书摊在出售一本紧俏书时强迫读者必须另购一本滞销书；商店在顾客要 1 公斤时却称了 1.5 公斤，否则不卖；等等。有些不法经营者常以消费者摸了或看了他的商品为借口，强行要消费者买下。还有一些公用企业或者其他依法具有独立地位的经营者，利用自身的经济优势限定消费者购买其指定的商品，如煤气公司要求安装热水器的消费者必须购买其提供的热水器，否则不予安装；电信局要求装电话的消费者必须购买其提供的电话机，否则不予装机……以消费者自身的力量，有时无法抗拒这些强制交易，需要法律赋予其一定权利并提供保护。拒绝了强制交易行为，同时也是维护了消费者自主选择商品和服务的权利。

5. 获取赔偿权

消费者的获得赔偿权是指消费者因购买、使用商品或接受服务而受到人身、财产损害的，享有依法获得赔偿的权利。《消费者权益保护法》第 11 条规定，消费者因购买、使用商品或者接受服务受到人身、财产损害的，享有依法获得赔偿的权利。

6. 结社权

《消费者权益保护法》第 12 条规定，消费者享有依法成立维护自身合法权益的社会组织的权利，简称为结社权。我国《宪法》明确规定，中华人民共和国公民享有结社的权利。消费者依法成立维护自身合法权益的社会团体，属公民结社权的组成部分，也是《宪法》的规定在本法中的具体化。在消费领域，消费者与经营者相比，在经济上处于弱者的地位，导致实践中两者之间的法律地位并不平等。这主要是因为：①消费者大多是分散的个人，经营者大多是有组织的法人，消费者在议价力量、承受能力等方面无法与拥有雄厚经济实力的经营者相抗衡；②随着科学技术的发展，商品和服务日趋复杂化，交易方式日趋多样化，消费者越来越难以掌握商品和服务的有关知识，而在很大程度上依靠经营者的介绍和说明，这就容易使消费者被虚假的广告、标签和说明书所欺骗。有鉴于此，赋予消费者以结社权，使消费者通过有组织的活动维护自身合法权益，是非常必要的，也是国家鼓励全社会共同保护消费者合法权益的体现。

尽管目前我国有很多政府机构从不同的侧面保护消费者的利益，但消费者依法成立的维护自身合法权益的社会团体仍然有不可忽视的重要作用：①可以把消费者组织起来，形成对商品和服务广泛的社会监督；②通过调解、仲裁等方式及时解决消费纠纷；③沟通政府与消费者之间的联系，充当桥梁；④指导消费行为，不断提高消费者的自我保护意识。

7. 获得相关知识权

这一权利包括两方面的内容：一是获得有关消费方面的知识，主要是：①有关消费观的知识；②有关商品和服务的基本知识；③有关市场的基本知识。这是保障正确、适宜的消费所不可缺少的。二是获得有关消费者权益保护方面的知识。主要是指有关消费者权益保护的法律、法规和政策，以及保护机构和争议解决途径等方面的知识。

我们提倡明明白白消费，消费者购买了商品，就应该获得如何使用商品、法律对它的限制规定、出现争议问题怎样解决等方面的知识，这是保障消费者权利的必要条件。

消费者应当努力掌握所需商品或者服务的知识和使用技能，正确使用商品，提高自我保护意识。

8. 受尊重权

所谓消费者受尊重权，是指消费者在购买、使用商品和接受服务时，享有其人格尊严、民族风俗习惯得到尊重的权利，享有个人信息依法得到保护的权利。经营者应尊重消费者下列权利：姓名权、名誉权、肖像权等。经营者不得对消费者进行辱骂、诽谤、名誉诋毁、非法搜查、拘禁等行为。

《消费者权益保护法》规定的消费者人格受尊重权正是《宪法》及《民法通则》规定的各种人身权保护原则和制度在消费生活中的具体体现。我国是一个多民族的国家，《消费者权益保护法》规定消费者民族风俗受尊重权，体现了宪法规定的精神，对预防民族纠纷，促进各民族团结，保护各民族人民特别是少数民族的利益，都具有重大意义。

我国《消费者权益保护法》第 14 条明确规定："消费者在购买、使用商品和接受服务时，享有人格尊严、民族风俗习惯得到尊重的权利，享有个人信息依法得到保护的权利。"《民法通则》第 101 条规定："公民、法人享有名誉权，公民的人格尊严受法律保护，禁止用侮辱、诽谤等方式损害公民、法人的名誉。"公民的人格尊严不受侵犯，这是我国法律予以确认和保护的。

9. 监督批评权

通过消费者的监督，可以促使经营者提高商品和服务质量以及经营水平，促使从事保护消费者权益的国家机关及其工作人员改进工作作风，全心全意为消费者服务。根据《消费者权益保护法》规定，监督权可具体表现为：消费者有权检举、控告侵害消费者权益的行为，有权检举、控告国家机关及其工作人员在保护消费者权益工作中的违法失职行为，有权对保护消费者权益的工作提出批评、建议。

若消费者对购买的商品不满意，可以向商家提出，可以向工商局、消协提出，也可以起诉至法院要求赔偿损失，这些都是行使监督权的具体体现。

案例

某自选商场是某市一家大型的自选超市，2004年1月3日王某（学生）去该超市购物，上午10时，当王某欲从珠宝店出来时，服务员李某挡住了他的去路。李某说："我怀疑你拿了本店的首饰，能否让我看看。"当即遭到王某的断然拒绝。李某说："看你贼眉鼠眼的样子，就知道不是好人，做贼心虚吧！"

李某遂叫保安人员将王某强拉到保卫室，由超市的女工作人员对王某的大衣口袋及裤兜进行检查，没有发现超市的首饰，便放走了王某。王某很气愤，遂于2004年2月向法院提起了诉讼，声称自选超市侵犯其名誉权与人身自由，要求自选超市公开赔礼道歉，并赔偿李某损失。

问题：本案中的自选超市是否侵权？

二、经营者义务概述

（一）经营者的概念

经营者是向消费者提供其生产、销售的商品或者服务的公民、法人或者其他经济组织，是以营利为目的从事生产经营活动并与消费者相对应的另一方当事人。

《消费者权益保护法》规定的经营者具有以下三个基本特征：

（1）经营者包括生产者、销售者和服务者。经营者的经营活动，不单指商品销售，也包括商品的生产和有偿服务活动，这是市场经济条件下经营的基本含义。

（2）经营者是与消费者相对应的另一方当事人。按照我国有关法律法规的规定，经营者应当是依法登记注册的从事生产经营活动的单位和个人。但在实践中，向消费者提供商品或服务的单位和个人也有未登记注册的，这其中有依法不需登记注册的，如医院及进入集贸市场销售自产的农副产品的农民等，其在向消费者提供商品或服务时，处于与消费者对应的另一方当事人的地位，属于《消费者权益保护法》中的经营者。

（3）经营者提供商品或服务以营利为目的。

（二）经营者的义务

1. 经营者义务的概念

经营者的义务，是指法律（主要是与消费者权益保护相关的法律、法规、规章）规定或者消费者与经营者约定的，经营者在消费过程中必须对消费者做出一定行为或者不做出一定行为的约束。经营者的义务与消费者的权利是对立统一的概念。

2. 经营者义务的特征

经营者的义务可以从以下几个方面理解：

（1）义务主体是经营者，具体包括生产者、销售者和提供服务者；

（2）义务可以表现为消费者要求经营者做出一定行为，也可以表现为要求经营者必须抑制一定的行为；

（3）经营者的义务是由法律规定的或是与消费者约定的；

（4）经营者义务的履行是由国家强制力保障的。

3. 义务的种类

《消费者权益保护法》第16条规定："经营者向消费者提供商品或者服务，应当依照本法和其他有关法律、法规的规定履行义务。经营者和消费者有约定的，应当按照约定履行义务，但双方的约定不得违背法律、法规的规定。"据此，可将经营者的义务划分为法律规定的义务和当事人双方约定的义务两种类型。

（1）法定义务。法定义务，是指由法律、法规、规章直接规定的经营者应当承担的义务，是消费者与经营者进行交易时无须另行约定的义务，经营者必须予以履行。

（2）约定义务。按照民事活动的意思自治原则，经营者与消费者在进行某项具体交易时，可以就双方的义务进行约定。约定义务在很大程度上是经营者义务的扩大化。

但应指出，经营者与消费者的约定义务不能违背法律法规的规定，否则就会因违法而无效。同时，就约定义务与法定义务的关系而言，法定义务是对经营者最基本的要求，是经营者应当履行的最低标准，它具有不可抛弃性与不可更改性。因此，经营者与消费者的约定义务不得减轻或免除经营者的法定义务。经营者对消费者的约定义务一旦依法确立，就对经营者具有法律约束力，经营者必须依法履行。

（三）经营者的具体义务

1. 依法定或约定履行义务的义务

经营者向消费者提供商品或服务，应当依照我国的《产品质量法》和其他有关法律、法规的规定履行义务，即经营者必须依法履行其法定义务。此外，经营者和消费者有约定的，应当按照约定履行义务，但双方的约定不得违背法律、法规的规定。可见，在不与强行法规定发生抵触的情况下，经营者应依约定履行义务。

经营者提供商品或服务，按照国家规定或与消费者的约定，承担包修、包换或者其他责任的，应当按照国家规定或者约定履行，不得故意拖延或无理拒绝。这是《消费者权益保护法》为体现上述法定或约定履行义务的精神而作的具体规定。

2. 听取意见和接受监督的义务

我国《消费者权益保护法》第 17 条规定："经营者应当听取消费者对其提供的商品或者服务的意见，接受消费者的监督。"

经营者听取消费者意见，接受消费者监督的义务，是与消费者的监督批评权相对应的。经营者听取消费者的意见，主要通过与消费者面对面的交流、书面征询消费者的意见、从新闻媒介了解消费者对商品和服务的看法与反映等方式来进行。经营者接受消费者监督，主要通过设立意见箱、意见簿、投诉电话，及时处理消费者的投诉，自觉接受消费者的批评等方式进行。

听取消费意见、接受消费者监督是经营者的法定义务，经营者必须履行。法律规定经营者的此项义务有利于提供和改善消费者的地位。

3. 保障人身和财产安全的义务

消费者的人身财产安全是其最基本的利益所在，安全权亦是消费者最基本的权利，消费者的这一权利要得到实现，就必须要求经营者提供的商品和服务具有可靠的安全性。《消费者权益保护法》第 18、19 条规定了经营者保障人身和财产安全的义务，主要内容包括：

（1）确保商品或服务符合安全要求。即经营者提供的商品和服务应当具有人们合理期待的安全性。在我国，凡具有国家安全标准和行业安全标准的，符合这些标准即为具有安全性；没有标准的，若不存在不合理的危险，亦被认为具有安全性。

（2）对可能危及人身、财产安全的商品和服务，应当向消费者作出真实的说明和明确的警示，并说明和标明正确使用商品或者接受服务以及防止危害的方法。

（3）在发现商品或服务存在严重缺陷时采取必要措施。这主要针对一些在投放市场前或在消费者接受服务前，经营者自身尚未意识到存在危险的商品和服务。对于这些商品和服务，若经营者发现存在严重缺陷，即使正确使用商品和服务仍然可能对人身、财产安全造成危害时，经营者应当采取以下补救措施：立即向行政部门报告和告知消费者，并采取停止销售、警示、召回、无害化处理、销毁、停止生产或者服务等措施。采取召回措施的，经营者应当承担消费者因商品被召回支出的必要费用。

◀▓ 案例

2005 年秋，某企业工会干部刘某夫妇因使用电热水器而双双死于浴室。事件发生后，公安部门将该热水器送电器检测中心检测。经检测鉴定，该热水器电路设计不合理，尤其是关键部位没有防潮绝缘性能。经过实验，在刘某家浴室的条件下，只要使用 10 分钟，就会因水蒸气导致漏电，使整个热水器的电热部位都带电，随着喷头水的流出，洗浴者势必触电死亡。因此，这种热水器只能安装在浴室外使用，如要安装在浴室内，则必须调整电路并在关键部位使用防水绝缘材料。而该热水器对上述危险并未作警示和说明，从而导致消费者错误使用死于非命。对此，该缺陷产品的生产者应当承担法律责任。

问题：经营者应当采取什么样的补救措施？

4. 提供真实信息的义务

我国《消费者权益保护法》第 20 条规定了经营者的这一义务。其主要包括以下内容：

（1）经营者应当向消费者提供有关商品和服务的真实信息，不得做引人误解的虚假宣传。

（2）对消费者就其提供的商品或服务的质量和使用方法等具体问题提出的询问，应当作出真实、明确的答复。

（3）在价格标示方面，商店提供的商品应当明码标价。

经营者的此项义务是与消费者的知悉真情权相对应的。商品经济中，信息失真现象是引起消费者损失的原因之一。消费者对商品或服务正确地判断、评价、选择、使用，均依赖于经营者提供必要的真实信息。因此，此项义务有助于克服信息失真的消极影响，改善消费者的地位。

5. 标明真实名称和标记的义务

经营者的名称是其法律人格的体现；经营者的标记一般由企业商品的商标、本企业的形象设计等方面表现。经营者的名称和标记共同承载着经营者的商誉，是经营者的无形财产。我国《消费者权益保护法》第21条规定了经营者的此项义务。

该义务的内容有：经营者应当标明其真实名称和标记；租赁他人柜台或场地的经营者，应当标明其真实名称和标记。

规定经营者的此项义务有两方面的意义：一是有利于消费者作出正确的判断、选择，避免上当受骗；二是便于消费者救济。此外，其还是消费者知悉真情权的延伸。

6. 出具相应凭证和单据的义务

购货凭证和服务单据通常表现为发票、收据、保修单等形式，它是经营者与消费者之间签订的合同凭证，是消费者借以享受有关权利以及在其合法利益受到损害时向经营者索赔的依据。在消费者利益受到损害的情况下，有关凭证单据可作为申诉、仲裁、诉讼程序中确定当事人责任的直接证据。

我国《消费者权益保护法》第22条规定了在三种情况下经营者负有出具购货凭证或服务单据的义务：

（1）依照国家有关规定应当出具的。包括有关法律、法规、规章等的规定。

（2）依照商业惯例应当出具的。主要指在一些商品交换领域，由于长期交易活动而成为习惯，并逐渐形成的为所有参与交易者公认并普遍遵行的习惯做法。

（3）消费者索要购货凭证或者服务单据的。

这条规定明确了经营者出具凭证和单据的义务，有利于保护消费者权益。

7. 保证商品和服务质量的义务

质量是一切商品或者服务的灵魂，也是决定消费者是否与经营者进行交易的关键。所以，保证商品或服务的质量是经营者的应尽之责。根据我国《消费者权益保护法》第 23～25 条的规定，经营者的质量义务包括以下含义：

（1）经营者的质量义务以消费者正常使用商品或接受服务为前提。正常使用一般为消费者按照正常的理解和商品或服务的说明而使用，而不是出于主观想象。

（2）经营者应当保证在正确使用商品或接受服务的情况下其提供的商品或服务应当具有相应的质量、性能、用途和有效期限，亦即商品或服务应当具有适用性，能满足消费者的消费需求。

（3）消费者在购买该商品或接受该服务前已经知道其存在瑕疵的，经营者不受上述质量义务的约束。所谓瑕疵，是指商品或服务存在非根本性的缺点，亦即该商品的使用或该服务的接受并不导致对人体健康和财产安全的危害，仅是在质量、性能、用途上不能完全达到商品或者服务应有的质量要求。

（4）经营者以广告、产品说明、实物样品或其他方式表明商品或者服务的质量状况的，应当保证其提供的商品或服务的实际质量与表明的质量状况相符。

（5）经营者提供的机动车、计算机、电视机、电冰箱、空调器、洗衣机等耐用商品或者装饰装修等服务，消费者自接受商品或者服务之日起 6 个月内发现瑕疵，发生争议的，由经营者承担有关瑕疵的举证责任。

经营者提供的商品或者服务不符合质量要求的，消费者可以依照国家规定、当事人约定退货，或者要求经营者履行更换、修理等义务。没有国家规定和当事人约定的，消费者可以自收到商品之日起 7 日内退货；7 日后符合法定解除合同条件的，消费者可以及时退货，不符合法定解除合同条件的，可以要求经营者履行更换、修理等义务。依照前款规定进行退货、更换、修理的，经营者应当承担运输等必要费用。

（6）经营者采用网络、电视、电话、邮购等方式销售商品，消费者有权自收到商品之日起 7 日内退货，且无需说明理由。消费者退货的商品应当完好。经营者应当自收到退回商品之日起 7 日内返还消费者支付的商品价款。退回商品的运费由消费者承担；经营者和消费者另有约定的，按照约定。

8. 不得从事不公平、不合理的交易

有些经营者从自己的利益出发，通过各种单方面的规定对消费者作出不公平、不合理的规定，并以此来减轻或免除自己应承担的责任。对此，《消费者权益保护法》第26条规定："经营者在经营活动中使用格式条款的，应当以显著方式提请消费者注意商品或者服务的数量和质量、价款或者费用、履行期限和方式、安全注意事项和风险警示、售后服务、民事责任等与消费者有重大利害关系的内容，并按照消费者的要求予以说明。经营者不得以格式条款、通知、声明、店堂告示等方式，作出排除或者限制消费者权利、减轻或者免除经营者责任、加重消费者责任等对消费者不公平、不合理的规定，不得利用格式条款并借助技术手段强制交易。格式条款、通知、声明、店堂告示等含有前款所列内容的，其内容无效。"

格式合同，是指经营者事先制定好的对于经营者与消费者的权利与义务作出完整规定的合同。此种合同于消费者购买商品或接受服务时成立。店堂告示是指经营者在其经营场所内悬挂、张贴的带有警示性的标语、标牌，其内容主要是以经营者的口吻告诫消费者在购买商品或接受服务时应注意的事项或者是一些商业上的惯常用语。通知、声明也是经营者的一种单方行为，是经营者单方面作出的合乎其主观意志的意思表示。

由于以上行为都是经营者的单方行为，因此，衡量其是否有效有两个标准：一是所规定的内容对消费者是否公平合理；二是是否单方面减轻或者免除了经营者应当承担的责任。

9. 不得侵犯消费者的人格尊严和人身自由的义务

这项义务是与消费者的人格尊严受尊重权相对应的。消费者的人身权是其基本人权，消费者的人身自由、人格尊严不受侵犯。具体表现为：经营者不得对消费者进行侮辱、诽谤，不得搜查消费者的身体及其携带的物品，不得侵犯消费者的人身自由。

第三节　争议的解决和法律责任

一、争议解决的途径与规则

（一）争议解决的途径

消费者和经营者发生消费者权益争议的，可以通过下列途径解决。

1. 与经营者协商和解

当消费者和经营者因商品或服务发生争议时，协商和解应作为首选方式，特别是因误解产生的争议，通过解释、谦让及其他补救措施便可化解矛盾，平息争议。协商和解必须在自愿平等的基础上进行。对于重大纠纷，双方立场对立严重，要求相距甚远的，可寻求其他解决方式。

2. 请求消费者协会调解

消费者协会是依法成立的对商品和服务进行社会监督的保护消费者合法权益的社会团体。《消费者权益保护法》明确消费者协会具有 7 项职能，其中之一是对消费者的投诉事项进行调查、调解。消费者协会作为保护消费者权益的社会团体，应依照法律、行政法规及公认的商业道德调解经营者和消费者之间的争议，并由双方自愿接受和执行。

3. 向有关行政部门投诉

政府有关行政部门依法具有规范经营者的经营行为、维护消费者合法权益和市场经济秩序的职能。消费者权益争议涉及的领域很广，当权益受到侵害时，消费者可根据具体情况，向不同的行政职能部门，如物价部门、工商行政管理部门、技术质量监督部门等提出申诉，求得行政救济。

4. 提请仲裁

由仲裁机构解决争端的方式，在国际国内商贸活动中被广泛采用，消费者权益争议亦可通过仲裁途径予以解决。不过，仲裁必须具备的前提条件是双方订有书面仲裁协议（或书面仲裁条款）。在一般的消费活动中，大多数情况下没有必要也没有条件签订仲裁协议，因此，在消费领域，很少以仲裁方式解决争议的。

5. 向人民法院提起诉讼

《消费者权益保护法》及相关法律都规定，消费者权益受到损害时，可径直向人民法院起诉，也可因不服行政处罚决定而向人民法院起诉。司法审判具有权威性、强制性，是解决各种争议的最后手段。消费者为求公正解决争议，可依法行使诉权。

（二）解决争议的几项特定规则

（1）销售者的先行赔付义务。消费者在购买、使用商品时，其合法权益受到损害的，可以向销售者要求赔偿。销售者赔偿后，属于生产者的责任或者属于向销售者提供商品的其他销售者的责任的，销售者有权向生产者或者其他销售者追偿。

（2）生产者与销售者的连带责任。消费者或者其他受害人因商品缺陷造成人身、财产损害的，可以向销售者要求赔偿，也可以向生产者要求赔偿。属于生产者责任的，销售者赔偿后，有权向生产者追偿。属于销售者责任的，生产者赔偿后，有权向销售者追偿。

（3）消费者在接受服务时，其合法权益受到损害时，可以向服务者要求赔偿。

（4）变更后的企业仍应承担赔偿责任。消费者在购买、使用商品或者接受服务时，其合法权益受到损害，因原企业分立、合并的，可以向变更后承受其权利义务的企业要求赔偿。

（5）营业执照持有人与租借人的赔偿责任。使用他人营业执照的违法经营者提供商品或者服务，损害消费者合法权益的，消费者可向其要求赔偿，也可以向营业执照的持有人要求赔偿。

（6）展销会举办者、柜台出租者的特殊责任。通过展销会、出租柜台销售商品或者提供服务，不同于一般的店铺营销方式。展销会结束或者柜台租赁期满后，也可以向展销会的举办者、柜台的出租者要求赔偿。展销会的举办者、柜台的出租者赔偿后，有权向销售者或者服务者追偿。

（7）网络交易平台的特殊责任。消费者通过网络交易平台购买商品或者接受服务，其合法权益受到损害的，可以向销售者或者服务者要求赔偿。网络交易平台提供者不能提供销售者或者服务者的真实名称、地址和有效联系方式的，消费者也可以向网络交易平台提供者要求赔偿；网络交易平台提供者作出更有利于消费者的承诺的，应当履行承诺。网络交易平台提供者赔偿后，有权向销售者或者服务者追偿。

网络交易平台提供者明知或者应知销售者或者服务者利用其平台侵害消费者合法权益，未采取必要措施的，依法与该销售者或者服务者承担连带责任。

（8）虚假广告的广告主与广告经营者的责任。消费者因经营者利用虚假广告或者其他虚假宣传方式提供商品或者服务，其合法权益受到损害的，可以向经营者要求赔偿。广告经营者、发布者发布虚假广告的，消费者可以请求行政主管部门予以惩处。广告经营者、发布者不能提供经营者的真实名称、地址和有效联系方式的，应当承担赔偿责任。

广告经营者、发布者设计、制作、发布关系消费者生命健康商品或者服务的虚假广告，造成消费者损害的，应当与提供该商品或者服务的经营者承担连带责任。

社会团体或者其他组织、个人在关系消费者生命健康商品或者服务的虚假广告或者其他虚假宣传中向消费者推荐商品或者服务，造成消费者损害的，应当与提供该商品或者服务的经营者承担连带责任。

（9）检验机构（质监部门）及认证机构（如绿色食品认证）的法律责任：

第一，故意。产品质量检验机构、认证机构伪造检验结果或者出具虚假证明的，应责令改正，对单位和直接主管人员及责任人员处以罚款，没收违法所得；情节严重的，取消其检验资格、认证资格。

第二，过失。产品质量检验机构、认证机构出具的检验结果或者证明不实，造成损失的，应当承担相应的赔偿责任；造成重大损失的，撤销其检验资格、认证资格。

第三，产品质量认证机构违反《产品质量法》第21条的规定，不履行质量跟踪检验义务的，对因其产品不符合认证标准给消费者造成的损失，与产品的生产者、销售者承担连带责任；情节严重的，撤销其认证资格。

（10）社会团体（如消协）、社会中介机构（如行业协会）的承诺、保证责任。社会团体、社会中介机构对产品质量作出承诺和保证，而该产品又不符合其承诺、保证的质量要求，给消费者造成损失的，与生产者、销售者承担连带责任。

二、违反《消费者权益保护法》的法律责任

《消费者权益保护法》以其独特的价值尺度，规定消费者享有9项权利，经营者负有10项义务，使原本强弱悬殊的利益群体之间趋于平衡。当消费者的权益因经营者的原因无法行使或受到损害时，《消费者权益保护法》规定可采取相应的措施对违法者予以制裁。《消费者权益保护法》第七章对侵害消费者合法权益的行为区分不同情况，规定经营者应分别或者同时承担民事责任、行政责任和刑事责任。

（一）侵犯消费者合法权益的民事责任

1. 一般规定

经营者提供商品或者服务有下列情形之一的，除本法另有规定外，应当依照《产品质量法》和其他有关法律、法规的规定，承担民事责任：①商品存在缺陷的；②不具备商品应当具备的使用性能而出售时未作说明的；③不符合在商品或者其包装上注明采用的商品标准的；④不符合商品说明、实物样品等方式表明的质量状况的；⑤生产国家明令淘汰的商品或者销售失效、变质的商品的；⑥销售的商品数量不足的；⑦服务的内容和费用违反约定的；⑧对消费者提出的修理、重作、更换、退货、补足商品数量、退还货款和服务费用或者赔偿损失的要求，故意拖延或者无理拒绝的；⑨法律、法规规定的其他损害消费者权益的情形。

经营者对消费者未尽到安全保障义务，造成消费者损害的，应当承担侵权责任。

2. 特殊规定

（1）经营者提供的商品或者服务不符合质量要求的，消费者可以依照国家规定、当事人约定退货，或者要求经营者履行更换、修理等义务。没有国家规定和当事人约定的，消费者可以自收到商品之日起 7 日内退货；7 日后符合法定解除合同条件的，消费者可以及时退货，不符合法定解除合同条件的，可以要求经营者履行更换、修理等义务。

（2）依照前款规定进行退货、更换、修理的，经营者应当承担运输等必要费用。

（3）预收款方式提供商品或服务的责任。在某些情况下，经营者先预收部分款项，提供商品或服务后再与消费者进行结算。《消费者权益保护法》第53 条规定，经营者以预收款方式提供商品或服务的，应当按照约定提供。未按照约定提供的，应依照消费者的要求履行约定或者退回预付款；并应当承担预付款的利息和消费者支付的合理费用。

（4）消费者购买的商品，依法经有关行政部门认定为不合格的，消费者要求退货的，经营者应当负责退货。

（5）经营者明知商品或者服务存在缺陷，仍然向消费者提供，造成消费者或者其他受害人死亡或者健康严重损害的，受害人有权要求经营者依照本法赔偿损失，并有权要求所受损失 2 倍以下的惩罚性赔偿。

3. 因提供商品或服务造成人身伤害、人格受损、财产损失的民事责任及赔偿范围

（1）人身伤害的民事责任。经营者提供商品或服务，造成消费者或其他人受伤、残疾、死亡的，应承担下列责任：①造成消费者或者其他受害人人身伤害的，应当支付医疗费、治疗期间的护理费、因误工减少的收入等费用；②造成残疾的，除上述费用外，还应支付残疾者生活自助具费、生活补助费、残疾赔偿金以及由其扶养的人所必需的生活费等费用；③造成消费者或其他受害人死亡的，应当支付丧葬费、死亡赔偿金以及由死者生前扶养的人所必需的生活费用。

（2）侵犯消费者人格尊严、人身自由的民事责任。《消费者权益保护法》第 14 条规定消费者享有人格尊严。第 27 条规定经营者不得对消费者侮辱、诽谤，不得搜查消费者的身体及其携带的物品，不得侵犯消费者的人身自由。违反上述规定的，经营者应当停止侵害、恢复名誉、消除影响、赔礼道歉，并赔偿损失。

（3）财产损害的民事责任。经营者提供商品或者服务，造成消费者财产损害的，应当以修理、重作、更换、退货、补足商品数量、退还货款和服务费用或者赔偿损失等方式承担民事责任。同时，《消费者权益保护法》承认并尊重消费者与经营者的自由订约权。当双方对财产损害的补偿有约定的，可按照约定履行。

4. 对欺诈行为的惩罚性规定

《消费者权益保护法》第 55 条规定，经营者提供商品或者服务有欺诈行为的，应当按照消费者的要求增加赔偿其受到的损失，增加赔偿的金额为消费者购买商品的价款或者接受服务的费用的 3 倍；增加赔偿的金额不足 500 元的，为 500 元。法律另有规定的，依照其规定。

这一规定，属于特别法上的责任规则。设定这一规则的目的，一是惩罚性地制止损害消费者的欺诈行为人，特别是制造、销售假货的经营者；二是鼓励消费者同欺诈行为和假货做斗争。

（二）《消费者权益保护法》的行政责任

1. 应承担行政责任的情形

有下列情形之一的，经营者应承担行政责任：①生产、销售的商品不符合保障人身、财产安全要求的；②在商品中掺杂、掺假，以假充真，以次充

好，或者以不合格商品冒充合格商品的；③生产国家明令淘汰的商品或者销售失效、变质的商品的；④伪造商品的产地，伪造或者冒用他人的厂名、厂址，伪造或者冒用认证标志、名优标志等质量标志的；⑤销售的商品应当检验、检疫而未检验、检疫或者伪造检验、检疫结果的；⑥对商品或者服务作引人误解的虚假宣传的；⑦拒绝或者拖延有关行政部门责令对缺陷商品或者服务采取停止销售、警示、召回、无害化处理、销毁、停止生产或者服务等措施的；⑧对消费者提出的修理、重作、更换、退货、补足商品数量、退还货款和服务费用或者赔偿损失的要求故意拖延或者无理拒绝的；⑨侵犯消费者人格尊严或者侵犯消费者人身自由的；⑩法律、法规规定的对损害消费者权益应当予以处罚的其他情形。

2. 行政处罚机关和处罚方式

（1）处罚依据。对《消费者权益保护法》第56条列举的上述10种情形，若相关法律、法规（如产品质量法、食品卫生法、广告法、价格法等）对处罚机关和处罚方式有规定的，应依照其规定执行；若法律、法规没有规定的，由工商行政管理部门进行处罚。

（2）处罚方式。对上述10种违法情形的处罚方式有：责令改正、警告、没收违法所得、处以违法所得1倍以上10倍以下的罚款，没有违法所得的，处以50万元以下的罚款罚款，对情节严重者还可责令停业整顿，吊销营业执照。

（3）行政复议。《消费者权益保护法》为防止行政机关滥用权力作出对经营者不公的处罚，规定了经营者的申请行政复议权，即经营者对行政处罚不服的，可自收到处罚决定之日起15日内向上一级机关申请复议，对复议决定仍不服的，可以向人民法院提起诉讼。

（三）《消费者权益保护法》中的刑事责任

违反《消费者权益保护法》，构成犯罪的行为包括：①经营者提供商品或者服务，造成消费者或其他受害人受伤、残疾、死亡的；②以暴力、威胁等方法阻碍有关行政部门工作人员依法执行职务的；③国家机关工作人员玩忽职守或者包庇经营者侵害消费者合法权益的。对这些行为应根据情节依法追究刑事责任。

第一节　劳动法

一、劳动法的概念

作为我国现行法律体系的一个独立法律部门，一般认为，劳动法是调整劳动关系以及劳动附随关系的法律规范的总称。它包括法典式的《劳动法》、全国人民代表大会制定和颁布的《宪法》和基本法律中的相关规定、全国人民代表大会常务委员会制定和颁布的基本法律以外的其他法律中的相关规定、国务院颁布的行政法规、劳动和社会保障部颁布的部门规章、地方性劳动法规等。

二、劳动法的调整对象

依据劳动法的概念，劳动法的调整对象是劳动关系以及劳动附随关系，其中，劳动关系是劳动法的主要调整对象。

（一）劳动关系

1. 劳动关系的概念

在劳动过程中人与人之间发生的社会关系，称为劳动关系。这种劳动关系可以分为两种：一种是劳动者在劳动过程中与其他劳动者的关系；另一种是劳动者与劳动力使用者（或称所在单位）之间的关系。劳动法调整的劳动关系仅限于后一种。

2. 劳动关系的特征

（1）劳动关系是劳动力所有者和劳动力使用者之间的社会关系。劳动者作为劳动力的所有者和提供者，与劳动力使用者提供的生产资料相结合；而劳动力的使用者（亦即用人单位）在劳动关系中则作为生产资料的支配者和劳动力的需求者出现。

（2）劳动关系是与劳动过程密切联系的社会关系。劳动过程就是劳动力和生产资料在劳动组织内相结合的生产过程。劳动力和生产资料相结合的生产过程中，只有劳动者与用人单位发生的社会关系才是劳动法调整的对象。

（3）劳动关系是主体双方管理与被管理的社会关系。劳动关系一经建立，劳动者的劳动力归劳动力使用者即用人单位支配。

（二）劳动附随关系

劳动附随关系本身并不是劳动关系，但与劳动关系有着直接或间接的联系。它们有的是发生劳动关系的必要前提，有的是劳动关系的直接后果，还有的是伴随劳动关系附带发生的社会关系。一般而言，它包括劳动行政管理方面的关系、劳动服务方面的关系、社会保险方面的某些关系、调处劳动争议方面的关系、工会因履行职责与用人单位发生的关系、相关国家机关监督劳动法执行的关系等。

三、劳动法的基本原则

（一）劳动法基本原则的概念

劳动法基本原则，是指主导整个劳动法体系，集中体现劳动法的本质和基本精神，调整劳动关系以及劳动附随关系所应遵循的基本准则。

（二）劳动法基本原则的内容

根据劳动法基本原则这一概念的应有之义，结合各种观点，劳动法基本原则主要有：

1. 保护劳动者合法权益原则

保护劳动者合法权益原则是劳动法的首要原则，也是劳动法区别于其他法律部门的本质特征。为防止用人单位恃强凌弱，使劳动关系双方获得实质上的公平，国家必须通过立法来保护劳动者的合法权益，对劳动者的弱者地位予以补救，从而在用人单位和劳动者之间达成新的平衡关系，以维护劳动者的正当权益。

2. 三方性原则

三方性是指劳动行政部门代表、工会代表、企业组织代表三方共同参与劳动关系的协调。三方性原则具体是指在劳动标准的确定和劳动关系的处理上由政府、雇主和劳工代表在平等的基础上协商解决。体现了个别协商与集体协商的结合、自由协商与国家协商的结合。这一原则是由国际劳工组织确立的。

四、劳动法律关系

(一) 劳动法律关系概述

劳动法律关系是法律关系中的一种,指劳动关系的当事人双方基于劳动法律规范,在实现劳动过程中形成的具有权利、义务内容的社会关系。

劳动法律关系主要包括三个方面的特征:①劳动法律关系的当事人具有特定性;②当事人双方既存在平等关系也存在隶属关系;③劳动法律关系是财产法律关系和人身法律关系的双层组合。

(二) 劳动法律关系的构成要素

劳动法律关系由主体、内容和客体三个要素构成,三者必须同时具备,缺一不可。要素发生变化,具体的劳动法律关系亦随之发生变更。

1. 劳动法律关系的主体

劳动法律关系的主体是指参加劳动法律关系并享有权利和承担义务的当事人。具体而言,就是指劳动者和用人单位。

(1) 劳动者。劳动者是我国《劳动法》中的正式称谓,某些规范性文件有时也被称为职工、员工、雇员、雇工等。劳动者是指具备劳动资格并参加劳动法律关系取得权利和承担义务的自然人。

劳动者的资格就是劳动权利能力和劳动行为能力,这是劳动法理论借鉴其他法律关系理论尤其是民事法律关系理论后的一种学理上的概括。劳动权利能力是指自然人享有劳动权利和承担劳动义务的资格。根据《劳动法》的有关规定,我国公民的最低就业年龄为 16 周岁。但《劳动法》同时又规定,文艺、体育和特种工艺单位依法履行了规定的审批手续后可以招用未满 16 周岁的未成年人。劳动行为能力是指自然人能以自己的行为享有劳动权利和承担劳动义务的资格。根据《民法通则》的规定,年满 16 周岁以上不满 18 周岁,参加工作并且能以自己的劳动收入为主要生活来源的公民视为完全民事行为能力人。由此可见,具备完全民事行为能力是取得劳动行为能力的前提,同时也间接地为劳动行为能力的取得设立了标准。

(2) 用人单位。用人单位也可称为雇佣单位、佣工单位或雇佣人,是指具有用人资格，使用职工并向其支付工资的单位，包括各类企业、个体工商户、机关、事业单位、社会团体。

用人单位的资格是该单位能否参加劳动法律关系的前提条件。用人单位的资格由《劳动法》加以规定，包括劳动权利能力和劳动行为能力两方面。与劳动者的劳动资格相比，虽然用人单位权利能力和行为能力也是同时产生、同时消灭，但与劳动者的劳动资格不同的是，用人权利能力却可以与用人行为能力相分离。

2. 劳动法律关系的内容

（1）劳动法律关系内容的概念和特征。劳动法律关系的内容是指劳动法律关系的主体在劳动过程中享有的权利和承担的义务。劳动法律关系在法理上具有双务性质，因而在劳动法律关系中，双方当事人既是权利主体又是义务主体。

劳动法律关系内容具有以下特征：①劳动法律关系中的权利和义务，是由劳动者和用人单位双方意思表示一致约定的内容。②当事人通过劳动合同约定权利和义务的自由度受到劳动法较大的干预和限制。③劳动者权利的行使和义务的履行因劳动法律关系基于人身信任关系而具有严格的人身性质。④劳动法律关系终止后，某些权利、义务可能仍旧存续一段时间。⑤劳动法律关系中的某些权利、义务可能延及当事人以外的第三人。⑥劳动者的权益可以约定高于法定标准，但不得约定低于法定标准。

（2）劳动法律关系主体的主要权利和义务。劳动者的权利包括：①劳动报酬权，具体表现为劳动报酬的受领权与支配权、最低工资取得权、足额报酬请求权、按时支付请求权以及同工同酬请求权等内容；②休息休假权；③职业安全卫生保护权；④职业培训机会获得权；⑤提请劳动争议处理权。劳动者的主要义务有：①完成劳动任务；②遵守劳动纪律和规章制度；③提高职业技能和操作水平等。

3. 劳动法律关系的客体

劳动法律关系的客体是指劳动权利和劳动义务共同指向的对象。我们认为，劳动法律关系的客体应由劳动行为要素和表现为劳动力、劳动报酬等物质利益要素构成，是诸客体要素的合一。

五、劳动合同

（一）劳动合同概述

劳动合同也称劳工契约、雇佣契约。从立法的角度看，最早的劳动合同出现在《法国民法典》中，被称为劳动力租赁契约，以后逐渐从民商事合同中分离出来。

按照合同法理论对合同法律属性类别的归属，劳动合同具有以下特征：①诺成性；②双务性；③有偿性；④继续性；⑤附和性；⑥身份性（身份契约）。

（二）劳动合同的订立

1. 劳动合同订立原则

根据我国《劳动合同法》的规定，劳动合同应当以书面形式订立。在订立过程中，劳动合同应该遵循以下原则：

（1）平等自愿原则。平等与自愿的基本含义是：当事人双方在订约时具有同等的法律地位，都有权按自己的意愿选择合同伙伴和合同条件，他人不得强迫与干涉。

（2）协商一致的原则。平等与自愿为达成协议提供了必要前提，但不能保证肯定达成协议，因而只能在平等和自愿的基础上通过协商的方式取得一致意见后方能达成协议。

（3）合法原则。合法原则是指劳动合同的订立，无论在形式、内容或是程序上都不能违反法律、行政法规的强制性规定。合法原则意味着对自由意愿的限制，其目的归根结底在于从宏观的层面上平衡社会利益关系，维护必要的社会秩序。

2. 劳动合同的内容

劳动合同的内容即劳动合同的条款，可分为法定必备条款和任意约定条款两类。

（1）法定必备条款。劳动合同的法定必备条款是指法律要求劳动合同必须具备的合同条款。换言之，如果劳动合同中法定必备条款的内容不完整，该劳动合同便无法生效。主要包括：①用人单位的名称、住所和法定代表人或者主要负责人；②劳动者的姓名、住址和居民身份证或者其他有效身份证件号码；③劳动合同期限；④工作内容和工作地点；⑤工作时间和休息休假等法律、法规规定应当纳入劳动合同的其他事项。未载明必备条款的，由劳动行政部门责令改正；因此给劳动者造成损害的，应承担赔偿责任。

（2）任意约定条款。任意约定条款是指在法定必备条款之外，可以由双方当事人通过自愿协商约定的合同条款。劳动合同中经常出现的任意约定条款主要包括试用期、培训、保守秘密、补充保险和福利待遇等事项。

（三）劳动合同的效力

1. 劳动合同的成立与生效

（1）劳动合同的成立。劳动合同的成立是指劳动合同的缔约双方当事人因意思表示一致而达成协议的客观事实。劳动合同成立的基本要件是双方意思表示一致。如果当事人约定了成立的特殊要件，则劳动合同于该要件具备时成立。绝大多数劳动合同的成立与生效是同时发生的。

（2）劳动合同的生效。劳动合同的生效是指依法成立的劳动合同，从成立或约定生效之日起对当事人双方产生法律约束力。一般而言，劳动合同的有效须符合下列条件：①合同的主体必须合法（具备法定的劳动权利能力和行为能力）；②合同的内容和形式必须合法；③订立合同的程序必须合法；④当事人的意思表示必须真实（意思表示须出自本人意愿，表示的内容和内心意愿应当相一致）。

2. 无效的劳动合同

无效的劳动合同是指劳动合同因缺乏有效条件而对当事人全部或部分不产生约束力。

（1）劳动合同无效的原因。主要有：①违反法律、行政法规规定的劳动合同。②采取欺诈、威胁等手段订立的劳动合同。使用欺诈、胁迫或类似手段必然导致当事人表达的意思与其内心的真实想法不一致，亦即违背了当事人意思表示真实这一有效条件，故不能产生法律约束力。③与依法签订的集体合同相抵触的劳动合同。由于集体合同的效力高于劳动合同，集体合同便成为其效力覆盖范围内的劳动合同的效力依据。因此劳动合同中的劳动条件、劳动报酬等标准如果低于集体合同规定的标准就不能生效。

（2）劳动合同的无效程度。根据无效的程度，劳动合同的无效存在全部无效和部分无效两种情况。劳动合同的全部无效是指劳动合同因欠缺有效条件而导致所形成的劳动关系不能产生法律效力。全部无效的劳动合同可以由两方面的原因引起：①劳动合同的全部条款均为无效条款；②劳动合同中只有部分条款的内容是无效条款,但却因此阻碍了其有效部分继续对当事人产生约束力,例如,劳动者不具备法定的劳动资格。劳动合同的部分无效是指劳动合同中虽然部分条款欠缺有效条件,但所确立的劳动关系仍可能存续,只是其中的无效部分对当事人不产生约束力,而其他部分仍然具有约束力。

◁案例

张某去甲公司应聘,声称自己是法学硕士毕业,取得了司法考试资格证书,并将自己的证书复印件交给了招聘人员,该公司急需法律顾问,准备以高薪委任张某为法律部门主管,双方签订了劳动合同。张某在试用期内经常发生错误,给公司造成了很大损失,后经了解,张某的司法考试证书是伪造的,其实际上是高中毕业。

问题: 请分析该劳动合同的效力。

(四)劳动合同的履行、变更和终止

1. 劳动合同的履行

劳动合同的履行是指劳动合同的当事人双方按照劳动合同的约定履行各自应承担的义务的行为。

劳动合同的履行原则主要有:①亲自履行原则,也称实际履行原则,是指劳动合同的当事人双方必须以自己的行为履行各自的义务,不得由他人代替。②全面履行原则,是指合同的当事人双方必须履行合同所有条款规定的全部义务,否则即构成违约。③协作履行原则,是指合同双方当事人应当在对方履行合同义务时给予协助和配合。

2. 劳动合同的变更

劳动合同的变更,是指劳动合同双方当事人因发生变更事由而对已经生效的劳动合同内容进行修改或补充的法律行为。劳动合同的变更应当自劳动合同生效后到终止前的期间进行。需要变更的合同条款不能是法律禁止变更的内容,变更后的合同条款不能与法律的强制性规定和集体合同规定的标准相抵触。

3. 劳动合同的终止

劳动合同的终止是指劳动合同因一定法律事实的出现而终结。其后果表现为劳动者与用人单位之间的权利义务归于消灭,如合同期限届满,约定的终止条件成立，合同目的实现，当事人死亡、劳动者依法退休、退职，用人单位的消灭等。

（五）劳动合同的解除

1. 劳动合同解除的概念与特征

（1）劳动合同解除的概念。劳动合同的解除是指劳动合同因发生一定事由，根据当事人的意愿而被提前终止效力的行为。

（2）劳动合同解除的特征。劳动合同的解除是根据当事人的意愿而产生的合同关系的终止，不属于当然终止和被强行终止。劳动合同的解除是一种法律行为，既可以表现为单方的法律行为，也可以表现为双方的法律行为。

2. 劳动合同解除的条件

（1）双方协商（或协议）解除劳动合同。劳动合同可以经双方协商解除。但需注意的是，协商总是一方向对方提出建议，对方接受建议。由于法律允许劳动者单方面提出辞职，因而双方协商只有在用人单位向劳动者提出解除建议时才适用，劳动者向单位提出建议的，按劳动者单方面提出辞职处理。按规定，双方协议解除劳动合同时，用人单位应给予劳动者经济补偿。

（2）用人单位单方面解除劳动合同。用人单位单方面解除劳动合同又可以分为以下几类：

第一，过失性解除。过失性解除也称即时解除、过失性辞退，指用人单位可以不必依法提前预告而立即解除劳动合同。主要包括以下情况：①劳动者在试用期内被证明不符合录用条件；②劳动者严重违反劳动纪律或用人单位的规章制度；③劳动者严重失职、营私舞弊，给用人单位的利益造成重大损害；④劳动者同时与其他用人单位建立劳动关系，对完成本单位的工作任务造成严重影响，或者经用人单位提出，拒不改正；⑤用以欺诈、胁迫的手段或者乘人之危，使对方在违背真实意义的情况下订立或者变更劳动合同，致使劳动合同无效；⑥劳动者被依法追究刑事责任。

第二，预告性解除。预告性解除也称为非过失性辞退，指用人单位应当依照法定的期限提前通知劳动者后才能解除劳动合同的行为。包括以下几种情况：①劳动者患病或者非因工负伤，医疗期满后，不能从事原来工作，也不能从事由用人单位另行安排的工作；②劳动者不能胜任工作，经过培训或者调整工作岗位，仍然不能胜任工作；③劳动合同订立时所依据的客观情况发生重大变化，致使原劳动合同无法履行，经当事人协商不能就变更劳动合同达成协议。劳动者有以上三种情况之一的，用人单位可以解除劳动合同，但是应当提前 30 天以书面形式通知劳动者本人，并按规定给予劳动者经济补偿。

第三，经济性裁员。经济性裁员是用人单位克服经营困难、扭转不利局面的一种常规性措施，但裁员同时会对被裁劳动者的切身利益带来不利影响。

第四，禁止用人单位解除劳动合同的规定。《劳动法》虽然赋予用人单位单方面解除劳动合同的权利，但又对其中的非过失性辞退和经济性裁员的适用作了进一步限制，如职工在合同届满前患病，合同于医疗期内届满的，合同期限应自动延长到医疗期结束。

（3）劳动者单方面解除劳动合同：

第一，预告辞职，即劳动者不需要提供任何理由，只需提前 30 天以书面形式通知用人单位即可解除劳动合同的情况。

第二，即时辞职，是指劳动者可以随时解除劳动合同，不必以书面的形式向用人单位提前 30 天预告的情况。在以下三种情况下，劳动者可以即时辞职：①在试用期内；②用人单位以暴力威胁或以非法限制人身自由的手段强迫劳动；③用人单位违章指挥、强令冒险作业危及劳动者人身安全的。以上三种情况中，劳动者因第 2 项和第 3 项的原因辞职是用人单位的过错造成的，可要求用人单位给予经济补偿。

3. 劳动合同解除的法律后果

劳动合同解除的法律后果是指当事人双方通过法律行为消灭劳动关系的同时，对双方当事人发生的附随义务。

（1）用人单位的义务：

第一，支付经济补偿金。我国现行立法关于经济补偿的规定是：由双方协商一致解除劳动合同或者用人单位单方面预告解除劳动合同和经济性裁员解除劳动合同的，按劳动者在本单位的工作年限，每满 1 年给予相当于 1 个月工资的经济补偿。其中，双方协商一致解除劳动合同和用人单位因劳动者不能胜任工作而预告解除劳动合同的，补偿金最多不超过 12 个月的工资。

第二，支付医疗补助费。由于劳动者患病或非因工负伤，经劳动鉴定委员会确认不能从事原工作，也不能从事用人单位另行安排的工作而解除劳动合同的，除按上述规定支付经济补偿外，还应发给劳动者不低于 6 个月工资的医疗补助费；患重病的还应再增加不低于医疗补助费的 50%；患绝症的再增加的部分应不低于医疗补助费的 100%。

第三，支付失业补偿费。这类补偿与国外立法中的失业补偿性离职费相似。根据《私营企业劳动管理暂行规定》，私营企业因破产或歇业而解除劳动合同的，合同未满的时间每相差 1 年发给相当于 1 个月标准工资的补偿费，但最高不超过 12 个月的标准工资。

第四，用人单位的其他义务。包括：向社会保险经办机构缴足应缴的社会保险费用；办理退工手续并出具劳动关系终止证明。

（2）劳动者的义务。劳动者因劳动关系终止而对用人单位负有的义务主要包括：继续按约定保守商业秘密；按约定履行竞业禁止（或竞业限制）义务；赔偿因违约而给用人单位造成的损失。

六、违反劳动合同的责任

（一）基本含义

违反劳动合同的责任也可简称为违约责任，是指劳动合同的当事人不履行合同义务或者履行义务不符合合同约定或法律规定，给对方造成损失时应承担的法律后果。简言之，就是对违约行为导致的损害结果负赔偿责任。

（二）我国劳动立法中有关违约责任的主要内容

我国劳动立法中关于违约责任的规定主要集中于法定违约责任方面，并按不同的主体分别予以规定。

1. 用人单位的违约责任

（1）由于用人单位的原因订立的无效合同，对劳动者造成损害的，应当承担赔偿责任。

（2）用人单位克扣或者无故拖欠劳动者工资的，以及拒不支付劳动者延长工作时间工资报酬的，责令在规定的时间内全额支付劳动者工资报酬，逾期不支付的，责令用人单位按应付金额 50% 以上 100% 以下的标准向劳动者加付赔偿金。

（3）用人单位支付劳动者的工资报酬低于当地工资标准的，限期补足，逾期不支付的，责令用人单位按应付金额 50% 以上 100% 以下的标准向劳动者加付赔偿金。

（4）用人单位违反《劳动法》规定的条件和劳动合同的约定，擅自解除劳动合同的，应当按照劳动合同的约定支付违约金；给劳动者造成损失的，应当依法承担赔偿责任。

2. 劳动者的违约责任

根据《中华人民共和国劳动合同法》的规定，劳动者需要承担违约责任的情形有两种：

（1）《劳动合同法》第22条规定，用人单位为劳动者提供专项培训费用，对其进行专业技术培训的，可以与该劳动者订立协议，约定服务期。劳动者违反服务期约定的，应当按照约定向用人单位支付违约金。违约金的数额不得超过用人单位提供的培训费用。用人单位要求劳动者支付的违约金不得超过服务期尚未履行部分所应分摊的培训费用。

（2）《劳动合同法》第23条规定，用人单位与劳动者可以在劳动合同中约定保守用人单位的商业秘密和与知识产权相关的保密事项。对负有保密义务的劳动者，用人单位可以在劳动合同或者保密协议中与劳动者约定竞业限制条款，并约定在解除或者终止劳动合同后，在竞业限制期限内按月给予劳动者经济补偿。劳动者违反竞业限制约定的，应当按照约定向用人单位支付违约金。

除以上两种情形外，用人单位不得与劳动者约定由劳动者承担违约金。

七、劳动争议处理制度

（一）劳动争议处理制度的概念

劳动争议处理制度，是通过劳动立法的形式将劳动争议处理的机构、原则、程序、受理范围等确定下来，用以处理劳动争议的一项法律制度。劳动争议处理制度，在法学分类上称为程序法。就其内容看，它是解决在劳动争议处理方面的原则、程序等规定；就其任务和作用看，它为贯彻实体法提供法律保障。

（二）劳动争议处理机构

劳动争议的处理机构主要包括：劳动争议调解委员会、劳动争议仲裁委员会和人民法院。《劳动法》规定，在用人单位内可以设立劳动争议调解委员会，负责调解本单位的劳动争议；在县、市、市辖区应当设立劳动仲裁委员会；各级人民法院的民事审判庭负责劳动争议案件的审理工作。

（三）劳动争议的处理程序

《中华人民共和国劳动争议调解仲裁法》第4、5条规定，劳动争议当事人可以通过四种途径解决其争议：

1. 协商程序

劳动争议双方当事人在发生劳动争议后，应当首先协商，找出解决争议的方法。

2. 调解程序

这里的调解程序是指企业调解委员会对本单位发生的劳动争议的调解。调解程序并非是法律规定的必经程序，然而对于解决劳动争议却起着很大的作用，尤其是对于希望仍在原单位工作的职工，通过调解解决劳动争议当属首选步骤。

3. 仲裁程序

当事人从知道或应当知道其权利被侵害之日起 60 日内，以书面形式向仲裁委员会申请仲裁。仲裁委员会应当自收到申诉书之日起 7 日内作出受理或者不予受理的决定。仲裁庭处理劳动争议应当自组成仲裁庭之日起 60 日内结束。案情复杂需要延期的，经报仲裁委员会批准，可以适当延期，但是延长的期限不得超过 30 日。

4. 诉讼程序

当事人如对仲裁决定不服，可以自收到仲裁决定书 15 日内向人民法院起诉，人民法院民事审判庭根据《中华人民共和国民事诉讼法》的规定受理和审理劳动争议案件。审限为 6 个月，特别复杂的案件经审判委员会批准可以延长。当事人对人民法院一审判决不服，可以再提起上诉，二审判决是生效的判决，当事人必须执行。

第二节　社会保障法

一、社会保障法的概念

社会保障法是指调整一个国家或地区的社会保障关系的法律规范的总和。它既包括国家立法机关制定的社会保障法律，也包括国家行政机关颁布的社会保障法规、命令和条例等。

社会保障关系也就是社会保障法所调整的社会关系，这些社会关系从内容上可以分为社会保险关系、社会救助关系、社会福利关系、社会优抚关系；

从社会保障的体制上可以分为社会保障管理关系、社会保障资金筹集关系、社会保障给付关系、社会保障资金运营关系和社会保障监督关系。概括地讲，社会保障关系是指在社会保障的实施过程中，国家、社会、单位以及社会成员之间发生的各种社会关系的总和。

在现代社会保障制度的发展进程中，以法律为依据，在管理机构的监管下采取强制方式实施，一直是最基本的特征之一。先立法、后实践，是实施社会保障制度的内在要求，工业化国家及许多发展中国家在建立自己的社会保障制度时均遵循这一规则。

二、社会保障法的特征

（一）社会保障法系统是一个独立的法律部门

社会保障法能否成为一个独立的法律部门，取决于其是否有独立的、特殊的调整对象。社会保障法的调整对象是社会保障运行过程中产生的各种社会保障关系。随着市场经济的发展和社会文明的提高，这种关系范围不仅不会缩小，反而会发展和扩大，并且显现出与其他社会关系不同的独特的性质：①社会保障关系只产生于社会保障活动过程之中；②社会保障关系的当事人具有特殊性；③社会保障关系是一种既不同于民事关系也不同于行政、刑事关系的权利和义务关系。社会保障关系的特殊性和复杂性使得社会保障对象具有广泛性、社会保障的实施范围具有全民性、社会保障的内容具有丰富性、社会保障问题表现出特殊性和解决的重要性。所有这些问题都决定了社会保障法既不能被其他法律部门所包容，也不能与其他法律部门相混淆。因此，社会保障法应当是一个独立的法律部门，使其自成体系并发挥专门的社会保障规范作用，这既是社会保障制度的内在要求，也是一个国家的社会保障法不断走向完整全面、自成体系的需要。

（二）社会保障法系统是一个规范性的系统

社会保障体系中，国家或政府、社会、企业、个人以及有关各方在社会保障活动中负有何种职责，社会保障的具体项目、实施范围、资金筹集、待遇标准、计算方式等，都是由法律严格具体地规范的，有关各方均须依据法律制度的规定履行其职责与义务，同时享受法律赋予的权益。这些规范包括强制性规范和非强制性规范。

（三）社会保障法系统是一个多层次的分工协调的系统

由于各国的社会保障制度均是由多个子系统和众多具体项目组成，社会保障的事项庞杂、内容很多，而且不同事项需要不同的法律方式调整，因而不可能用一部法律来规定全部社会保障事务。各国通常都是制定多部社会保障方面的法律和法规来构成社会保障法律制度。在社会保障法的有关法律和法律之间、法律和法规之间、法规和法规之间，存在着客观的分工，各自规范着一定范围内的社会保障事务，并且彼此之间相互协调，互相配合，共同构成了一个完整的社会保障法制系统。

例如我国《宪法》规定了社会成员的退休养老保障问题，对国家和社会给予社会成员物质帮助和发展社会保险、社会救助、医疗卫生事业、社会福利事业等也作了原则性的规定，是我国整个社会保障法律制度的最高层次。

我国立法机关也通过了社会保障专门法律，即用于社会保障领域的有关法律，如《中华人民共和国残疾人保障法》《中华人民共和国妇女权益保障法》《中华人民共和国老年人权益保障法》等，它们作为国家立法机关颁布的社会保障法律，是社会保障制度的基本依据，属于第二层次。

由国家最高行政机关颁布的行政法规，比如《中华人民共和国劳动保险条例》《农村五保供养工作条例》等，以及有关社会保障法律的实施细则等，它们是社会保障法律的具体实施依据，居于第三层次。

由地方立法机关或地方权力机关在区域范围内颁布的社会保障法规，是在全国性的社会保障法律法规的指导下，根据本地区社会保障问题的实际情况制定的，目的是规范由本地区直接负责的一些社会保障事务，因而是社会保障法律制度的最低层次。这些法律制度应当做到既不重复交叉，又能相互配合，既相对独立又层次分明、分工协调，共同构成一个完整的社会保障法制体系。否则就会出现法制真空，造成对部分社会成员利益的损害。

三、社会保障法的功能

（一）社会保障法是发展市场经济的前提和保障

市场经济是通过市场机制来实现资源配置的经济制度。我国在 20 世纪 80 年代中后期开始实行经济体制改革。随着城市劳动用工制度改革、企业破产法的实施，集体经济、私营经济、合资经济的发展，特别是劳动力的流动，多种所有制形式对原有的"国营"单一形式的更替，原有的一些旧的社会体制已经成为社会经济和社会生活发展的障碍，所以必须要建立和完善新的社会保障制度，以适应新时代的经济和社会的发展需要。建立和完善我国社会保障法律制度是提高综合国力、造福于人民、促进市场经济发展的重要任务之一，对建设有中国特色的社会主义、深化改革、宏观调控市场经济和社会发展，对完善市场机制、维持劳动力资源的再生产、保障劳动力资源的合理流动和合理配置、调节市场经济中的供求关系，具有非常重要的作用。社会保障体系是一个涉及面广、改革难度大的社会系统工程，因此，它的建立和发展毫无疑问需要强有力的法律作为后盾。

（二）社会保障法制是保护社会成员合法权益、维护社会安定的需要

市场规律自发的倾向，只激励强者，而不会保护弱者。在这种情况下，建立和完善社会保障法制，以法律的形式保护社会成员的合法权益，是维护社会安定的重要防线。社会保障制度本身就是一种社会安全体系，它通过对没有生活来源者、贫困者、遭遇不幸者、失去劳动能力或工作岗位工薪劳动者，以及现役军人及其家属，给予救助，满足其基本生活需要，消除社会成员的不安全感，以维护他们的合法权益，维护社会稳定。所以，社会保障法又被称为是"社会安全网"和"社会减震器"。

（三）社会保障法是当前深化社会保障制度改革的需要

20世纪80年代，我国开始了以搞活国有企业为中心环节的经济体制改革，社会保障体制的改革也被提到议事日程，全国各地相继加快社会保险改革的进程，出台了许多新的改革措施。起初，我国社会保障制度的改革主要作为国有企业改革的配套措施，在关系国有企业改革的各方面分别进行了探索，后来则在继续为国有企业改革搞好配套的同时，明确了社会保障制度是我国社会主义市场经济框架中的重要组成部分。在社会保障项目单项改革继续深化的同时，初步形成了我国社会保障制度改革的总体框架，明确了要建立适应社会主义市场经济的社会保障体系。因此，需要通过法律的形式，借助法律的力量，因势利导，把社会保障纳入市场经济改革的主要目标之中，实现"劳动力配置—合理流动—社会保障"的良性循环，使企业和个人充分认识社会保障的重要性，积极参与社会保障改革，促进社会稳定、文明和进步。

（四）社会保障法是深化我国企业改革、加快现代企业制度建设的需要

首先，社会保障法能够使企业真正成为市场竞争的主体。建立现代企业制度是建立社会主义市场经济的重要内容，社会保障制度作为建立现代企业

制度的重要配套工程，它实施的好坏在很大程度上左右着现代企业制度的进程。由于我国社会保障立法相对滞后，已经成为制约国有企业改革深化的"瓶颈"。当前国有企业在转换经营机制过程中遇到的诸如企业破产、兼并、资本重组、劳动力合理流动、企业竞争力低、缺乏技术支持力等种种困难，都和社会保障法律制度不健全有很大关系，这就使得国有企业改革举步维艰。因此就需要国家通过立法来加快建立、健全多层次的社会保障体系，把养老、医疗、失业、工伤、住房等保障职能从企业中分离出来，使企业减轻包袱而"轻装上阵"，真正成为市场竞争的主体，提高社会保障的社会化程度，改变"企业办社会"的现状，实现现代企业制度的目标，使社会主义市场经济的微观基础更加稳固。其次，社会保障法有利于促进劳动力的生产和再生产。最后，社会保障法可以促进劳动就业。

四、社会保障法的立法内容

（一）社会保障法的调整对象

社会保障法所调整的对象主要是发生在社会保障活动中的各种法律关系，也就是社会保障法律关系。具体来讲，社会保障法的调整对象包括以下几种：

（1）国家和社会成员之间的关系。也就是中央政府及地方各级政府与全体社会成员之间的关系。通过社会保障法明确政府在社会保障中的职责和社会全体成员享受社会保障的权益等。

（2）社会保障机构与国家或政府之间的关系，即在社会保障体系中管理和被管理的关系，以及各种财政关系等，通过社会保障法明确社会保障机构的性质、任务、地位及其权利和义务。

（3）社会保障实施机构与社会成员之间的关系。包括基金的筹集和供应、社会保障待遇的提供和享受，它是社会保障项目最主要的实践范围，应当明确规范社会保障的组织管理者与参加者、享受者之间的权利与义务关系。

（4）社会保障机构与企业、社会团体单位之间的关系。也就是征集社会保障资金方和提供社会保障资金方之间的关系。

（5）企业、社会团体及官方机构与劳动者个人之间的社会保障关系。主要保证劳动者的社会保障权益，规范企业或用人单位履行对劳动者的社会保障责任，明确劳动者应在用人单位中享受的社会保障待遇等。

（6）社会保障运行过程中的关系。即社会保障管理机构的设置及其与其他部门之间的关系。通过法律明确和调整社会保障管理部门与其他政府部门之间、不同社会保障管理部门之间和社会保障各管理部门内部机构之间的分工、协调与配合。

（7）社会保障运行过程中由于监督机制的运行所形成的关系。包括监督机制的建立以及各种监督机构的职责、权限划分及其协调性等。

（8）其他社会保障关系。包括社会保障子系统之间、项目之间的关系，社会保障基金与国家财政资金的关系，社会保障基金与资本市场的关系，有关经济实体之间的权利义务关系等。

（二）社会保障法的主体

社会保障法的主体主要是指在社会保障活动中依法享受权利和承担义务的当事人。从社会保障的运行来看，社会保障法的主体主要包括：国家或政府，社会保障实施机构，企业、社会团体及官方机构。

（三）社会保障法的客体

社会保障法的客体是指社会保障法律关系的主体的权利和义务共同指向的目标，主要是指社会保障的规定项目和范围内的各种物质利益和自然人。

五、社会保险制度概述

（一）养老保险

1. 养老保险的概念

养老保险是社会保障制度的重要组成部分，是社会保险五大险种中最重要的险种之一。所谓养老保险（或养老保险制度），是指国家和社会根据一定的法律法规，为解决劳动者在达到国家规定的解除劳动义务的劳动年龄界限，或因年老丧失劳动能力退出劳动岗位后的基本生活而建立的一种社会保险制度。

2. 养老保险的享受条件

职工按月领取基本养老金必须具备三个条件：

（1）达到法定退休年龄，并已办理退休手续；

（2）所在单位和个人依法参加养老保险并履行了养老保险缴费义务；

（3）个人缴费至少满 15 年（过渡期内缴费年限视同缴费年限）。

目前，我国的企业职工法定退休年龄为：男职工 60 岁；从事管理和科研工作的女职工 55 岁；从事生产和工勤辅助工作的女职工 50 岁，自由职业者、个体工商户女年满 55 周岁。

3. 基本养老保险待遇

基本养老保险待遇包括：基本养老金、医疗补助金和丧葬抚恤补助费。

基本养老金包括基础性养老金、个人账户养老金、过渡性养老金，以及《国务院关于建立统一的企业职工基本养老保险制度的决定》（国发〔1997〕26 号）实施前已经离休、退休和退职人员的离休金、退休金、退职金、补贴。

基础性养老金指按各省、自治区、直辖市或地（市）上年度职工月平均工资的 20% 支付给退休人员的基本养老金。

个人账户养老金指按缴费个人的个人账户储存额除以 120 而支付给退休人员的基本养老金，以及一次性支付给个人的个人账户储存额。

过渡性养老金是指按规定支付给按照统一的企业职工基本养老保险制度计发待遇且在《国务院关于建立统一的企业职工基本养老保险制度的决定》实施前参加工作、实施后退休的人员除基础性养老金和个人账户养老金以外的基本养老金。

离休金、退休金、退职金、补贴是指按规定支付给《国务院关于建立统一的企业职工基本养老保险制度的决定》（国发〔1997〕26 号）实施前已经离休、退休和退职人员的生活费用和各种生活补贴、物价补贴等。

医疗补助金是指按规定支付给未实行医疗保险的地区已纳入基本养老保险基金开支范围的离休、退休、退职人员的医疗费用。

丧葬抚恤补助费是指用于已纳入基本养老保险基金开支范围的离休、退休、退职人员的死亡丧葬补助费用及其供养直系亲属的抚恤和生活补助费用。

（二）失业保险

1. 失业保险的概念

失业保险是指国家通过立法强制实行的，由社会集中建立基金，对因失业而暂时中断生活来源的劳动者提供物质帮助的制度。它是社会保障体系的重要组成部分，是社会保险的主要项目之一。

2. 主要特点

失业保险基金是社会保险基金中的一种专项基金，它具有以下几个特征：

（1）普遍性。它主要是为了保障有工资收入的劳动者失业后的基本生活而建立的，其覆盖范围包括劳动力队伍中的大部分成员。因此，在确定适用范围时，参保单位应不分部门和行业，不分所有制性质，其职工应不分用工形式，不分家居城镇、农村，在解除或终止劳动关系后，只要本人符合条件，都有享受失业保险待遇的权利。我国失业保险适用范围呈逐步扩大的趋势，从国营企业的 4 种人到国有企业的 7 类 9 种人和企业化管理的事业单位职工，再到《失业保险条例》规定的城镇所有企业事业单位及其职工，充分体现了普遍性原则。

（2）强制性。它是通过国家制定法律、法规来强制实施的。按照规定，在失业保险制度覆盖范围内的单位及其职工必须参加失业保险并履行缴费义务。根据有关规定，不履行缴费义务的单位和个人都应当承担相应的法律责任。

（3）互济性。失业保险基金主要来源于社会筹集，由单位、个人和国家三方共同负担，缴费比例、缴费方式相对稳定，筹集的失业保险费，不分来源渠道，不分缴费单位的性质，全部并入失业保险基金，在统筹地区内统一调度使用以发挥互济功能。

3. 领取条件

（1）按照规定参加失业保险。所在单位和本人已按照规定履行缴费义务满 1 年。

（2）非因本人意愿中断就业。即失业人员不愿意中断就业，但因本人无法控制的原因而被迫中断就业。劳动保障部发布的《失业保险金申领发放办法》对哪些情形属于非因本人意愿中断就业作了规定，主要包括：终止劳动合同，职工被用人单位解除劳动合同，职工被用人单位开除、除名和辞退的，用人单位违法或违反劳动合同导致职工辞职。出现上述情形造成职工失业的，职工有权申领失业保险金。

（3）已办理失业登记，并有求职要求。办理失业登记是为了掌握失业人员的基本情况，确认其资格。须有求职要求，是考虑到失业保险的一个重要功能是促进失业人员再就业。这是享受失业保险待遇的一个前提，也是失业人员应尽的义务。

（三）医疗保险

1. 医疗保险的概念

医疗保险是为补偿疾病所带来的医疗费用的一种保险。它是指在职工生病、负伤、生育时，由社会或企业提供必要的医疗服务或物质帮助的社会保险，如中国的公费医疗、劳保医疗。中国职工的医疗费用由国家、单位和个人共同负担，以减轻企业负担，避免浪费。

2. 医疗保险的特征

医疗保险具有社会保险的强制性、互济性、社会性等基本特征。因此，医疗保险制度通常由国家立法强制实施，费用由用人单位和个人共同缴纳，医疗保险金由医疗保险机构支付，以解决劳动者因患病或受伤害带来的医疗风险。

中国的医疗保险实施四十多年来，在保障职工身体健康和维护社会稳定等方面发挥了积极的作用。

3. 基本医疗保险待遇

（1）参保人员要在基本医疗保险定点医疗机构就医、购药，也可按处方到定点零售药店外购药。在非定点医疗机构就医和非定点药店购药发生的医疗费用，除符合急诊、转诊等规定条件外，基本医疗保险基金不予支付。

（2）所发生医疗费用必须符合基本医疗保险药品目录、诊疗项目、医疗服务设施标准的范围和给付标准，才能由基本医疗保险基金按规定予以支付。超出部分，基本医疗保险基金将不予支付。

（3）对符合基本医疗保险基金支付范围的医疗费用，要区分是属于统筹基金支付范围还是属于个人账户支付范围。属于统筹基金支付范围的医疗费用，超过起付标准以上的由统筹基金按比例支付，最高支付到"封顶线"为止。个人也要负担部分医疗费用，"封顶额"以上费用则全部由个人支付或通过参加补充医疗保险、商业医疗保险等途径解决。起付标准以下的医疗费用由个人账户解决或由个人支付，个人账户有结余的，也可以支付统筹基金支付范围内应由个人支付的部分医疗费用。

（四）工伤保险

1. 工伤保险概念

工伤保险是指劳动者在工作中或在规定的特殊情况下，遭受意外伤害或患职业病导致暂时或永久丧失劳动能力以及死亡时，劳动者或其遗属从国家和社会获得物质帮助的一种社会保险制度。上述概念包含以下两层含义：①工伤发生时劳动者本人可获得物质帮助；②劳动者因工伤死亡时，其遗属可获得物质帮助。

劳动者因工负伤或因职业病暂时失去劳动能力，不管什么原因，无论责任在个人或在企业，都享有社会保险待遇，即补偿不究过失原则。

2. 工伤保险特点

（1）工伤保险的对象是生产劳动过程中的劳动者。由于职业危害无所不在，无时不在，任何人都不能完全避免职业伤害。因此工伤保险作为抵御职业危害的保险制度，适用于所有职工，任何职工发生工伤事故或遭受职业疾病，都应毫无例外地获得工伤保险待遇。

（2）工伤保险的责任具有赔偿性。工伤保险是基于对工伤职工的赔偿责任而设立的一种社会保险制度，其他社会保险是基于对职工生活困难的帮助和补偿责任而设立的。

（3）工伤保险实行无过错责任原则。无论工伤事故的责任归于用人单位还是职工个人或第三者，用人单位均应承担保险责任。

（4）工伤保险不同于养老保险等险种，劳动者不缴纳保险费，全部费用由用人单位负担。即工伤保险的投保人为用人单位。

（5）工伤保险待遇相对优厚，标准较高，但因工伤事故的不同而有所差别。

（6）工伤保险作为社会福利，其保障内容比商业意外保险要丰富。除了工作时的意外伤害外，还包括职业病的报销、急性病猝死保险金、丧葬补助（工伤身故）。

3. 工伤医疗待遇

职工治疗工伤应当在签订服务协议的医疗机构就医，情况紧急时可以先到就近的医疗机构急救。

治疗工伤所需费用符合工伤保险诊疗项目目录、工伤保险药品目录、工伤保险住院服务标准的，从工伤保险基金中支付。工伤保险诊疗项目目录、工伤保险药品目录、工伤保险住院服务标准，由国务院劳动保障行政部门会同国务院卫生行政部门、药品监督管理部门等部门规定。非工伤引发的疾病，不享受工伤医疗待遇，按照基本医疗保险办法处理。

（五）生育保险

1. 生育保险概念

生育保险是国家通过立法，在怀孕和分娩的妇女劳动者暂时中断劳动期间，由国家和社会提供医疗服务、生育津贴和产假的一种社会保险制度，即国家或社会对生育的职工给予必要的经济补偿和医疗保健的社会保险制度。我国生育保险待遇主要包括两项：一是生育津贴，二是生育医疗待遇。

2. 参保人群和费用缴纳

凡是与用人单位建立了劳动关系的职工（包括男职工），都应当参加生育保险。用人单位按照国家规定缴纳生育保险费，职工不缴纳生育保险费。

3. 报销条件和报销范围

职工享受生育保险待遇，应当同时具备下列条件：①用人单位为职工累计缴费满1年以上，并且继续为其缴费；②符合国家和省人口与计划生育规定。

报销范围：①生育医疗费。女职工生育的检查费、接生费、手术费、住院费和药费由生育保险基金支付。超出规定的医疗业务费和药费（含自费药品和营养药品的药费）由职工个人负担。女职工生育出院后，因生育引起疾病的医疗费由生育保险基金支付；其他疾病的医疗费，按照医疗保险待遇的规定办理。女职工产假期满后，因病需要休息治疗的，按照有关病假待遇和医疗保险待遇规定办理。②生育津贴。女职工依法享受产假期间的生育津贴，按本企业上年度职工月平均工资计发，由生育保险基金支付。

第一节　民事诉讼法

一、民事诉讼法概述

（一）民事诉讼与民事诉讼法

民事诉讼是人民法院在当事人和其他诉讼参与人的参加下，依照法定程序审理解决民事案件所进行的活动。

民事诉讼法是指由国家制定的调整人民法院、当事人和其他诉讼参加人的活动和关系的民事法律关系的总和。1991 年 4 月 9 日第七届全国人民代表大会第四次会议通过的、经过 2007 年、2012 年两次修正的《中华人民共和国民事诉讼法》（以下简称《民事诉讼法》）是我国现行的民事诉讼法典，也称为狭义的民事诉讼法。此外，宪法、法律、行政法规中有关民事诉讼法的内容，以及国家最高审判机关作出的有关民事诉讼的规范性文件，都属于广义的民事诉讼法。

（二）我国《民事诉讼法》的基本原则

1. 共有原则

共有原则是《民事诉讼法》与其他诉讼法都应遵循的原则，包括：民事案件审判权由人民法院统一行使；人民法院依照法律规定对民事案件进行独立审判；以事实为依据，以法律为准绳；对当事人适用法律一律平等；两审终审；公开宣判；合议制度；回避制度；使用民族语言文字；人民检察院实行法律监督；民族自治地方可以制定变通、补充规定等。

2. 特有原则

（1）诉讼权利平等原则、同等原则和对等原则。《民事诉讼法》第 8 条规定，民事诉讼当事人有平等的诉讼权利。该原则包含：双方当事人的诉讼地位完全平等；双方当事人平等行使诉讼权利，人民法院平等地保障双方当事人行使诉讼权利；对当事人在适用法律上一律平等。

我国《民事诉讼法》第 5 条第 1 款规定："外国人、无国籍人、外国企业和组织在人民法院起诉、应诉，同中华人民共和国公民、法人和其他组织有同等的诉讼权利义务。"这一规定表明，我国法律对在人民法院进行民事诉讼的外国人、无国籍人、外国企业和组织，赋予他们同我国公民、法人和其他组织同等的诉讼权利义务，这就是同等原则。

所谓对等原则，是指外国法院对我国公民、法人和其他组织的民事诉讼权利加以限制的，我国人民法院对该国公民、企业和组织的民事诉讼权利也采取相应措施，加以限制。

（2）调解原则。《民事诉讼法》第 9 条规定，人民法院审理民事案件，应当根据自愿和合法的原则进行调解；调解不成的，应当及时判决。该原则包含：人民法院受理民事案件后，应首先进行调解，如果能进行调解的，就不应采用判决的方式；调解原则贯穿于整个诉讼过程，在开庭审理前，辩论结束后，以及一审、二审和再审程序都可以进行调解；法院调解应遵循自愿和合法的原则，调解不成，应当及时判决。

（3）辩论原则。《民事诉讼法》第 12 条规定，人民法院审理民事案件时，当事人有权进行辩论。辩论原则的内容主要包含：民事诉讼的辩论是在人民法院的主持下进行的，参加者是当事人双方及依法享有辩论权的诉讼代理人；辩论权的行使贯穿于诉讼的整个过程；辩论的内容是案件事实及争议的问题，包括案件的实体性问题、程序性问题和证据问题；辩论的形式具有多样性，有书面形式和口头形式。

（4）处分原则。《民事诉讼法》第 13 条第 2 款规定，当事人有权在法律规定的范围内处分自己的民事权利和诉讼权利。处分即自由支配，当事人可以行使权利，也可以放弃权利。其内容包括以下几个方面：处分权是双方当事人都享有的，当事人在整个诉讼过程中都可以依法行使处分权；当事人可以对自己享有的民事实体权利和民事诉讼权利进行处分；当事人对自己的权利进行处分，必须符合法律规定，不能侵害国家、集体和他人的合法权利。

（5）检察监督原则。《民事诉讼法》第 14 条规定："人民检察院有权对民事诉讼实行法律监督。"这项原则的确立，是基于人民检察院的法律监督职能和保证民事案件公正审判的需要。此项原则的基本内容是：①人民检察院对人民法院的审判活动有权进行法律监督，人民法院在民事审判活动中必须接受人民检察院的法律监督，主要监督审判人员是否存在贪赃枉法、徇私舞弊等违法行为；②对人民法院作出的生效判决、裁定是否正确合法进行监督。

（6）支持起诉原则。《民事诉讼法》第15条规定："机关、社会团体、企业事业单位对损害国家、集体或者个人民事权益的行为，可以支持受损害的单位或者个人向人民法院起诉。"支持起诉应具备三个要件：①支持起诉的主体是机关、团体、企事业单位，公民个人不能支持他人起诉；②支持起诉的前提是法人或者自然人有损害国家、集体或者个人合法民事权益的违法行为；③必须是受损害的单位或者个人基于某种原因未能向人民法院起诉。

二、民事诉讼管辖

民事诉讼管辖，是指各级人民法院之间和同级法院之间受理第一审民事案件的分工和权限。

（一）级别管辖

级别管辖，是指按照一定的标准，人民法院系统内划分上下级人民法院之间受理第一审民事案件的分工和权限。

（1）基层法院管辖第一审民事案件，但《民事诉讼法》另有规定的除外。在实践中，我国绝大多数的第一审民事案件都是由基层人民法院管辖的。

（2）中级人民法院管辖以下案件：①重大涉外案件；②在本辖区有重大影响的案件；③最高人民法院确定由中级人民法院管辖的案件。

（3）高级人民法院管辖的第一审民事案件为在本辖区内有重大影响的第一审民事案件。

（4）最高人民法院管辖的第一审民事案件有两类：①在全国有重大影响的案件；②其认为应当由本院审理的案件。

（二）地域管辖

地域管辖，是指确定同级而不同区域的人民法院之间受理第一审民事案件的分工和权限。我国民事诉讼法是依据人民法院的辖区与当事人住所或者与诉讼标的之间的关系来确定地域管辖的。我国民事诉讼法规定的地域管辖，包括一般地域管辖、特殊地域管辖和专属管辖。

（1）一般地域管辖是以当事人所在地与法院的隶属关系来确定诉讼管理，

该类管辖遵循"原告就被告"的原则，即原告应到被告所在地的人民法院提出诉讼。

（2）特殊地域管辖是指依据诉讼标的所涉及的法律事实的发生地、争执的标的物所在地、被告住所地与法院辖区之间的关系所确定的管辖。

（3）专属管辖是指法律规定某些诉讼标的的特殊案件由特定的人民法院管辖。《民事诉讼法》中对特殊地域管辖和专属管辖的适用情形都有明确的规定。

案例

2007年，甲县A公司和乙县B公司在丙县订立了一份水泥供销合同。合同约定："运输方式：由A公司代办托运；履行地点：A公司在丁县的仓库。"A公司依约履行了合同，B公司尚欠A公司30万元的货款。4个月后，B公司在当地报纸上刊登了"大幅度降价处理水泥"的广告。同时，着手准备分立为两个公司。为此，A公司以B公司的行为影响货款的偿还和B公司即将分立为由，向乙县人民法院申请诉前财产保全，要求冻结B公司银行存款30万元，同时提供了同等数额的资金担保。人民法院审查以后依法作出了冻结存款的裁定。

问题： 对于本案，哪个法院有管辖权？为什么？

（三）裁定管辖

裁定管辖是指人民法院以裁定的形式所确定的管辖。我国民事诉讼法规定的裁定管辖有三种：指定管辖、移送管辖和管辖权转移。

（1）指定管辖是指上级人民法院在法律规定的情形下，对某个具体的案件，指定其辖区内某个下级人民法院予以管辖。

（2）移送管辖是指人民法院受理案件后，发现自己对该案无管辖权，而将案件移送给有管辖权的人民法院审理。

（3）管辖权转移是指经上级人民法院决定或同意，将案件的管辖权由上级人民法院转移给下级人民法院，或者由下级人民法院转移给上级人民法院。

三、诉讼参与人

（一）当事人

当事人有广义和狭义之分。狭义的当事人只包括原告与被告。原告是指为维护自己的民事权益，以自己的名义向人民法院提起诉讼，从而引起民事诉讼程序发生的人；被告是指被他人提起诉讼，而由法院通知应诉的人。广义的当事人还包括共同诉讼人、诉讼代表人、诉讼第三人。

当事人在民事诉讼中享有以下权利：

（1）处分实体权利的权利，包括：提起诉讼和反诉；放弃、变更或承认诉讼请求；请求和接受调解；进行和解；提起上诉；撤回起诉、上诉；申请执行。

（2）保障当事人进行诉讼的权利，包括：委托他人代理诉讼；申请回避；提供证据；进行辩论；申请财产保全、先予执行；查阅本案庭审材料；使用本民族语言文字进行诉讼等。

当事人需要承担的诉讼义务包括：依法行使诉讼权利，不得滥用；遵守诉讼秩序；自觉履行已经发生法律效力的判决、裁定、决定和调解书等。

（二）诉讼代理人

诉讼代理人可以分为法定代理人、指定代理人和委托代理人。

（1）法定代理人是指根据法律规定，基于亲权或监护而产生的代理无诉讼行为能力的当事人进行民事诉讼活动的人。

（2）指定代理人是指在无诉讼行为能力人没有法定代理人或法定代理人不能行使代理权的情况下，经人民法院指定代理当事人进行诉讼的人。

（3）委托代理人是指受当事人、法定代理人、法定代表人的委托代理诉讼行为的人。律师、当事人的近亲属、社会团体或者当事人所在单位推荐的人以及经人民法院许可的其他公民都可以作为委托代理人。一般情况下可以委托1名~2名诉讼代理人，并需要向法院递交授权委托书。委托诉讼代理人必须在委托人授权的范围内代理诉讼。

◀ 案例

李春与杜某系夫妻，二人同住甲市城关区无线电厂家属楼，但在老家乙市郊区有房6间，由其长子李明居住。2006年李春夫妇遇车祸双亡。老人的长女李梅已出嫁，住甲市。老人的次子李可（17岁）于2008年考上乙市的某大学，因该大学离李明住处近，李可便要求李明之妻张丽将父母的遗房腾出一间供自己住。张丽说："李明因犯罪已被判刑5年，不在家，自己不能做主；并且有4间房已出租给了方某、刘某，租期未满，不能腾房。"为此发生纠纷，李可便向某法院起诉，要求分割父母的遗产。某法院受理案件后，在审理中发现除李明、李可两位继承人外，还有老人的长女李梅、次女李娜两位继承人。经法院通知，李梅明确表示放弃继承权，不参加诉讼；李娜则既不明确表示弃权，又不愿参加诉讼。在法院对案件第一次开庭审理后，案外人于某找到法院，说李明夫妻现住的 6 间房是 1998 年其与死者李春共同经商时共同出资购买的，自己有一半的产权，并向法院提交了购房时二人共同签名的房契。

问题：

（1）本案应由哪个法院管辖？说明理由。

（2）请确定上述人员的诉讼地位，并说明理由。

四、民事诉讼证据

我国《民事诉讼法》将证据分为 8 种：书证；物证；视听资料；证人证言；电子数据；当事人陈述；鉴定意见；勘验笔录。

举证责任是指当事人对自己提出的主张提出证据并加以证明的责任。我国民事诉讼举证责任适用"谁主张，谁举证"的原则，即每一方当事人对自己提出的主张有责任提供证据，在作出判决前，当事人未能提供证据或证据不足以证明其事实主张的，由负有举证证明责任的当事人承担不利的后果。但是根据《最高人民法院关于民事诉讼证据的若干规定》，下列侵权诉讼实行举证责任倒置：

①因新产品制造方法发明专利引起的专利侵权诉讼；②高度危险作业致人损害的侵权诉讼；③因环境污染引起的损害赔偿诉讼；④建筑物或者其他设施以及建筑物上的搁置物、悬挂物发生倒塌、脱落、坠落致人损害的侵权诉讼；⑤饲养动物致人损害的侵权诉讼；⑥因缺陷产品致人损害的侵权诉讼；⑦因共同危险行为致人损害的侵权诉讼；⑧因医疗行为引起的侵权诉讼。

五、财产保全和先予执行

（一）财产保全

财产保全是指遇有关的财产可能被转移、隐匿、毁灭等情形，从而可能造成对利害关系人权益的损害或可能使人民法院将来的判决难以执行或不能执行的，根据利害关系人或当事人的申请或人民法院的决定，对有关财产采取保护措施的制度。我国《民事诉讼法》规定的财产保全包括诉前财产保全、诉讼财产保全、执前财产保全。《民事诉讼法》法释 5 号第 163 条规定，法律文书生效后，进入执行程序前，债权人因对方当事人转移财产等紧急情况，不申请保全将可能导致生效法律文书不能执行或难以执行的，可以向执行法院申请采取保全措施。债权人在法律文书指定的履行期间届满后 5 日内不申请执行的，人民法院应当解除保全。

根据民事诉讼法的有关规定，财产保全的范围限于请求的范围或与本案有关的财物。财产保全的措施有：查封、扣押、冻结或法律规定的其他方法。财产已被查封、冻结的，其他任何单位不得重复查封、冻结。被申请人提供担保的，法院应当解除财产保全。

（二）先予执行

先予执行是指人民法院在作出判决之前，为解决权利人生活或生产经营的急需，依法裁定义务人预先履行义务的制度。

民事诉讼法对先予执行适用的范围及使用条件都作了规定。适用先予执行的案件范围为：①追索赡养费、抚养费、抚育费、抚恤金、医疗费用的案件；②追索劳动报酬的案件；③因情况紧急需要先予执行的案件。

上述类型的案件申请先予执行的，还应当满足下列条件：①当事人之间权利义务关系明确；②申请人有实现权利的迫切需要，不先予执行将严重影响申请人的生活或生产经营；③案件属于给付之诉；④当事人向人民法院提出了申请；⑤被申请人有履行的能力。

六、民事诉讼程序

（一）第一审普通程序

普通程序是人民法院审理第一审民事案件通常所适用的程序。

1. 起诉和受理

民事诉讼中的起诉，是指公民、法人及其他民事主体因自己的民事权益受到侵害或者与他人发生争议，向人民法院提出诉讼请求，要求人民法院予以司法保护，依法作出裁判的诉讼行为。

在普通程序中，起诉有书面和口头两种方式，以书面起诉为原则，以口头起诉为例外。人民法院接到当事人提交的民事起诉状时，对符合《民事诉讼法》规定情形的，应当登记立案；对当场不能判定是否符合起诉条件的，应当接收起诉材料，并出具注明收到日期的书面凭证。需要补充必要相关材料的，人民法院应当及时告知当事人。在补齐相关材料后，应当在 7 日内决定是否立案。立案后发现不符合起诉条件或者属于《民事诉讼法》第 124 条规定情形的，裁定驳回起诉。原告对裁定不服的，可以提起上诉。

2. 审理前的准备

这一阶段的主要工作是：送达起诉状副本，被告提交答辩状并送达答辩状副本；告知当事人诉讼权利义务及合议庭组成人员；审阅诉讼材料，调查收集必要的证据；更换和追加当事人；解决管辖权问题。

3. 开庭审理

开庭审理主要包括开庭、法庭调查、法庭辩论、合议庭评议、宣判五个阶段。

（二）简易程序和特别程序

简易程序是指基层法院及其派出法庭审理第一审简单民事诉讼案件所适用的审判程序。简易程序既不是普通程序的前置程序，也不是普通程序的附属程序，而是与普通程序并列的一种独立的审判程序。适用简易程序的只能是当事人对争议的事实陈述基本一致，并能提供相应的证据，无须人民法院调查收集证据即可查明事实；能明确区分谁是责任的承担者，谁是权利的享有者；当事人对案件的是非、责任承担以及诉讼标的争执无原则分歧。

简易程序具有以下几个特点：在简易程序中，原告可以口头起诉；受理程序简便，可以不受普通程序的限制，并可当即审理；传唤和通知的方式简便、灵活；审判组织简单，由审判员一人独任审判；审理期限较短，为 3 个月。适用简易程序审理的案件，审理期限到期后，双方当事人同意继续适用简易程序的，由本院院长批准，可以延长审理期限。延长后的审理期限累计不得超过 6 个月。人民法院发现案情复杂，需要转为普通程序审理的，应当在审理期限届满前作出裁定并将合议庭组成人员及相关事项书面通知双方当事人。

人民法院适用简易程序审理小额诉讼案件，适用《民事诉讼法》第 162 条的规定，实行一审终审。因当事人申请增加或者变更诉讼请求、提出反诉、追加当事人等，致使案件不符合小额诉讼案件条件的，应当适用简易程序的其他规定审理。

特别程序是人民法院审理某些特殊类型的非民事权益争议案件所适用的程序。特别程序具有独立性，独立于其他一般程序。依照特别程序审理的案件，实行一审终审。选民资格案件或者重大、疑难的案件，由审判员组成合议庭审理；其他案件由审判员一人独任审理。人民法院适用特别程序审理的案件，应当在立案之日起 30 日内或者公告期满后 30 日内审结。有特殊情况需要延长的，由本院院长批准。但审理选民资格的案件除外。根据《民事诉讼法》第 177 条的规定，特别程序适用于人民法院审理的下列六类案件：选民资格案件、宣告公民失踪或者宣告公民死亡案件、认定公民无民事行为能力或者限制民事行为能力案件、认定财产无主案件、确认调解协议案件和实现担保物权案件。

（三）第二审程序

第二审程序是指民事诉讼当事人对一审人民法院所作的未发生法律效力的裁判不服，向上一级人民法院提起上诉，上一级人民法院据此对案件进行审理所适用的审判程序，也称为上诉审程序。

当事人不服地方人民法院第一审判决的，有权在判决书送达之日起 15 日内向上一级人民法院提起上诉。

根据《民事诉讼法》的规定，二审人民法院审理上诉案件，依照二审程序进行。二审程序没有规定的，适用一审普通程序的有关规定。第二审人民法院对上诉案件的审理，应当组成合议庭，开庭审理。经过阅卷、调查和询问当事人，对没有提出新的事实、证据或者理由，合议庭认为不需要开庭审理的，可以不开庭审理。第二审人民法院宣告判决可以自行宣判，也可以委托原审人民法院或者当事人所在地人民法院代行宣判。二审法院经过审理，认为原判决、裁定认定事实清楚，适用法律正确的，驳回上诉，维持原判决、裁定；原判决、裁定认定事实错误或者适用法律错误的，依法改判、撤销或者变更；原判决认定基本事实不清的，裁定撤销原判决，发回原审人民法院重审，或者查清事实后改判；原判决遗漏当事人或者违法缺席判决等严重违反法定程序的，裁定撤销原判决，发回原审人民法院重审。

第二审人民法院审理上诉案件，可以进行调解。调解达成协议，应当制作调解书，由审判人员、书记员署名，加盖人民法院印章。调解书送达后，原审人民法院的判决即视为撤销。第二审人民法院的判决、裁定，是终审的判决、裁定。一经送达当事人，即发生法律效力，当事人不得对裁判再行上诉。

（四）审判监督程序

审判监督程序是当事人、人民检察院和人民法院对已经发生法律效力的判决、裁定、调解书，发现确有错误的，申请、提起和决定对相应的案件进行再次审理，从而由人民法院对案件径行审理而适用的审判程序。它不是案件审理的正常程序，而是一个非常程序，是一个具有补救性质的纠错程序。

引起审判监督程序产生的情形有四种：①各级人民法院院长对本院已经发生法律效力的判决、裁定、调解书，发现确有错误，认为需要再审的，应当提交审判委员会讨论决定。②最高人民法院对地方各级人民法院已经发生法律效力的判决、裁定、调解书，上级人民法院对下级人民法院已经发生法律效力的判决、裁定、调解书，发现确有错误的，有权提审或者指令下级人民法院再审。③最高人民检察院对各级人民法院已经发生法律效力的判决、裁定；上级人民检察院对下级人民法院已经发生法律效力的判决、裁定，有权按照审判监督程序提出抗诉；地方各级人民检察院对同级人民法院已经发生法律效力的判决、裁定，或者发现调解书损害国家利益、社会公共利益的，可以向同级人民法院提出检察建议，并报上级人民检察院备案，也可以提请上级人民检察院向同级人民法院提出抗诉。④当事人对已经发生法律效力的判决、裁定，认为有错误的，可以向上一级人民法院申请再审；当事人一方人数众多或者当事人双方为公民的案件，也可以向原审人民法院申请再审。

对小额诉讼案件的判决、裁定，当事人以《民事诉讼法》第200条规定的事由向原审人民法院申请再审的，人民法院应当受理。申请再审事由成立的，应当裁定再审，组成合议庭进行审理。作出的再审判决、裁定，当事人不得上诉。

（五）督促程序

督促程序是指人民法院根据债权人的申请，向债务人发布附有条件的支付令，如果债务人在法定期间内不提出书面异议，该支付令即发生法律效力的程序。在我国，督促程序是一个独立的程序，与一般的诉讼程序之间无特别的联系。

根据《民事诉讼法》的规定，债权人申请支付令，符合下列条件的，基层人民法院应当受理，并在收到支付令申请书后5日内通知债权人：①请求给付金钱或者汇票、本票、支票、股票、债券、国库券、可转让的存款单等有价证券；②请求给付的金钱或者有价证券已到期且数额确定，并写明了请求所根据的事实、证据；③债权人没有对待给付义务；④债务人在我国境内且未下落不明；⑤支付令能够送达债务人；⑥收到申请书的人民法院有管辖权；⑦债权人未向人民法院申请诉前保全。

申请必须向有管辖权的基层人民法院提出，按照法律规定，应当由债务人住所地人民法院管辖。

（六）公示催告程序

公示催告程序，是指在可以背书转让的票据被盗、遗失或灭失的情况下，人民法院根据票据持有人的申请，以公告的方式，催促利害关系人在法定期限内申报权利，到期未申报权利的，人民法院根据票据持有人的申请可依法宣告该票据无效的程序。

依照我国《民事诉讼法》的规定，公示催告程序依申请人的申请开始，且必须符合以下条件：①申请人必须是被盗、遗失或者灭失的票据最后的合法的持有人；②申请范围适用于按规定可以背书转让的票据，包括汇票、本票和支票；③应向票据支付地的基层人民法院提出；④票据持有人必须以书面形式提出申请。

（七）执行程序

执行程序是指人民法院运用国家强制力，根据已经生效的判决、裁定，调解书和其他应当由人民法院执行的法律文书，强制民事诉讼当事人履行所负义务的程序。发生法律效力的民事判决、裁定，当事人必须履行。一方拒绝履行的，对方当事人可以向人民法院申请执行，也可以由审判员移送执行员执行。调解书和其他应当由人民法院执行的法律文书，当事人必须履行。一方拒绝履行的，对方当事人可以向人民法院申请执行。

发生法律效力的民事判决、裁定，以及刑事判决、裁定中的财产部分，由第一审人民法院或者与第一审人民法院同级的被执行的财产所在地人民法院执行。法律规定由人民法院执行的其他法律文书，由被执行人住所地或者被执行的财产所在地人民法院执行。

执行程序的启动方式有两种：一是申请执行，二是移送执行。

1. 申请执行

申请执行是指权利人因义务人逾期不履行具有执行力的法律文书所确定的义务而向人民法院提交申请强制执行书，要求法院依法强制执行的行为。

根据相关法律的规定，当事人申请执行，应当符合以下条件：①作为执行根据的法律文书已经生效，并具有给付内容；②申请人是法律文书确定的权利人或其继承人、权利承受人；③被申请人与执行标的明确；④被申请人在履行义务期内拒不履行法律所确定的义务，履行期限已经届满；⑤应当在法律规定的期限内提出，根据《民事诉讼法》规定，公民、法人或其他组织申请执行的期限均为 2 年；⑥应当向有管辖权的人民法院递交申请执行书和据以执行的法律文书。

2. 移送执行

移送执行是指由案件的审判人员直接将案件交付执行人员执行。移送执行主要适用于：①判决、裁定具有给付赡养费、抚养费、抚育费等内容的案件；②具有财产给付内容的刑事判决书、裁定书的执行；③审判人员认为涉及国家、集体或公民重大利益的案件。

第二节　刑事诉讼法

一、刑事诉讼法的概念和任务

（一）刑事诉讼法的概念

刑事诉讼是指人民法院、人民检察院、公安机关（含国家安全机关）在当事人及其他诉讼参与人参加下，根据法律规定的程序和刑罚标准，追究犯罪行为，使犯罪者承担刑事法律责任，维护公民合法权利的活动。

刑事诉讼法是规定刑事诉讼程序的法律，即是指国家制定的，人民法院、人民检察院、公安机关在当事人及其他诉讼参与人参加下，进行刑事诉讼活动必须遵守的法律规范。

刑事诉讼法有广义和狭义之分。狭义的刑事诉讼法仅指国家立法机关制定的成文的刑事诉讼法典。在我国是指 1979 年 7 月 1 日制定、1996 年 3 月 17 日和 2012 年 3 月 14 日两次修正《中华人民共和国刑事诉讼法》。广义的刑事诉讼法则是指国家制定或认可的一切与刑事诉讼程序有关的法律规范。

（二）刑事诉讼法的任务

《刑事诉讼法》第 2 条规定："中华人民共和国刑事诉讼法的任务，是保证准确、及时地查明犯罪事实，正确应用法律，惩罚犯罪分子，保障无罪的人不受刑事追究，教育公民自觉遵守法律，积极同犯罪行为做斗争，维护社会主义法制，尊重和保障人权，保护公民的人身权利、财产权利、民主权利和其他权利，保障社会主义建设事业的顺利进行。"

二、我国刑事诉讼法的基本原则

（一）公安司法机关依法行使职权原则

办理刑事案件的职权具有专属性，即对刑事案件的侦查权、检察权、审判权只能由公安机关、人民检察院、人民法院三机关行使，除法律特别规定以外，其他任何机关、团体和个人都不得行使。

（二）严格遵守法律程序原则

公安司法机关在进行刑事诉讼活动时，必须严格遵守《刑事诉讼法》和其他有关法律的规定，不得违反法律规定的程序和规则，更不得侵害各方当事人和其他诉讼参与人的合法权益。

（三）司法独立原则

《刑事诉讼法》第5条规定："人民法院依照法律规定独立行使审判权，人民检察院依照法律规定独立行使检察权，不受行政机关、社会团体和个人的干涉。"这一规定确立了人民法院、人民检察院依法独立行使职权的原则，也确认了司法权的专属性和独立性，是现代法治和审判制度的基础。

（四）以事实为根据，以法律为准绳的原则

以事实为根据，就是公安司法机关在处理刑事案件时必须以已查明的案件客观事实为根本依据。它要求重证据，重调查研究，要查明案件的真实情况；认定案件事实，必须有确实充分的证据，不能凭主观想象和推断来处理问题。以法律为准绳，就是对刑事案件的实体和程序问题的处理，必须以刑法、刑事诉讼法和其他法律的有关规定为基准。

（五）对一切公民在适用法律上一律平等的原则

公安司法机关进行刑事诉讼时，对于一切公民的犯罪行为，不管其民族、宗教、性别、年龄、职业职务、资格地位、家庭出身、本人成分、宗教信仰、教育程度、财产状况、居住期限等，都必须依法平等地受到追诉。一切公民的合法权益，一律平等地受到法律的尊重和保护。

（六）人民检察院依法对刑事诉讼实行法律监督原则

人民检察院对刑事诉讼的法律监督贯穿整个刑事诉讼过程，《刑事诉讼

法》也对人民检察院在每一个诉讼阶段进行监督的范围、对象、方式和程序均作了具体规定。概括起来，主要体现为立案监督、侦查监督、对审判活动是否违反诉讼程序的监督和执行监督四个方面。

（七）犯罪嫌疑人、被告人有权获得辩护的原则

我国《宪法》第 125 条规定："……被告人有权获得辩护。"《刑事诉讼法》第 11 条规定："……被告人有权获得辩护，人民法院有义务保证被告人获得辩护。"辩护权是犯罪嫌疑人、被告人最基本的诉讼权利，赋予其辩护权，是诉讼民主的表现。

（八）未经人民法院依法判决不得确定有罪原则

《刑事诉讼法》第 12 条规定："未经人民法院依法判决，对任何人都不得确定有罪。"这是修正后的刑事诉讼新确立的一项基本原则，它吸收了无罪推定原则合理的内容。其含义包括：

（1）确定被告人有罪的权力由人民法院统一行使，其他任何机关、团体和个人都无权行使。

（2）人民法院判决被告人有罪，必须严格依照法定程序进行。

（九）依照法定情形不予追究刑事责任的原则

根据《刑事诉讼法》第 15 条规定，有下列情形之一的，不追究刑事责任，已追究的，应当撤销案件，或者不起诉，或者终止审理，或者宣告无罪：①情节显著轻微，危害不大，不认为是犯罪的；②犯罪已过追诉时效期限的；③经特赦令免除刑罚的；④依照刑法规定告诉才处理的犯罪，没有告诉或者撤回告诉的；⑤犯罪嫌疑人、被告人死亡的；⑥其他法律规定免予追究刑事责任的。

（十）追究外国人刑事责任适用我国《刑事诉讼法》的原则

《刑事诉讼法》第 16 条规定："对于外国人犯罪应当追究刑事责任的，适用本法的规定。对于享有外交特权和豁免权的外国人犯罪应当追究刑事责任的，通过外交途径解决。"这条原则体现了刑事诉讼中的国家主权原则。

三、管辖

刑事诉讼的管辖是指公、检、法三机关关于受理和审判刑事案件权限上的分工。分为立案管辖和审判管辖。

（一）立案管辖

立案管辖，又称职能管辖，是指公安机关、人民检察院和人民法院三机关之间在受理刑事案件范围上的分工。

1. 公安机关立案侦查的刑事案件

除了人民法院直接受理和人民检察院直接受理的，其余所有的刑事案件都由公安机关直接受理进行侦查。其中关于特务、间谍等涉及国家安全的刑事案件，由国家安全机关进行侦查。

2. 人民检察院立案侦查的刑事案件

人民检察院直接受理的刑事案件有：①贪污贿赂犯罪；②国家工作人员的渎职犯罪；③国家机关工作人员利用职权实施的侵犯公民人身权利和民主权利的犯罪；④需由人民检察院直接受理，并经省级以上人民检察院决定的国家机关工作人员利用职权实施的其他重大的犯罪案件。

3. 人民法院直接受理的刑事案件

自诉案件由法院直接受理。自诉案件包括：①告诉才处理的案件；②人民检察院没有提起公诉，被害人有证据证明的轻微刑事案件；③被害人有证据证明对被告人侵犯自己人身、财产权利的行为应当依法追究刑事责任，而公安机关或者人民检察院不予追究被告人刑事责任的案件。

（二）审判管辖

审判管辖指人民法院内部第一审刑事案件审判权上的分工。审判管辖主要是对上下级法院之间、同级法院之间和普通法院与专门法院之间的分工进行划分，具体分为级别管辖、地域管辖、移送管辖、指定管辖和专门管辖。

1. 级别管辖

级别管辖是指不同级别的人民法院之间在审理第一审刑事案件范围上的分工，即明确刑事案件应由哪一级法院受理。根据刑事诉讼法的相关规定，各级人民法院审判第一审刑事案件的权限范围如下：

（1）基层人民法院管辖第一审普通刑事案件。

（2）中级人民法院管辖以下第一审刑事案件：①危害国家安全、恐怖活动案件；②可能判处无期徒刑、死刑的案件。

（3）最高人民法院和高级人民法院分别管辖在全国范围内和全省（市、自治区）范围内有重大影响的案件。

◁案例

张某，甲市人，中国乙市远洋运输公司"黎明号"货轮船员。"黎明号"航行在公海时，张某因与另一船员李某发生口角将其打成重伤。货轮返回中国首泊丙市港口时，张某趁机潜逃，后在丁市被抓获。

问题：该案应当由哪一法院行使管辖权？

2. 地域管辖

地域管辖是指同级人民法院之间审判第一审刑事案件权限的划分。《刑事诉讼法》规定，刑事案件由犯罪地人民法院管辖，犯罪地包括犯罪行为发生地和犯罪结果发生地。如果由被告人居住地人民法院审判更为适宜的，可以由被告人居住地的人民法院管辖。

3. 指定管辖

指定管辖是指上级人民法院依照法律规定，指定其辖区内的下一级人民法院对某一案件行使管辖权。

4. 专门管辖

专门管辖是指各专门法院在审判第一审刑事案件权限上的分工。我国目前建立的专门法院主要有军事法院、铁路运输法院、海事法院等，有些专门性案件由专门法院管辖。

四、辩护

（一）辩护的概念和种类

辩护是指在刑事诉讼中犯罪嫌疑人、被告人及其辩护人针对指控进行反驳、申辩和辩解的诉讼行为。我国刑事诉讼中的辩护有三种，即自行辩护、委托辩护和指定辩护。

1. 自行辩护

自行辩护是指犯罪嫌疑人、被告人针对指控进行反驳、申辩和辩解，自己为自己所作的辩护。根据《刑事诉讼法》的规定，自行辩护贯穿整个刑事诉讼的过程，而且犯罪嫌疑人在侦查阶段只能自行辩护。

2. 委托辩护

委托辩护是指犯罪嫌疑人或者被告人为维护其合法权益，依法委托律师或者其他公民协助其进行辩护。犯罪嫌疑人自被侦查机关第一次讯问或者采取强制措施之日起,有权委托辩护人;在侦查期间,只能委托律师作为辩护人。被告人有权随时委托辩护人。被告人没有委托辩护人的,人民法院自受理案件之日起三日内,应当告知其有权委托辩护人;被告人因经济困难或者其他原因没有委托辩护人的,应当告知其可以申请法律援助。

3. 指定辩护

指定辩护是指人民法院为因经济困难或者其他原因而无力聘请辩护人的被告人指定承担法律援助义务的律师进行辩护。根据《刑事诉讼法》及《最高人民法院关于第二审人民法院审理死刑案件被告人没有委托辩护人的是否应为其提定辩护人问题的批复》的规定:①犯罪嫌疑人、被告人因经济困难或者其他原因没有委托辩护人的,本人及其近亲属可以向法律援助机构提出申请。对符合法律援助条件的,法律援助机构应当指派律师为其提供辩护。②犯罪嫌疑人、被告人是盲、聋、哑人,或者是尚未完全丧失辨认或者控制自己行为能力的精神病人,没有委托辩护人的,人民法院、人民检察院和公安机关应当通知法律援助机构指派律师为其提供辩护。③犯罪嫌疑人、被告人可能被判处无期徒刑、死刑,没有委托辩护人的,人民法院、人民检察院和公安机关应当通知法律援助机构指派律师为其提供辩护。④未成年犯罪嫌疑人、被告人没有委托辩护人的、人民法院、人民检察院、公安机关应当通知法律援助机构指派律师为其提供辩护。⑤高级人民法院复核死刑案件,被告人没有委托辩护人的,应当通知法律援助机构指派律师为其提供辩护。

我国的指定辩护只适用于审判阶段,被指定的辩护人只能是承担法律援助义务的律师。

(二)辩护人

辩护人是指接受犯罪嫌疑人、被告人的委托或人民法院指定,帮助犯罪嫌疑人、被告人行使辩护权,以维护其合法权益的人。根据《刑事诉讼法》第32条的规定,犯罪嫌疑人、被告人除自己行使辩护权以外,还可以委托一至二人作为辩护人。下列的人可以被委托为辩护人:①律师;②人民团体或者犯罪嫌疑人、被告人所在单位推荐的人;③犯罪嫌疑人、被告人的监护人、亲友。

《刑事诉讼法》第32条第2款和相关司法解释规定,下列人员不得被委托担任辩护人:①被宣告缓刑和刑罚尚未执行完毕的人;②依法被剥夺、限制人身自由的人;③无行为能力或者限制行为能力的人;④人民法院、人民检察院、公安机关、国家安全机关、监狱的现职人员；⑤本院的人民陪审员；⑥与本案审理结果有利害关系的人；⑦外国人或者无国籍人。但同时又规定，上述 4～7 项人员，如果是被告人的近亲属或者监护人，由被告人委托担任辩护人的，人民法院可以准许。

五、刑事证据

（一）刑事证据

我国《刑事诉讼法》第 48 条规定："可以用于证明案件事实的材料，都是证据。"证据未经当庭出示、辨认、质证等法庭调查程序查证属实，不得作为定案的根据，但法律另有规定的除外。刑事诉讼的证据有 8 种：物证；书证；证人证言；被害人陈述；犯罪嫌疑人、被告人供述和辩解；鉴定意见；勘验、检查辨认、侦查实验等笔录；视听资料、电子数据。

采用刑讯逼供等非法方法收集的犯罪嫌疑人、被告人供述和采用暴力、威胁等非法方法收集的证人证言、被害人陈述，应当予以排除。收集物证、书证不符合法定程序，可能严重影响司法公正的，应当予以补正或者作出合理解释；不能补正或者作出合理解释的，对该证据应当予以排除。

（二）刑事诉讼证明

刑事诉讼证明是指在刑事诉讼过程中，司法机关为了查明案件真实情况，依法收集、审查判断和运用证据的诉讼活动。

1. 证明对象

证明对象是指需要用证据加以证明的与刑事案件有关的各种问题。凡是与追究犯罪嫌疑人、被告人刑事责任有关的一切需要证明的事实，都是证明的对象。主要包括以下几个方面：①犯罪构成要件的事实；②作为罪刑轻重的各种量刑情节的事实；③解决刑事诉讼程序问题需要证明的事实，如回避的问题等；④其他需要运用证据加以证明的事实。

2. 证明责任

我国刑事诉讼中的证明责任，是指公安司法机关应当承担收集证据、提供证据、证明案件事实的法律责任。人民检察院和公安机关承担证明犯罪嫌疑人、被告人有罪的责任；自诉案件的自诉人应当对其诉讼承担证明责任；犯罪嫌疑人、被告人一般情况下不承担证明自己无罪的责任，但其应当如实陈述。

3. 证明标准

刑事诉讼中的证明标准，是指法律规定的公安司法人员运用证据证明案件事实要求达到的程度。依据刑事诉讼法的规定和诉讼理论，我国刑事诉讼证明标准应当是：案件事实清楚，证据确实充分。

案例

某银行被盗，侦查机关将沈某确定为犯罪嫌疑人。在进行警犬辨认时，一"功勋警犬"在发案银行四处闻了闻后，猛地扑向沈某。随后，侦查人员又对沈某进行心理测试，测试结论显示，只要犯罪嫌疑人说没偷，测谎仪就显示其撒谎。

问题：警犬和测谎可否作为认定案件事实的根据？

六、强制措施

刑事诉讼中的强制措施是指公安机关、人民检察院和人民法院在刑事诉讼过程中，为了保证侦查、起诉和审判工作的顺利进行，依法采取的暂时限制或剥夺人身自由的强制方法或手段。我国《刑事诉讼法》规定的强制措施共有五种：拘传、取保候审、监视居住、拘留和逮捕。

（一）拘传

拘传是对未被逮捕、拘留的犯罪嫌疑人或被告人依法强制其到案接受讯问的一种强制方式，是强制措施中最轻的一种。

根据我国《刑事诉讼法》的规定，人民法院、人民检察院和公安机关都有权适用拘传。拘传的对象主要是未被逮捕、拘留，经公检法三机关合法传唤，无正当理由而拒不到案或根据案件情况应当拘传的犯罪嫌疑人、被告人。

《刑事诉讼法》第 117 条第 2、3 款规定："传唤、拘传持续的时间不得超过 12 小时；案情特别重大、复杂，需要采取拘留、逮捕措施的，传唤、拘传的时间不得超过 24 小时。不得以连续传唤、拘传的形式变相拘禁犯罪嫌疑人。传唤、拘传犯罪嫌疑人，应当保证犯罪嫌疑人的饮食和必要的休息时间。"

（二）取保候审

取保候审是指人民法院、人民检察院和公安机关责令未被逮捕的犯罪嫌疑人、被告人提供保证人或交纳保证金，以保证其在取保候审期间不逃避侦查、起诉和审判，保证随传随到的一种强制措施。取保候审由公安机关执行。人民法院、人民检察院和公安机关对犯罪嫌疑人、被告人取保候审最长不得超过 12 个月。在取保候审期间，不得中断对案件的侦查、起诉和审理。

根据《刑事诉讼法》的相关规定，对于符合下列条件之一的犯罪嫌疑人、被告人，公安司法机关可以决定是否采取取保候审：

（1）可能判处管制、拘役或者独立适用附加刑的；

（2）可能判处有期徒刑以上刑罚，采取取保候审不致发生社会危险性的；

（3）患有严重疾病、生活不能自理，怀孕或者正如哺乳自己婴儿的妇女，采取取保候审不致发生社会危险的；

（4）羁押期限届满，案件尚未办结，需要采取取保候审的。

（三）监视居住

监视居住是指人民法院、人民检察院和公安机关对犯罪嫌疑人、被告人限定其活动区域或住所，并对其行动自由加以监视，以保证侦查、起诉和审判活动顺利进行的一种强制方法。

根据《刑事诉讼法》的相关规定，人民法院、人民检察院和公安机关对符合逮捕条件，有下列情形之一的犯罪嫌疑人、被告人，可以监视居住：①患有严重疾病、生活不能自理的；②怀孕或者正在哺乳自己婴儿的妇女；③系生活不能自理的人的唯一扶养人；④因为案件的特殊情况或者办理案件的需要，采取监视居住措施更为适宜的；⑤羁押期限届满，案件尚未办结，需要采取监视居住措施的。

对符合取保候审条件，但犯罪嫌疑人、被告人不能提出保证人，也不交纳保证金的，可以监视居住。监视居住最长不得超过 6 个月，由公安机关执行。

执行机关对被监视居住的犯罪嫌疑人、被告人，可以采取电子监控、不定期检查等监视方法对其遵守监视居住规定的情况进行监督；在侦查期间，可以对被监视居住的犯罪嫌疑人的通信进行监控。在监视居住期间，不得中断对案件的侦查、起诉和审理。

（四）拘留

刑事诉讼中的拘留，主要是指在侦查活动中，由于情况紧急，由公安机关或人民检察院决定，由公安机关执行的对现行犯或重大嫌疑分子依法采用的暂时限制其人身自由的一种强制方法。由于拘留涉及公民的人身自由，因此，《刑事诉讼法》明确规定了适用拘留的情形：①正在预备犯罪、实施犯罪或者犯罪后即时被发现的；②被害人或在场亲眼看见的人指认他犯罪的；③在身边或者住所发现有犯罪证据的；④犯罪后企图自杀、逃跑或在逃的；⑤有毁灭、伪造证据或者串供可能的；⑥不讲真实姓名、住址，身份不明的；⑦有流窜作案、多次作案、结伙作案重大嫌疑的。

公安机关对现行犯或重大嫌疑分子决定拘留时，一般须经县或县级以上公安机关负责人审查批准，拘留时必须出示拘留证。拘留后，除有碍侦查或者无法通知的情形外，应当制作《拘留通知书》，将拘留的原因和羁押的住所，在24小时内通知被拘留人家属或其所在的单位。公安机关对于被拘留的人，应当在拘留后24小时内进行讯问。

公安机关发现不应当拘留的，必须立即释放，发给释放证明；对于需要逮捕而证据不足的，可以变更强制措施，改为取保候审或者监视居住；认为需要逮捕的，应当在拘留后的3日内，提请人民检察院审查批准，特殊情况下，提请批准逮捕的时间可以延长1日~4日，而对于第7种情形的重大嫌疑分子可以延长至30日。人民检察院在接到公安机关提请批准逮捕书后，应当在7日内审查完毕，作出批准逮捕或不批准逮捕的决定；对于其直接受理的案件中被拘留的人，认为需要逮捕的，应当在10日内作出决定，在特殊情况下，可以延长1日~4日。

（五）逮捕

逮捕是指经过人民检察院批准或决定，或者由人民法院决定、由公安机关执行的一种较长时间的限制犯罪嫌疑人、被告人人身自由的强制措施。逮捕不是提起公诉和进行审判的前提条件，它是五种刑事强制措施中最严厉的一种。因此，根据《刑事诉讼法》第79条的规定，被逮捕人必须具备以下条件：①有证据证明有犯罪事实；②可能判处徒刑以上刑罚；③采取取保候审、监视居住等方法，尚不足以防止社会危险性，而有逮捕必要的。

由于逮捕直接涉及公民的人身自由及其他合法权利，所以在我国，有权决定或批准逮捕的机关只能是人民法院、人民检察院；有权执行逮捕的机关，只能是公安机关。除此之外，任何机关、团体、单位或者个人都无权实施逮捕。

七、附带民事诉讼

我国《刑事诉讼法》第 99 条规定："被害人由于被告人的犯罪行为而遭受物质损失的，在刑事诉讼过程中，有权提起附带民事诉讼。被害人死亡或者丧失行为能力的，被害人的法定代理人、近亲属有权提起附带民事诉讼。如果是国家财产、集体财产遭受损失的，人民检察院在提起公诉的时候，可以提起附带民事诉讼。"附带民事诉讼是一种特殊的民事诉讼，其目的是在解决被告人刑事责任的同时，解决因被告人的犯罪行为所造成的物质损失的赔偿问题。

（一）附带民事诉讼的成立条件

包括：①原告必须是有权提起附带民事诉讼的人；②有明确的被告人；③有请求赔偿的具体要求和事实依据；④被害人的损失是由被告人的犯罪行为所造成的；⑤属于人民法院受理附带民事诉讼的范围和受诉人民法院管辖。

（二）附带民事诉讼的赔偿范围

依据我国法律和有关司法解释，现阶段我国附带民事诉讼的赔偿范围仅限于因被告人的犯罪行为给被害人（包括国家）造成的物质损失，不包括精神方面的损害。

（三）附带民事诉讼的程序

1. 提起

附带民事诉讼应当在刑事案件立案之后第一审判决宣告之前提起。实践中，提起附带民事诉讼一般应当提交附带民事诉状，书写诉状有困难的，允许口头起诉。

2. 审判

附带民事诉讼的审判，除刑事诉讼法有特殊规定以外，应当遵照民事诉讼法规定的程序进行。刑事诉讼与民事诉讼的关系是合并审理、刑主民从。《刑事诉讼法》第 102 条规定："附带民事诉讼应当同刑事案件一并审判，只有为了防止刑事案件审判的过分延迟，才可以在刑事案件审判后，由同一审判组织继续审理附带民事诉讼。"

八、刑事诉讼阶段

（一）立案

刑事诉讼中的立案，是指公安机关、人民检察院、人民法院对于报案、控告、举报和自首的材料，以及自诉人起诉的材料，按照各自的管辖范围进行审查后，决定是否作为刑事案件进行侦查或审判的一种诉讼活动。

立案是刑事诉讼开始的标志，它是刑事诉讼的一个独立阶段，也是每个刑事诉讼的必经阶段。根据《刑事诉讼法》第110条的规定，立案必须同时具备两个条件：①有犯罪事实；②需要追究刑事责任。

（二）侦查

《刑事诉讼法》第106条规定，侦查是指公安机关、人民检察院在办理案件过程中，依照法律进行的专门调查工作和有关的强制性措施。

侦查权是法律赋予公安机关、人民检察院以及其他具有侦查职能的机关或部门的专门职权。依照我国现行法律的规定，公安机关和有关侦查机关是法定的侦查机关，享有侦查权，法院不享有任何侦查权。

侦查人员在侦查过程中可以采用下列侦查手段：讯问犯罪嫌疑人；询问证人、被害人；勘验、检查；搜查；查封、扣押物证、书证；鉴定；技术侦查措施；通缉。

侦查机关经过一系列侦查活动，对自己立案侦查的案件，认为事实已经查清，证据确实充分，则可决定结束侦查。侦查终结有两种情况：一是认为犯罪嫌疑人犯罪事实清楚，证据确实充分的，应写出起诉意见书，连同案卷材料、证据一并移送同级人民检察院审查决定。二是认为犯罪嫌疑人没有犯罪，或不需要追究刑事责任的，应当撤销案件；犯罪嫌疑人已被逮捕的，应当立即释放，发给释放证明，并通知原批准人民检察院。

（三）起诉

起诉是连接侦查与审判的唯一桥梁，是刑事诉讼的关键性程序之一。我国实行以公诉为主、自诉为辅的犯罪追诉机制，绝大多数刑事案件由人民检察院代表国家向人民法院提起公诉，只有部分刑事案件由被害人及其法定代理人、近亲属直接向人民法院提起自诉，由人民法院直接受理。

1. 公诉

（1）审查起诉。这是指人民检察院对公安机关侦查终结、移送审查起诉的案件和自行侦查终结的案件进行审查，以决定是否将案件交付人民法院审判的诉讼活动。各级人民检察院审查起诉的案件应与人民法院审判管辖相适应。在审查起诉中，发现有事实不清、证据不足或者遗漏了罪行或同案人，需要补充进行有关专门调查等工作的，可以退回公安机关补充侦查，也可以自行侦查。人民检察院对于公安机关移送起诉的案件，应当在 1 个月以内作出起诉或者不起诉的决定，对于重大、复杂的案件，可以延长半个月。

（2）提起公诉。人民检察院认为犯罪嫌疑人的犯罪事实已经查清，证据确实、充分，依法应当追究刑事责任的，应当作出起诉决定，向人民法院提起公诉。

（3）不起诉。包括三种情形：①法定不起诉。即对符合《刑事诉讼法》第 15 条规定的不追究刑事责任情形之一的，应当作出不起诉决定。②酌定不起诉。即对于犯罪情节轻微，依照《刑法》规定不需要判处刑罚或者免除刑罚的，可以作出不起诉决定。③证据不足不起诉。这是指对于补充侦查的案件，人民检察院仍然认为证据不足，不符合起诉的条件，可以作出不起诉决定。

2. 自诉

自诉是指被害人及其法定代理人或近亲属，以个人名义向人民法院提起诉讼，要求对被告人予以审判并追究其刑事责任的诉讼活动。

自诉案件的范围包括：①告诉才处理的案件；②被害人有证据证明的轻微刑事案件；③被害人有证据证明对被告人侵犯自己人身、财产权利的行为应当追究刑事责任，而公安机关或人民检察院不予追究被告人刑事责任的案件。

（四）审判

刑事审判是指人民法院在控辩双方和其他诉讼参与人的参加下，依照法定的权限和程序对于被提交审判的刑事案件进行审理并作出裁判的活动。

1. 第一审程序

第一审程序是指人民法院对人民检察院提起公诉或自诉人提起自诉的案件依法进行首次审判的程序。

公诉案件的开庭审判主要包括以下程序：开庭；法庭调查；法庭辩论；被告人最后陈述；评议和宣判。

自诉案件第一审程序原则上参照公诉案件第一审程序进行，但有以下特殊规定：①可以调解结案；②当事人可自行和解或撤诉；③被告人在诉讼过程中可以反诉。

2. 第二审程序

第二审程序又称上诉审程序，是指第二审人民法院根据上诉人的上诉或人民检察院的抗诉，依法对第一审人民法院未生效的判决或裁定重新审理的程序。

被告人、自诉人及其法定代理人，以及经被告人同意的辩护人、近亲属，还有刑事附带民事诉讼的当事人及其法定代理人，对一审法院作出的判决或裁定不服的，有权提出上诉。

地方各级人民检察院认为本级人民法院第一审的判决、裁定确有错误，依照法定程序和期限可以提请上一级人民法院对该案重新审判，也称为抗诉。

第二审人民法院审判上诉和抗诉案件必须组成合议庭，不能实行独任审判。合议庭经过审理，认为原判决认定事实和适用法律正确、量刑适当的，应当裁定驳回上诉或者抗诉，维持原判；原判决认定事实没有错误，但适用法律有错误，或量刑不当的，应当改判；原判决事实不清楚或证据不足的，可以在查清事实后改判，也可以裁定撤销原判决，发回重审。

第二审人民法院审判仅有被告人一方提出上诉的案件，不得以任何理由加重被告人刑罚。共同犯罪案件只有部分被告人上诉的，也不得加重未上诉被告人的刑罚。但自诉人上诉和检察院抗诉的案件，不受上诉不加刑的限制。

第二审法院的最后判决、裁定是终审的判决、裁定。

3. 死刑复核程序

死刑复核程序是指人民法院对判处死刑的案件进行审查、核准所遵循的一种特别审判程序。该程序只适用于死刑立即执行和死刑缓期二年执行的案件。

2006年12月28日，《最高人民法院关于统一行使死刑案件核准权有关问题的决定》公布，决定从2007年1月1日起施行，过去根据《人民法院组织法》原第13条规定发布的关于授权高级人民法院和解放军军事法院核准部分死刑案件的通知一律予以废止。死刑案件核准权由最高人民法院统一行使。

最高人民法院复核死刑案件，应当由审判员3人组成合议庭进行。对于原判认定事实和适用法律正确、量刑适当的，裁定予以核准；对于原判认定事实错误或者证据不足的，裁定撤销原判，发回重新审判；对于原审判决认定事实正确，但适用法律有错误，或者量刑不当，应当发回重审或者提审后改判。

4. 审判监督程序

审判监督程序，又称再审程序，是指人民法院、人民检察院对已经发生法律效力的判决和裁定，发现在认定事实或者适用法律上确有错误，依法提出并重新审理的程序。

提起审判监督程序的主体有：①各级人民法院院长和审判委员会；②最高人民法院；③上级人民法院；④最高人民检察院；⑤上级人民检察院。

提起审判监督程序的理由有以下几种：原判决、裁定在认定事实上确有错误；原判决、裁定在适用法律上确有错误；严重违反法律规定的诉讼程序，影响了对案件的正确裁判；审判人员在审理该案件时，有贪污受贿、徇私舞弊、枉法裁判的行为。

（五）执行

执行是指人民法院、人民检察院、公安机关、监狱和其他国家刑罚执行机关对已经发生法律效力的判决、裁定所确定的内容予以实现的诉讼活动。

最高人民法院和高级人民法院的执行死刑命令，均由高级人民法院交付原审人民法院执行，原审法院接到命令后，应当在 7 日内交付执行。

对于判处死刑缓期二年、无期徒刑、有期徒刑的罪犯，由公安机关交付监狱执行。被判处管制、宣告缓刑、假释或者暂予监外执行的罪犯，依法实行社区矫正，由社区矫正机构负责执行。

剥夺政治权利判决的执行机关是公安机关。罚金和没收财产的执行机关是人民法院。执行没收财产刑时，人民法院可以会同公安机关执行。

无罪和免除刑罚判决的执行机关是人民法院。

第三节　行政诉讼法

一、行政诉讼法概述

（一）行政诉讼的概念

1. 行政诉讼的概念

在找国，行政诉讼是指公民、法人或其他组织认为行政机关和法律法规、规章授权的组织的具体行政行为侵犯其合法权益，依法向人民法院起诉，人民法院在当事人及其他诉讼参与人的参加下，对具体行政行为进行审理并作出裁判的活动。

2. 行政诉讼法的概念

行政诉讼法是指有关调整人民法院和当事人及其他诉讼参与人在审理行

政案件中所进行的各种诉讼活动以及所形成的各种诉讼关系的法律规范的总和。简言之，行政诉讼法就是调整行政诉讼的法律规范的总和。

3. 行政复议与行政诉讼

行政复议与行政诉讼共同构成行政法上的救济制度，而且在一般情况下，是可供行政相对人选择的并列的救济手段。行政复议与行政诉讼都以行政争议为处理对象。

在法律、法规明文规定须先经过复议才能起诉时，行政复议就成了行政诉讼前的一个必经程序。就这一点而言，行政诉讼是行政争议的最终救济手段。

行政诉讼与行政复议的区别主要体现在以下几方面：

（1）二者的性质不同。行政复议属于行政救济行为，适用《行政复议法》；行政诉讼属于司法救济行为，适用《行政诉讼法》。

（2）二者的受案范围不同。行政复议的受案范围大于行政诉讼的受案范围。

（3）二者的审查标准不同。行政复议既审查具体行政行为的合法性，又审查具体行政行为的合理性、适当性；行政诉讼只能审查行政行为的合法性。

（4）二者的审理程序不同。行政复议一般是一裁终局，较之诉讼程序更为简便、灵活；人民法院审理行政案件实行两审终审制。

（二）行政诉讼法的功能

行政诉讼法具有三方面的功能：保障法院公正、及时地审理行政案件，解决行政争议；保障公民、法人或其他组织的合法权益；监督行政机关依法行使行政职权。

（三）行政诉讼的基本原则

行政诉讼的基本原则是指由《行政诉讼法》所规定的用以指导整个行政诉讼活动或者行政诉讼主要阶段的活动的基本准则。

1. 共有原则

行政诉讼作为三大诉讼活动之一，与民事诉讼、刑事诉讼有一些共有的原则，这些共有原则包括：法院依法独立行使审判权原则；以事实为根据，以法律为准绳原则；合议、回避、公开审判原则；两审终审原则；当事人法律地位平等原则；使用本民族语言文字进行诉讼原则；辩论原则；人民检察院实行法律监督原则。

2. 行政诉讼的特有原则

（1）审查行政行为合法性原则。根据行政诉讼法的规定，人民法院审理行政案件，对行政行为是否合法进行审查，这一规定确认了人民法院对具体行政行为的司法审查权，规定了行政诉讼的客体和对象，确定了人民法院审查行政行为合法性的范围，指明了人民法院审查行政行为合法性的依据和标准。

第一，审查范围。司法权对行政权的制约必须在法律授权范围内，具体而言，行政诉讼中司法审查的对象是被诉的行政行为，而且司法审查只涉及行政行为的合法性，原则上不涉及其合理性。

第二，审查依据。行政诉讼中，人民法院进行司法审查的依据是法律、行政法规和地方性法规。地方性法规适用于本行政区域内的行政案件，规章可以参照适用。

第三，合法性审查的例外。根据行政诉讼法的规定，对于行政处罚显失公正的，人民法院可以判决变更。这一规定意味着人民法院对行政机关的行政处罚，既可以审查其合法性，又可以审查其合理性，这是司法审查原则的一个例外。从某种程度上讲，这一规定扩展了法院对具体行政行为的司法审查权，也加强了法院对行政机关行使自由裁量权的监督。

（2）不适用调解原则。不适用调解原则是指人民法院审理行政案件，既不能把调解作为行政诉讼过程中的一个必经阶段，也不能把调解作为结案的一种方式。法院审理行政案件之所以不能适用调解原则，是因为法院审理行政案件是对行政行为的合法性进行审查，行政机关作出行政行为是其行使法定职权的表现，对这种法定职权，行政机关不得放弃也不能随意处分，否则即构成失职。因此行政机关作出的行政行为或者合法，或者违法，没有第三种可能。

不适用调解的例外情况是行政赔偿、补偿以及行政机关行使法律、法规规定的自由裁量权的案件可以调解。

（3）被告负举证责任的原则。举证责任是指当事人在诉讼中对自己提出的事实有责任加以证明，如果不能提供足够的证据，则要承担败诉的风险。在行政诉讼中，要求被告对其所作出的行政行为负举证责任，被告应当提供作出该行政行为的证据和所依据的规范性文件。被告不提供或者无正当理由逾期提供证据，视为没有相应证据。

根据最高人民法院的司法解释的规定，被告在收到起诉状副本之日起 10 日内，必须向法院提交答辩状和作出行政行为时的全部证据和依据，否则人民法院可以判决撤销该行政行为。

以非法手段取得的证据，不得作为认定案件事实的根据。

（4）不停止被诉行政行为执行的原则。这是由行政权力的特点决定的，同时也是为了维护行政管理秩序的需要。但是，也有例外规定，具体是：被告认为需要停止执行的可以停止执行；人民法院根据原告的申请或者依据职权，认为该行政行为的执行会给原告造成难以弥补的损失，而且停止执行不违背社会公共利益的，可以停止执行；有关法律、法规规定可以停止执行的，如《治安管理处罚法》规定，在当事人提供担保人或者交纳保证金以后，原处罚决定在诉讼期间可以停止执行。

（5）选择复议原则。选择复议原则，即在法律、法规没有明确规定必须经过复议的情况下，当事人对行政处理决定不服时，既可以向上一级行政机关或者法律规定的特定机关申请复议，对复议决定不服，再向法院起诉；也可以不经复议而直接向法院起诉。在我国，原则上复议不是进行行政诉讼的必经程序，是否经过复议，由当事人自己选择。

二、行政诉讼的受案范围

行政诉讼受案范围是指人民法院受理行政诉讼案件的范围。它是解决人民法院与其他国家机关之间处理行政争议的分工和权限的问题。它规定着司法权对行政权的制约和监督程度，标志着行政法律关系中的相对人诉权的范围，也规定着行政终局裁决权的范围。行政诉讼受案范围的宽窄是一个国家政治、经济、文化及法制状况的综合反映。

（一）人民法院受理的行政案件

根据《行政诉讼法》的规定，人民法院受理公民、法人和其他组织对下列具体行政行为不服提起的诉讼：①对行政拘留、暂扣或者吊销许可证和执照、责令停产停业、没收违法所得、没收非法财物、罚款、警告等行政处罚不服的；②对限制人身自由或者对财产的查封、扣押、冻结等行政强制措施和行政强制执行不服的；③申请行政许可，行政机关拒绝或者在法定期限内不予答复，或者对行政机关作出的有关行政许可的其他决定不服的；④对行政机关作出的关于确认土地、矿藏、水流、森林、山岭、草原、荒地、滩涂、海域等自然资源的所有权或者使用权的决定不服的；⑤对征收、征用决定及其补偿决定不服的；⑥申请行政机关履行保护人身权、财产权等合法权益的法定职责，行政机关拒绝履行或者不予答复的；⑦认为行政机关侵犯其经营自主权或者农村土地承包经营权、农村土地经营权的；⑧认为行政机关滥用行政权力排除或者限制竞争的；⑨认为行政机关违法集资、摊派费用或者违法要求履行其他义务的；⑩认为行政机关没有依法支付抚恤金、最低生活保障待遇或者社会保险待遇的；⑪认为行政机关不依法履行、未按照约定履行或者违法变更、解除政府特许经营协议、土地房屋征收补偿协议等协议的；⑫认为行政机关侵犯其他人身权、财产权等合法权益的。⑬人民法院受理法律、法规规定可以提起诉讼的其他行政案件。

（二）人民法院不予受理的事项

根据《行政诉讼法》的规定，人民法院不受理公民、法人和其他组织对下列事项提起的诉讼：①国防、外交等国家行为；②行政法规、规章或行政机关制定、发布的具有普遍约束力的决定、命令；③行政机关对行政机关工作人员的奖惩、任免等决定；④法律规定由行政机关最终裁决的具体行政行为。

另外，根据《最高人民法院关于执行〈中华人民共和国行政诉讼法〉若干问题的解释》的规定，下列事项人民法院也不予受理：①刑事司法行为；②调解行为以及法律规定的仲裁行为；③不具有强制力的行政指导行为；④驳回当事人对行政行为提起申诉的重复处理行为；⑤对公民、法人或者其他组织权利义务不产生实际影响的行为。

◀◖案例

在2003年10月15日，A县政府根据《发展A县经济的实施规划》，以红头文件形式作出了一项《关于对A县几家工业企业进行调整的措施》的决定，其中决定将属于集体所有制的A县机床附件厂与属于国有企业的A县机械厂合并为A县机械总厂。A县机床附件厂不服县政府的这一决定，认为合并决定的实现未征得他们的同意，侵犯了企业的经营自主权，遂向A县法院提起行政诉讼，A县政府有关领导得知这一情况后立即告诉县法院，这一合并决定是为了改革和发展A县经济、解决县机械厂的经济困难作出的，县机床附件厂应当顾全大局，服从县政府的决定，同时，县政府要求县法院应与县政府态度一致，维持县政府的改革措施，对县机床附件厂的起诉不予以受理。

问题：A 县法院是否有权受理此案，并说明理由？

三、行政诉讼管辖

行政诉讼管辖是指上下级法院之间和同级法院之间受理第一审行政案件的分工和权限，可以分为级别管辖、地域管辖、选择管辖、移送管辖和指定管辖。

（一）级别管辖

原则上，第一审行政案件由基层人民法院管辖。

中级人民法院管辖下列案件：① 对国务院部门或者县级以上地方人民政府所作的行政行为提起诉讼的案件；②海关处理的案件；③本辖区内重大、复杂的案件；④其他法律规定由中级人民法院管辖的案件。

高级人民法院管辖本辖区内重大、复杂的第一审行政案件。

最高人民法院管辖在全国范围内重大、复杂的第一审行政案件。

上级人民法院有权审判下级人民法院管辖的第一审行政案件。下级人民法院对其管辖的第一审行政案件，认为需要由上级人民法院审判的，可以报请上级人民法院决定。

（二）地域管辖

1. 一般地域管辖

一般地域管辖是指按照最初作出行政行为的行政机关所在地确定的管辖。行政案件由最初作出行政行为的行政机关所在地人民法院管辖。经复议的案件，也可以由复议机关所在地人民法院管辖。

经最高人民法院批准，高级人民法院可以根据审判工作的实际情况，确定若干人民法院跨行政区域管辖行政案件。

2. 特殊地域管辖

（1）专属管辖。因不动产提起的行政诉讼，由不动产所在地法院管辖。

（2）共同管辖。行政诉讼中的共同管辖有两种情形：①经过复议的案件，由最初作出具体行政行为的行政机关所在地法院或者复议机关所在地法院管辖；②对限制人身自由的行政强制措施不服提起的行政诉讼，由被告所在地或者原告所在地人民法院管辖。"原告所在地"是指原告的户籍所在地、经常居住地和被限制人身自由所在地。

（三）选择管辖

共同管辖对相对人来讲就叫选择管辖，指两个或者两个以上人民法院都有管辖权的行政案件，原告可以选择其中一个人民法院起诉。如果原告向两个或者两个以上有管辖权的人民法院提起诉讼，由最先立案的人民法院管辖。

（四）移送管辖

人民法院发现受理的案件不属于自己管辖时，应当移送有管辖权的法院，一经移送，受移送的法院不得自行再移送。

（五）指定管辖

指定管辖的发生情形有两种：①有管辖权的人民法院由于特殊原因（如自然灾害、意外事故等客观原因或实行回避等法律原因）不能行使管辖权，由上级人民法院指定管辖。②人民法院之间对管辖权产生争议，经协商不能解决的，由上级人民法院指定管辖。

四、行政诉讼参加人

行政诉讼参加人是指因与行政争议存在利害关系而参加行政诉讼的整个过程或者主要阶段的人及与他们的诉讼地位相类似的人，包括当事人和诉讼代理人。当事人是指因行政行为发生争议，以自己的名义到法院起诉、应诉和参加诉讼，并受法律裁判约束的公民、法人或者其他组织以及行政机关，包括原告、被告和第三人。

（一）行政诉讼原告

1. 行政诉讼原告的概念与特征

行政诉讼原告是认为自己的合法权益受到行政机关的行政行为的侵犯，依法以自己的名义向人民法院起诉，请求保护其合法权益，从而引起行政诉讼程序发生的公民、法人和其他组织。原告的法律特征有：①原告必须是认为行政行为侵犯了自己的合法权益的人。②原告必须以自己的名义提起诉讼。③原告受人民法院判决、裁定的约束。

2. 行政诉讼原告资格转移

原告资格在以下两种情况下发生转移：①有原告资格的公民死亡，原告资格转移给其近亲属。近亲属包括夫妻、父母、子女、同胞兄弟姐妹、祖父母、外祖父母、孙子女、外孙子女。②有原告资格的法人或者其他组织终止，原告资格转移给承受其权利的法人或者其他组织。

（二）行政诉讼被告

1. 行政诉讼被告的概念与特征

行政诉讼中的被告是指被原告指控侵害其合法权益，而由人民法院通知应诉的行政机关或法律、法规授权的组织。行政诉讼被告具有以下特征：①被告只能是行使行政管理权、作出行政行为的行政机关或法律、法规授权的组织。②其作出的行政行为被原告指控侵害其合法权益。③以自己的名义应诉，并受人民法院裁判拘束。

2. 行政诉讼确定被告的原则和标准

（1）公民、法人或者其他组织依法直接向人民法院起诉的，作出行政行为的行政机关是被告。

（2）经复议的案件，复议机关决定维持原行政行为的，作出原行政行为的行政机关和复议机关是共同被告；复议机关改变原行政行为的，复议机关是被告。

（3）两个以上行政机关作出同一行政行为的，共同作出行政行为的行政机关是共同被告。

（4）行政机关组建并赋予行政管理职能但不具有独立承担法律责任能力的机构，以自己的名义作出行政行为的，组建该机构的行政机关是被告。

（5）行政机关内设机构或派出机构在没有法律、法规或规章授权的情况下，以自己的名义作出行政行为的，该行政机关为被告。

（6）法律、法规或规章授权行使行政职权的行政机关内设机构或派出机构或者其他组织，超出法定职权范围实施行政行为的，应当以实施该行为的机构或组织为被告。

（7）行政机关在没有法律、法规或规章规定的情况下，授权其内设机构或派出机构或者其他组织行使行政职权的，应当视为委托，该行政机关为被告。

（8）行政机关与非行政机关共同作出行政行为，应以行政机关作为被告，非行政机关不能作为被告，但可以以第三人的身份参加诉讼。

（9）由法律、法规或规章授权的组织作出的行政行为的，该组织是被告；由行政机关委托的组织作出行政行为的，委托的行政机关是被告。

（10）行政机关被撤销的，继续行使其职权的行政机关是被告。

◢◣案例

某高校学生李某，在考试中严重违纪被发现，学校对他作出了开除学籍的处理决定。但实际上李某一直没有离开学校，仍与其他同学一样在学校学习，学校也同样收取李某的学费及其他同学须交的费用，而且每年给李某注册。但到毕业时，学校以李某被学校开除为由，拒绝发给李某毕业证书及学士学位证书。李某不服，向主管教育机关提出复议，主管教育机关审理后维持了学校的决定。李某因此向人民法院提起行政诉讼。

问题：李某提起行政诉讼，应以谁为被告？为什么？

（三）行政诉讼第三人

第三人是指同被诉行政行为有利害关系但没有提起诉讼，或者同案件处理结果有利害关系而参加诉讼的公民、法人和其他组织。第三人是相对于原告、被告而言的，在诉讼期间由自己申请或由法院通知参加诉讼。第三人在行政诉讼中有独立的诉讼地位，以自己的名义参加诉讼，依法享有权利。

◢◣案例

司机田某驾车行至某县某镇时，遇到一妇女冯某请求搭车，田某表示同意。当日夜晚，田某驾驶的汽车被该县公安局巡逻人员拦住。因搭车妇女冯某过去曾有过卖淫行为被该县公安局查获，县公安局便认定，田某与冯某晚上同车行进，其行为构成了嫖娼、卖淫，故对田某处以5000元罚款，对冯某处以500元罚款。田某不服，向市公安局申请行政复议，市公安局裁决维持县公安局的处罚裁决，田某仍不服，于是向法院提起诉讼。

问题：如果法院通知冯某参加诉讼，她将以何种资格参加诉讼？

（四）行政诉讼代理人

诉讼代理人是指依法律规定或受当事人的委托代为进行诉讼活动的人。根据代理权产生的不同基础，代理人可分为法定代理人、委托代理人和指定代理人。但在行政诉讼中，指定代理人一般只可能发生在公民作为第三人情况下，因为指定代理人必须同时具备三个条件：①当事人无诉讼能力。②无诉讼能力的当事人没有法定代理人。③诉讼必须进行。

五、行政诉讼证据

（一）行政诉讼证据的概念与特征

证据是用来证明案情事实情况的材料，行政诉讼证据就是在行政案件中用以证明案件事实存在的材料。证据多由当事人提交，但这些证据在法律上均无预决力，所有证据都必须经法院审查属实，才能作为定案的根据。

行政诉讼证据具有与其他证据相同的特征，即相关性、客观性与合法性，同时行政诉讼证据还具有自身的特殊性：①证据种类的广泛性；②证据来源的特定性；③举证责任分担的特定性；④证据审查阶段和方式的特定性。

（二）行政诉讼证据的种类

根据行政诉讼法的规定，行政诉讼中的证据包括：书证；物证；视听资料；电子数据；证人证言；当事人的陈述；鉴定意见；勘验笔录、现场笔录。

其中现场笔录是行政机关工作人员在执法过程中现场所作的记录，现场笔录是行政诉讼特有的一项证据。尽管行政诉讼法并未将行政机关作出行政行为时所依据的规范性文件作为法定证据，但它起着一定的证明作用，具有证据的效力。这里的规范性文件包括法律、法规和规章以及规章以下的规范性文件。

在行政诉讼过程中，被告及其诉讼代理人不得自行向原告、第三人和证人收集证据。

在证据可能灭失或以后难以取得的情况下，诉讼参加人可以向人民法院申请保全证据，人民法院也可以主动采取保全措施。证据应当在法庭上出示，并由当事人互相质证。对涉及国家秘密、商业秘密和个人隐私的证据，不得在公开开庭时出示。

人民法院应当按照法定程序，全面、客观地审查核实证据。对未采纳的证据应当在裁判文书中说明理由。以非法手段取得的证据，不得作为认定案件事实的根据。

（三）行政诉讼的举证责任

1. 行政诉讼举证责任的负担原则

举证责任负担是指法律规定当法院无法查清案件事实时，应判由谁承担败诉后果的问题。我国《行政诉讼法》规定："被告对作出的行政行为负有举证责任，应当提供作出该行政行为的证据和所依据的规范性文件。"该条从立法上明确了作为被告的行政机关对行政行为负举证责任是行政诉讼举证责任负担的基本原则。行政行为合法与否是行政案件的核心问题，当被告不能证明行政行为合法时，将承担败诉后果，而原告并不因为举不出证据证明行政行为的违法性而败诉。

2. 原告的初步证明责任

行政诉讼中被告对行政行为承担举证责任，但并不排除在某些情况下原告应承担举证。但原告承担举证责任的事项仅限于法律的特别规定，是对被告承担举证责任这一原则的补充，因此不能将原告承担的举证责任与被告承担的举证责任置于同等地位。下列事项由原告承担举证：①证明起诉条件符合法定条件，但被告认为原告起诉超过起诉期限的除外。②在起诉被告不作为的案件中，证明其提出申请的事实。③在一并提起的行政赔偿诉讼中，证明因受侵害而造成损失的事实。④其他应当由原告举证的事项。这是关于原告承担举证责任的兜底条款，但在司法实践中，对这一条款绝不能作扩大解释，否则将成为被告逃脱举证责任的借口。

六、行政诉讼判决

（一）行政诉讼判决的概念

行政诉讼判决简称行政判决，是指人民法院审理行政案件终结时，根据所查清的事实，依据法律规定对行政案件实体问题作出的结论性处理决定。按照审级标准可以分为一审判决、二审判决、再审判决。

（二）行政诉讼一审判决

行政诉讼一审判决是受理一审案件的法院按照一审程序审理案件所作的判决。一审判决并非终审判决，当事人不服可以上诉，因此又称初审判决。根据我国行政诉讼法的规定以及最高人民法院的司法解释，一审判决有以下几种形式：

1. 驳回判决

人民法院驳回原告的诉讼请求，必须符合三个条件：①具体行政行为证据确凿；②适用法律、法规正确；③符合法定程序。三个条件缺一不可，否则不得作出驳回判决。

此外，原告申请被告履行法定职责或者给付义务理由不成立的，人民法院判决驳回原告的诉讼请求。

2. 撤销判决

撤销判决有三种具体形式，即全部撤销、部分撤销、判决撤销并责令被告重新作出行政行为。具体行政行为具备下列情形之一的，人民法院可以作出撤销判决：①主要证据不足；②适用法律、法规错误；③违反法定程序；④超越职权；⑤滥用职权；⑥明显不当的。

3. 履行判决

履行判决是指人民法院经过审理认定行政机关负有法定职责而无正当理由拒不履行的，责令被告限期履行法定职责的判决。其适用条件有两个：①被告负有法定职责，应当履行一定的义务；②行政机关不履行法定职责。

4. 变更判决

变更判决是人民法院经审理，认定行政处罚行为显失公正，运用国家审判权直接予以改变的判决。行政处罚明显不当，或者其他行政行为涉及对款额的确定、认定确有错误的，人民法院可以判决变更。

人民法院判决变更，不得加重原告的义务或者减损原告的权益。但利害关系人同为原告，且诉讼请求相反的除外。

5. 给付判决

给付判决是人民法院经过审理，查明被告负有给付义务的，判决被告履行给付义务。其适用条件有两个：①被告负有给付义务；②被告不履行给付义务。

6. 确认判决

确认判决是指人民法院通过对被诉具体行政行为的审查，确认被诉具体行政行为合法或违法的一种判决形式。

确认具体行政行为合法或有效的条件是：①被诉具体行政行为合法；②人民法院不适宜判决维持或者驳回原告诉讼请求。

确认具体行政行为违法或无效的情形有：①被告不履行法定职责，但判决责令其履行法定职责已无实际意义的；②被诉具体行政行为违法，但不具有撤销内容的；③被诉具体行政行为不成立或者无效的。

（三）二审判决及适用条件

人民法院审理上诉案件，应当对原审人民法院的判决、裁定和被诉行政行为进行全面审查。二审法院审理上诉行政案件后，根据不同情况，可以作出维持判决和依法改判两种类型的判决。

1. 维持判决

一审判决具备以下三个条件，二审法院才能判决维持原判：①一审判决认定事实清楚；②一审判决适用法律、法规正确；③一审法院的审理程序合法。

2. 依法改判

依法改判有两方面的原因：①一审判决认定事实清楚，但适用法律、法规错误，这是二审改判的一般前提条件；②一审判决认定事实不清，证据不足，或者由于违反法定程序可能影响案件正确判决。这种情况下，二审法院通常将案件发回一审法院重审。

3. 发回重审

①原判决认定基本事实不清、证据不足的，发回原审人民法院重审，或者查清事实后改判；②原判决遗漏当事人或者违法缺席判决等严重违反法定程序的，裁定撤销原判决，发回原审人民法院重审。

原审人民法院对发回重审的案件作出判决后，当事人提起上诉的，第二审人民法院不得再次发回重审。

第十三章
国际法和国际私法

第一节　国际法

一、概述

（一）国际法的概念与特征

国际法，亦称国际公法，是调整国际关系的，以国际条约和国际习惯为主要表现形式的有拘束力的原则、规则和制度的总称。其主要特征是：

1. 国际法的主体主要是国家，其调整对象主要是国家之间形成的国际关系

传统国际法的主体只是国家，但现代国际法的主体除了国家之外，在一定条件下和一定范围内还包括国家参加的国际组织以及类似国家的政治实体。因此，国际法以国际关系为调整对象，其中主要调整的是国家之间的各种权利义务关系。

2. 国际法的制定者主要是国家

国家在平等的基础上通过协议或认可确立国家之间应共同遵守的规则。因此，在法律的拟订方面，国际法与国内法不同：国际社会没有一个统一的最高立法机关制定法律，国际法是国际社会中具有平等地位的各国在相互协议的基础上逐渐形成的。无论是国际条约还是国际习惯，都必须经过主权国家的同意才能生效。

3. 在法律的强制实施方面，国际法与国内法也不同

国内法依靠有组织的国家强制机关来保证其实施，但国际法却没有凌驾于国家之上的有组织的强制执行机关与监督机关来保证其实施，但是这并不意味着国际法没有强制力，国际法主要凭借国家本身的力量实施，国际争议

亦须通过谈判、协商、调停、国际仲裁机构仲裁或国际法院判决等方式解决。根据联合国的实践，国际法的强制性主要由各国的单独行动和集体行动体现。

由此可见，国际法是法律的一个特殊体系，或者说，是法的一个特殊部门。

（二）国际法的效力根据

国际法的效力根据是指国际法具有法律拘束力或法律效力的依据。它回答的是国家为什么会遵守国际法，或者国际法为什么对国家会有拘束力的问题。关于国际法的效力根据可谓众说纷纭，产生过许多学说，如自然法学说、实在法学说等，至今仍没有较为统一的观点。在我国，较为普遍的看法是，各国意志之间的协议才是国际法的效力根据。因为国际法的制定者主要是国家，国家间的意志和利益协调的结果是达成协议，产生条约国际法和习惯国际法，因而对国家具有拘束力。

（三）国际法的渊源

国际法的渊源是指国际法规范形成方式或表现形式，它是国际法院判案的法律依据。

《国际法院规约》第 38 条通常被认为不仅是国际法院适用的法律，也被视为是关于国际法渊源的权威性说明和列举。根据《国际法院规约》第 38 条的有关规定，国际条约、国际习惯、一般法律原则是国际法的直接渊源；而司法判例、权威公法学家的学说为辅助性资料。

1. 国际条约

国际条约是国家等国际法主体之间就有关权利义务关系达成的具有法律拘束力的书面协议。

2. 国际习惯

作为国际习惯，须具备两个因素：①有一般的实践或通例存在，即所谓"物质因素"。此处的"一般实践"是指各国普遍一致地、长期重复地采取类似的行为，时间上要求有较长的延续性，空间上则要求较广泛的国家存在该行为。②存在的一般实践或通例被各国接受为法律，存在主观上的"法律确信"，即"心理因素"。只有同时具备上述两方面的因素，某项国际习惯才能被确立起来，从而对各国具有普遍的法律拘束力。

3. 一般法律原则

一般法律原则是各国法律体系所共有的但并未被纳入条约或习惯法的原

则。虽然一般法律原则是国际法的渊源，但它与国际条约和国际习惯相比是次要的，或者是对前两者的规则之补充。在实践中，当缺乏任何条约或国际习惯适用时，一般法律原则就是一个弥补国际法空白的有效办法。

4. 确立国际法渊源的辅助资料

主要有司法判例（国际和国内的仲裁裁决、法院判决）、权威公法学家的学说、国际组织的决议等。这些辅助资料可以确定国际法原则、规则的存在，并且对国际法的形成和发展具有重要的辅助作用。

（四）国际法的基本原则

国际法的基本原则，是指被各国公认的、具有普遍效力并构成国际法基础的、具有强行法性质的原则。综观《联合国宪章》《国际法原则宣言》和其他国际文件的规定以及我国倡导的和平共处五项原则，国际法的基本原则主要有以下几项：

1. 国家主权平等

所谓主权，是指国家享有的对内最高统治权和对外独立权。国家平等原则是指主权国家，无论大小、强弱、贫富、人口多寡，其在国际法律关系中的地位完全平等。它们平等地承受国际法上的权利和义务，平等地承担国际法律责任。

主权平等原则要求国家在处理国际关系的任何领域都应尊重别国主权、政治独立和领土完整，平等地对待他国，不得以大压小、以强凌弱侵犯他国主权。这项原则是最重要的国际法基本原则，并引申出国际法的其他基本原则。

2. 互不侵犯

《联合国宪章》所规定的互不侵犯原则是指：禁止使用武力或以武力相威胁或使用与联合国宗旨不符的方法侵犯他国的主权、领土完整和政治独立；侵略行为取得的任何领土或特殊利益，均不得也不应承认为合法；不得以战争作为解决国际争端的手段；侵略战争构成国际犯罪，国家应负国际法上的责任。

3. 不干涉内政

内政是指纯属国家主权范围内管辖的、不涉及国际事务的事项。依国家主权平等独立原则，国家彼此无管辖和支配的权力，当然排除一国干涉他国的内部管辖事项。

4. 和平解决国际争端

和平解决国际争端原则是互不侵犯原则的引申，它要求国家之间的争端应以和平方法解决，不得诉诸威胁或使用武力以及其他非和平的方法，以避免危及国际和平与安全。《联合国宪章》把和平解决国际争端确定为一项必须遵守的国际法原则。

5. 善意履行国际义务原则

善意履行国际义务原则，就是要求各国必须自觉地、诚实友好地、严格全面地履行国际法律义务，无论此义务是源于条约还是源于其他国际法渊源。善意履行国际义务原则是由"条约必须信守"这一古老的国际习惯规则发展而来的。《联合国宪章》规定其为一项各国均应遵守的国际法原则。1970 年《国际法原则宣言》对这项原则的具体内容作了规定。

🔊 案例

A 国由于军事政变陷入内战，B 国以维护边境安全为由出兵支持 A 国反政府武装，在 B 国的支持下，反政府武装控制了 A 国的领土的一半，成立了临时中央政府。B 国还在 A 国的重要港口布置水雷，出动飞机袭击 A 国港口和石油设施。

问题：B 国违反了哪些国际法原则？

（五）国际法与国内法的关系

正确认识和解决好国际法与国内法之间的关系，对正确适用和执行国际法具有重要意义。

实际上，国际法与国内法之间，一方面是相对独立的法律体系，它们在主体、调整对象、渊源、效力根据和性质等方面各不相同；另一方面又是密切联系的，存在相互渗透、相互影响、相互补充的关系。这表现在：①国际法上的许多原则、规则和制定借用了国内法的概念；②国内法也受国际法原则、规则和制度的影响；③尽管各国处理国际法和国内法关系的实践不尽相同，但一般是通过采纳或转化等方式使国际法的规定在国内得以适用。例如，美国就将其缔结的有关条约、宪法和根据该宪法制定的法律都确定为美国的最高法律；司法实践又对条约作出了"自动执行的条约"和"非自动执行的条约"区分；有关判例明确了国际习惯法构成美国法律的一部分。

在处理国际法与国内法关系方面，虽然我国宪法对条约在我国的地位没有明确规定，但从现行法律、司法解释和审判实践看，我国缔结的条约是我国法律的组成部分，通常遵循直接适用和优先适用原则。同时，对国际惯例的适用问题也有相应规定。

二、国际法的主体

（一）概述

国际法的主体，即具有国际法律人格者，是指能独立从事国际交往和参加国际法律关系，直接承受国际法上的权利和义务，且能直接进行国际求偿以保护自己合法权益的实体。

国家、国际组织、争取独立的民族解放组织是现代国际法的主体。通常，个人不是国际法的主体，不直接享受国际法上的权利和承担国际法上的义务，他主要是通过国家享受权利和承担义务，但在特殊情况下，个人根据国际法规定也可享有一定的权利并承担相应的义务。

1. 国家

国家作为当代国际法的基本主体，具有国际法上完全的行为能力和权利能力。一个独立国家具有最全面的国际交往和参加国际法律关系的能力，这是其他国际法主体所不及的。这是因为国际法意义上的国家，具备固定的居民、确定的领土、政府和主权4个要素。其中，主权是其根本标志。国家享有独立权、平等权、自卫权、管辖权、国家豁免权等国际法上的基本权利。从国家的结构形式上看，国家类型可分为单一国和复合国。复合国有政合国、君合国、邦联和联邦等形式。中华人民共和国属单一制国家。

2. 国际组织

就国际法主体资格而言，国际组织是指政府间的国际组织。与国家不同，国际组织是国际法次要的主体，因为它不具有国家的要素，其主体资格是由创立它的条约决定和赋予的，其国际行为能力亦受条约限制，国际法的许多原则和规则不适用于国际组织。

3. 争取独立的民族解放组织

它是指为摆脱殖民国家或其他国家的统治或奴役，争取建立独立国家而进行民族解放运动的组织。根据民族自决权，争取独立的民族解放组织具有类似国家性质的政治实体地位，有参加国际社会活动和参加国际法律关系的能力。但其行为能力和范围远不及国家，国际法的原则和规则也只能部分地适用于它。

（二）国家和政府的承认

国家承认是指既存国家对基于独立、合并、分离、解体等原因而建立的新国家予以确认，表示愿意与该新国家进行交往并接受由此产生的法律后果的行为。国家承认实质上是既存国对"新国家"所作的一种意思表示。实践中，这种意思表示的方式、范围和程度不尽相同。只有在新国家符合一定的法律条件的情况下，既存国才能表示对该新国家的承认，否则其承认就可能是一种不符合国际法的行为。各国可以自行决定是否承认新国家，但对违反国际法用武力制造出来的傀儡国家，现代国际法则禁止承认。

与国家承认不同，政府承认一般发生于一国政府非正常更迭之场合。按照一国宪法程序产生的新政府通常被视为前政府的合法接替者，其代表本国的资格无需他国的确认。但是，以政变或革命等方式建立的新政府作为本国代表的资格并不当然得到他国的认可，从而引发政府承认的问题。根据国际实践，一国承认新政府，通常以"有效统治"原则为根据，而不考虑政府政权的起源和法律依据。

（三）国家和政府的继承

国家继承是指由国家领土变更所引起的国家间权利义务关系的转移。这些具体权利义务的内容涉及被继承国参加的条约及其国家财产、国家债务、国家档案、国际组织的会员资格、国家责任、人口等方面。而与国家继承不同，政府继承是指某一政府代表国家的资格被政变者推翻之情形，经常存在着新政府对原旧政府代表本国参加的国际条约所设定的权利义务以及以其名义拥有的国家财产或负担的国家债务是否应予继承的问题。

三、领土及有关制度

（一）国家领土

国家领土是指隶属于国家主权之下的地球的特定部分。领土的法律地位即国家对其领土具有完全的排他的主权；领土的范围是由领陆、领水、领陆和领水的底土以及领陆和领水以上的空气空间等 4 个部分组成。其中，领陆是国家疆界以内的全部陆地，包括大陆和岛屿；领水，包括国家内陆水域（河流和湖泊）和与陆地疆界邻接的一带海域。根据不同的国际法律地位，河流分为国内河流、界河、多国河流、国际河流和国际运河。领陆和领水的底土，是国家领陆和领水之下的部分，实际上它们是陆地和水域不可分割的部分。领空是国家领陆和领水以上一定高度的空气空间。

（二）领土的取得与变更

国家的领土会因某种原因增加或者丧失，从而导致领土面积发生变化，即所谓领土的取得与变更。传统的领土取得与变更的方式有 5 种，即先占、时效、添附、割让和征服。现代国际法，除了承认先占、添附、自愿割让等传统的领土取得与变更方式具有合法性外，还承认全民投票和恢复领土主权等领土变更的新方式。

（三）领土主权的限制

国家虽然对本国领土具有排他的主权，但领土主权不是绝对的，它要受国际条约或国际习惯法规定的限制，包括一般性限制和特别的限制。一般性限制是指国家领土主权要受一般国际法规则的限制，如领海中的无害通过制度、用于国际航行的海峡的过境制度等都是对国家领土主权的一般限制。而特别限制之情形有共管、租借、国际地役等。

（四）边界与边境

国家边界是确定国家领土范围的界限，是划分一国领土与他国领土、公海或专属经济区、外层空间的界线。与国家领土的组成部分相适应，国家边界可以分为陆地边界、水域边界、空中边界和地下层边界。

边境，也称边境地区，是指边界线两边的一定区域。国家通常需要在边境地区建立边境制度。边境制度的内容主要包括边界标志的维护、边界水资源的利用和保护、边境土地的利用、边境居民的往来以及边界事件的处理等。

（五）南极和北极地区

在国际法上，南极地区与地理学概念不同，它是指《南极条约》所确立的国际法制域，即地球南纬60°以南的地区。《南极条约》对南极地区的法律地位作了规定，主要内容有：和平利用南极，南极科学考察自由和国际合作，冻结各国对南极的领土和权利要求，以及维持南极地区的公海制度。1983 年 6 月 8 日，我国正式成为该条约的缔约国。

关于北极地区的法律地位，目前尚无专门的国际条约。根据一般国际法规则，北极地区除有关国家的陆地领土和领海外，其余部分应为公海。国家可以根据《联合国海洋法公约》的规定，在北冰洋享有航行、飞越、捕鱼、科学研究等自由。

四、海洋及其法律制度

海洋法是确立海洋的原则、规则和制度的法律。1982 年《联合国海洋法公约》规定了内水、领海、毗连区、群岛国的群岛水域、用于国际航行的海峡、专属经济区、大陆架、公海和国际海底区域、海洋环境保护、海洋科学研究以及海洋方面国际争端的解决等法律制度。

（一）内水

此处的内水，专指内海水，是指除群岛国的情形外，领海基线向陆一面的海域。其具有与国家陆地领土相同的法律地位，沿海国具有完全的排他的领域主权；未经沿海国的允许，原则上外国船舶不得进入内水航行、捕鱼或从事其他海洋活动。

为维护国家主权和内水中的安全和良好秩序，加强对允许进入内海的外国船舶管理，我国颁布了《领海及毗连区法》以及有关港口制度、琼州海峡管理制度等法律法规。

（二）领海及毗连区

按《海洋法公约》第 3 条的规定，领海是指从领海基线量起不超过 12 海里的海域。领海基线是测算领海宽度的起算线，也是一国的陆地、内水与领海的分界线（除群岛国情形外），其向陆一面是沿海国的领陆和内水，对于向海的一面，沿海国可划定领海。根据国际实践和国际公约，沿海国可采用两种方法确定领海的基线，即正常基线法和直线基线法。领海的外部界限是一条其每一点同基线最近点的距离等于领海宽度的线，也是领海与公海或与专属经济区，或与他国领海的分界。

领海隶属于国家主权之下，是沿海国领土的组成部分，沿海国主权扩及领海上空及其海床和底土。沿海国对其领海的资源享有排他的权利，并有专属的沿岸航运权、领空权、立法执法权，对外国船舶内发生的特定事件享有刑事和民事司法管辖权。领海虽是国家领土，但它与陆地领土和内水不同，外国船舶享有无害通过权。所谓无害通过权，是指外国船舶在不损害沿海国的和平、良好秩序和安全的前提下，以通行为目的继续不停和迅速地通过他国领海的权利。

毗连区是毗连领海并在领海之外，由沿海国在海关、财政、移民和卫生等特定事项方面行使管制权的一带海域。根据《海洋法公约》第 33 条的规定，毗连区从测算领海宽度的基线量起，不得超过 24 海里。

（三）用于国际航行的海峡和群岛水域

用于国际航行的海峡，一般是指构成世界性航道从而用于国际航行的海峡。所有国家的船舶和飞机都享有以过境为目的继续不停和迅速地自由航行和飞越的过境通行权。

群岛水域是群岛国的群岛基线所包围的水域。群岛国可以划定连接其群岛最外缘各岛的和各干礁的最外缘各点的直线群岛基线，以确定其群岛水域。群岛水域适用两种国际航行制度，即无害通过制和群岛海道通过制。

（四）专属经济区和大陆架

专属经济区是领海以外并邻接领海的一个区域，从测算领海宽度的基线量起，不应超过 200 海里。沿海国在其专属经济区内对自然资源享有专属的经济主权，对人工岛屿、设施和结构的建造与使用、海洋科学研究和海洋环境保护享有专属的管辖权，并可采取相关的立法和执法措施。其他国家在专属经济区内享有航行、飞越和铺设海底电缆和管道的权利。

国际法上的大陆架与地理学上的概念不同，它是沿海国陆地领土在其领海之外的全部自然延伸，扩展到大陆边缘的海底区域的海床和底土，但从测算领海宽度的基线量起，不足 200 海里的，可扩展到 200 海里；超过 200 海里的，可扩展到 200 海里之外，但不得超过从测算领海宽度的基线量起 350 海里，或不应超过连接 2500 米深度各点的 2500 米等深线 100 海里。

大陆架是属于沿海国的管辖范围之内的海底区域，但又不属国家的领土，沿海国不具有完整的主权。所有国家在大陆架上都有铺设海底电缆和管道的自由。由于一些国家海岸相邻或相向，它们的大陆架会出现相连，故对大陆架存在划界问题。

《中华人民共和国专属经济区和大陆架法》对我国大陆架的范围和权利的行使等作了原则规定，并主张对于与中国海岸相邻或相向国家的大陆架争议，按公平原则以协议划定界限。

（五）公海与国际海底区域

公海是指不包括在领海、内水、群岛国的群岛水域、专属经济区内的全部海域。它向所有国家开放。公海只用于和平目的。所有国家在公海上都享有航行、飞越、铺设海底电缆和管道、建造国际法所允许的人工岛屿和其他设施、捕鱼、海洋科学研究等自由，但行使这些自由时应当遵守国际法律制度。

国际海底区域，是指国家管辖范围以外的海床和洋底及其底土。根据《海洋法公约》，国际海底及其资源是人类共同继承的财产，任何国家均不得以任何方式将该区域据为己有，不得对该区域的任何部分及其资源主张或行使主权或主权权利；对海底区域资源的权利应由国际海底管理局代表全人类行使。对区域资源的开发应按《海洋法公约》规定的政策和制度进行。

五、空气空间和外层空间

（一）空气空间及其法律地位

空气空间和外层空间是国际法的客体。空气空间在法律上分为国家领空和国家领空以外的空气空间两个部分。前者属于国家主权支配下的空间，后者属于各国自由航行的空间。

国家领空主权原则是在《巴黎公约》和《芝加哥公约》中确立的。领空主权包括国家对领空资源的排他的占有、使用、处分权，对领空及其内的人、物、事的管辖权，国内载运权，包括设立空中禁区在内的国内航空法律规章的立法权等。各国领空以外的空气空间不属于任何国家主权范围，各国享有自由飞行权，但这些权利的行使应遵守国际法律规章。

（二）国际民用航空法律制度

国际民用航空法是规范各国从事国际民用航空活动的原则、规则和制度的总和，内容包括国际民航的一般原则和规则、国际私法和国际刑法方面的规则和制度。现行有效的重要条约主要是 1944 年《芝加哥公约》、1963 年《东京公约》、1970 年《海牙公约》、1971 年《蒙特利尔公约》及 1988 年《补充蒙特利尔公约议定书》等。

《芝加哥公约》规定了航空器的国籍制度。国际民用航空法只适用于民用航空器，不适用于国家航空器。公约为了保障国际航空运输的安全和顺利进行，还规定了各国对国际航空运输应承担不滥用民用航空、采取便利航空运输措施、防止疾病传播、遵守无差别对待原则、促进国际统一标准和措施的采用等义务。

为了惩治各种各样的危害国际民用航空安全的非法行为，加强国际合作，《东京公约》《海牙公约》等公约对于发生在"飞行中""使用中"的危害国际民用航空安全的非法行为的管辖、引渡与起诉等问题作了规定。其中,《海牙公约》和《蒙特利尔公约》对犯罪嫌疑人确立了"或引渡或起诉原则"。

中华人民共和国政府先后参加了《芝加哥公约》《东京公约》《海牙公约》《蒙特利尔公约》等,并制定了《中华人民共和国民用航空法》等国内法律法规。

（三）外层空间及其法律制度

外层空间,是指空气空间以外的宇宙空间或太空。人类在从事外层空间活动中应遵守的国际法之原则、规则和制度,称为外层空间法。外层空间法是 20 世纪 50 年代后通过国际实践中形成的习惯国际法和国际条约逐步确立的。目前,有关国际条约主要有《外层空间条约》《营救协定》《责任公约》《登记公约》《月球协定》等。

根据习惯国际法和这些条约,外层空间的法律地位以及外层空间活动的原则和制度主要为:天体及其资源,属于人类共同财产;外层空间不得据为己有,即各国不得通过主权要求、使用或占领等方法以及其他任何措施,把外层空间,包括月球和天体据为己有;外层空间的探索和利用自由,即所有国家应在平等的基础上,不受任何歧视,根据国际法自由探索和利用外层空间,并自由进入天体的一切领域;外层空间应用于和平目的,限制其军事化。此外,上述国际条约还对遇难宇航员的援救、各国应对其从事的外空活动所造成的损害承担的国际责任、卫星国际直接电视广播、卫星遥感、外层空间核动力源的使用等规则、制度都作出了明确的规定。

六、国际法上的个人

（一）国籍问题

国籍是一个人作为某特定国家的成员而隶属于该国的一种法律资格或身份。它是国家对其国民行使属人管辖权、进行外交保护和国家求偿的重要条件。

由于各国国籍立法对其国籍之取得方式、条件和程序的规定不尽相同,从而产生了国籍的抵触。国籍抵触可分为积极抵触和消极抵触,从而产生多重国籍和无国籍的情形,并可能对有关个人带来不利的法律后果,并且多重国籍还可能引发国家之间的争端。

为解决国籍抵触,实践中,各国主要通过国内立法、双边条约和国际公约等途径来解决国籍抵触的有关问题。目前，在司法实践中通常奉行"实效国籍"原则。

（二）外国人的法律地位

在国际法上，外国人的法律地位主要涉及外国人入境、居留和出境方面的权利义务，它是由公认的国际法原则、外国人所在国和外国人本国共同参加的国际条约和共同接受的国际习惯以及所在国的国内法加以规定。

目前，出于国际交往的需要，实践中，各国一般通过制定国内法、缔结国际条约和形成国际习惯的方式来规定外国人的待遇问题，逐渐形成了一些大致相同的做法和原则。主要有国民待遇原则、最惠国待遇原则、互惠待遇原则、不歧视待遇原则等。

（三）外交保护

外交保护，是指国家通过外交机关对在国外的本国国民的合法权益进行的保护。根据公认的国际法原则，对于位于国外而其合法权益受到所在国侵犯的本国国民，国家可以通过本国的外交机关给予适当的保护，这是国家属人管辖权的重要体现。

外交保护是国家的一项权利，应由国家政府或其外交机关来行使。但外交保护必须排除使用武力或武力威胁等方式。为避免外交保护权的滥用，国家行使外交保护时应当符合以下三个方面的条件：①受害人须持续地具有本国国籍，而且一般不能具有外国的国籍；②源于所在国不当行为；③受害人须已用尽当地救济且未能获得合理补偿。对于不符合"用尽当地救济原则"的赔偿要求，有关国际仲裁或司法机关有权拒绝受理。

（四）引渡与庇护

引渡，是指一国应外国请求，将位于本国境内而被请求国追诉或判刑的人移交请求国审判或执行刑罚的行为，其法律根据一般是国际条约和国内法，有时也可以是建立在互惠原则基础上。引渡制度是现代国际刑事司法协助制度的组成部分，涉及引渡请求国与被请求国之间的权利义务关系。在国际法上，根据国家主权原则，一国原则上没有义务将某人引渡给他国，除非受其缔结或参加的国际条约的拘束；引渡对象的有关行为一般必须是"可引渡的犯罪"，即依请求国和被请求国的法律都认为该行为属于应受处罚的犯罪行为；"政治犯不引渡"是公认的国际法原则。

庇护，是指国家允许因政治原因受外国追诉或迫害而前来请求避难的外国人在本国入境、居留并对之加以保护的行为。国家对外国人的庇护通常是在本国领域内的庇护，但不排除条约规定的域外庇护。领土庇护是一项公认的国际习惯法规则，它以国家主权中的属地管辖权为国际法依据；庇护的对象主要是由于政治、种族、宗教等方面的原因而将要或已经受到有关国家迫害的人，即通常所称的"政治犯"和政治难民。

《中华人民共和国引渡法》以及我国先后与许多国家缔结的双边司法协助条约，对引渡和庇护问题作了相应的规定。

（五）人权的国际保护

在传统国际法中，人权问题在本质上属于一国国内管辖事项。个人是国家的管辖和保护的对象，其权利义务原则上受其本国国内法的调整。联合国的成立极大地促进了现代国际人权法的形成。国际人权法分为平时国际人权法和国际人道主义法，后者通常被纳入"战争法"范围。国际人权法的渊源主要是国际条约和国际习惯。普遍性的国际条约有《联合国宪章》《世界人权宣言》《公民权利和政治权利国际公约》和《经济、社会和文化权利国际公约》等。其主要内容是：①确认个人和特定群体应当享有的权利和自由；②各缔约国应采取国内措施以确保人权得以普遍而充分地实现；③人权保护的国际监督与保护工作机制。实践中，包括联合国在内的许多政府间国际组织基于相应的国际人权公约分别建立了旨在促进、监督和保证有关国家履行其国际人权义务的机构。

七、外交和领事关系法

（一）概述

外交关系法主要是指调整国家之间外交关系的国际法原则、规则和制度，其内容主要涉及外交关系的建立，外交机关、使馆的设立，使节派遣，外交代表机关的职务、特权与豁免及义务等。

外交机关是代表国家执行外交政策，从事外交活动的机构和人员的总称。国家外交机关分为国内外交机关和驻外外交机关。国内外交机关包括国家元首、政府和外交部。驻外外交机关主要有使馆、驻国际组织的使团、临时使团或特别使团。

（二）使馆制度

一国是否与他国建立外交关系和互设外交代表机关及常驻使节，是该国主权范围内的事情。国与国之间外交关系及常设使馆之建立，以协议为之。使馆人员包括使馆馆长和职员。

使馆具有广泛的职务，主要为：①在接受国中代表派遣国；②在接受国中保护派遣国及其国民之利益；③与接受国政府办理交涉；④以一切合法手段调查接受国之状况及发展情形，向派遣国政府具报；⑤促进派遣国与接受国之友好关系及发展两国之经济、文化与科学关系。

外交代表的代表性和职务工作需要是外交特权与豁免的根据。《维也纳外交关系公约》规定，使馆和外交代表及其他人员享有的外交特权与豁免有：①使馆馆舍不得侵犯；②使馆的档案和文件不得侵犯；③通信自由；④免纳捐税与关税；⑤使馆人员有行动自由；⑥使用国旗、国徽等。外交代表的特权与豁免主要有：①人身不可侵犯；②外交代表的寓所、财产和文书信件不可侵犯；③管辖豁免、免除捐税与关税和行李免受查验；④免除适用驻在国社会保险、一切个人劳务和各种公共服务及征用与军事义务。

使馆和外交代表及其他人员对接受国应承担相应的义务，主要有：①尊重接受国的法律规章；②不得干涉接受国的内政；③使馆馆舍不得用于与使馆职务不相符合的用途；④使馆与接受国洽谈公务的，概应经与或经由接受国外交部门或另经商定之其他部门办理；⑤外交代表不应在接受国内为私人利益从事任何专业或商业活动等。

（三）领事制度

国家之间领事关系的建立是以协议确定的。除另有声明外，两国间同意建立外交关系亦即同意建立领事关系，相应地，断绝外交关系的国家当然断绝领事关系。

领事馆是领事执行职务的机关。领事馆的设立须以协议为之。领馆人员包括领事官员、领事雇员及服务人员。

领事职务，按《维也纳领事关系公约》第5条的规定，主要分为4类：①保护本国和本国国民在接受国的利益，尤其是监督有关条约或协定的执行和保护国民的生命财产不受非法侵害；②促进本国与接受国的贸易和文化关系的发展；③给予本国国民以及入港入境的本国船舶、飞机和其人员以所需要的协助和援助；④办理公证、签证、认证、护照以及户籍登记等法律手续等。

领事虽不具有外交代表的身份，但基于履行职务的需要，领事享有一定的特权与豁免。如领事官员作证义务的一般豁免。但下列情形不予豁免：

①因领事官员并未明示或默示以派遣国代表身份而订立契约所发生的诉讼；②第三者因车辆船舶或航空器在接受国内所造成的意外事故而要求损害赔偿之诉讼；③领事官员主动起诉引起的与本诉直接有关的反诉。

领馆和享有特权与豁免的人员对接受国负有下列义务：①尊重接受国的法律规章；②不得干涉接受国的内政等。领馆及享有领事特权与豁免的人若违反上述义务或滥用特权，应采取国际法许可的适当措施处理。

八、条约法

（一）条约法及条约的缔结

国际条约法是有关条约的缔结及效力等方面的原则、规则和制度的总和。条约是国际法主体之间缔结的、以国际法为准并确定其相互关系中权利和义务的书面协议。实践中，条约的名称多种多样，如公约、宪章、协定、议定书、宣言、联合公报、换文、谅解备忘录等。条约的缔结主要涉及缔约能力、缔约权、缔约程序、保留等制度。

缔约能力，是指缔约方以自己的名义缔结条约，独立享有条约权利、承担条约义务以及承担违约责任的能力。这种能力是依国际法确定的。

条约的缔结程序通常包括议定约文、认证约文（草签、待核准的签署或暂签等）、表示同意受条约拘束（签署、批准、加入、接受和赞同等）、保留以及条约的登记和公布。

条约的保留是指一国于签署、批准、接受、赞同或加入条约时所作的单方声明，无论措辞或名称如何，其目的都在于摒除或更改条约中的某些规定对该国适用。保留经常在多边条约中发生，双边条约不发生保留问题。此外，在下列情况下不得提出保留：条约规定禁止保留的；条约只准许特定的保留，而一国提出的保留却不在该准许保留之范围内的；保留与条约的目的和宗旨不符的。

《中华人民共和国宪法》和《中华人民共和国缔结条约程序法》对缔约权、条约的起草、全权代表的委派、双边条约的签署、批准和核准、多边条约的加入和接受、条约的文字、保存、登记、公布等都作了具体规定。

（二）条约的效力

1. 条约必须信守的原则

条约必须信守，是条约法上的基本原则，指条约之各当事方必须按照条约的规定，善意履行约定的义务。不履行条约义务，应当承担国际法律责任；善意解释条约，且不得以其国内法规定为由而不履行有效的条约，均为这一原则的必然要求和引申。条约必须信守是一项古老的原则，也是善意履行国际义务这一国际法基本原则的必然要求。

2. 条约的效力范围与条约之间的冲突

条约的生效是指一个条约对缔约方正式开始产生法律上的拘束力。条约生效的日期和方式一般依照条约的规定或当事方协定。在国际实践中，常见的条约生效的方式有：经签署后生效；经批准后生效；于交存批准书或加入书后生效；于规定的特定日期生效等。原则上，条约没有溯及力，除非当事方有特别约定。

缔约者先后缔结的不同条约之间，可能会发生冲突。解决该冲突的一般规则是：首先应遵守优先履行宪章义务原则；对于同一内容的不同条约存在冲突之情形，应依各条约的规定，或后约优先，或先约只与后约规定的相容范围适用等规则予以解决。

3. 条约对第三方的效力

《条约法公约》规定，未经第三国同意，条约对第三国既不创设义务，亦不创设权利。

但是在条约的实践中，却存在着条约为第三方创设义务或创设权利的情形，从而引起对第三方的效力问题。一般如果一个条约有意为第三方创设一项义务，必须经该第三方书面明示接受。除非条约为第三方创设的义务属于依公认的国际习惯法规则所创设的义务。而条约为第三方创设权利，如第三方没有相反的表示，应推断其同意接受这项权利，不必以书面形式明示接受。

（三）条约的无效和终止

条约的无效，是指条约因不符合国际法所规定的条约成立的实质要件而无法律效力。条约无效的原因主要有：违反国内法关于缔约权限的规定；内容违反国际法强行规则；违反自由同意，如错误、诈欺、贿赂、强迫等情形。

条约的终止，是指一个有效的条约由于法定或约定原因而失去效力之情形。条约终止的原因主要有条约中规定的终止条件成就、有效期届满、当事方共同同意、单方解约和退约、条约被代替、条约主体丧失国际人格、一方违约、情势变迁、断绝外交关系、新国际法强行规则产生等。

九、国际组织法

（一）概述

第二次世界大战后，国际组织的迅猛发展对国际法产生了重大影响，从而形成国际法的一个分支，即国际组织法。它是规范和调整国际组织的创立、法律地位、内部活动及有关法律问题的所有法律原则、规则和制度的总称。

国际组织，可分为政府间国际组织和非政府间国际组织。而政府间的国际组织可分为一般性国际组织和专门性国际组织、开放式国际组织和封闭式国际组织、普遍性国际组织和区域性国际组织。国际组织的成员主要是国家，少数例外是政府中的某个部门。

（二）联合国

1. 宗旨与原则

1945 年 10 月 24 日《联合国宪章》（以下简称《宪章》）正式生效，联合国即正式成立。根据《宪章》第 1 条，联合国有 4 项宗旨，即维持国际和平与安全；发展各国间的友好关系；促成国际合作；构成一协调各国行动的中心，以达成上述共同目的。

为实现上述宗旨，宪章规定了联合国及其会员国应遵循的 7 项原则，即会员国主权平等；善意履行宪章义务；和平解决国际争端；禁止使用武力或以武力相威胁；集体协助；确保非会员国遵守上述原则；不干涉别国内政。

2. 联合国的会员国

《宪章》第二章规定各国无论社会制度如何，都可加入联合国。现在只有少数国家不是联合国的会员国，其中瑞士、摩纳哥等都向联合国派驻了观察员。中国是联合国的创始会员国，并且是安理会的常任理事国之一。

3. 联合国的主要机关

为实现其宗旨和目的，联合国设立了 6 个主要机关：大会、安全理事会、经济及社会理事会、托管理事会、国际法院和秘书处。

大会是联合国的主要审议和提出建议的机关。大会由联合国全体会员国派代表组成，每年举行一届常会，也可以召开特别会议和紧急特别会议。每个会员国在大会中享有一个投票权。大会具有广泛的职权，可以讨论《宪章》范围内的任何问题或事项，除安理会正在处理的外，可随时就这些问题或事项向会员国或安理会提出建议。

安全理事会，是联合国中在维持国际和平与安全方面负主要责任的机关，由中国、俄罗斯、美国、英国和法国 5 个常任理事国和 10 个非常理事国组成。《宪章》第六章和第七章具体规定了安理会职权，并且只有安理会才有权作出全体会员国都有义务接受并执行的决定。安理会的每个理事国有一个投票权，常任理事国拥有否决权。

经济及社会理事会是联合国大会下负责协调联合国及各专门机构的经济和社会工作的机构。

托管理事会是联合国负责监督非战略地区托管领土行政管理的机关。

国际法院是联合国的主要司法机关。

秘书处是联合国的行政管理机关，其任务是为联合国其他机关服务，并执行这些机关制定的计划和政策。

4. 联合国专门机构

联合国专门机构是通过与联合国经济及社会理事会缔结的协定而与联合国建立联系的专门性国际组织。其职能限于经济、社会等某一特定领域，故一般性国际组织和政治性、军事性的国际组织不能成为联合国的专门机构。目前，联合国专门机构有：①国际电信联盟；②世界气象组织；③万国邮政联盟；④世界知识产权组织；⑤国际劳工组织；⑥国际复兴开发银行；⑦国际货币基金组织；⑧粮食及农业组织；⑨联合国教育、科学及文化组织；⑩国际民用航空组织；⑪世界卫生组织；⑫国际金融公司；⑬国际海事组织；⑭国际开发协会；⑮国际农业发展基金；⑯联合国工业发展组织。另外，还有两个取得类似于联合国专门机构地位的国际组织：一是国际原子能机构；二是世界贸易组织的前身关税与贸易总协定，其在 1994 年被世界贸易组织所取代。

（三）区域性国际组织

区域性国际组织是为加强区域内合作，维持区域内的和平与安全，发展经济文化关系，由特定区域内的一些国家建立的常设国际组织。目前，区域性国际组织主要有美洲国家组织、阿拉伯国家联盟、非洲统一组织、东南亚国家联盟、欧洲联盟等。

十、和平解决国际争端

（一）概述

国际争端主要是指国家之间的争端。而就解决争端之方法而言，传统国际法上分为强制的和非强制的方法。强制的方法有反报、报复、平时封锁和干涉。非强制的方法分为政治的方法和法律的方法，前者包括谈判、斡旋、调停、和解、国际调查等；后者包括仲裁和司法解决。

和平解决国际争端是现代国际法的基本原则，它要求任何国际争端都应以和平的方法解决。和平方法应包括谈判、协商、调查、调停、和解、仲裁、司法解决及当事国选择的其他和平方法等。

（二）国际争端的政治解决方法

1. 谈判与协商

谈判与协商是两个或者两个以上国家为使有关问题得到解决或获得谅解而进行国际交涉的一种方法。谈判与协商是和平解决国际争端的基本方法，在国际实践中，大量的国际争端都是通过当事国直接进行谈判和协商解决的。

2. 斡旋与调停

斡旋是指由第三方为争端当事国提供有利于它们接触和谈判的便利条件，提出自己的建议或转达各方的意见，从而促使当事国开始谈判或者重开谈判。但斡旋者不参加当事国的谈判。

调停是比斡旋更进一步的方法。在调停中，作为调停人的第三方不仅为当事国提供开始或者重开谈判的便利，而且要主持或参加谈判，向当事国提出实质性的建议作为谈判的条件，努力调和争端各方对立的主张或要求，促使它们达成解决争端的协议。

由此可见，第三方是否参加谈判是斡旋与调停的主要区别。进行斡旋和调停的第三方可以是国家或国际组织，也可以是个人。

3. 调查与和解

调查是指根据争端当事国的协议组成国际调查委员会，协助当事国解决因事实问题而引起的争端的方法。但当事国是否接受委员会的调查结果有完全的自由。

和解又称调解，是当事国将争端提交给一个由若干成员组成的委员会，委员会在调查的基础上提出报告，阐明事实并提出解决争端的建议，以设法使争端当事国达成协议。这种方法是比调查更进一步的解决争端的方法。

（三）国际争端的法律解决方法

1. 仲裁

仲裁又称公断，特指当国家之间发生争端时，经各当事国同意，将争端交付给由它们自己选任的仲裁人处理，并相互约定服从其裁决。由于约定服从仲裁裁决，因而仲裁裁决对当事国具有约束力，对仲裁裁决，当事国必须执行。但有下列情况之一的，当事国可以拒绝承认裁决的效力：①仲裁协议无效；②仲裁法庭逾越其权限；③某一仲裁员有欺诈行为；④裁决理由不足或严重违反基本程序规则。在这种情形下，当事国可将争端提交新的仲裁法庭裁决或提交司法解决。

2. 司法解决

司法解决是指争端当事国把争端提交给一个常设的国际法院或国际法庭，根据国际法对争端当事国作出具有法律拘束力的判决。目前，世界性的国际司法机关有联合国国际法院和国际海洋法法庭。

（1）联合国国际法院。联合国国际法院于 1946 年 4 月 3 日正式成立。国际法院的诉讼当事者只限于国家。具体包括：①联合国会员国；②非联合国会员国的《国际法院规约》之当事国；③既非联合国会员国，亦非《国际法院规约》当事国，但预先向国际法院书记处交存一项声明，表明其愿意按照《联合国宪章》《国际法院规约》和《国际法院规则》的规定，承认国际法院的管辖权的国家。

国际法院的管辖权分为诉讼管辖权和咨询管辖权。其中，诉讼管辖权分为 3 种：①自愿管辖；②协定管辖；③任意强制管辖，即法院根据《国际法院规约》第 36 条第 2 款所享有的管辖权。据此，规约某一当事国一旦作出该款要求的声明，则其与承担同样义务的其他国家之间发生以上法律性质的争端时，必须接受法院的管辖。国际法院对此类案件的管辖虽然有强制性，但当事国是根据其所作的声明任意承担的，故称为"任意强制管辖"。

咨询管辖权，是国际法院针对联合国大会、安全理事会就任何法律问题，以及经联合国大会授权的联合国机关及其专门机构就其职权范围的法律问题发表咨询意见的专属权。法院的意见是咨询性的，原则上没有法律拘束力。但法院对重大问题发表的咨询意见，往往被作为权威而应予执行。

国际法院的诉讼程序主要分为 4 个阶段：起诉、书面程序、口述程序、评议和判决。有关诉讼程序还包括临时保全办法、初步反对主张、反诉、第三国的参加、中止、分庭程序、判决及其解释与复核等制度。国际法院的判决自宣读之日起对各当事国具有拘束力。

（2）国际海洋法法庭。1996 年 10 月，国际海洋法法庭在德国汉堡正式成立。国际海洋法法庭对下列争端案件有管辖权：①有关《海洋法公约》的解释或适用的任何争端；②与《海洋法公约》之目的有关的其他国际协定的解释或适用的任何争端；③如果经与《海洋法公约》主要事项有关的现行条约的所有缔约国同意，有关这些条约的解释或适用产生的争端也可以提交法庭解决；④虽然国际海洋法法庭的诉讼当事方原则上是《海洋法公约》的缔约国，但是，缔约国以外的实体或个人也可以按照公约第11部分的规定或者协定将争端案件提交法庭审理。国际海洋法法庭可以设立分庭审理案件，目前已设有简易分庭、渔业争端分庭、海洋环境争端分庭和海底争端分庭。

第二节　国际私法

一、国际私法概论

（一）国际私法的概念和调整对象

国际私法是以平等主体间的国际民商事法律关系为调整对象，以解决国际民商事法律冲突为中心任务，以冲突规范为基本规范，同时包含规定外国人民事法律地位的规范、统一实体法规范以及国际民事诉讼程序规范、国际商事仲裁程序规范在内的独立的法律部门。

国际私法的调整对象是国际（涉外）民商事法律关系。其特点是：

1. 国际（涉外）性

包括主体涉外、客体涉外和内容涉外。其要求民事法律关系中，至少有一方为外国自然人或法人（有时也可能是外国国家、国际组织或无国籍人），必须是位于外国的物或者是需要在外国履行的行为，且权利义务据以产生的法律原因或事实必须发生在国外。

2. 广泛性

这种民商事法律关系是广义的民商事法律关系，包括平等民事主体之间的人身与财产关系，如婚姻、继承、合同、侵权等；也包括商事关系，如公司法、海商法、票据法、保险法等。

（二）国际民事关系的法律冲突

法律冲突（Conflict of Laws）亦称"法律抵触"，是指在国际民商事关系中，由于其涉外因素导致有关国家在法律效力上的抵触。一个国际民商事关系必然涉及两个或两个以上国家，由于有关国家的法律对同一个问题作了不同的规定，并皆主张管辖权，故产生了适用哪个国家的法律的问题。

（三）国际私法的范围

国际私法的范围指其应当包括哪些法律法规。一般而言，它包括：规定外国人民事法律地位的规范；冲突规范，即确定某种国际民商事法律关系当事人权利义务应适用何国法律的规范；统一实体法规范，即国际条约和国际惯例中具体规定国际民商事法律关系当事人权利义务的规范；国际民事诉讼程序与国际商事仲裁规范，包括国际民事案件的管辖权规范、司法协助规范、外国判决的承认与执行规范等。

二、国际私法的渊源

（一）国内法渊源

1. 国内立法

国内立法是国际私法渊源的最早表现形式，也是迄今为止最主要的渊源之一。

国际私法的上述规范在国内立法中的表现方式有三种：①散见式，如法国；②专编专章式；③法典式，即以单行法规的形式专门规定国际私法规范，如 1896 年《德国民法施行法》、1898 年《日本法例》、1988 年《瑞士联邦国际私法》、1979 年《奥地利联邦国际私法法规》和 2011 年我国的《涉外民事关系法律适用法》。

2. 国内判例

法院的判例是不是国际私法的渊源，在不同的国家有不同的实践。在我国现行法律体制下，法院的判例不是国际私法的渊源。

（二）国际法渊源

1. 国际条约

国际条约是国际私法的重要渊源。从法律效力上讲，如果国际条约和国内立法对同一问题作出不同规定，则对缔约国来说，应优先适用国际条约的规定。

2. 国际惯例

国际惯例是在国际交往中，经过长期反复的实践逐步形成、具有确定内容、为世人所共知的行为规则。国际惯例是国际私法的渊源之一。在我国，国内法和我国缔结或参加的国际条约的规定优于国际惯例，而且，适用国际惯例不得违背中华人民共和国的社会公共利益。

三、冲突规范

（一）冲突规范的概念

冲突规范是由国内法或国际条约规定的，指明某一涉外民商事法律关系应适用何种法律的规范。冲突规范本身并不直接规定涉外民事关系当事人之间的具体权利和义务，而只是指明应该适用哪一国法律来确定这种权利和义务。

（二）冲突规范的结构

1. 冲突规范的结构

冲突规范在结构上由两部分构成，即"范围"和"系属"，"系属"又含有联结点。范围指明某一冲突规范用于解决何种法律关系或法律问题。系属经由联结点指明该法律关系或法律问题应适用的法律。例如，我国《涉外民事关系法律适用法》第36条规定："不动产物权，适用不动产所在地法律。"这条冲突规范的"范围"是不动产物权法律关系，"系属"是不动产所在地法律。

2. 联结点

联结点是指将特定的民事关系和某国法律联结在一起的媒介或纽带。从表面形式看，联结点是把冲突规范中范围所指的法律关系与一定地域联系起来的纽带和桥梁，或称为媒介。

从实质内容看，联结点又反映了该法律关系与一定地域的法律之间存在着内在的实质联系和隶属关系，表明某种法律关系应受一定国家法律的支配。

联结点可分为主观联结点和客观联结点。主观联结点一般主要指当事人的选择。此外，联结点还可分为静态联结点和动态联结点。动态联结点就是可变的联结点，其在一定程度上增强了冲突规范的灵活性，使法官在确定准据法时比较灵活。

（三）冲突规范的类型

在冲突法中，根据系属中联结点的不同数量和不同性质，可将冲突规范分为四种基本类型，即单边冲突规范、双边冲突规范、重叠性冲突规范和选择性冲突规范。

1. 单边冲突规范

单边冲突规范是直接规定某种涉外民事法律关系只适用内国法或只适用外国法的冲突规范。该种类型的冲突规范只有一个联结点，表现为三种形式：

（1）直接指明适用内国法。例如，《中华人民共和国合同法》第 126 条第 2 款规定："在中华人民共和国境内履行的中外合资经营企业合同、中外合作经营企业合同、中外合作勘探开发自然资源合同，适用中华人民共和国法律。"

（2）直接指明适用外国法。例如，1986 年的《中华人民共和国民法通则》第 143 条规定："中华人民共和国公民定居国外的，他的民事行为能力可以适用定居国法律。"

（3）直接指明适用某一特定国家的法律。目前，该种单边冲突规范的立法实例较少，而且仅见于国际条约。

2. 双边冲突规范

双边冲突规范只规定一个可推定的系属，再根据此系属，结合涉外民事关系的具体情况寻找适用某一国家法律的冲突规范。双边冲突规范指引的准据法可能是任何一国的法律，既可能是内国法，也可能是外国法。

3. 重叠性冲突规范

该类冲突规范含有两个或两个以上联结点，这些联结点分别联结着不同国家的实体法，法院必须同时适用这两国或两国以上的法律。例如，1902 年在荷兰海牙缔结的《关于离婚与别居的法律冲突和管辖权冲突公约》第 2 条第 1 款规定："夫妇非依其本国法及法院地法均许离婚时，不得为离婚之请求。"该条冲突规范指出，缔约国法院受理离婚诉讼，只有同时适用夫妇本国法和法院地法两个国家的法律，才能对其作出裁判。

4. 选择性冲突规范

该类冲突规范同样有两个或两个以上联结点，与重叠性冲突规范不同的是，法院可以在这两个或两个以上的联结点中选择一个适用。

依选择的不同要求，选择性冲突规范又可分无条件的选择性冲突规范和有条件的选择性冲突规范。

（1）无条件地选择适用的冲突规范，也叫任意的选择适用的冲突规范。它是指法律条文系属中所规定的两个或两个以上可供选择的法律，不分主次先后，具有同等的被选择性，法院和当事人可任选其中一国的法律。

（2）有条件选择适用的冲突规范。它是指冲突规范的系属部分指出两个或两个以上国家的法律，由法律实施者和当事人进行选择，这种选择适用有主次先后之分，只有在无前一顺序可选择时，才能选择次一顺序的法律。

（四）系属公式

公式化、固定化的系属通常称为"系属公式"，以便解决同类性质的法律关系的法律适用问题。常见的准据法表述公式有：

1. 属人法

属人法是以民事关系当事人的国籍、住所或居所作为联结点的系属公式。有本国法（国籍国法）和住所地法之分。采用本国法原则的多为大陆法系的国家，而采用住所地法原则的多为英、美法系的国家。

属人法一般用以解决有关人的身份、能力以及亲属、继承关系等方面的法律冲突。

2. 行为地法

行为地法是以法律行为所处的场所作为联结点的系属公式，起源于"场所支配行为"的原则。常用以解决行为方式的有效性问题。由于法律行为的性质不同，行为地法可分为契约缔结地法、债务履行地法、侵权行为地法、婚姻缔结地法、成立遗嘱地法等。

3. 物之所在地法

物之所在地法是以涉外民事法律关系的标的物所在地作为联结点的系属公式，它主要用来解决物权、所有权方面的法律冲突。不动产方面的法律冲突问题基本上都以不动产所在地法来解决。

4. 法院地法

法院地法就是审理涉外民事案件的法院所在国的法律。主要用来解决涉外民事法律关系诉讼程序方面的法律冲突。

5. 旗国法

旗国法是指以国旗或特定标记旗作为联结点的系属公式。通常用来解决船舶、飞行器在运输过程中发生纠纷时的法律冲突。

6. 当事人自主选择的法律

它是以当事人选择法律的"意思自治"为联结点的系属公式。主要用来解决涉外契约关系的法律冲突。

7. 最密切联系地法

这是指以与涉外民事法律关系有联系的各种主、客观标志为依据而找出的与该法律关系联系最为密切的某一国家的实体法，即与案件或当事人有最密切联系的法律。最密切联系地法适用于许多不同性质的涉外民商事法律关系，主要用来解决合同关系及侵权行为的损害赔偿的法律适用。

（五）准据法

准据法是指冲突规范所援引的、据以确定某一涉外民事法律关系中当事人具体权利义务的、某一特定国家的实体法。准据法应具备三个条件：①必须是经冲突规范所援引的；②必须能直接确定某一涉外民事法律关系中当事人具体的权利义务；③必须是某一具体国家的实体法规范。

◁案例

2004 年 8 月，一俄罗斯货船"斯大林号"停泊在我国渤海海域，等候进入天津港卸货，海上突然刮起八级大风，另一艘俄罗斯"列宁号"货船恰好驶过，两船相撞。两艘货船及其所载货物都受到不同程度的损失，双方就由此而引起的损害赔偿问题发生争议，协商未果。"斯大林号"所属的轮船公司将此案交由天津海事法院审理，要求法院判决"列宁号"赔偿由于操作不当而给"斯大林号"造成的经济损失。

问题：本案应适用何国法律作为准据法？为什么？

四、适用冲突规范的有关制度

（一）识别

1. 识别的概念

国际私法上的识别是指依据　定的法律观念，对有关的事实构成作出"定性"或"分类"，将其归入一定的法律范畴，从而确定应适用哪一冲突规范去援引准据法的认识过程。关于识别的案例始于 1889 年法国最高法院审理的"安东夫人诉巴特罗案"。

识别冲突是指法院在处理涉外民事争议时，由于各国法律对同一"事实构成"作出不同的分类，或对冲突规范的范围中同一法律概念赋予不同的内涵，采用不同国家的法律观念进行识别就会适用不同的冲突规范，最终导致适用不同准据法的结果。

2. 识别冲突的解决

识别冲突的解决问题即识别的依据问题。依据什么法律概念或法律意识进行识别，是解决识别冲突问题的关键。

（1）法院地法说。该学说主张以法院地国家的实体法作为识别的依据，是目前各国采用最广泛的一种识别依据。

（2）准据法说。该说的首倡者是法国学者德帕涅和德国学者沃尔夫，依准据法识别就是依据适用的冲突规范援引某一特定国家的实体法进行识别。该学说逻辑上自相矛盾，实践中很少使用。

（3）分析法说和比较法说。这一学说为德国学者拉伯尔和英国学者贝克特及戚希尔所提倡。该学说主张识别的依据不应局限于某一项法律原则，而应按照分析法学的原理在比较法研究的基础上找出一个普遍适用的某项标准，作为识别的一般法律原则。但该主张较理想化，普遍原则少，从而加重了法院负担，实践中很少采纳。

（4）个案识别说。法国学者克格尔主张，对识别问题不应采取统一的解决办法，而应按不同情况采用不同的依据进行识别。该学说标准游移不定，不利于解决识别冲突。

（5）折衷说。英国学者福尔肯布里奇试图在法院地说与准据法说寻求折衷办法。主张在法院最后选择准据法之前应当进行一种临时的识别，对任何可能得到适用的法律规定，应当从上下文的联系上考虑，从他们的一致结论中决定应当适用的冲突规范和准据法。

3. 我国关于识别的规定

我国2011年《涉外民事关系法律适用法》第8条规定："涉外民事关系的定性，适用法院地法律。"

（二）反致

1. 反致的概念

反致是指法院地国在根据本国冲突规范适用外国法的过程中，接受了该外国的冲突规范的指定，适用本国实体法或第三国实体法的制度。在国际私法中，反致是在适用冲突规范选择准据法的过程中发生的一个问题。广义的反致主要包括以下几种类型：

（1）直接反致（甲→乙→甲）。又称"一级反致"或"反致"，它是指对某一涉外民事案件，甲国法院按照本国的冲突规范应适用乙国法律，而乙国的冲突规范规定应适用甲国的法律，结果甲国法院按此规定，最后适用了甲国的实体法。

（2）转致（甲→乙→丙）。也称为"二级反致"，是指对某一涉外民事案件，甲国法院按照其本国的冲突规范应该适用乙国的法律，而乙国的冲突规范规定应适用丙国的法律，最后甲国法院适用了丙国实体法作为准据法。

（3）间接反致（甲→乙→丙→甲）。又称"大反致"，是指对某一涉外民事关系的调整，甲国法院根据本国冲突规范应适用乙国法，乙国的冲突规范规定应适用丙国法，而丙国的冲突规范又规定应该适用甲国法，甲国法院最后适用了甲国实体法。

2. 反致的产生及原因

反致得到广泛的研究始于 1878 年法国最高法院对"福果继承案"的判决。在该案中，福果是 1801 年出生在巴伐利亚的非婚生子，5 岁时随其母去法国，并在那里定居直至 1869 年死亡。他在法国留下一笔动产，但未立遗嘱。福果没有子女，母亲和妻子都已死亡，其母亲的旁系血亲要求继承。依巴伐利亚法律，他们是可以作继承人的。法国法院根据自己的冲突规范，本应适用巴伐利亚法律。但根据巴伐利亚的冲突法，继承应适用死者事实上的住所地法，因而反致法国法。据此，法国法院接受这种反致，认为这笔财产依法国民法为无人继承财产，应收归国库。很显然，法国法院采用反致的目的是为了扩大内国法的适用，并因适用内国法而获得经济利益。反致制度基于以下原因而产生：①各国冲突规范中对同一范围（法律关系）规定了不同的系属和联结点；②冲突规范指向适用的外国法包括了该国的实体法和冲突法，并且只适用其中的冲突法；③针对同一个具体案件，有关国家的法院在法律适用上存在消极冲突，即他们根据各自的冲突规范都不适用各自国家的法律，从而出现了法律指定上的致送关系。

3. 反致的普遍实践

现行各国对于反致的态度不一，有的接受反致、转致，如奥地利；有的只接受反致，如日本；有的只限于特定民事关系中接受反致或转致，如德国行为能力、婚姻、夫妻财产、离婚或别居、财产继承等 5 类；也有的拒绝反致，如希腊。但各国普遍承认身份、行为能力、婚姻、继承等方面采用反致或转致，尤其是适用本国法的国家，但合同关系方面不采用反致。

4. 我国关于反致的规定

我国《涉外民事关系法律适用法》第 9 条规定，涉外民事关系适用的外国法律，不包括该国的法律适用法。该条明确表明，我国不采用反致制度。

五、法律规避

（一）法律规避的概念

法律规避，是指在涉外民事领域，当事人为利用某一冲突规范，故意制造出一种联结因素，以避开本应适用的准据法，使对其有利的另一国法律得以适用的行为。法律规避始于 1878 年法国最高法院审理的"鲍富莱蒙离婚案"。

（二）法律规避的构成要件

（1）从主观上讲，当事人规避某种法律必须是出于故意；

（2）从行为表现上讲，当事人规避法律是通过有意改变或制造某种联结点来实现的；

（3）从规避的对象上讲，当事人规避的法律是本应适用的强行性或禁止性的规定；

（4）从客观结果上讲，当事人规避法律的目的已经达到；

（5）当事人为利用冲突规范而创造条件完成法律规避的行为后，与被规避法律的国家或地区仍然存在某种联系。

（三）法律规避的效力

所谓法律规避的效力，是指实施规避冲突规范而援引应适用的准据法的行为是有效的还是无效的，其行为能否造成法律适用上的变更。通说认为主观诈欺的法律规避是无效行为，但规避内国法无效，规避外国法有效。

（四）我国有关法律规避效力的理论和司法实践

在立法上，我国目前尚无有关法律规避问题的系统规定。实践中主要有最高人民法院 1988 年发布的《关于贯彻执行〈中华人民共和国民法通则〉若干问题的意见（试行）》第 194 条的规定："当事人规避我国强制性或者禁止性法律规范的行为，不发生适用外国法律的效力。"

六、公共秩序保留

（一）公共秩序保留的概念与作用

公共秩序保留在英美法中称"公共政策保留"，在大陆法中称"公共秩序保留条款"或者"排除条款"。是指一国法院依据自己的冲突规范本应适用外国法时，因其适用会与法院地的重大利益、基本政策、法律的基本原则或者道德的基本观念相抵触而排除其适用的一种制度。其萌芽于意大利法则区别说，形成于国际礼让说。

公共秩序保留具有两方面的作用：一为消极的否定作用，即排除外国法适用的否定或防范作用；二为积极的肯定作用，即对于涉及本国国家和社会的重大利益，或法律和道德的基本原则的特定的涉外民事法律关系必须直接适用本国法律中的强制性规定。

（二）我国关于公共秩序保留制度的理论和立法

我国对于公共秩序保留制度的立法主要有《涉外民事关系法律适用法》第 5 条，《民法通则》第 150 条，《民事诉讼法》第 268 条，《海商法》第 276 条以及《合同法》第 7、52 条。其中，《涉外民事关系法律适用法》第 5 条规定："外国法律的适用将损害中华人民共和国社会公共利益的，适用中华人民共和国法律。"这项规定表明：①我国采取了直接限制的立法方式，适用起来比较灵活。②对于确定违反公共秩序的实际标准，我国采取了"客观说"。

七、外国法内容的查明

（一）外国法内容查明的概念

外国法内容的查明，是指一国法院审理涉外民事案件时，根据本国冲突规范指定应适用的外国法时，如何查明该外国法的存在和内容。

（二）外国法的性质与外国法内容查明的方法

（1）把外国法看作事实，必须由当事人举证证明。英美法系国家和部分拉丁美洲国家采用这种方法。

（2）把外国法看作法律，由法官依职权查明。欧洲大陆的某些国家，如意大利等，采用这种方法。

（3）法官依职权查明，但当事人亦负有协助的义务。采用这种做法主要是欧洲大陆法系一些国家，如德国、瑞士、奥地利等。

（三）外国法内容不能查明的解决方式

外国法内容不能查明时，一般都采用三种做法：①以法院地法取代应该适用的外国法；②驳回当事人的诉讼请求或抗辩；③适用同本应适用的外国法相近似或类似的法律。

（四）我国关于外国法的查明的规定

我国 2011 年 4 月 1 日生效的《涉外民事关系法律适用法》在立法上明确对外国法的查明问题作出了规定。该法第 10 条规定："涉外民事关系适用的外国法律，由人民法院、仲裁机构或者行政机关查明。当事人选择适用外国法律的，应当提供该国法律。不能查明外国法律或者该国法律没有规定的，适用中华人民共和国法律。"

八、国际私法的主体

（一）自然人

1. 自然人的国籍和冲突

国籍指自然人属于某一国家的国民或公民的法律资格。国籍的冲突有两种：①国籍的积极冲突，是指一个人同时有两个或两个以上国籍；②国籍的消极冲突，是指一个人同时无任何国籍。

《涉外民事关系法律适用法》第 19 条规定："依照本法适用国籍国法律，自然人具有两个以上国籍的，适用有经常居所的国籍国法律；在所有国籍国均无经常居所的，适用与其有最密切联系的国籍国法律。自然人无国籍或者国籍不明的，适用其经常居所地法律。"

2. 自然人的住所

（1）住所的概念和意义。住所（Domicile）是指一人以久住的意思而居住的某一处所。从各国立法与学说来看，一般都认为住所包含主客观两个构成因素：①在一定的地方有居住的事实；②有在一定的地方久住的意思。住所是属人法的重要联结点，也是管辖权的确定依据，住所将法律关系集中于一处，有利于确定当事人的具体权利义务。

（2）住所的冲突。住所的冲突，主要是由于各国立法对住所的概念、住所的分类和住所的取得、变更及放弃等问题的规定不同而产生的。

正是由于各国法律规定存在上述差异和事实认定的不同，住所的冲突时有发生。

冲突的表现有两种：①积极冲突，是指一个人同时具有两个或两个以上的住所；②消极冲突，即一个人无任何法律意义上的住所。

（3）住所冲突的解决。首先，住所积极冲突的解决。如发生国内住所与外国住所间的冲突，以内国住所优先，而不论其取得的先后；如发生外国住所与外国住所间的冲突，异时取得的，一般以最后取得的住所优先；同时取得的，一般以其居所或与当事人有最密切联系的那个国家的住所为其住所。其次，住所消极冲突的解决。以居所或惯常居所来代替住所，即以当事人的居所地法或惯常居所地法代替住所地法；以当事人曾存在过的最后住所为住所，如无最后住所，则以居所或惯常居所代替住所；如当事人既无住所又无惯常居所，通常以当事人现在所在地为住所地，即以现在所在地法为其住所地法。

（4）我国关于住所冲突的解决。根据我国《民法通则》第15条的规定，公民以他的户籍所在地的居住地为住所，经常居住地与住所不一致的，经常居住地视为住所。《民通意见》第183条规定："当事人的住所不明或者不能确定的，以其经常居住地为住所。当事人有几个住所的，以与产生纠纷的民事关系有最密切联系的住所为住所。"《涉外民事关系法律适用法》第20条规定："依照本法适用经常居所地法律，自然人经常居所地不明的，适用其现在居所地法律。"

3. 失踪和死亡宣告的管辖权及法律适用

宣告失踪和宣告死亡涉及自然人权利能力的存否，意义重大。

（1）失踪和死亡宣告的管辖权。何国法院对涉外失踪和死亡宣告案件有管辖权，基本上有以下三种主张：①主张由失踪人国籍国法院管辖。②主张由失踪人的住所地国法院管辖。③失踪或死亡宣告的管辖权，原则上由本国法院管辖，但在一定条件和一定范围内，也可由其住所地国或其居所地国管辖。实践中许多国家采用了这种做法。

（2）失踪或死亡宣告的法律适用。主要做法有：①依失踪人的本国法。②依失踪人的住所地法。③原则上依失踪人的本国法，但内国法院对失踪宣告或死亡宣告有管辖权时，则适用法院地法。④原则上依失踪人的本国法，但失踪人在内国有财产及应依内国法的法律关系，适用内国法。

我国《涉外民事关系法律适用法》第13条规定："宣告失踪或者宣告死亡，适用自然人经常居所地法律。"

（二）法人

1. 法人的国籍

对于如何确定法人的国籍，无论在理论上还是在实践中，国际上并无统一的标准。各国根据不同的国情提出了不同的学说，采用了不同的标准。概括起来有以下几种：①法人成立地说，或称登记地或设立地说；②法人住所地说；③法人国籍资本控制说；④准据法说；⑤复合标准说。

2. 法人的住所

通说认为，法人的住所主要采用营业中心所在地或主事务所所在地说，或称管理中心所在地说，即法人实际上从事经营活动的所在地。也有一学说认为应采用法人住所依章程之规定说。

3. 我国关于法人的国籍、住所的规定

《民通意见》第184条规定："外国法人以其注册登记地国家的法律为其本国法，法人的民事行为依其本国法确定。外国法人在我国领域内进行的民事活动，必须符合我国的法律规定。"

（1）对外国法人国籍的确定。《民通意见》第184条规定："外国法人以其注册登记地国家的法律为其本国法……"

（2）关于法人的住所。我国《民法通则》第39条规定："法人以它的主要办事机构所在地为住所。"《民通意见》第185条又规定："当事人有两个以上营业所的，应以与产生纠纷的民事关系有最密切联系的营业所为准；当事人没有营业所的，以其住所或经常居住地为准。"《涉外民事关系法律适用法》第14条规定："法人及其分支机构的民事权利能力、民事行为能力、组织机构、股东权利义务等事项，适用登记地法律。法人的主营业地与登记地不一致的，可以适用主营业地法律。法人的经常居所地，为其主营业地。"

（三）国家

国家作为国际私法的主体，具有以下特点：①主权者的身份决定了国家参加国际民商事活动的场合和范围有限；②具有国际民商事法律关系的当事者和主权者的双重身份；③参加民商事活动时，以国家本身的名义参加或由其授权的机关或负责人进行；④以国库财产为基础承担民商事责任，所负的一般是无限责任；⑤国家及财产享有豁免权。

九、法律行为

（一）法律行为及其法律冲突

法律行为，即民事法律行为，指自然人或法人以设立、变更、终止民事权利和民事义务为目的的行为。任何法律行为的有效成立必须符合法律所要求的实质要件和形式要件。

（二）法律行为的法律适用

1. 实质要件的准据法

实质要件的准据法依国际私法关系的不同性质和种类以及各类关系的规范的不同特点，逐类规定不同的法律适用原则。一般在涉及物权、债权、亲权等具体行为时再讨论。如，契约行为适用当事人自主选择的法律；婚姻适用当事人的本国法。

2. 形式要件的准据法

（1）适用行为地法。这是依据"场所支配行为"这一古老的原则演变而来的。即对于法律行为的方式应依行为地法确定，符合行为地法要求而实施的法律行为方为有效。

（2）选择适用法律行为本身的准据法和行为地法。即法律行为方式只要符合其中任何一个法律对行为方式的要求即为有效。

（3）采用多种联结因素，以更灵活、更具弹性的方法来确定法律行为方式的准据法，以尽量使法律行为方式有效。

（4）例外情形：①不动产物权的行为方式，适用不动产所在地法；②登记行为方式适用登记地法；③缔结合同的方式适用当事人选择的法律。

3. 我国的实践

对于法律行为的法律适用，《民法通则》没有单独规定。但实践中，一般采取以下方式：法律行为的实质要件适用法律关系的准据法；法律行为的形式要件适用行为地法，但不动产的行为方式适用不动产所在地法；缔结合同适用当事人选择的法律，没有选择的适用最密切联系原则。

我国《涉外民事关系法律适用法》第16条规定："代理适用代理行为地法律，但被代理人与代理人的民事关系，适用代理关系发生地法律。当事人可以协议选择委托代理适用的法律。"

参考文献
Referenc

[1] 张文显主编:《法理学》,高等教育出版社、北京大学出版社 2003 年版。

[2] 沈宗灵主编:《法理学》,北京大学出版社 2000 年版。

[3] 周旺生主编:《法理学》,法律出版社 2000 年版。

[4] 苏力:《法治及其本土资源》,中国政法大学出版社 1996 年版。

[5] 许崇德主编:《中国宪法》,中国人民大学出版社 1989 年版。

[6] 蒋碧昆主编:《宪法学》,中国政法大学出版社 1999 年版。

[7] 田军:《宪法学原理》,南京大学出版社 1991 年版。

[8] 甘超英、付思明、魏定仁编著:《宪法学》,北京大学出版社 2001 年版。

[9] 周叶中主编:《宪法》,高等教育出版社、北京大学出版社 2002 年版。

[10] 孙彬主编:《法学概论》,岭南美术出版社 2002 年版。

[11] 陈浩然:《理论刑法学》,上海人民出版社 2000 年版。

[12] 田小梅、李淑清主编:《法学概论》,经济科学出版社 2003 年版。

[13] 赵秉志主编:《新刑法教程》,中国人民大学出版社 1997 年版。

[14] 国家教委思想政治工作司、司法部宣传司:《法律基础教程》,高等教育出版社 1991 年版。

[15] 魏振瀛主编:《民法》,北京大学出版社、高等教育出版社 2002 年版。

[16] 江平主编:《民法学》,中国政法大学出版社 2000 年版。

[17] 姚新华主编:《民法学》,中国政法大学出版社 1999 年版。

[18] 高铭暄、马克昌主编:《刑法学》,北京大学出版社、高等教育出版社 2000 年版。

[19] 罗豪才主编:《行政法学》,北京大学出版社 1996 年版。

[20] 姜明安主编:《行政法与行政诉讼法》,北京大学出版社、高等教育出版社 1999 年版。

［21］ 杨海坤主编：《中国行政法基础理论》，中国人事出版社 2000 年版。

［22］ 黄中明主编：《经济法》，西南财经大学出版社 1996 年版。

［23］ 胡志民、施延亮、龚建荣主编：《经济法新编》，上海财经大学出版社 2001 年版。

［24］ 王建平主编：《经济法》，东北财经大学出版社 2001 年版。

［25］ 张艳丽主编：《法学概论》，北京理工大学出版社 2003 年版。

［26］ 龙翼飞主编：《新编合同法》，中国人民大学出版社 1999 年版。

［27］ 王晨雁、马晓玲主编：《现代法学基础》，上海交通大学出版社 2002 年版。

［28］ 吴祖谋主编：《法学概论》，武汉大学出版社 2005 年版。

［29］ 李景森主编：《劳动法学》，北京大学出版社 2000 年版。

［30］ 王君增、丁建军、张开芬主编：《新编法学基础》，警官教育出版社 1993 年版。

［31］ 屠振宇等编著：《法学概论》，中国经济出版社 2004 年版。

［32］ 孙彬、姬新江主编：《婚姻家庭法学》，中国人民公安大学出版社 2004 年版。

［33］ 姜颖、吴亚平主编：《劳动争议处理教程》，中国工人出版社 2000 年版。

［34］ 王全兴：《劳动法》，法律出版社 1997 年版。

［35］ 董连松、沈家秋：《新编劳动法学》，珠海出版社 1999 年版。

［36］ 李建勇主编：《法学概论》，复旦大学出版社 2003 年版。

［37］ 吴汉东主编：《知识产权法》，北京大学出版社 1998 年版。

［38］ 邓伟平主编：《法学概论》，中山大学出版社 2002 年版。

［39］ 杨荣新主编：《民事诉讼法学》，中央广播电视大学出版社 1995 年版。

［40］ 程荣斌主编：《中国刑事诉讼法教程》，中国人民大学出版社 1997 年版。

［41］ 杨凤义、葛书环主编：《法学概论》，航空工业出版社 2005 年版。

［42］ 方世荣主编：《行政法与行政诉讼法学》，中国政法大学出版社 1999 年版。

［43］ 王献枢主编：《国际法》，中国政法大学出版社 1994 年版。

［44］ 杨泽伟主编：《国际法教程》，中国政法大学出版社 1999 年版。

［45］ 朱奇武：《中国国际法的理论与实践》，法律出版社 1998 年版。

［46］ 顾宇编著：《国际私法》，中国检察出版社 2002 年版。

［47］ 费长山、沈峻主编：《法学概论教程》，上海财经大学出版社 2002 年版。